教育部人文社会科学研究青年基金项目 （19XJC751008） 阶段性成果

熊 碧 ◎ 著

湖北民族大学文学与传媒学院学科建设文库

唐代奏议文学述论

线装书局

图书在版编目（CIP）数据

唐代奏议文学述论 / 熊碧著 . —北京 : 线装书局，
2020.12

（湖北民族大学文学与传媒学院学科建设文库）

ISBN 978-7-5120-4255-1

Ⅰ.①唐… Ⅱ.①熊… Ⅲ.①奏议—研究—中国—唐
代 Ⅳ . ① K242.065

中国版本图书馆 CIP 数据核字（2020）第 218748 号

唐代奏议文学述论

著　　者：熊　碧
责任编辑：于建平
策　　划：人文在线
出版发行：**线装書局**
　　　　　地　址：北京市丰台区方庄日月天地大厦 B 座 17 层（100078）
　　　　　电　话：010-58077126（发行部）　010-58076938（总编室）
　　　　　网　址：www.zgxzsj.com
经　　销：新华书店
印　　制：天津雅泽印刷有限公司
开　　本：710mm×1000mm　　1/16
印　　张：21.75
字　　数：379 千字
版　　次：2020 年 12 月第 1 版　2021 年 1 月第 1 次印刷
定　　价：86.00 元

线装书局官方微信

序

　　中国古代文学传统深厚，特色鲜明，跟西方和现代通行的纯文学颇有区别，那就是它观念宽泛而范围广大。因为与中国文化另一重要传统——文史不分——关系密切，古代文学拥有比纯文学更多的文类，更丰富多彩的美学呈现和美学趣味。与纯文学的"纯"与"狭"相较，我们常常称呼古代文学为"大文学"。

　　称中国古代文学为"大文学"，还因为我们发现在文学和文学史观念的发展变化中，文学的范围并不固定，各文类在文坛中心或边缘的位置也不固定。现在大家比较公认和熟悉的文学，主要是指诗歌、小说、散文和戏剧四大类，小说与戏剧在历史上长期不入正统，不在中心，而历史上曾占据中心、被视为重要文学品类的某些体裁，后来不但远离中心，而且几乎被挤出文学的园地——像熊碧研究的古代奏议，就是其中之一。现在我们研究文学史，回到历史的现场和语境，当然不能仅仅手执纯文学一把尺子，而应当尊重历史，把那些曾经辉煌而后来被排出文学范畴的文类，重新请进来，给予必要的重视。我们认为，这样的"大文学"才能保证中国文学史的完整性。

　　古代林林总总的文章体类，其实可大致分为应用性的与非应用性的两种。古人真正重视、投入创作精力较多，因而能够长足进步、迅速成熟并产生许多名篇杰作的，是那些在社会生活，特别是国家政治生活中发挥实际作用的应用性文体。实用价值是这些文体的主要功能，也是它们存在的根本理由。但文体又总是随着社会和文明而发展，必然会从最初的简单质朴逐步走向修辞、润饰、具备美感和显示个性。应用文也就可以成为美文，兼具了实用和审美两种性质。

　　以奏议而言，古代文学史上，它是很重要的文类。这一点，熊碧在本书绪论中已经讲得非常清楚，这里不必赘述。总之，奏议是一种应用性的公文，是要处理问题，解决问题的。它的接受对象，不是一般的官府上司，在理论上应该是至高无上的天子，起码是朝廷中枢。你有什么情况要报告，有什么主张要提出，或有什么不同意见要发表要申说，奏议的写作和呈递是唯一途径。

既然如此，从文章学角度看，奏议的基础必然是叙事。这种文章的第一要务是要把事情讲清楚，来龙去脉、所涉人事、时间地点、事情的性质意义，凡关键处，都不能含糊。叙事本是文史两家皆需要且皆擅长的技能，奏议的叙述尤须简洁准确、富有艺术性和说服力。其分辨剖析，则需要说理议论、权衡裁断，充分展示上奏者的见解，其表达则需既深刻透彻又委婉动听，有极微妙的分寸感。叙事和议论是奏议文的两大支柱、两个重点。那么，奏议是不是还要来一点抒情呢？初看似乎扯不上关系，其实不然。适当地抒情能够增加说理的力量，更重要的是，在前面的叙事之中，哪怕是最冷静客观地叙述，也应该早已蕴含了上奏者的感情倾向——世上本来就没有绝对客观、不带倾向性的叙事，何况奏议的叙事乃是为了引出后面的分析和议论，怎么可能毫无感情倾向呢？这样，奏议就不能不与中国文学抒情、叙事两大传统发生深刻关系，从而成为我们课题的研究对象了。而这也正是熊碧研究奏议与已有相关论著的不同之处——他是把唐代奏议放在中国文学抒叙两大传统同源共生、互动互竞，互惠而又博弈的大背景下来研究与论述的。立足点和视角的新颖别致，也就保证了其论述的创新性。

当初，熊碧选择唐代奏议文学研究来做博士论文，而我支持他的选择，有两个原因。一来题目与他的硕士论文有连续性，是一种深化与延展；二来这与我们在研究的项目有关。那时，我们承担的国家社科基金项目《中国文学叙事传统研究》已临近尾声。那本书论证中国文学叙事传统，涉及古代文学的多种文类，虽已突破纯文学的拘囿，但还有许多重要的古代文学文类，主要是应用性文类未能触及，奏议就是比较重要的一种。此外如碑铭、墓志、哀诔、诏敕、檄移、书判、策问、序跋等，也都是应该论述而我们一时力所未逮的。结项期近，初版已不及增补，故我寄希望于以后的修订再版，到那时可适当把这些内容增补进去，以符"大文学"之名。故对熊碧的博士学位论文，我是抱了很高期望的。

熊碧在读博期间，参与到我们课题的活动之中，表现出较强的独立科研能力。他热爱古代文学，热爱科研工作，善于围绕课题搜寻整理资料，能较快较全面地把握相关学术动态，捕捉学术前沿。其为人勤奋刻苦，踏实负责，又思维缜密，认真细心，能很好掌握现行学术论文的形式规范，擅长电脑，外语不错。所以，我很想在他获得博士学位之后，能够将他留校工作。他在教学科研中可以不断提高，我们的教研室课题组，也极需要这样的人才。然而我的理想在与院长面谈后破灭。理由是学校规定：本校博士，不能一毕业就留校，必须到外校工作或取得高级职称之后，才能作为人才引进。我问能否通融，院长摇头。就这样，留校工作之事只能作罢。熊碧后来去了湖北民族大学。在相当繁重的本职工作和家庭负担之下，熊碧还是把论文做了仔细修改、补充，使之达到出版水平。现在，这部论著终于要出版了。我为熊碧高兴，也为我们的研究课题有了新成果而高兴。

我觉得，《唐代奏议文学述论》较好地贯彻了我们从事中国文学叙事传统研究的一些根本思路和理念——立足于中国文学史实际：大文学观；抒情叙事两大传统共生并存、互惠博弈于文学史中；抒叙双线贯穿中国文学史；抒情与说理议论的同一关系；叙事与抒情议论的辩证关系；以及回归文学本位的研究立场；等等。至于奏议的文体特征，历代，特别是唐代代表性作者的奏议特色，它们在中国文学抒叙传统中的位置与贡献等，也都论述得清晰到位，要言不烦。全书层次分明，结构合理完整。

我相信，中国古代文学中，属于应用性的文类，包括奏议在内，还有许多值得研究的对象和问题，让古代文学研究回归文学本位，还有很多事情可做。这样的研究对于丰富中国文学史，对于社会主义精神文明建设之取资和借鉴，都是有益的。熊碧的书，不但是这一研究系列中的一种，而且应该会对后来者有所启发和引领。衷心期望熊碧持之以恒，继续奋进，取得新的更大的成绩。

是为序。

董乃斌

己亥春初于上海寓所

目　录

引　论

　　奏议是古代臣民向君主上书进言、议论、陈请文书的统称。作为古代公文的主要文体之一，奏议不仅是决策治国的重要工具，也是古代文章之大宗。奏议大体可分为两种，即口头形式的奏言与书面形式的奏章。奏言上古时代就已存在，奏章则出现于文字发明之后。两者与中国古代君主制相始终，一直使用到清末，其历史可谓源远流长。

　　奏议存在时间既久，传世的文献也浩如烟海。经、史、子、集各部中都能见到奏议的身影。就史部而言，自《史记》《汉书》起，每一种正史均载录了期间最重要的奏议文章。唐初编订前朝历史，诸史家很注意搜采各类文章入书，而大臣的口头奏言和书面奏议则是重点。刘知几《史通》有《载文》篇，批评正史载录辞赋等文学作品的现象，但对全篇或大段引用奏议则绝无异议。至于历代编撰的奏议专集，也是数量甚多。很多奏议，包括先由口奏后录为文章的奏议，在历史上曾起到重大作用，产生广泛影响：或高瞻远瞩，开创制度；或审时度势，安邦定国；或妙笔生花，引领风骚；或述说衷情，感人肺腑。如此看来，历代奏议实为我国古代一笔宝贵的文化遗产，而唐代奏议尤其值得我们重视。

第一节　奏议的文学研究价值与意义

　　奏议的研究价值很广泛，可以从历史、政治、经济、文化诸多角度进行研究；事实上，在上述诸领域内确实也产生了丰富的成果。至于对奏议的文学研究，本来也是应有之义，但因为受研究观念、视角、方法等因素的影响，多年以来并没有得到应有的重视。这既与奏议在中国文学史上的实际情况与地位不相符，也不利于中国古代文学研究的全面与深化。因此，我们有必要对奏议的文学研究价值与意义进行重新发掘。

一、大文学研究的必然趋势

中国古代文人对奏议类文章非常重视。在杂文学观念指导下，奏议历来是文学总集、选集的重要选编对象，曾为朝廷大臣者也必收录其奏议文章。所以，奏议理所当然地被视为传统文学不可或缺的部分，早期的中国文学史著作也总将历代奏议作为论述对象。可是，二十世纪以来，受西方纯文学观念影响，文学史界渐渐认为：文学的概念要厘清，文学的范围须严格，文学的本质应是非功利性的审美，文学体裁仅包括诗歌、小说、戏剧、散文四类；而散文仅指记人、述事、写景的文学性作品，并不包括奏议之类的公文。由此，二十世纪中后期的文学史著作中，奏议基本上被边缘化，很难成为文学史的关注对象了。

然而，西方的文学观念源于其自身的文学创作实践，与中国的情况不尽相同。就文学观念而言，不仅中西有异，古今亦不同。在先秦时期，文史不分，"文学"泛指文化、学术。① 到了汉代，"文章"（或简曰"文"）一词，意义比较接近于现代所谓"文学"之义，辞赋为其主体。如《汉书·地理志》载："司马相如游宦京师诸侯，以文辞显于世，乡党慕循其迹。后有王褒、严遵、扬雄之徒，文章冠天下。""文辞"与"文章"上下互称，指的是诗赋之类的文学作品。又《汉书·扬雄传》赞曰："实好古而乐道，其意欲求文章成名于后世，以为经莫大于《易》，故作《太玄》；传莫大于《论语》，作《法言》；史篇莫善于《仓颉》，作《训纂》；箴莫善于《虞箴》，作《州箴》；赋莫深于《离

---

① 如《论语·先进》曰："德行：颜渊、闵子骞、冉伯牛、仲弓；言语：宰我、子贡；政事：冉有、季路；文学：子游、子夏。"（《论语注疏》卷十，《十三经注疏》，上海古籍出版社1990年版，第95页）这里的"文学"为"文章博学"之义，泛指学问、学术。再比如《荀子·大略》："人之文学也，犹如玉出于琢磨也。诗曰'如切如磋，如琢如磨'，谓学问也。"（《荀子集解》卷十九，《新编诸子集成》，中华书局1988年版，第508页）"文学"与"学问"互用，意义略同。又《史记》曰："鲁人俗俭啬而曹邴氏尤甚，以铁冶起富至巨万……邹、鲁以其故，多去文学而趋利者。"（《史记》卷一二九，《货殖列传》，中华书局1959年版，第3279页）"文学"依然是文化、学术之义，跟现在的含义相差甚远。

骚》，反而广之；辞莫丽于相如，作四赋；皆斟酌其本，相与放依而驰骋云。"①
这里的"文章"既有学术著述也有文学创作，这是"文章"包含"文学"之义
的显著的例子。

六朝时期，文章开始追求形式之美，讲究辞藻华丽，声律考究，典实繁
积，有时甚至不免影响内容的表达和读者的接受。此时文章出现文、笔之分。
刘勰在《文心雕龙》中论文序笔，认为"有韵者文也，无韵者笔也"，②但这只
是根据是否押韵进行的形式之分，在内容上没有太强的规定性，所以他谈论的
"文"，固然有诗、乐府与赋这类纯文学作品，但大部分还是颂赞、祝盟、铭
箴、诔碑、哀悼、诏策、檄移、论说、章表、奏启、议对这些既具有很强的
实用性、又具有丰富文学性的篇什。萧统编《文选》，择文的标准是"事出于
沉思，义归于翰藻"，③即注重作品的构思与文采，分文为赋、诗、骚、七、诏、
册、令、教、表、上书、启、弹事、笺、奏记、书、檄、对问、设论、辞、序、
颂、赞、符命、史论、论、连珠、箴、铭、诔、哀、碑文、墓志、行状、吊文、
祭文等三十八类，应用类文体依然占据主体。但《文选》所载诸文，今天读来
仍有其审美价值。

隋唐时期，文体、文风改革呼声高涨。伴随着古文运动兴起，唐人的文学
观念复归"文章"，"文"与"笔"经常混为一谈，所以我们能够听到"杜诗韩
笔""孟诗韩笔"的说法，"诗""笔"之对举犹如"诗""文"之并称，两者同
属"文章"。韩愈评价李白、杜甫文学成就时说"李杜文章在，光焰万丈长"，④
李杜是诗坛巨子，"文章"显然指的是两人的诗歌。

宋元以后，"诗""笔"对举也少见了，"于是散体之笔，并称曰文，且谓
其用，所以载道，提挈经训，诛锄美辞，讲章告示，高张文苑矣"。⑤即使到了
二十世纪早期，很多学者的文学观也还是宽泛的。如国学大师章太炎就说："文

---

① （汉）班固撰：《汉书》卷二八、八七，中华书局1962年版，第1645、3583页。

② （南朝梁）刘勰撰，范文澜注：《文心雕龙注》卷九《总术》，人民文学出版社1958
年版，第655页。

③ （南朝梁）萧统编，（唐）李善注：《文选》，中华书局1977年版，第2页。

④ （唐）韩愈撰，钱仲联集释：《韩昌黎诗系年集释》卷九，上海古籍出版社1984年
版，第989页。

⑤ 鲁迅著：《汉文学史纲要》第一篇《自文字至文章》。见《鲁迅全集》第九卷，人民
文学出版社2005年版，第356页。

学者，以有文字著于竹帛，故谓之文。论其法式，谓之文学。"① 这也就不难理解为什么早期的文学史著作所收文章会遍及经史子集各部。

由此可见，中国古人始终都是秉持一种泛文学（或曰杂文学）的观念。而且，因为儒家的政教传统根深蒂固，古代文学外表始终笼罩着一层浓厚的实用色彩。吴承学先生认为："中国文学与西方文学的重要差异，在某种程度上就是不同文体体系的差异。中国文学其实是'文章'体系，它是在礼乐制度、政治制度与实用性的基础之上形成与发展起来的，迥异于西方式的'纯文学'体系。"② 我们如果以西方的纯文学观念来衡量中国古代文学，则很多时候不免会扞格难通。且不说中国文学自古以来就有"诗言志"的传统，有"发愤以抒情"的写作目的，有"文章合为时而著，歌诗合为事而作"的主张，有"文以载道"的诉求，在具体操作层面，我们就有很多绕不开的难题。比如书论、铭诔、奏议这些文体，虽然带有实用目的，但里面的确有大量的优美篇什存在，其艺术价值不容忽视。如果手持无应用性、非功利性的尺度来考量，则尽管它们具有审美价值，文学史仍不得不舍弃它们，这岂不是削足适履，人为地割裂了古代文章的整体？

鉴于此，有研究者呼吁要尊重古代文学的历史事实，回到真实历史语境中，将文学观念与理论建筑在完整的中国文学史的基础上，以修正、消解现在文学研究中的纯文学观所带来的流弊。③ 有的学者进而提出，我们要树立一种新的"大文学"的观念，重视中国古代文学内容和体裁的多样性、丰富性和民族特色。要看到中国文学在符合西方纯文学观的作品之外，存在着大量实用类的文章，包括公文。它们在情感蕴含、美感呈现、文章表达、修辞技巧等方面若有善可陈，即一定程度地具备了美文的特点，就应该置于文学史的视野之中。要充分认识到除了诗歌、小说、散文、戏剧，尚有许多边缘或者综合性的文体，它们也是值得发掘的宝贵文学遗产。④

新的大文学观，并不是传统泛文学观的回归，也不与西方纯文学观绝对对立，而是针对中国文学史的实际，为全面完整理解与考察中国古代文学而提出来的新观念，是对百年文学史实践反思的成果。这种新的大文学观将以前不太

---

① 章太炎著：《国故论衡》中卷《文学总略》，上海古籍出版社 2003 年版，第 49 页。

② 吴承学著：《中国古代文体学研究·绪论》，人民出版社 2011 年版，第 2 页。

③ 同上。

④ 董乃斌主编：《文学史学原理研究》，河北人民出版社 2008 年版，第 278 页。

受重视的杂文学纳入研究范围，更切合中国古代文学的实际。归根到底，新的大文学观及由此而产生的大文学史观，既坚持文学本位，又重视民族特色，它把文学史研究置放于实事求是的基础之上。

本书选择唐代奏议作为研究对象，正是此种研究思路的实践。

众所周知，奏议不仅是经国之枢机，亦为中国古代文章之大宗，在中国文学史上有着独特地位。翻阅历代史书，从《史记》至《清史稿》，奏议俯拾即是，为历代朝臣列传之重要组成部分；检索历代文集，《文选》《全上古三代秦汉三国六朝文》《全唐文》《唐文粹》《宋文鉴》《全宋文》《元文类》《明文衡》，均大量选入奏议，而且往往列于显要位次。历代的奏议还被专门辑录成册。汇集一朝奏议者如宋赵汝愚的《国朝诸臣奏议》，总览历代奏议者如明黄淮、杨士奇《历代名臣奏议》、清赵承恩《历代名臣奏议选》等，专收个人的奏议别集有唐陆贽的《陆宣公奏议》、宋苏轼的《东坡奏议》、明张居正的《张文忠公奏疏》、清曾国藩的《曾国藩奏折》等。

历代奏议都有脍炙人口的名篇，如李斯的《谏逐客书》、贾谊的《治安策》、曹植的《求自试表》、诸葛亮的《出师表》与《隆中对》、李密的《陈情表》、魏徵的《谏太宗十思疏》、陆贽的《奉天请罢琼林大盈二库状》、韩愈的《论佛骨表》、欧阳修的《准诏言事上书》、苏轼的《教战守策》、辛弃疾的《美芹十论》、海瑞的《治安疏》、杨继盛的《弹严嵩疏》、康有为等人的《公车上书》等。它们在立意布局、笔法规范、论述层次、篇章结构、辞采风格、个性色彩方面各有所长，都堪为文章典范，不仅备受古人喜爱，也颇为今人欣赏，因而在各种文学史著作与文学作品选中都有一席之地，完全可以编成一部独立的奏议文学史。

奏议能够也应该纳入中国文学的研究范围，以往的研究显然不足，特别是运用大文学观念的研究更是薄弱。这正是本书努力的方向。

二、古代应用文研究之矫正与补充

"应用文"一词，早在宋代即出现。如欧阳修就曾经说过："初无他能，少急养亲，遂学干禄，勉作举业，以应所司。自忝窃于科名，不忍忘其素习。时有妄作，皆应用文字。"① 苏轼《答刘巨济书》："仆老拙百无堪，向在科场时，

① （宋）欧阳修撰，李逸安点校：《欧阳修全集》卷一一二，中华书局 2001 年版，第 1706 页。

不得已作应用文,不幸为人传写,深可羞愧,以此得虚名。"① 但欧、苏所谓的"应用文"并不是一个文体概念,只是从功能上将科举或官场实用之文与其他叙事、抒情文类进行区分。学界一般认为,应用文作为一种文体概念,直到清代才明确。刘熙载《艺概·文概》曰:"辞命体,推之即可为一切应用之文。应用之文有上行,有平行,有下行。重其辞乃所以重其实也。"② 这里的"应用文"才具有文体意味,而且主要指的是公文。应用文真正作为一个独立的文体概念提出来,并以之与通常所说的美文相对置,要到二十世纪五四运动之后。但这不影响应用文体在中国古代文学里长期存在的事实,也不影响我们对古代应用性文体的考察。

广义的应用文包括公文与私书,即用于公共事务的文书与个人交流的书牍。在古代,公牍受重视的程度要高于私书,其地位也十分显赫,朝廷上下,重要的公文非"大手笔"不能为。唐代的张说、苏颋、陆贽、李德裕就是典型。对于公文的风格、形式、类型的分析与探讨,也一直是古代文章学的应有之义,不论是《文心雕龙》《史通》《文章辨体》《文体明辨》《艺概》这些文论类著作,还是《文选》《唐文粹》《宋文鉴》《元文类》《明文衡》《古文辞类纂》这些文章总集,对公牍文都会给予足够重视。20世纪前期还有徐望之《公牍通论》、许同莘《公牍学史》这两部重要的公牍学专著问世。但是在近现代文学史著述里,情况发生了很大的变化。受西方文学及文论的影响,抒发个人情感的私书受到了空前重视,而公文却备受冷落。在数以千计的文学史著里面,书信、碑铭、哀祭、传序这些私人应用性文章经常会被论及,而诏敕、章表、书奏、判教、檄移之类公文就基本上被忽略了;擅长撰写公文的作家在文学史著作里往往只会被略微提及。比如李德裕是中唐公文写作大家,很多唐代文学史著作就几乎不谈。有的作家,诗文均佳,如元稹、白居易二人,曾在朝廷负责制诰的拟制,出自他们手里的诏令有数百篇,一般的文学史著作也只讲他们的诗歌创作,而忽略了他们在文章创作上的成就与影响。

在应用文研究领域,重私书而轻公文是一个普遍存在的现象,其原因是多方面的。从主观方面来讲,这与研究者的观念有关,即便很多人承认传统文学属于杂文学的事实,但总不愿让研究也变得混杂,看不出文学研究的特点,所

---

① (宋) 苏轼撰,孔凡礼点校:《苏轼文集》卷四九,中华书局1986年版,第1433页。

② (清) 刘熙载撰,徐中玉、萧华荣点校:《刘熙载论艺六种》,巴蜀书社1990年版,第44页。

以便将应用文分为三六九等，比较关注那些文学性强的私人写作而有意排斥职务性的公文写作。就客观原因而言，公文多是官样文字，注重实际功用，形式较为固定，比起私书来，词章之美难免逊色一些，也不大容易突显作者的情感与个性，在某些研究者看来，阐释其文学特色与价值是一件费力不讨好的事情。这也能帮助我们理解另一个相关的现象，那就是目前有关古代公文的研究成果，绝大部分都与政治学、文化学、文书（秘书）学、历史学有关，文学性的研究则少之又少。比较典型的就是下行公文之一的诏令文书，迄今为止，只有少数著作与学位论文才关注到唐代诏敕文书的文学特征。①

文体学在 21 世纪初成为学术热门，尽管比较偏向文艺文体研究，但出于学科建设的需要，再加上研究思路的转变，应用类文体也得到一定程度的重视，但令人遗憾的是相应的成果多是综合性研究，有关公文的文学性论述与分析非常有限，往往只是点到为止，不做深论。②

鉴于应用文研究的现状，笔者以为，公文的研究应该向私书看齐。因为既然我们能接受杂文学的实际并承认应用文的文学地位，就不应该人为地设置障碍，将同属应用文类的公文与私书区别对待，不能漠视公文的文学特色与价值，仅仅视其为史料，将它从文学殿堂里逐出。要知道，即便是西方文论家，也不否认公文的文学性。如美国著名学者韦勒克就曾经说过："我们还必须认识到艺术与非艺术，文学与非文学的语言用法之间的区别是流动性的，没有绝对的界

---

① 如日本学者中村裕一著有《唐代制敕研究》（东京汲古书院 1991 年版）、《唐代公文书研究》（京都中文出版社 1991 年版）及《唐代公文研究》（东京汲古书院 1996 年版），侧重对唐代诏令文书的格式及功能进行分析，文学性的解读仅只言片语。唐代诏敕的文学研究在近年的学位论文中才得到一些重视，比如张超的《唐代诏敕研究》（郑州大学 2007 年硕士学位论文）和朱红霞的《唐代制诰研究》（复旦大学 2007 年博士学位论文）就涉及了诏敕文书的文学特征与价值的讨论，虽然篇幅都不大。顾建国的《张九龄研究》（南京师范大学 2006年博士学位论文）有一小节讨论了张九龄所拟敕书的特点。

② 这方面的成果有刘壮的《中国应用文源流研究》（北京图书馆出版社 2007 年版），该书借鉴西方文体功能学、语言学，对历代应用文的源流与演变进行了考察。胡元德的《古代公文的文体流变述论》（南京师范大学 2006 年博士学位论文）则将古代公文与"艺术政治化，政治艺术化"的文化传统联系，从政治制度、文化、哲学、审美、心理、信仰等多个角度对公文文体的意蕴进行解读，力图建构起古代公文文体体系，揭示其演变的规律。何志军的《汉代应用文文体形态略论》（中山大学 2003 年博士学位论文），对汉代应用文体形态做了梳理，探讨了汉代应用文体在文学史、文学批评史上的地位与影响。

限。美学作用可以推展到种类变化多样的应用文字和日常言辞上。"① 这一点对中国古代公文来说，尤其适用。

在古代应用文体中，奏议兼具公文与私书的特征。一方面，它属于职务写作，是严格意义上的上行公文，另一方面，奏议的写作，虽然有相对固定的套路，但允许有作者的个性色彩，存在多种风格，蕴含词章之美。所以，当我们考察奏议的时候，可以将公文的属性与私书的特色结合起来，更全面、更深入地了解和发现它们的文学性所在，更好地概括与总结它们的文学特征。而这一点，恰恰是现今应用文研究所缺乏的。本书之所以把研究范围限制在唐代，是因为在唐代，不仅政治、文化和整个社会的精神文明发展高度成熟，出现超迈前古的盛世景象，文学也臻于前所未有的完美境界。唐代奏议作为"盛世文学"之重要组成部分，其成就和贡献不容忽视。

三、文学史与作家的全面观照

提及唐代文章，人们立刻会联想到气盛言宜、文从字顺的韩柳古文，很少会关注到诏令、书判、奏议、檄移、碑铭这些实用性篇什。但是，如果翻翻《全唐文》，我们会发现，煌煌千卷，实用性文章占据了半壁江山。事实证明，文章在唐代常常是与实用目的有关；或反过来说，唐代的许多实用文章，是具有审美价值的。无视这一事实，就难免缩小唐代文学的范围、贬低唐代文学的价值。

这种现象的出现，与唐代科举重视应用写作不无关系。唐代科举分为常举与制举。常举定期举行，主要有明经、进士两科。明经考试内容为帖经、经义和时务策；进士考试内容为帖经、诗赋和时务策。制举不定期举行，主要采用策问形式。无论参加哪种考试，对策都必不可少，这就要求士子必须对其加以研习揣摩。在这种风气下，唐代策文创作的数量非常可观。② 而奏议有相当大一部分是对策性的，策文的盛行与奏议的发达，有着直接关系。

---

① ［美］雷纳·韦勒克、奥斯丁·沃伦著，刘象愚等译：《文学理论》，三联书店1984年版，第13页。

② 《文苑英华》收录唐代策问与对策共三十卷（卷四七三至四七六收入策问四卷，卷四七七至五〇二收对策二十六卷），在全书中所占分量相当大。其中对策又根据内容分为文苑、玄经、将相、宁邦、经国、长才、方正、沉谋、雅丽、直言、体用、直谏、茂才、帝王、任官、政化、礼乐、刑法、平农商、历运、灾祥、泉货、边塞、求贤、文学、射御等二十多种，涉及面很广，由此可见策文在唐代文学中的重要地位。

　　另外，唐代士子科举及第只是取得出身，想要获得正式的官职，还须通过吏部铨选。吏部考核的内容是"身、言、书、判"，判尤其重要。所以，唐人有重视判文之风。判文系为裁判事务而作，当然首先必须述事清晰，裁断允当，但唐代判文还有一个要求是文采斐然，其写作讲究文辞。后人评曰："选人之试判则务为骈四俪六，引援必故事，而组织皆浮词，然则所得者不过学问精通、文章美丽之士耳。盖虽名之曰判，而与礼部所试诗赋杂文无以异。"① 虽然有所非议，但也不能不承认其有文章之美。其实，考察判文，不仅可以了解唐代的政治、文化制度，窥探文人的心态与生态环境，而且能够看到判文作为一种文体在唐代的具体发生、发展形态，以及它与其他文体的交互影响和渗透，从而推动文学史研究走向深入。②

　　判文是多角度地考察唐代文学史的一个例子。实际上，唐代的其他应用文体都可作如是观。还是以奏议为例来加以简单说明。奏议虽属于应用文体，但从秦汉开始，始终是主流文体之一，因此，奏议的衍变总与时代风气相关联，与文学史的进程呼应。这其中比较明显的一点就是骈散之争。魏晋南北朝时骈文兴起，讲究铺采摛文，而这一点正是从奏议开始起步的。③ 反过来，骈文的繁荣，也进一步促使奏议和其他应用文体走向骈俪化，进而成为应用文写作的定则。尽管隋初李谔等人批判公文的淫靡之风，文帝也严禁文表华艳，但是公文的骈俪化始终无法扭转。这种影响一直持续到唐代。初盛唐的公文写作大家如岑文本、张说、苏颋等，都号称"大手笔"，他们所撰写的表奏无一例外都主要用骈体。④ 中唐韩柳倡导古文运动，元白在公文写作中以高古之辞响应之，骈体公文受到一定冲击，曾短暂消退，但在晚唐令狐楚、李商隐等人手里又重新焕发光彩。更有说服力的是，一向被视为俗文学渊薮的敦煌遗书里，有关唐代的公文书仪基本也都是以骈体为标准样式。⑤ 由此可见，骈体公文在唐代是上下通行的。延至宋代，欧阳修、苏轼这些古文大家在撰写公文时依旧不废四六，可见公文骈俪之风的影响之大。元明清三代，上禁虚文，下求实用，奏议才最终

---

① （元）马端临撰：《文献通考》卷三七，中华书局 1986 年版，第 354 页。

② 谭淑娟：《唐代判文研究》，西北师范大学 2009 年博士学位论文。

③ 曹道衡先生认为："魏晋文章的骈俪化倾向，最先开始于应用文字，特别是章表。"见《中古文学史论文集》，中华书局 2002 年版，第 40 页。

④ 前面所说的策文从功能上讲与奏议并无二致，可视为奏议中的特殊一类，在唐代基本也采用骈体。

⑤ 可参阅赵和平编《敦煌表状笺启书仪辑校》，江苏古籍出版社 1997 年版。

由四六走向散体，而且出现白话的趋势，这恰与戏曲、小说等俗文学体裁的繁荣相呼应。这恐怕不是巧合，而是蕴含着某种历史的必然性。

深入研究奏议，不仅对于我们完整全面地把握文学史具有重要意义，而且，也有利于我们全面审视作家的创作成就。中国古代文人，如若身为朝臣，或主政一方，往往写有奏议文章。例如，汉代的贾谊不仅有《吊屈原赋》《鹏鸟赋》之类辞赋传世，也写过《上疏陈政事》《上疏请封建子弟》《论积贮疏》等奏议类文章。就唐代作家而言，韩愈、柳宗元的文学创作里，奏议也是不可或缺的部分。韩愈《论佛骨表》《潮州刺史谢上表》，柳宗元的《驳复仇议》，都非常有名。除了这些散体作品之外，韩柳还有数量可观的骈体奏议，如韩愈的《为韦相公让官表》《为裴相公让官表》《贺雨表》，柳宗元《为王京兆贺雨表》《为柳公绰谢表》。这些作品在当时都曾备受推崇，后人也十分重视。[①] 不过，似乎因为韩柳有反对骈文的言论，文学史和许多韩柳研究著作往往回避不提，即使一些骈文研究著作如钱基博的《骈文通义》、刘麟生的《中国骈文史》、姜书阁的《骈文史论》，对韩柳骈体公文虽有所涉及，也仅聊举数例而已。这显然不利于全面评价韩柳的文学成就，也不利于全面地了解他们的为人。

总之，有关奏议的研究既有利于我们深入认识中国古代文学整体风貌，也有助于我们客观评价古代文人创作的全面成就。目前这个研究才刚刚开始，还大有拓展的空间与开发的余地。唐代奏议就是一个极有价值的考察对象。

四、中国文学传统的重新审视

学者们普遍认为，从文学的表达角度来看，中国文学抒情特质非常明显，这个特质涵盖诗歌、散文、戏曲、小说各类文体，并贯穿中国文学史始终，从而形成一个抒情传统，这个传统恰好与西方文学的叙事传统形成鲜明的对比。这个观点深潜于中国古代文论之中，差不多已成默认的共识。二十世纪六十年代末，留美学者陈世骧先生再次明确提出这个观点后，在海外及中国台湾学者

---

① 如方苞评韩愈的《为韦相公让官表》："北宋四六祖此，但加工致耳。"（见《韩昌黎文集校注》，马其昶校注，马茂元整理，上海古籍出版社 1986 年版，第 596 页）王志坚评柳宗元《为王京兆贺雨表》："神理肤泽，色色精工，不惟唐人伎俩，至此而极，即欧王一脉，亦隐隐逗漏一斑矣。"（见《四六法海》卷三，《四库全书》本）

中引起巨大反响，形成一股风行多年的学术潮流。①

中国文学确实有一个历史悠久的抒情传统，而且中国文学抒情传统的意涵相当丰富，可以从文学本质论、发生论、创作主体论、过程论以及作品论、风格论、批评论等多方面进行阐释与发挥，其"关键则在于文学以情志为核心和以抒情言志为创作旨归的观念"。②有学者还据此推论出中国文学批评也有一个抒情性传统，它主要表现为理论重心、命题上重"情"，以美文的形式来论文等方面。③

不过，倘若我们从中国文学史实际出发，对它进行全面、完整地审视，则应该指出中国文学绝非"一个抒情传统"即可涵盖无余。它实际上存在一个与抒情传统并存互动的叙事传统。首先，从文学表达的基本手段来看，主要是抒情与叙事两种，它们同时也是文学的两大基本功能。它们是有分工有合作的，而绝非各自独立毫不相干的。其次，从文学历史的实际进程来看，叙事文学可谓源远流长。从上古初民的神话、传说、歌谣这些口头叙事，到甲骨卜辞、钟鼎铭文的简短叙事，再到《春秋》及其三传所开创的史传叙事，到小说、戏剧的先后繁荣，叙事文学贯穿中国文学史发展始终。就是作为抒情传统最重要载体的古典诗词，其中也不乏叙事因素、叙事成分。可以毫不含糊地说，任何抒情文学其实都离不开一定程度的叙事，抒情传统中渗透着挥之不去的叙事传统。最后，从文学发展的现状来看，抒情、叙事两大传统一直延续至今，但都有所变异，特别是抒情文学与叙事文学的地位发生巨大变化。昔日强大的抒情文学正逐渐式微，传统的诗词曲赋未见新变，新诗创作也陷入瓶颈。反观叙事文学，其发展可谓如火如荼。小说是当今文学创作的主要形式，而话剧、戏曲、影视也拥有广大受众，动漫、广告、微博、微信等新媒体皆与文学结缘，更极大丰富了叙事文学的类型。这说明叙事、抒情两大传统的互动与交往还在活跃地进行，两大传统都还有生命力，也都有着人们难以限定和逆料的前景。唯一可以断定的是中国文学绝不可能只剩下一个传统。

---

① 　见《中国的抒情传统》一文，收入《陈世骧文存》（台湾志文出版社 1972 年版）。很多学者都对陈先生的观点进行了发挥，相关的论著也很多。如高友工的《美典：中国文学研究论集》（三联书店 2008 年版）、张淑香《抒情传统的省思与探索》（台湾大安出版社 1992 年版）、萧驰《抒情传统与中国思想》（上海古籍出版社 2003 年版）、王德威《抒情传统与中国现代性》（三联书店 2010 年版）及《现代抒情传统四论》（台湾大学出版社 2011 年版）、吕正惠《抒情传统与政治现实》（华中师范大学出版社 2011 年版），等等。

② 　董乃斌：《论中国文学史抒情和叙事两大传统》，《社会科学》，2010 年第 03 期。

③ 　张伯伟：《中国文学批评的抒情性传统》，《文学评论》，2009 年第 01 期。

把奏议放在中国文学叙事、抒情两大传统这根贯穿线下审视，我们发现，奏议与两大传统都有深刻的关系。

奏议首先与中国文学的叙事传统关系密切。前面说过，奏议总是产生、出现于一定的历史场合，与某种历史事件（甚至是重大、十分重大的历史事件）有关，这就是在史书中载录着许多奏议（口头的或书面的）的重要原因。奏议文实为史传叙事的重要组成部分，也可以说奏议构成了史传的一部分血肉。奏议的叙述，基本上是历史性的，而历史叙事正是中国文学叙事传统的重要源头与根本。中国的戏曲叙事与小说叙事，有许多就是以历史叙事为源头，从历史叙事衍生出来的。正是在这个意义上，奏议应该归属于叙事传统。

其次，从奏议本身也可以证明这一点。任何奏议，都是以报告情况，提出对策为宗旨，而报告情况就必须叙事，以事实为依据，进行议论分析，最终提出可行的对策。可以说，无事不成奏，叙事是奏议的基础。

再次，奏议的叙事形式是多样的、丰富的。奏议除了要报告情况，讲清楚要议论分析的事情之外，还要叙述一些别的事，特别是引述历史，或讲述故事，以古今成败实例来加强议论的力量。这种为加强文章说服力的做法，在文学手法上便是所谓引经据典，便是巧妙修辞。唐人奏议在这方面有许多新的创造，对中国文学叙事传统的丰富与充实，也是一种贡献。

那么，奏议与抒情传统有没有关系呢？当然是有的。任何叙事，从选择叙述内容到采取叙事语调与程序，都离不开作者感情的驱使。所奏之事，作者总得有一个态度，或爱或憎，或赞成或反对，其叙述必然就有倾向性——在议论之前，那叙述就有倾向性，也就是有感情色彩。只不过奏议不同于一般的诗文，它的读者是至高无上的皇帝，上奏的朝臣必须以公正忠直而不偏不党的态度来行文，因此过于直露，过于尖锐、激烈，都不甚相宜。然而，即使如此，夸张渲染却仍不可避免。这在唐人奏议中是实例累累的。这种主观色彩浓厚的表达方式，便是奏议与抒情传统有瓜葛的证明。

文学抒情总是主观色彩浓烈，与叙事，尤其是奏议叙事需要的客观公正恰恰相反。而奏议的议论，则与抒情相通，表达的是作者个人的见解和看法，提出的是个人的意见与对策。在这个意义上，不妨将抒情和议论视为一事，甚至将议论归于抒情传统——议论也是一种抒发，但抒发的是理性的见解。任何文章，无非是叙与抒不同比例的结合而已。不过，若从——抒情的核心是"情"，议论的核心却是"理"，情理实为二物，不可相混——这样的理解出发，则把议论与抒情作为两回事、两个传统，并与叙事传统鼎足而三，似乎也是可以的。

至于中国文学传统究竟是两个还是三个（或两个半 ①），这是一个可以讨论的问题，此处暂不予展开。但无论中国文学传统是两个、两个半或三个，将奏议放在文学传统中考察，对中国文学史研究的深化总是有必要、有好处的。

综合以上四个方面的情况，有关唐代奏议的研究立足于中国古代文学发展的实际，契合中国古代文章学的观念与体系，顺应大文学研究的趋势，弥补古代应用文体考察的不足，有利于对文学史与唐代作家做全面、细致观照，也为阐释中国文学传统再提供一种文体的样例。②

第二节　奏议文学研究的历史与现状

有关奏议的研究较容易与历史、政治、文化研究挂钩，这方面的成果比较丰富，但此处不能铺开介绍，仅将与文学有关的研究成果做一番简明的梳理。

一、文献整理

先来看古代的情况。古代对奏议文献的整理，主要是编撰专集，一般有两种形式：一为总集，汇集一朝（一时）或历代之奏议；一为别集，辑录一人之奏议。先秦两汉奏议实际运用颇广，《汉书·艺文志》中"六艺略"所列书目多有涉及奏议者，但还没有奏议专集。③魏晋南北朝时期，奏议类文章大量问世，文集的编纂也初具规模，总集有《汉名臣奏》《魏名臣奏》《晋诸公奏》等，别集有《刘陶奏》《孔群奏》《周闵奏事》等。

---

① 顾农先生认为，议论主要表现在散文领域，以传统的诗文二分来衡量，只占半壁江山，所以只能算是中国文学的半个传统。这样，中国文学就有"两个半传统"。见顾农《从鲁迅杂文说到中国文学的两个半传统》，《文艺报》，2012年10月19日第7版。

② 有关中国文学两大传统的基本观点可参考董乃斌先生《中国文学叙事传统研究》的相关论述。后面对唐代奏议的具体分析则是董著所没有的，是对其书文体论部分的拓展和补充。

③ 如"春秋类"所列秦时大臣奏事及刻石名山文，"礼类"所列武帝时《封禅议对》，另有石渠议奏散见于"六艺略"各小类之中。

唐代编纂的奏议总集有吴兢的《唐名臣奏》、马翥的《奏议集》、赵元拱的《唐谏净集》《唐初表奏》、张易的《大唐直臣谏奏》等。别集则有陆贽的《陆宣公奏议》、李绛的《李相国论事集》、令狐楚的《表奏集》、刘三复的《表奏》、李磎的《表疏》等。宋代编撰的奏议总集有吕祖谦的《国朝名臣奏议》、李壁的《中兴诸臣奏议》、赵汝愚的《国朝诸臣奏议》等。别集则更多，比较重要的有包拯的《孝肃包公奏议》、司马光的《司马光奏议》、苏轼的《东坡奏议》、虞允文的《虞允文奏议》、吴潜的《许国公奏议》、胡铨的《胡铨奏议》、赵汝腾的《庸斋表笺》、崔与之的《崔清献公奏议》等。元代流传下来的奏议专集有赵天麟《太平金镜策》、郑介夫《太平策》、苏天爵《松厅章疏》、张明卿《政事书》等。

明清编撰的奏议总集数量空前。明代比较有影响的有唐顺之的《右编》、黄汝亭的《古奏议》、黄淮与杨士奇的《历代名臣奏议》、孙旬的《皇明疏钞》、祁彪佳的《崇祯奏疏汇辑》、张国纲的《明代名臣奏疏》等。清代有曹荣本的《奏议稽询》、赵承恩的《御选明臣奏议》、平汉英的《国朝名臣奏议》和《皇清奏议》、王延熙与王树敏的《皇清道咸同光奏议》等。

至于明清时期编撰的奏议别集数量，因为卷帙浩繁，尚难以精确统计。《四库全书总目》史部"诏令奏议类"列奏议文集 29 部。《清史稿·艺文志》著录奏议类书目有 97 部，《〈清史稿·艺文志〉补编》补充书目 112 部，《〈清史稿·艺文志〉拾遗》又增录奏议类书目 170 部，三者增补的基本为清中后期所编撰，而这一统计仍有缺漏。有学者估计，晚清各类型的奏议别集就接近500 种。①

20 世纪初，随着封建帝制的瓦解，奏议也成为历史尘烟，再加上古今文字的差异造成了读者的阅读困难，奏议的编选长期无人问津。只有在几部大型丛书里面，才可以看到奏议文集的身影。②当代编纂的第一部奏议专集是丁守和主编的四卷本《中国历代奏议大典》。③该书选录先秦至清代的奏议 3800 余篇，规模颇大。刘振娅编著的《历代奏议选》虽选文不多，却开当代选编、评点古

---

① 大致情况可参看皮明勇《近代奏议文献概述》，《文献》，1987 年第 03 期。

② 比如 20 世纪 30 年代王云五先生编纂的《丛书集成》初编"社会科学类"收奏议 75卷，计 27 册，实印 23 册，续编收奏议 43 卷，计 4 册，三编收奏议 90 余卷，总计 3 册。20世纪 60 年代台湾沈云龙先生编纂的《近代中国史料丛刊》中辑录大量近代名人奏议接近 100册。20 世纪末 21 世纪初编纂的《续修四库全书》也收录了一些重要的奏议文集，总数超过50 册。

③ 丁守和等主编：《中国历代奏议大典》，哈尔滨出版社 1994 年版。

代奏议之先河。①彭清寿主编的《中国历代安邦治国方略集要》所录绝大部分是奏议，也可视为一本奏议选集。②此后，奏议的选编、选译书籍不断面世。③专人奏议的评点有《唐浩明评点曾国藩奏折》，该书从曾氏奏折中精选47道，从背景、本事、历史影响等方面进行述评，并简单总结写作技巧，较有特色。④

断代奏议总集则有《元代奏议集录》，该书在明代《历代名臣奏议》基础上，从各类文献中搜罗了大量元代奏议予以补充。⑤中国第一历史档案馆曾先后编订清代数朝汉文朱批奏折，⑥台湾故宫博物院也曾陆续编有康乾之际留存奏折。⑦王云五主编《道咸同光四朝奏议》则是汇集数朝的奏议总集。⑧

还有一些专题、专区的奏议汇编。如《国策论辩》汇集历代重大事件的论辩文近两百篇，⑨《清代奏折汇编——农业/环境》搜集整理了有关农业与环境问题的奏折，《经略御倭奏议》是有关明代抗倭奏议的汇编，⑩《船政文化研究——船政奏议汇编》集中了晚清福建船政向清廷报送的绝大部分奏折，⑪《清代新疆希见奏牍汇编》则撷取新疆地区的奏牍于一编，⑫《江西古文精华丛书·奏议卷》

---

①　刘振娅选注：《历代奏议选》，广西人民出版社1993年版。

②　彭清寿主编：《中国历代安邦治国方略集要》，海洋出版社1993年版。

③　如冀东村夫主编《中国历代奏章选》，山西人民出版社1995年版；周俊旗著译《历代名臣奏议选译》，中国青年出版社1998年版；柏恕斌等编著《谏议经典》，泰山出版社2004年版；秦榆编著《古代经典谏议檄文》，京华出版社2006年版；邵颖涛编著《穿越时空的诤言（奏章艺文类聚）》，中华书局2010年版，等等。

④　唐浩明著：《唐浩明评点曾国藩奏折》，岳麓书社2004年版。

⑤　陈得芝、邱树森、何兆吉辑校：《元代奏议集录》，浙江古籍出版社1998年版。

⑥　《康熙朝汉文朱批奏折汇编》（8册），档案出版社1984—1985年版；《雍正朝汉文朱批奏折汇编》（40册），江苏古籍出版社1991年版；《光绪朝朱批奏折》（120册），中华书局1995年版。

⑦　《宫中档光绪朝奏折》（26册）、《宫中档康熙朝奏折》（9册）、《宫中档雍正朝奏折》（32册）、《宫中档乾隆朝奏折》（60册）先后于1973—1975、1976、1977—1980、1982年由台北故宫博物院出版。

⑧　王云五主编：《道咸同光四朝奏议》，台湾商务印书馆1970年版。

⑨　陈友冰、王德寿编：《国策论辩》，安徽人民出版社2000年版。

⑩　中国科学院地理科学与资源研究所、中国第一历史档案馆合编：《清代奏折汇编——农业/环境》，商务印书馆2005年版；全国图书馆文献缩微复制中心编：《御倭史料汇编》（四、五），全国图书馆缩微复制中心2004年版。

⑪　卢美松、林庆元点校：《船政文化研究——船政奏议汇编》，海潮摄影艺术出版社2006年版。

⑫　马大正、吴丰培编：《清代新疆希见奏牍汇编》，新疆人民出版社1997年版。

汇集东晋至清代江西籍士大夫的上奏言事之作，[①] 而《晚清湖南新政奏折章程选编》《清代福建大员巡台奏折》乃将专题与专区奏折的编订合二为一，是一种新的尝试。[②]

二、文体研究

书面的奏议形成于春秋战国，到汉魏时期发展成熟。对奏议文体的考察也从汉代开始。东汉的蔡邕在《独断》中将奏议类文书分为"章""奏""表""驳议"四类，并指出每一类的格式及功能。比如："章者需头，称'稽首上书'。谢恩陈事，诣阙通者也。奏者亦需头，其京师官但言'稽首'，下言'稽首以闻'。""表者，不需头，上言'臣某言'，下言'臣某诚惶诚恐，顿首顿首。死罪死罪'。左方下附曰'某官臣某甲上'。""凡章表皆启封，其言秘事，得皂囊盛。其有疑事，公卿百官会议。若台阁有所正处而独执异议者，曰驳议。"[③] 这些辨析可算是最早的奏议专论。

魏晋南北朝时期，文学进入"自觉时代"，文体辨析意识也随之增强。奏议作为一类独立文体，得到文论家的重视。曹丕的《典论·论文》将奏议与书论、铭诔、诗赋并论，并认为"奏议宜雅"。[④] 陆机《文赋》也指出奏议特点是"平彻以闲雅"。[⑤] 李充的《翰林论》所论更细致："表宜以远大为本，不以华藻为先。若曹子建之表，可谓成文矣；诸葛亮之表后主，裴公之辞侍中，羊公之让开府，可谓德音矣。""驳不以华藻为先，世以傅长虞每奏驳事，为邦之司直矣。""在朝辨政而议奏出，宜以远大为本。"[⑥] 先指明奏议的特点与写作要求，再举名篇以为示范。而刘勰的《文心雕龙》专列"章表""奏启""议对"三篇来探讨奏议，不仅梳理了奏议的历史发展脉络，也分析了奏议的文体功能与特

① 周銮书、汪叔子等选注：《江西古文精华丛书·奏议卷》，江西人民出版社1996年版。

② 周正云选注：《晚清湖南新政奏折章程选编》，岳麓书社2010年版；尹全海编：《清代福建大员巡台奏折》，九州出版社2011年版。

③ （汉）蔡邕撰：《独断》卷上，《丛书集成》初编本。

④ （魏）曹丕撰：《典论·论文》。见（南朝梁）萧统编、（唐）李善注《文选》卷五二，中华书局1977年版，第720页。

⑤ （晋）陆机撰：《文赋》。见《文选》卷十七，中华书局1977年版，第241页。

⑥ （清）严可均校辑：《全上古三代秦汉三国六朝文》，中华书局1958年版，第1767页。

征，认为"章以谢恩，奏以按劾，表以陈请，议以执异"，"章表奏议，则准的乎典雅"。① 这些论断成为奏议文体研究的不刊之论。

唐宋有关奏议的辨析，多体现在目录学与文章选集之中。宋代陈振孙的《直斋书录解题》分书为53类，虽没有标明经、史、子、集四部之名，但类目之次序隐然是四部分类。这其中楚辞、总集、别集、诗集、歌词、章奏、文史等七类当属集部，且章奏类下还有小序。元代马端临《文献通考》吸取这一分类思想，明确分集部为赋诗、诗集、歌词、章奏、总集等门类。将"章奏"单独分类并划入集部，这是对奏议文体认识的一大进步。而《文苑英华》《唐文粹》《宋文鉴》等文章选集都专门收录奏议，其序言及目录编排往往包含着文体辨析之意。

明代吴讷的《文章辨体》和徐师曾的《文体明辨》考镜源流、辨章学术，对古代奏议文体做了细致的分类和讨论。《文章辨体》涉及奏议类文体有制策、表、论谏、奏疏、议、弹文等，《文体明辨》则罗列章、表、奏疏、策、议等。两者所论可互为参照。比如"奏疏"，《文章辨体》云："或曰上疏，或曰上书，或曰奏劄，或曰奏状。虑有宣泄，则囊封以进，谓曰封事，考之于史可见矣。"② 《文体明辨》说："奏疏者，群臣论谏之总名也……及论其文，则皆以明允笃诚为本，辨析疏通为要，酌古御今，治繁总要，此其大体也。"③

到清代，《古文辞类纂》《经史百家杂钞》《骈体文钞》《涵芬楼古今文钞》等经过深入的考察，最终确立了奏议文体的独立地位。姚鼐《古文辞类纂》选文十三类，正式设立"奏议类"，列于第三位。在序目部分，姚氏对于"奏议"做了较为明确地阐释："奏议类者，盖唐、虞、三代圣贤陈说其君之辞，《尚书》具之矣。周衰，列国臣子为国谋者，谊忠而辞美，皆本谟、诰之遗，学者多诵之。其载《春秋》内、外传者不录，录自战国以下。汉以来有表、奏、疏、议、上书、封事之异名，其实一类。惟对策虽亦臣下告君之辞，而其体少别。"④ 这段话简明扼要叙述了奏议的渊源、特点以及类别。而《古今文钞》里"奏议类"

① （南朝梁）刘勰撰，范文澜注：《文心雕龙注》卷五、六，人民文学出版社1958年版，第406、530页。

② （明）吴讷、徐师曾著：《文章辨体序说·文体明辨序说》，人民文学出版社1962年版，第39页。

③ （明）吴讷、徐师曾撰：《文章辨体序说·文体明辨序说》，人民文学出版社1962年版，第123页。

④ （清）姚鼐编：《古文辞类纂·序目》，四部备要本。

分子目多达二十八种，包括奏、议、疏、上书、上言、章、书、表、策、折、劄子、启、笺、对、封事、弹文、讲义、状等，并逐一进行梳理、辨析，可以说是对奏议集大成式的总结。

纵观中国古代奏议文体研究，古人所论已涉及奏议之起源、门类、文体特点、文体功用、写作格式、运作方式等，不少分析不乏精辟、深刻之处，开始注重整体性的归并与概括，讲求分门立类，以纲带目。但是，古代奏议的文体研究大多数是片段、零碎的，缺乏系统性，有待今天的研究者去整合与建构。①

现当代学者一般倾向于把奏议归为散文一类。如韩兆琦、吕伯涛先生的《汉代散文史稿》指出："在文学与非文学的界限还不够明确、文史哲尚未完全分家的汉代，散文的范畴应该划得稍宽一些。所以，从章表奏疏、碑铭史传、书信杂记直至某些哲学著作，只要有一定的文学性或在散文发展史上发生过某种影响，我们都列入了讨论的范畴。"②郭预衡先生的《中国散文史》特别强调该书所考察的散文不限于抒情写景的"文学散文"，而是"将政论、史论、传记、墓志以及各体论说杂文统统包罗在内"。③其中政论基本就是奏议。刘振娅先生《论历代奏议体散文的文学成就》一文首次提出"奏议体散文"这一概念，认为其文学特色包括"浓郁的抒情色彩""生动感人的形象""富有文采的语言""构思精巧、表现手法和语气变化灵活适当"等，在奏议文学研究方面实有推进之功。④

奏议在六朝隋唐时期主要使用骈体，所以骈文研究者比较关注奏议。如姜书阁先生的《骈文史论》在分析"唐骈的衰变"时将唐代奏议写作大家张说、苏颋、陆贽、李商隐骈体奏议予以概述。⑤张仁清先生的《中国骈文发展史》涉及很多魏晋六朝的奏、疏、表、启作品的鉴赏与分析。⑥莫道才先生的《骈文通论》第八章第四节专论骈体公牍，对表、奏、章、疏、启的形式、功能及特色进行简单地概括。⑦

古代文体学研究现在是学术热点之一。与奏议相关的研究涉及其起源、名

① 仇海平：《秦汉魏晋南北朝奏议文研究》，河北师范大学 2010 年博士学位论文。

② 韩兆琦、吕伯涛著：《汉代散文史稿》，山西人民出版社 1986 年版，第 11 页。

③ 郭预衡著：《中国散文史·序言》，上海古籍出版社 2000 年版，第 1 页。

④ 刘振娅：《论历代奏议体散文的文学成就》，《广西社会科学》，1995 年第 04 期。

⑤ 姜书阁著：《骈文史论》，人民文学出版社 1986 年版。

⑥ 张仁清著：《中国骈文发展史》，浙江大学出版社 2009 年版。

⑦ 莫道才著：《骈文通论》，齐鲁书社 2010 年版。

目、功能、修辞、演变规律等。专著方面，褚斌杰的《中国古代文体概论》在公牍部分，谈及中国古代奏议类文体的特点与代表作品。① 论文方面，吴承学、刘湘兰的《奏议类文体》② 对于章、表、奏、议等奏议类文体予以述评。陈飞的《唐代试策的形式体制——以制举策文为中心》分析了唐代试策特定的形式体制和文学价值。③ 马璐的《奏议语体修辞及继承价值探微》分别对奏议语言特点及风格、语体修辞手段及修辞手法的运用进行考察，剖析其产生原因，最后归纳奏议语体修辞对当今公文写作的借鉴意义。④ 唐忠敏的《宋初奏议中的套语现象研究》对宋初奏议的标题、起首、正文、结尾中的套语现象进行分析，剖析其产生的原因以及所起的作用，最后总结它对现代公文写作的影响。⑤ 陈小英的《势、理、情：我国古代奏议行文的三种表达》考察了古代奏议表达风格的演变趋势，认为古代奏议的表达由刚变柔，由理入情，这种轨迹在从贾谊到陆贽再到苏轼的上书中表现出明显的痕迹。⑥

三、断代研究

先秦时期，奏议处于萌芽形态，王启才的《先秦奏议探寻》追溯奏议的历史源头，略述了从上古三代到战国后期，奏议由萌芽到逐步成形的过程。⑦

两汉与六朝的奏议研究成果比较丰富。罗书勤的《西汉奏疏的公文性质与文学价值》注意到西汉奏议善于描绘，语言生动形象，富有感情色彩，认为其文学价值不容忽视。⑧ 闵泽平的《汉代奏疏艺术论略》认为奏疏是汉代发展最为充分的一种文体，堪称汉代散文的代表；因政治环境、社会风气和士人心态等因素的影响，汉代奏疏的风格呈现出由雄浑壮丽向典雅深厚到疏宕清峻转变痕

---

① 褚斌杰著：《中国古代文体概论》，北京大学出版社 1984 年版。
② 吴承学、刘湘兰：《奏议类文体》，《古典文学知识》，2008 年第 04 期。
③ 陈飞：《唐代试策的形式体制——以制举策文为中心》，《文学遗产》，2006 年第 06 期。
④ 马璐：《奏议语体修辞及继承价值探微》，四川师范大学 2009 年硕士学位论文。
⑤ 唐忠敏：《宋初奏议中的套语现象研究》，四川师范大学 2011 年硕士学位论文。
⑥ 陈小英：《势、理、情：我国古代奏议行文的三种表达》，《淮海工学院学报》(社科版)，2010 年第 06 期。
⑦ 王启才：《先秦奏议探寻》，《档案学研究》，2005 年第 03 期。
⑧ 罗书勤：《西汉奏疏的公文性质与文学价值》，《贵州教育学院学报》(社科版)，1992 年第 02 期。

迹。① 王启才的《汉代奏议的文化意蕴与美学阐释》则从文体学、档案学、文学、文化学、美学等角度，就汉代奏议的名称、源流、文体特点与功能、流传与编纂情况、文化意蕴、文学价值与美学特点等问题进行综合性探讨。② 许结的《说"渊懿"——以西汉董、匡、刘三家奏议文为例》认为"渊懿"是中国古代散文史与文论史的一个重要范畴，它对西汉奏议的创作规范，主要体现在"经义""学问""义理"与"雅正"诸端；而作为一种文学风貌，"渊懿"具有三大特征：一是属于散文而非骈俪文；二是属于议论文而非叙事、抒情文；三是属于典雅醇厚之文而非狂狷之文。"渊懿"风格的兴盛显示了诸子文风向经术文风的变移。③ 范佳的《三国奏议研究》从政治性、思想性、风格三方面考察了三国奏议的特色。④ 邹学莉的《魏晋南朝表文研究》重点考察了表文从通用性庶政公文向具有文学性的一般文章转变的过程。⑤ 谭玲的《魏晋南北朝骈体公牍文研究》着力分析了魏晋南北朝时期骈体公文的句式、用典、韵律的特点，附带也将奏议的特征勾勒出来。⑥ 仇海平的《秦汉魏晋南北朝奏议文研究》则从政治文化的宏观视角，梳理隋唐之前奏议文之渊源、生成、发展的历史，辨析奏议文的文体概念、格式、功用、特点及发展变化，并依次对汉代、魏晋南朝北朝奏议文的写作状况、文体与文风的变化进行了考察。⑦

唐宋是奏议写作的成熟繁荣期，但是相关断代研究却很有限。冷琳的《论隋至中唐骈体公文改革及陆贽的杰出成就》描述了从隋初到中唐两百年间公文改革的进程，并以陆贽的奏议作为这一时期骈体公文改革的最高成就。⑧ 郭艳菊的《贞观谏文研究》主要考察太宗时期大臣张玄素、虞世南、魏徵、马周等

---

① 闵泽平：《汉代奏疏艺术论略》，《淮北煤炭师范学院学报》（哲学社会科学版），2003年第01期。

② 王启才：《汉代奏议的文化意蕴与美学阐释》，复旦大学2004年博士学位论文。作者后以此论文为基础出版专著《汉代奏议的文学意蕴与文化精神》，由人民出版社2009年出版。

③ 许结：《说"渊懿"——以西汉董、匡、刘三家奏议文为例》，《文学遗产》，2008年第05期。

④ 范佳：《三国奏议研究》，四川师范大学2005年硕士学位论文。

⑤ 邹学莉：《魏晋南朝表文研究》，湖南师范大学2011年硕士学位论文。

⑥ 谭玲：《魏晋南北朝骈体公牍文研究》，四川大学2004年硕士学位论文。

⑦ 仇海平：《秦汉魏晋南北朝奏议文研究》，河北师范大学2010年博士学位论文。

⑧ 冷琳：《论隋至中唐骈体公文改革及陆贽的杰出成就》，长春理工大学2008年硕士学位论文。

人的谏文的思想内容、文学特色及说服艺术。①王德领的《〈历代名臣奏议〉(宋代部分)研究》考察了两宋奏议的文献价值，并将《历代名臣奏议》的编撰体例与《宋朝诸臣奏议》进行比较。②孔繁敏的《赵汝愚〈国朝诸臣奏议〉初探》也是立足文献学，梳理了《国朝诸臣奏议》的版本流传情况。探讨了其对于宋史考证及宋代作家作品补遗之价值。③

宋以后的奏议研究成果差强人意。谢渠源的《明代忠烈奏议论衡》分绪论、本论、结论三部分综论了明代奏议的类别、体例、功效，其中还简述了刘基、于谦、海瑞、史可法等人奏议特点，并给予一定评价。④方丽华的《明代洪武年间奏议研究》对宋濂与解缙的奏议进行了个案分析。⑤禚荣原的《明代奏议研究》归纳总结了明代奏议的内容，并且揭示其风格，但侧重点在于展现明代的社会形态、国家治理与文化存在状况。⑥王素兰的《〈康熙朝汉文硃批奏折汇编〉研究》是文献学研究，对康熙朝的奏折的基本内容、格式、作用进行了阐述，对其文献价值进行了挖掘。⑦

四、个案研究

历代奏议名家辈出，佳作迭现。不过，有关奏议的个案研究却比较集中在贾谊、曹植、魏徵、陆贽、苏轼等作家及其作品上。

程伊杰的《贾谊、晁错政论散文对比研究》比较了贾谊、晁错的政论散文（实际是奏议）的内容、风格特色及影响。⑧王启才的《抱利器而无所施》从奏议写作的角度来审视曹植后期表文存在的不足，比较客观、全面地评价了曹植表文在奏议文体发展史上的作用和地位。⑨吴坤湖《"两表"的语用语境浅析》根据语用语境中的目的语境、交际双方关系语境、认知语境等因素，探讨了诸

① 郭艳菊：《贞观谏文研究》，郑州大学 2007 年硕士学位论文。
② 王德领：《〈历代名臣奏议〉(宋代部分)研究》，河北大学 2010 年硕士学位论文。
③ 孔繁敏：《赵汝愚〈国朝诸臣奏议〉初探》，《文献》，1989 年第 01、02 期。
④ 谢渠源：《明代忠烈奏议论衡》，台湾学生书局 1980 年版。
⑤ 方丽华：《明代洪武年间奏议研究》，中南大学 2011 年硕士学位论文。
⑥ 禚荣原：《明代奏议研究》，长春理工大学 2008 年硕士学位论文。
⑦ 王素兰：《〈康熙朝汉文硃批奏折汇编〉研究》，华东师范大学 2011 年硕士学位论文。
⑧ 程伊杰：《贾谊、晁错政论散文对比研究》，湘潭大学 2010 年硕士学位论文。
⑨ 王启才：《抱利器而无所施》，《江淮论坛》，2006 年第 05 期。

葛亮的《出师表》和李密的《陈情表》获得交际成功的原因，试图以此校正从文学的角度总结"两表"成功的不足之处。

曾婧的《魏徵疏体公文研究》对魏徵的疏文的形式、内容及创作风格进行了简析。① 郑力戎的《治乱之龟鉴，政论之典范——论陆贽的骈体奏议》探讨了陆贽奏议的思想价值、文学成就及其在散文史上的地位。高洁的《陆贽公文研究》主要揭示陆贽奏议的论辩、表情技巧与文体特征。王朝源的《试论陆贽的公文写作》辨析了陆贽奏疏骈散杂糅的写作手法与鲜明的针砭现实的品格。② 沙红兵的《唐宋八大家骈文研究》一书梳理了唐宋时期骈文与古文的互动、衍变过程，也分析了韩柳的书、启、表、奏的特色，还总结了唐宋八大家骈体公文的叙事艺术与表类作品的咏物方式。③ 董乃斌先生《李商隐的心灵世界》下编第六章"非诗之诗"论及樊南四六，指出李商隐代人所之表、状、书、启的特点是戴着镣铐跳舞却又"悠游于语言的囚笼"，并用很多具体的例文论证之。④

苏轼的奏议的研究成果有徐月芳《苏轼奏议书牍研究》，该书第三章重点讨论了苏轼奏议的内容、思想及为政、制兵之道，并对相应的作品进行了点评。⑤ 刘英楠《苏轼表文研究》认为苏轼的表文创作，上承韩愈、欧阳修的文体革新传统，摆脱了六朝以来华靡文风对表文的影响，采取骈散结合的写作手法，创造出了一种新形式的表文。⑥

元明清三代的奏议逐渐沦为纯粹政务公文，文学性大打折扣，以奏议写作而知名的文人与前代相比大为减少，相应的个案研究也寥寥可数。张德信的《戚继光奏议研究》主要是历史学、文献学的考察。⑦ 刘士义的《张之洞散文研究》用一小节的内容总结了张之洞奏议的特点，认为张奏叙事明覈，严谨有

---

① 曾婧：《魏徵疏体公文研究》，《兰台世界》，2010 年第 16 期。

② 郑力戎：《治乱之龟鉴，政论之典范——论陆贽的骈体奏议》，《浙江学刊》，1996 年第 03 期；高洁：《陆贽公文研究》，南京师范大学 2006 年硕士论文；王朝源：《试论陆贽的公文写作》，《四川师范大学学报》（社会科学版），2005 年第 05 期。

③ 沙红兵著：《唐宋八大家骈文研究》，人民文学出版社 2008 年版。

④ 董乃斌著：《李商隐的心灵世界》（增订本），上海古籍出版社 2012 年版，第 221—238 页。

⑤ 徐月芳著：《苏轼奏议书牍研究》，天工出版社 2002 年版。

⑥ 刘英楠：《苏轼表文研究》，辽宁大学 2011 年硕士学位论文。

⑦ 张德信：《戚继光奏议研究》，见朱诚如主编《明清论丛》（第二辑），紫禁城出版社 2001 年版。

序；其议论条分缕析，明白晓畅；其风格恣肆扬厉，明体达用。[①]

综合以上研究的情况，我们不难发现，作为中国古代一种重要的文体，历代奏议虽然获得了文史研究者的一定关注，但目前的研究还远远不够，有待进一步完善和补充。

首先，文体研究还不太成熟。已有的研究对于奏议的渊源、功能、修辞手法等都有不同程度涉及，但往往只是叙述性质的说明，或者简单归纳奏议类文体的特点，或者粗略地区分门类，没有深入地比较与分析。

其次，忽视对于作品的解读与赏析。缘此，我们无法明确地评议一篇奏议的工拙优劣，也不容易区分出不同作者之间写作风格的差异，更不能从整体上把握某一时期的奏议特征。

再次，研究分布不平衡。断代研究空白甚多，文学繁荣昌盛的唐宋居然没有相应的断代研究，诚为一大遗憾。至于奏议的个案研究则主要集中于少数作家以及作品，而且研究内容多停留在语言特色、修辞手段等方面，缺乏深入开掘。

最后，文学史传统考察的缺失。以奏议在古代文章中的独特地位与价值，它理应是公牍文学史的重要组成部分，甚至可以单独写成一部分体文学史。然而，现有的文学史著述对奏议关注还不够，更谈不上一以贯之的考察。也就是说，我们没有总结奏议文体本身固有的历史传承，也没有把奏议放入中国古代文学的传统中进行审视，这样，历代奏议所包含的文学意蕴及其对当代借鉴意义也就遮蔽不彰，其文学史价值也就得不到充分体现。

[①]　刘士义：《张之洞散文研究》，兰州大学 2010 年硕士学位论文。

第一章　唐前奏议文学述略

　　华夏文明之始，传说中的炎帝与黄帝时期，尚处于原始社会后期，以血缘与利害关系组合的氏族部落联盟，其成员之间相互平等，各自独立处理内部事务。尧舜禹时期，原始社会向奴隶社会过渡，公共的管理机构出现，部落联盟首领与各部落酋长协商处理事务，两者虽是上下级关系，但彼此地位并不悬殊，权力交接以禅让形式进行。夏朝开始，世袭制取代禅让制，不同的阶级出现，奴隶制国家形成，奴隶主贵族政权建立。殷商时期，政府机构增多，职官明确，等级严格，君臣地位有高下之分。周代实行分封制，"天子建国，诸侯立家"[①]，周王为天下共主，诸侯是臣属，两者是宗藩关系，身份有尊卑之别。春秋战国时期，王室衰微，诸侯国各自为政，"君治其要，臣行其详，君操其柄，臣常其事"[②]，新的官僚制度孕育其中。秦汉以后，统一的中央集权国家形成，君主专政的政治体制最终确立，并影响中国历史两千余年。

　　国家从无到有，政府机构由简单到庞大，所需处理事务越来越多，议事制度随之产生。同时，公天下演变成家天下，君臣关系由相对平等转变为不可僭越，管理国家事务方式也大不相同：君主拥有最高决策权，按照自己的意愿下达各项指示，发布重要典章制度，是为诏令；臣民只能在一定范围内参政议政，对各种事务提出意见、建议与对策，或就有关情况进行汇报、陈请，此为奏议。

　　笼统地说，奏议表现为两大形态：奏言与奏章。言者，语也，奏言即口头陈述的奏议。奏言之起，早于文字产生，故在殷商之前，奏言的作用不可替

---

　　① （晋）杜预注，（唐）孔颖达等正义：《春秋左传正义》卷五，上海古籍出版社1990年版，第98页。

　　② （战国）申不害撰：《申子·大体》，《玉函山房辑佚书》本。

代；春秋战国时期，游说人主之辞比比皆是；以后历朝历代，廷对面陈也是常态。章者，文也，奏章就是文字书写的奏议。奏章滥觞于春秋战国时期，称为上书；秦汉时发展成为独立文类，功能细化，品种增多，运用广泛；到了六朝时，完全成熟并成为中国古代文章之大宗。从秦汉开始，奏议逐渐制度化与书面化，重要的奏言，经过文字整理并记录，与奏章差别不大，奏章（或曰奏表、章表）于是成为奏议的主体，后世言奏议，如不加以特别说明，一般都指的是书面的奏章。

本章将结合社会政治制度变迁与文学自身发展进程，分三个时段简述唐前奏议的演变轨迹与文学特色。

第一节　简朴自然的先秦奏议

先秦无"奏议"一词，"奏"与"议"各有含义。

"奏"的本义是奉献、送上。《尚书·舜典》云："敷奏以言，明试以功，车服以庸。"① 《说文解字》："奏，进也。从夲，从中。中，上进之义。"② 《文心雕龙·奏启》云："昔唐虞之臣，敷奏以言；秦汉之辅，上书称奏。陈政事，献典仪，上急变，劾愆谬，总谓之奏。奏者，进也。言敷于下，情进于上也。"③

"议"的本义是商议、讨论。《尚书·周官》："以公灭私，民其允怀，学古入官，议事以制，政乃不迷。"④ 《说文解字》："议，语也。一曰谋也。从言，义声。"⑤ 《文心雕龙·议对》："洪水之难，尧咨四岳；宅揆之举，舜畴五人。三代所兴，询及刍荛。春秋释宋，鲁僖预议。及赵灵胡服，而季父争论；商鞅变法，

---

① （汉）孔安国撰，（唐）孔颖达正义，黄怀信整理：《尚书正义》卷三，上海古籍出版社 2007 年版，第 82 页。

② （汉）许慎撰，（清）段玉裁注：《说文解字注》，中华书局 1963 年版，第 498 页。

③ （南朝梁）刘勰撰，詹锳义证：《文心雕龙义证》卷五，上海古籍出版社 1989 年版，第 851—852 页。

④ 《尚书正义》卷十七，上海古籍出版社 2007 年版，第 708 页。

⑤ 《说文解字注》，中华书局 1963 年版，第 92 页。

而甘龙交辩；虽宪章无算，而同异足观。"①

　　比较"奏""议"的本义，不难发现它们都与处理政事有关，而且主要是口头讨论的形式，即相当于奏言。由此可见，奏言的产生可追溯至传说中的尧舜禹时期。在禅让制时代，国家虽处于初级形态，但君臣之间也存在上下级关系；那时文字还没有出现，所以议事只能当面进行，并靠口头的上传下达来执行。文字发明以后，一些比较重要的言论被记录下来，成为最早的奏言。在上古文献汇编《尚书》中，我们可以找到很多这样的奏言。《尚书》有典、谟、誓、命、诰、训六体，除了极少数记叙文字（如《禹贡》），主要内容就是告上训下之词，即各种场合与情境下的政治性言论。②如《尧典》记述帝尧与四岳商议帝位继承人问题的一段对话：

> 　　帝曰："咨，四岳！朕在位七十载，汝能庸命，巽朕位？"
>
> 　　岳曰："否！德忝帝位。"
>
> 　　曰："明明扬侧陋。"
>
> 　　师锡帝曰："有鳏在下，曰虞舜。"
>
> 　　帝曰："俞，予闻，如何？"
>
> 　　岳曰："瞽子，父顽，母嚚，象傲。克谐以孝，烝烝乂，不格奸。"
>
> 　　帝曰："我其试哉！女于时，观厥刑于二女。"③

帝尧向四岳征求继承人选，四岳进行推荐并陈述理由，这是讨论政事；两者纯用口语，这和后世应诏廷对很相似，所以将四岳的答复视为奏言是说得过去的。《皋陶谟》里，皋陶与禹在帝舜面前讨论如何治国安民，提出慎身、知人、安民三项主张，这一番谈话与后世的奏言已经没有什么差别。④

　　上古时期不仅出现奏言，而且建立了相应的进言制度。如帝舜时就设立"纳言"一职以宣上言于下，达下言于上。⑤除此之外，"尧鼓舜木"的传说也

---

① 《文心雕龙义证》卷五，上海古籍出版社1989年版，第884页。

② 甲骨文、钟鼎铭文时代比《尚书》更早，但基本上是简短记事，言论不成片段。

③ 《尚书正义》卷二，上海古籍出版社2007年版，第57—58页。

④ 《尚书正义》卷四，上海古籍出版社2007年版，第143—153页。

⑤ 据《尚书》记载，帝舜任命大臣龙为纳言并勉励他："龙，朕堲谗说殄行，震惊朕师。命汝作纳言，夙夜出纳朕命，惟允。"见《尚书正义》卷三，上海古籍出版社2007年版，第108—109页。

可作为佐证。《淮南子·主术训》曰："古者天子听朝，公卿正谏，博士诵诗，瞽箴师诵，庶人传语，史书其过，宰彻其膳。犹以为未足也，故尧置敢谏之鼓，舜立诽谤之木，汤有司直之人，武王立戒慎之鞀，过若豪氂，而既已备之也。"① 设鼓、立木之目的无非是要广开言路，听取各方意见。② 这是后世谏议制度的滥觞。

夏商时期，奏言依旧运用普遍。比如夏桀暴虐，"为酒池可以运舟，糟丘足以望十里而牛饮者三千人"，大臣关龙逢拼死进谏："古之人君，身行礼义，爱民节财，故国安而身寿。今君用财若无穷，杀人若恐弗胜。君若弗革，天殃必降而诛必至矣。君其革之！"③

商初伊尹以"至味"说汤，也贡献了一段著名奏言。

> 汤得伊尹，祓之于庙，爝以爟火，衅以牺狠。明日设朝而见之，说汤以至味。汤曰："可对而为乎？"对曰："君之国小，不足以具之，为天子然后可具。夫三群之虫，水居者腥，肉玃者臊，草食者膻。恶臭犹美，皆有所以。凡味之本，水最为始。五味三材，九沸九变，火为之纪。时疾时徐，灭腥去臊除膻，必以其胜，无失其理。调合之事，必以甘、酸、苦、辛、咸。先后多少，其齐甚微，皆有自起。鼎中之变，精妙微纤，口弗能言，志不能喻。若射御之微，阴阳之化，四时之数。故久而不弊，熟而不烂，甘而不哝，酸而不酷，咸而不减，辛而不烈，淡而不薄，肥而不腻。……天子不可强为，必先知道。道者，止彼在己，己成而天子成。天子成则至味具。故审近所以知远也，成己所以成人也；圣人之道要矣，岂越越多业哉！"④

这段奏言洋洋洒洒，以食材喻人才，将烹饪之法比治国之道，形象生动说明任用贤才、推行仁义之道可得天下、成天子（即享至味）的道理。不过伊尹的这番话文辞雅顺，铺陈排比，有后人加工改造的痕迹。

---

① （汉）刘安撰：《淮南子》卷九，《四部丛刊》初编本。

② "尧鼓舜木"的传说明显经过后人的加工，因为文字在殷商时期才出现，尧舜之时，不可能有书面的上奏。但这个传说空穴来风，未必无因，它客观上符合部落联盟时代集体议事制度。

③ （汉）韩婴撰：《韩诗外传》卷四，《四部丛刊》初编本。

④ （战国）吕不韦撰：《吕氏春秋》卷十四《本味》，《四部丛刊》初编本。

至于与伊尹相关的《伊训》与《太甲训》，则可视为书面奏议的雏形。①

> 惟元祀十有二月乙丑，伊尹祠于先王。奉嗣王祗见厥祖，侯、甸群后咸在，百官总己以听冢宰。伊尹乃明言烈祖之成德，以训于王。曰：
>
> 呜呼！古有夏先后，方懋厥德，罔有天灾。山川鬼神，亦莫不宁，暨鸟兽鱼鳖咸若。于其子孙弗率，皇天降灾，假手于我有命，造攻自鸣条，朕哉自亳。惟我商王，布昭圣武，代虐以宽，兆民允怀。今王嗣厥德，罔不在初，立爱惟亲，立敬惟长，始于家邦，终于四海。
>
> 呜呼！先王肇修人纪，从谏弗咈，先民时若。居上克明，为下克忠，与人不求备，检身若不及，以至于有万邦，兹惟艰哉！敷求哲人，俾辅于尔后嗣，制官刑，儆于有位。②
>
> ……

伊尹身为成汤时立国元老，对太甲（成汤之孙）有辅政之职责，故虽为臣子进谏，其辞名"训"。这一点与后来周公旦作《无逸》《立政》以及召公奭作《召诰》类似。伊尹的这段训词较长，虽是口述，但应有底本才对，所以，将其归为书面奏议的雏形，也不算勉强。

西周的谏议制度完备，大臣讽谏周王之言流传颇多，这些谏言（即奏言），很多保存在《国语》里。诸如召公谏厉王弭谤、祭公谏穆王征犬戎、芮良夫论荣夷公专利、虢文公谏宣王不籍千亩、仲山父谏宣王料民之类，在历史上都很著名。试看召公谏厉王弭谤。

---

① 关于《伊训》《太甲训》真伪，历来有争议，不过《孟子》《史记》都有称引，如《孟子·万章上》："伊尹相汤以王（于）天下，汤崩，太甲未立，外丙二年，中壬四年，太甲颠覆汤之典刑，伊尹放之于桐，三年，太甲悔过自怨自艾，于桐处仁迁义三年，以听伊尹之训己也，复归于亳。"（见焦循《孟子正义》，中华书局1987年版，第649页）这里没有明确提及《伊训》篇，但有伊尹训太甲之事。又《史记·殷本纪》："帝太甲元年，伊尹作《伊训》，作《肆命》，作《徂后》。帝太甲既立三年，不明，暴虐，不遵汤法，乱德，于是伊尹放之于桐宫。三年，伊尹摄行政当国，以朝诸侯。帝太甲居桐宫三年，悔过自责，反善，于是伊尹乃迎帝太甲而授之政。帝太甲修德，诸侯咸归殷，百姓以宁。伊尹嘉之，乃作太甲训三篇，褒帝太甲，称'太宗'。"（见《史记》卷三，中华书局1959年版，第98—99页）尽管文字有差异，但基本史实应该是可信的。

② 《尚书正义》卷八，上海古籍出版社2007年版，第301—305页。

厉王虐，国人谤王。召公告王曰："民不堪命矣！"

王怒，得卫巫使监谤者。以告，则杀之。国人莫敢言，道路以目。王喜，告召公曰："吾能弭谤矣，乃不敢言。"

召公曰："是障之也。防民之口，甚于防川。川壅而溃，伤人必多，民亦如之。是故为川决之使导，为民者宣之使言。故天子听政，使公卿至于列士献诗，瞽献曲，史献书，师箴，瞍赋，矇诵，百工谏，庶人传语，近臣尽规，亲戚补察，瞽、史教诲，耆、艾修之，而后王斟酌焉，是以事行而不悖。民之有口，犹土之有山川也，财用于是乎出；犹其有原隰衍沃也，衣食于是乎生。口之宣言也，善败于是乎兴。行善而备败，其所以阜财用衣食者也。夫民虑之于心而宣之于口，成而行之，胡可壅也？若壅其口，其与能几何？"

王不听，于是国人莫敢出言。三年，乃流王于彘。①

召公的谏言深入浅出，直指利害，然而厉王昏聩不用，以至于最后被放逐。这段谏言还有一点很值得注意，那就是所谓"天子听政"途径："公卿至于列士献诗，瞽献曲，史献书，师箴，瞍赋，矇诵，百工谏，庶人传语，近臣尽规，亲戚补察，瞽、史教诲，耆、艾修之。"它经常用以解释先秦时期文学作品的来源与结集过程，如《诗经》之"献诗说"。事实上，《诗经》中很多作品都具有谏言性质，如《小雅·节南山》《小雅·鹤鸣》《大雅·民劳》《大雅·板》之类，都是大臣劝谏周王之作。

春秋战国时期，向君主进言仍以口头为主。《国语》《战国策》所载谋臣辩士讽谏、游说各国君主之辞比比皆是。其文字记录曾经一度还视为专门一类文体——说。② 这一时期的奏言，特别是《战国策》所载，大抵纵横驰骋，放言

---

① 《国语·周语上》，《四部丛刊》初编本。

② 如陆机《文赋》云："奏平彻以闲雅，说炜晔而谲诳。"但陆氏没有进一步加以说明。刘勰《文心雕龙·论说》曰："说者，悦也。兑为口舌，故言资悦怿；过悦必伪，故舜惊谗说。说之善者，伊尹以论味隆殷，太公以辨钓兴周，及烛武行而纾郑，端木出而存鲁，亦其美也。暨战国争雄，辩士云涌。纵横参谋，长短角势。转丸骋其巧辞，飞钳伏其精术。一人之辩，重于九鼎之宝；三寸之舌，强于百万之师。六印磊落以佩，五都隐赈而封。"两人论述侧重点不同，都将"说"与上书之辞联系，视为单独一类文体。但秦汉以后，上书性质的说体文几乎绝迹，凡以"说"命名的作品，基本上都是论辩文。到唐宋时，"说"还与"论"区别开来，演变为一种侧重于说明性、解说性的文体。如《文苑英华》"杂文类"中就有"杂说"一类，收录梁以后作者李观、来鹄等人以"说"命名的议论说理性文章。之后的《唐文粹》《宋文鉴》《元文类》《明文衡》涉及"说"体，选录的也都是论辩之文。

无忌；又讲究铺陈，引譬设喻，文字形象生动。先看张仪为秦连横说魏王：

> 魏地方不至千里，卒不过三十万人。地四平，诸侯四通，条达辐凑，无有名山大川之阻。从郑至梁，不过百里；从陈至梁，二百余里。马驰人趋，不待倦而至梁。南与楚境，西与韩境，北与赵境，东与齐境，卒戍四方，守亭障者参列。粟粮漕庾，不下十万。魏之地势，故战场也。魏南与楚而不与齐，则齐攻其东；东与齐而不与赵，则赵攻其北；不合于韩，则韩攻其西；不亲于楚，则楚攻其南。此所谓四分五裂之道也。且夫诸侯之为从者，以安社稷、尊主、强兵、显名也。合从者，一天下，约为兄弟，刑白马以盟于洹水之上，以相坚也。夫亲昆弟，同父母，尚有争钱财。而欲恃诈伪反覆苏秦之余谋，其不可以成亦明矣。大王不事秦，秦下兵攻河外，拔卷、衍、燕、酸枣，劫卫取晋阳，则赵不南；赵不南则魏不北，魏不北，则从道绝；从道绝，则大王之国欲求无危，不可得也。秦挟韩而攻魏，韩劫于秦，不敢不听。秦、韩为一国，魏之亡可立而须也，此臣之所以为大王患也。为大王计，莫如事秦，事秦则楚、韩必不敢动；无楚、韩之患，则大王高枕而卧，国必无忧矣。且夫秦之所欲弱莫如楚，而能弱楚者莫若魏。楚虽有富大之名，其实空虚；其卒虽众，多言而轻走，易北，不敢坚战。魏之兵南面而伐，胜楚必矣。夫亏楚而益魏，攻楚而适秦，内嫁祸安国，此善事也。大王不听臣，秦甲出而东，虽欲事秦而不可得也。[①]

这段奏言分析魏国危如累卵的形势，如层层剥笋，逐步深入，则魏与秦建立连横关系自然日益紧迫，有如箭在弦上不得不发。再看苏秦为赵合纵说齐宣王：

> 齐南有太山，东有琅邪，西有清河，北有渤海，此所谓四塞之国也。齐地方二千里，带甲数十万，粟如丘山。齐车之良，五家之兵，疾如锥矢，战如雷电，解若风雨，即有军役，未尝倍太山、绝清河、涉渤海也。临淄之中七万户，臣窃度之，下户三男子，三七二十一万，不待发杀远县，而临淄之卒，固以二十一万矣。临淄甚富而实，其民无不吹竽、鼓瑟、击筑、弹琴、斗鸡、走犬、六博、蹹踘者；临淄之途，车毂击，人肩摩，连衽成

---

① （汉）刘向辑录：《战国策》卷二二，上海古籍出版社 1985 年版，第 792—794 页。

帷，举袂成幕，挥汗成雨；家敦而富，志高而扬。夫以大王之贤是与齐之强，天下不能当。今乃西面事秦，窃为大王羞之。且夫韩、魏之所以畏秦者，以与秦接界也。兵出而向当，不至十日，而战胜存亡之机决矣。韩、魏战而胜秦，则兵半折，四境不守；战而不胜，以亡随其后。是故韩、魏之所以重与秦战而轻为之臣也。今秦攻齐则不然，倍韩、魏之地，至闺阳晋之道，径亢父之险，车不得方轨，马不得并行，百人守险，千人不能过也。秦虽欲深入，则狼顾，恐韩、魏之议其后也。是故恫疑虚猲，高跃而不敢进，则秦不能害齐，亦已明矣。夫不深料秦之不奈我何也，而欲西面事秦，是群臣之计过也。今无臣事秦之名，而有强国之实，臣固愿大王少留计。①

文中反复渲染齐国之强盛，目的是增强齐宣王与赵合纵抗秦之信心。这段奏言铺张扬厉，极尽夸张之能事，气势恢宏，有如江河直下。

刘熙载曾说："战国说士之言，其用意类能先立地步，故得如善攻者使人不能守，善守者使人不得攻也。不然，专于措辞求奇，虽复可惊可喜，不免脆而易败。"②所谓"先立地步"，就是知己知彼，掌握主动，然后居高临下，围绕一个中心论点或者主题展开，引经据典，指陈利害，使自己立于不败之地。不然，只是巧言令色，夸大其词，很难真正说动君主。张仪、苏秦的游说，正是典型代表。这种论事技巧，对后世（尤其是汉初）论时务疏的写作，很有启发意义。

春秋战国时期的陈君之词，少部分也以"上书"的形式出现。比如范蠡助勾践灭吴，功成身退，上书勾践辞行：

臣闻主忧臣劳，主辱臣死。昔者君王辱于会稽，所以不死，为此事也。今既雪耻，臣请从会稽之诛。③

再如乐毅受燕惠王猜忌奔赵，燕国战败，燕惠王派人责难乐毅，乐毅呈《报燕

①（汉）刘向辑录：《战国策》卷八，上海古籍出版社1985年版，第337—341页。

②（清）刘熙载撰，袁津琥校注：《〈艺概〉注稿》卷一《文概》，中华书局2009年版，第26页。

③（汉）司马迁撰：《史记》卷四一《越王勾践世家》，中华书局1959年版，第1752页。

惠王书》进行驳斥：

> 臣不佞，不能奉承王命，以顺左右之心，恐抵斧质之罪，伤先王之明，有害足下之义，故遁逃走赵。自负以不肖之罪，故不敢为辞说。今王使人数之以罪，臣恐侍御者不察先王之所以畜幸臣之理，又不白臣之所以事先王之心，故敢以书对。
>
> ……
>
> 臣闻贤圣之君，功立而不废，故著于春秋；蚤知之士，名成而不毁，故称于后世。若先王之报怨雪耻，夷万乘之强国，收八百岁之蓄积，及至弃群臣之日，余教未衰，执政任事之臣，修法令，慎庶孽，施及乎萌隶，皆可以教后世。臣闻之，善作者不必善成，善始者不必善终。昔伍子胥说听于阖闾，而吴王远迹至郢；夫差弗是也，赐之鸱夷而浮之江。吴王不寐先论之可以立功，故沉子胥而不悔，子胥不蚤见主之不同量，是以至于入江而不化。夫免身立功，以明先王之迹，臣之上计也。离毁辱之诽谤，堕先王之名，之所大恐也。临不测之罪，以幸为利，义之所不敢出也。臣闻古之君子，交绝不出恶声；忠臣之去也，不洁其名。臣虽不佞，数奉教于君子矣。恐侍御者之亲左右之说，而不察疏远之行，故敢以书报，唯君王之留意焉。①

这两道上书都是写给君主的，一陈请，一申辩，很接近书面的奏章了。

综上所述，先秦时期的奏言或者上书，辞令化的特征明显，不论长短，都能立足各自身份，本色地表达，自然地抒发，绝少束缚，不求工而自工。

不过先秦时期的奏议从体制上还不成熟。因为奏言还不是真正意义上的文本，上书也并不通行。更关键的是，先秦时期严格的君臣关系并没有确定。这一点，才是奏议的本质属性所在。所以，先秦的奏议，只是初具形态。奏议的正式形成，要到秦代。②

秦王朝扫灭六国后，正君臣，立典仪，明法度，定律令，建立统一的中央

---

① （汉）司马迁撰：《史记》卷八十《乐毅列传》，中华书局1959年版，第2430—2433页。

② 仇海平博士认为奏议是中国古代官僚政治制度、礼乐文化的产物，其内在属性是君臣名分，外在特征是进御性。秦代严格的君臣关系确立后，奏议才正式得以生成（见《秦汉魏晋南北朝奏议文研究》上篇小结，河北师范大学2010年博士学位论文）。这一看法是有道理的，本书予以采纳，故将先秦的奏言、上书视为奏议的初级形态，或者说准奏议形态。

集权制国家。所谓正君臣，是指嬴政首立"皇帝"之尊位，自称"朕"，号"始皇帝"，并规定"后世以计数，二世三世至于万世，传至无穷"。[①] 正君臣的政治意义十分重大。在尊号上做文章，就是要明确君权至上，代不更替。这一点跟殷商之前情况迥异，与周代也有很大的不同。[②] 君权确立的同时，君主专政的政治体制亦随之建立。从此，国家政务运作开始以新的方式运转，政事无论大小均需上奏，由皇帝裁夺；"丞相诸大臣皆受成事，倚辨于上"。[③] 政事日以万计，为提高处理的效率，奏事与决事很大程度上要依赖文书上下往来。秦法律规定："有事请殹（也），必以书，毋口请，毋（羁）请。"[④] 这开启了历代王朝文书行政的先河。为配合文书行政的需要，也体现君臣的尊卑关系，一些专门的文体陆续出现。如皇帝发布命令为制诏，群臣上书进言则用表奏。《文心雕龙·书记》曰："战国以前，君臣同书；秦汉立仪，始有表奏。"[⑤] 表奏的问世，标志着奏议的正式形成。

秦朝以严刑峻法治国，公文法令化，上奏只求合乎规范，行文未免枯槁。[⑥] 以李斯为例，以统一六国为界，我们很容易看出两者的风格差异，前期作品如《上书韩王》《上书谏逐客》纵横恣肆，气势磅礴。如《上书谏逐客》曰：

> 臣闻吏议逐客，窃以为过矣。昔穆公求士，西取由余于戎，东得百里奚于宛，迎蹇叔于宋，求丕豹、公孙支于晋。此五子者，不产于秦，而

①　（汉）司马迁撰：《史记》卷六《秦始皇本纪》，中华书局 1959 年版，第 236 页。

②　许倬云先生认为，从西周铜器铭文记载的册命来看，周王与诸侯之间，诸侯与下属之间，主从关系是个人之见的约定，而且隔代不继承。"西周的封建制度，一方面是个人的承诺与约定，另一方面又有血族姻亲关系加强其固定性。两者结合，遂有表现于彝器铭文的礼仪，礼仪背后，终究还是策名委质的个人关系。上对下有礼，下对上尽忠。史官读史书，受命者受策。加之以赏赐，信之以瑞玉，正是为了确定双方的权利与义务。"见许倬云《西周史》（增补二版），三联书店 2012 年版，第 192 页。

③　（汉）司马迁撰：《史记》卷六，中华书局 1959 年版，第 236、258 页。

④　睡虎地秦墓竹简整理小组编：《睡虎地秦墓竹简》，文物出版社 1978 年版，第 105 页。

⑤　（南朝梁）刘勰撰，范文澜注：《文心雕龙注》卷五，人民文学出版社 1958 年版，第 456 页。

⑥　如睡虎地秦简所载《雨律》："雨为澍，及秀粟，辄以书言澍稼、秀粟及垦田……稼以生后而雨，辄言雨少多，所利顷数。旱及暴风雨、水潦、螽虫、群它物伤稼者，亦辄言其顷数。"（《睡虎地秦墓竹简》，文物出版社 1978 年版，第 24—25 页）如此奏事固然简明，但纯是应用文字，未免单调无味。

穆公用之，并国二十，遂霸西戎。孝公用商鞅之法，移风易俗，民以殷盛，国以富强，百姓乐用，诸侯亲服。获楚、魏之师，举地千里，至今治强。惠王用张仪之计，拔三川之地，西并巴蜀，北收上郡，南取汉中。包九夷，制鄢、郢，东据成皋之险，割膏腴之壤，遂散六国之从，使之西面事秦，功施到今。昭王得范雎，废穰侯，逐华阳，强公室，杜私门，蚕食诸侯，使秦成帝业。此四君者，皆以客之功。由此观之，客何负于秦哉！向使四君却客而不内，疏士而不与，是使国无富利之实，而秦无强大之名也。

……

臣闻地广者粟多，国大者人众，兵强则士勇。是以泰山不让土壤，故能成其大；河海不择细流，故能就其深；王者不却众庶，故能明其德。是以地无四方，民无异国，四时充美，鬼神降福，此五帝、三王之所以无敌也。今乃弃黔首以资敌国，却宾客以业诸侯，使天下之士，退而不敢向西，裹足不入秦，此所谓藉寇兵而赍盗粮者也。

夫物不产于秦，可宝者多；士不产于秦，而愿忠者众。今逐客以资敌国，损民以益仇，内自虚而外树怨于诸侯，求国之无危，不可得也。①

这道上书立论有据，结构严谨，修辞得体，语言生动，是历代传颂的名篇。而李斯中期作品如《议烧诗书百家语》《议废封建》则就事论事，合乎规矩。试看《议废封建》：“周文武所封子弟同姓甚众，然后属疏远，相攻击如仇雠，诸侯更相诛伐，周天子弗能禁止。今海内赖陛下神灵一统，皆为郡县，诸子功臣以公赋税重赏赐之，甚足易制。天下无异意，则安宁之术也。置诸侯不便。”②寥寥数语，直陈事实，不做深论，先言分封制之弊端，后述郡县制之合理，两相对比，“置诸侯不便”显而易见。至于后期的作品，如《上书二世》《上书言赵高》则显得词卑气弱，与前期作品更是不可同日而言了。

秦朝的奏议，在制度方面影响深远，但在文学特色上，反而不及先秦，成就也有限。可见政治与文学的发展，并不总是同步。

---

① （汉）司马迁撰：《史记》卷八七，中华书局1959年版，第2541—2545页。

② 《史记》卷六，中华书局1959年版，第239页。

第二节　严谨深厚的两汉奏议

汉承秦制，略有损益。中央机构方面，皇帝之下设立三公九卿。《汉书·百官公卿表》云："自周衰，官失而百职乱，战国并争，各变异。秦兼天下，建皇帝之号，立百官之职。汉因循而不革，明简易，随时宜也。"①地方行政管理上，起初是郡国并行，七国之乱后，诸侯国降格与郡同级，遂行郡（国）县两级制。汉王朝也继承了秦朝文书行政体系，依靠公文运作来提高行政效率，并且使其法令化。②在这个基础上，中国古代文书行政体系正式确定。

汉王朝处理中央事务，一般由大臣当面陈述或者上书奏请，地方事务则要求地方官员定期呈交施政报告，遇重大、紧急情况随时上表。皇帝虽然具有最高决定权，但奏书甚繁，一人之力无法应对，非重大事务，丞相、御史大夫可代理批复。武帝以后，尚书也成为皇帝处理奏议的助手。这样处理奏议就成为政府管理日常政务的主要形式之一。

汉初的统治者鉴于亡秦之覆辙，十分重视纳谏。高祖刘邦谓陆贾曰："试为我著秦所以失天下，吾所以得之者何，及古成败之国。""陆生乃粗述存亡之征，凡著十二篇，每奏一篇，高帝未尝不称善，左右呼万岁，号其书曰《新语》。"③随后的文帝、景帝也大力勉励群臣进谏，所以贾谊、晁错、贾山、邹阳等人，也都纷纷上书针砭时弊，为国家长治久安建言献策。特别是贾谊与晁错，居安思危，深具忧患意识，谏诤之言连篇累牍，言辞激切，无所避讳，如没有统治者的提倡与鼓励，是很难做到的。可以说，文景之治的出现，与汉初言路大开，君臣之间良性互动密不可分。

据蔡邕的《独断》记载，汉代的奏议大体分为四类："凡群臣上疏天子者有四名：一曰章，二曰奏，三曰表，四曰驳议。"④刘勰的《文心雕龙·章表》沿用这个说法，只不过改"驳议"为"议"。"秦初定制，改书曰奏。汉定礼仪，

---

① （汉）班固撰：《汉书》卷十九，中华书局1962年版，第722页。

② 1983年湖北江陵出土的张家山汉墓竹简里，保存有大量汉初历史文献，其中"二年律令"涉及大量法令条文，包括记录文书制度的"行书律"。根据"行书律"及"置吏律""贼律""史律"部分条款，我们能够看出汉初的文书行政体系已经相当完备。见《张家山汉墓竹简（二四七号墓）》，文物出版社2006年释文修订版。

③ （汉）司马迁撰：《史记》卷九七，中华书局1959年版，第2699页。

④ （汉）蔡邕撰：《独断》卷上，《丛书集成》初编本。

则有四品：一曰章，二曰奏，三曰表，四曰议。章以谢恩，奏以按劾，表以陈请，议以执异。"①据现有文献来看，章、表在西汉尚不多见，奏、疏使用最广。②除章、奏、表、议之外，汉代奏议还应包括封事与策论。汉代奏章一般不封口，如奏陈机密事宜，为防止泄露，则用双重封条贴黑色袋内呈上，是为"封事"。③封事是后代密奏、秘折之肇端。至于策论，则指的是对策之文。汉代诸帝为招揽人才，下诏要求各级官僚与诸侯举荐"贤良方正"之士，并送至京城考核。考核的办法是"对策"，即皇帝（或以皇帝的名义）命题，就政治、经济、文化相关的问题提问，由应试者书面作答，提供相应的策略。④晁错的"削藩"与"实边"主张就是在对策中提出来的。董仲舒的"天人三策"，也是对策之文。自西汉策试贤良方正以后，策试一直是历代选拔人才重要途径，策文的写作也成为文人入仕的必要手段。唐宋时期试策，即是取法汉代策论命题意图与具体形式。

汉代的奏议以议论见长，整体上具有雅正切实，刚健明快的风格。

汉初去战国未远，百家争鸣的余响犹在，陆贾、贾谊、晁错等人的奏议，汪洋恣肆，激越骏发，或多或少带有《战国策》的纵横之风与诸子散文思辨色彩。如贾谊《陈政事疏》（也称《治安策》）：

> 臣窃惟事势，可为痛哭者一，可为流涕者二，可为长叹者六。若其他背理而伤道者，难遍以疏举。进言者皆曰天下已安治矣，臣独以为未也。曰安且治者，非愚则谀，皆非事实知治乱之体者也。夫抱火厝之积薪之下而寝其上，火未及燃，因谓之安，方今之势，何以异此！本末舛逆，首尾衡决，国制抢攘，非甚有纪，胡可谓治！陛下何不一令臣得孰数之于前，因陈治安之策，试详择焉！

---

① （南朝梁）刘勰撰，詹锳义证：《文心雕龙义证》卷五，人民文学出版社 1989 年版，第 826 页。

② 据王启才先生统计，两汉时期奏与疏运用更普遍，章到东汉渐多，表不常见，仅有东汉末蔡邕《为巴蜀太守谢表》《陈留太守奏上孝子程末事表》及公孙瓒《表袁绍罪行疏》等寥寥几篇。见《汉代奏议的文学意蕴与文化精神》附录一，人民出版社 2009 年版。

③ 如魏相《卜封事夺霍氏权》密谏宣帝削霍氏一族所掌朝政人权，因不能走漏风声，故必须以封事上奏。

④ 汉代察举贤良属于特举，名称不固定，或"贤良方正"，或"贤良文学"，或"贤良方正直言极谏"。察举贤良方正始于汉文帝二年（公元前 178 年），此后，屡有诏举贤良方正之令，总计达三十余次。

……

天下之势，方病大肿。一胫之大几如要，一指之大几如股，平居不可屈信，一二指搐，身虑亡聊。失今不治，必为锢疾，后虽有扁鹊，不能为已。病非徒肿也，又苦蹠盭。元王之子，帝之从弟也；今之王者，从弟之子也。惠王，亲兄子也；今之王者，兄子之子也。亲者或亡分地以安天下，疏者或制大权以逼天子，臣故曰非徒病肿也，又苦蹠盭。可痛哭者，此病是也。

天下之势方倒县。凡天子者，天下之首，何也？上也。蛮夷者，天下之足，何也？下也。今匈奴嫚娒侵掠，至不敬也，为天下患，至亡已也，而汉岁金絮采缯以奉之。夷狄征令，是主上之操也；天子共贡，是臣下之礼也。足反居上，首顾居下，倒县如此，莫之能解，犹为国有人乎？非直倒县而已，又类辟，且病痱。夫辟者一面病，痱者一方痛。今西边北边之郡，虽有长爵不轻得复，五尺以上不轻得息，斥候望烽燧不得卧，将吏被介胄而睡，臣故曰一方病矣。医能治之，而上不使，可为流涕者此也。①

文章洋洋洒洒六千余言，先总论时局，痛陈时弊，然后则分段展开，层层深入，就"痛哭者一""流涕者二""长叹者六"所指具体论述，具有极强的针对性与思辨性。这种论辩风格，对唐代魏徵、陆贽以及宋代苏轼的奏议写作影响很大。

晁错所学，申、商刑名，为文疏直激切，有韩非子之风。其所上奏议，都是开门见山，不事雕琢，但是论事犀利，析理透彻，颇显远见卓识。比如其《守边劝农疏》（也称《言守边备塞务农力本当世急务二事》）建议用移民实边的办法来代替轮番戍边，就是紧扣现实，切中要害：

陛下幸忧边境，遣将吏发卒以治塞，甚大惠也。然令远方之卒守塞，一岁而更，不知胡人之能，不如选常居者，家室田作，且以备之。以便为之高城深堑，具蔺石，布渠答，复为一城其内，城间百五十步。要害之处，通川之道，调立城邑，毋下千家，为中周虎落。先为室屋，具田器，乃募罪人及免徒复作令居之；不足，募以丁奴婢赎罪及输奴婢欲以拜爵者；不足，乃募民之欲往者。皆赐高爵，复其家。予冬夏衣，廪食，能自给而止。郡县之民得买其爵，以自增至卿。其亡夫若妻者，县官买予之。人情非有

---

① （汉）班固撰：《汉书》卷四八，中华书局 1962 年版，第 2230—2242 页。

匹敌，不能久安其处。塞下之民，禄利不厚，不可使久居危难之地。胡人入驱而能止其所驱者，以其半予之，县官为赎其民。如是，则邑里相救助，赴胡不避死。非以德上也，欲全亲戚而利其财也。此与东方之戍卒不习地势而心畏胡者，功相万也。以陛下之时，徙民实边，使远方无屯戍之事，塞下之民父子相保，亡系虏之患，利施后世，名称圣明，其与秦之行怨民，相去远矣。①

该疏层次分明，语句凝练，气势凌厉，不可移易。先述秦人戍边之法及失败原因，再分析目前边疆困难形势及现行对策，今昔比照，两难对举，足见轮番戍边之费而不惠，移民实边之事半功倍，则守边之策，改弦更张势在必行了。

武帝雄才大略，革故鼎新，创设制度，开疆辟土，打通中西，开创汉武盛世；昭帝、宣帝时期，信赏必罚，国泰民安，文治武功，可谓中兴；元帝之后，虽国势衰微，仍不失巍巍大国气象。所以西汉中后期董仲舒、汲黯、丙吉、匡衡、刘向等人的奏议理既切至，辞亦通畅，而且会依经立义，铺陈排比，有渊懿之风，显示出由诸子文风向经术文风的变移。②

以刘向的奏疏为例，他的《谏营延陵过侈疏》引经据典，罗列大量事实，深入分析修建陵墓的利弊得失，文章上千言，但从容不迫，深切著明。其《使人上变事书》《条灾异封事》《极谏用外戚封事》《理甘延寿陈汤疏》等奏疏，也都是匡时救弊之作。如《极谏用外戚封事》曰：

> 臣闻人君莫不欲安，然而常危，莫不欲存，然而常亡，失御臣之术也。夫大臣操权柄，持国政，未有不为害者也。昔晋有六卿，齐有田、崔，卫有孙、宁，鲁有季、孟，常掌国事，世执朝柄。终后田氏取齐，六卿分晋，崔杼弑其君光；孙林父、宁殖出其君剽，弑其君剽；季氏八佾舞于庭，三家者以《雍》彻，并专国政，卒逐昭公。周大夫尹氏筦朝事，浊乱王室，子朝、子猛更立，连年乃定。故经曰"王室乱"，又曰"尹氏杀王子克"，甚之也。《春秋》举成败，录祸福，如此类甚众，皆阴盛而阳微，下失臣道之所致也。故《书》曰："臣之有作威作福，害于而家，凶于而国。"孔子

---

① （汉）班固撰：《汉书》卷四十九，中华书局1962年版，第2286页。

② 许结：《说"渊懿"——以西汉董、匡、刘三家奏议文为例》，《文学遗产》，2008年第05期。

曰"禄去公室，政逮大夫"，危亡之兆。秦昭王舅穰侯及泾阳、叶阳君专国擅势，上假太后之威，三人者权重于昭王，家富于秦国，国甚危殆，赖寤范睢之言，而秦复存。二世委任赵高，专权自恣，壅蔽大臣，终有阎乐望夷之祸，秦遂以亡。近事不远，即汉所代也。

……

夫明者起福于无形，销患于未然，宜发明诏，吐德音，援近宗室，亲而纳信，黜远外戚，毋授以政，皆罢令就弟，以则效先帝之所行，厚安外戚，全其宗族，诚东宫之意，外家之福也。王氏永存，保其爵禄，刘氏长安，不失社稷，所以褒睦外内之姓，子子孙孙无疆之计也。如不行此策，田氏复见于今，六卿必起于汉，为后嗣忧，昭昭甚明，不可不深图，不可不早虑。《易》曰："君不密，则失臣；臣不密，则失身；几事不密，则害成。"唯陛下深留圣思，审固几密，览往事之戒。以折中取信，居万安之实，用保宗庙，久承皇太后，天下幸甚。①

文章历数春秋以来权臣专国之祸与本朝外戚用事之害，不厌其烦；时时引用儒家经书之语，增强了论说之力度。学者之奏，可谓老练醇厚。

东汉前期的奏议秉承西汉渊懿风格，班固、张衡诸人的作品，注重章法，思虑周详。如班固的《匈奴和亲议》《奏记东平王苍》，张衡的《上陈事疏》《请禁绝图谶疏》《表求合正三史》《上顺帝封事》等，皆条理清晰，论证严密，以见识取胜。试看张衡《请禁绝图谶疏》。

臣闻圣人明审律历，以定吉凶，重之以卜筮，杂之以九宫，经天验道，本尽于此。或观星辰逆顺，寒燠所由，或察龟策之占，巫觋之言，其所因者，非一术也。立言于前，有征于后，故智者贵，谓之谶书。谶书始出，盖知之者寡。以汉取秦，用兵力战，功成业遂，可谓大事，当此之时，莫或称谶。若夏侯胜、眭孟之徒，以道术立名，其所述著，无谶一言。刘向父子，领校秘书，阅定九流，亦无谶录。成、哀之后，乃始闻之。《尚书》尧使鲧理洪水，九载绩用不成，鲧则殛死，禹乃嗣兴。而《春秋谶》云："共工理水。"凡谶皆云黄帝伐蚩尤，而《诗谶》独以为"蚩尤败，然后尧受命"。《春秋元命包》中有公输班与墨翟，事见战国，非春秋时也。又言

① （汉）班固撰：《汉书》卷三六，中华书局1962年版，第1958—1962页。

"别有益州"。益州之置，在于汉世。其名三辅诸陵，世数可知。至于图中，讫于成帝。一卷之书，互异数事，圣人之言，势无若是，殆必虚伪之徒，以要世取资。往者侍中贾逵摘谶互异三十余事，诸言谶者皆不能说。至于王莽篡位，汉世大祸，八十篇何为不戒？则知图谶成于哀、平之际也。且《河洛》《六艺》，篇录已定，后人皮傅，无所容篡。永元中，清河宋景遂以历纪推言水灾，而伪称洞视玉版。或者至于弃家业，入山林。后皆无效，而复采前世成事，以为证验。至于永建复统，则不有知。此皆欺世罔俗，以昧势位，情伪较然，莫之纠禁。且律历、卦候、九宫、风角，数有征效，世莫肯学，而竞称不占之书。譬犹画工，恶图犬马，而好作鬼魅，诚以实事难形，而虚伪不穷也。宜收藏图谶，一禁绝之，则朱紫无所眩，典籍无瑕玷矣。①

虽然是议论，并以儒家经典旨意为本，不过却没有在义理上过多地发挥，也不做烦琐的引证，而是通过排比文献，罗列史实，让事实说话，从而将图谶的虚伪本质暴露无遗。这是一种朴实的议论之法，理性客观，但同样很深刻。唐代古文运动的先驱如元结、独孤及等人的奏议风格与之类似，就严谨深厚而言，还稍逊一些。毕竟，张衡有着一般人所不具备的科学素养。

东汉后期宦官与外戚擅权，政治动荡，士大夫上书言政，多文辞犀利，有骨鲠之风。陈蕃的《谏封赏内宠疏》《因火灾上疏》《理李膺等疏》，蔡邕的《上封事陈政要七事》《对诏问灾异八事》《难夏育请伐鲜卑议》都援古证今，剀切详明，在逻辑严密性上并不比东汉前期作品逊色。如《难夏育请伐鲜卑议》：

《书》戒猾夏，《易》伐鬼方，周宣王命南仲吉甫攘猃狁，威蛮荆，汉有卫、霍阗颜瀚海、窦宪燕然之事，征讨殊类，所由尚矣，然而时有同异，势有可否。故谋有得失，事有成败，不可齐也。自汉兴以来，匈奴常为边患，而未闻鲜卑之事，昔谋臣竭精，武夫僇力，而所见常异，其设不战之计，守御之固者，皆社稷之臣，永久之策也。孝武皇帝情存远略，志辟四方，南伐百越，北讨强胡，西征大宛，东并朝鲜。因文景之蓄，藉天下之饶，兵出数十年间，帑藏空竭，官民俱匮。乃兴盐铁酤榷之利，设告缗重税之令，民不堪命，起为盗贼，关东纷然，道路不通，绣衣直指之使，奋

① （南朝宋）范晔撰：《后汉书》卷五九，中华书局1965年版，第1191—1192页。

铁钺而并出，然后仅得宁息，既而觉悟。乃息兵罢役，封丞相为富民侯。故主父偃曰"夫务战胜，穷武事，未有不悔者也"。夫以世宗神武，将率良猛，财赋充实，所拓广远，而犹有悔焉。况无彼时地利人财之备，而欲轻动！此其不可一也。[1]

全文列举五条理由来反驳夏育征讨鲜卑的建议，此为其一。文章征引经典，采缀史事，议论宏放，文字平易晓畅，仍有西汉渊懿文风的遗韵。

　　总之，汉代的奏议，不仅确立了后世奏议文体的基本体式，而且严谨深厚、议论博深，在技巧与风格上，对唐宋的论事奏疏有着不容忽视的影响。

第三节　铺采摛文的六朝奏议

　　东汉末年，军阀混战，曹操挟天子以令诸侯，曹丕代汉建魏，三国鼎足而立。西晋虽然短暂统一，但八王之乱，五胡乱华，西晋很快灭亡，南北从此陷入分裂，南方建立东晋政权，历经宋、齐、梁、陈四朝更替，北方在十六国混战后，先后涌现北魏、东魏、西魏、北齐、北周五个王朝。史学上一般称之为"魏晋南北朝"，不过文学史上习惯称为"六朝"。[2]

　　政治大一统的崩溃使社会动荡不安，但也让人们的思想获得了解放。在此基础上，六朝文学摆脱经学附庸地位而独立发展起来。其表现主要有文学从广义的学术中分化出来成为独立的一个门类，文学与儒学、玄学、史学并立；文人们对于作品的审美特性有了自觉的追求；文学体裁及其艺术风格有了细致的

---

　　① （清）严可均校辑：《全上古三代秦汉三国六朝文·后汉文》卷七三，中华书局1965年版，第870页。

　　② 狭义的六朝，指的是吴、东晋、宋、齐、梁、陈六个以南京为国都的朝代。但就时代而论，六朝起自三国吴终于南朝陈，实际贯穿了整个魏晋南北朝时期。所以文学史上习惯称之为"六朝文学"。如清人严可均辑《全上古三代秦汉三国六朝文》，其六朝部分，不仅有《全宋文》《全齐文》等，还有《全后魏文》《全北齐文》《全后周文》以及《全隋文》。现当代很多文学史著述也采用这个说法。

划分并得到深入的讨论。①从这一时期起，文学不仅受政治、经济、文化、地理环境等外部因素影响，而且也遵循自身演进的规律，文学观念与文学理论的形成，文体的正变盛衰，文学革新与复古，这些都更多地受到文学内部因素的制约与影响。六朝奏议发展，正是在以上时代大背景下进行，展现自身独特风采的。

魏初的表章奏疏，其内容多关乎时政，风格平实。如王朗《谏东征疏》《奏宜节省》，王肃《陈政本疏》《上疏请恤役平刑》，杜恕《请令刺史专民事勿典兵疏》《议考课疏》等，都指事造实，言之有物，文风质朴。但到了曹植，情况就有了很大变化。其《求自试表》《又求自试表》《谏伐辽东表》《转封东阿王谢表》《求通亲亲表》《入觐谢表》《求存问亲戚疏》《上书请免发取诸国士息》等作品，词采华茂，流丽工巧。如《求自试表》：

> 臣昔从先武皇帝南极赤岸，东临沧海，西望玉门，北出玄塞，伏见所以行军用兵之势，可谓神妙矣。故兵者不可豫言，临难而制变者也。志欲自效于明时，立功于圣世。每览史籍，观古忠臣义士，出一朝之命，以徇国家之难，身虽屠裂，而功铭著于鼎钟，名称垂于竹帛，未尝不拊心而叹息也。臣闻明主使臣，不废有罪。故奔北败军之将用，秦、鲁以成其功；绝缨盗马之臣赦，楚、赵以济其难。臣窃感先帝早崩，威王弃世，臣独何人，以堪长久！常恐先朝露，填沟壑，坟土未干，而身名并灭。臣闻骐骥长鸣，则伯乐照其能；卢狗悲号，则韩国知其才。是以效之齐、楚之路，以逞千里之任；试之狡兔之捷，以验搏噬之用。今臣志狗马之微功，窃自惟度，终无伯乐、韩国之举，是以于邑而窃自痛者也。②

文章感情充沛，时命不济的哀伤、无人赏识的怨愤喷之欲出；又多隔句为对，但求意合，不拘字数，音节嘹亮，朗朗上口，很有骈文的韵味。《求通亲亲表》叹息："人道绝绪，禁锢明时，臣窃自伤也。不敢乃望交气类，修人事，叙人伦。近且婚媾不通，兄弟永绝，吉凶之问塞，庆吊之礼废，恩纪之违，甚于路人；隔阂之异，殊于吴越。"情致凄婉，读之令人动容。一篇陈请的上表，遂变

---

① 袁行霈主编：《中国文学史》（第二卷）第三编《绪论》，高等教育出版社1999年版，第4—5页。

② （晋）陈寿撰：《三国志》卷十九《陈思王传》，中华书局1959年版，第567页。

成陈情的美文，这在魏晋时期，很有代表性。

西晋以后，文风日渐绮靡，诗赋自不必说，即便公牍，骈俪化的趋势也日益明显。陆机的章表可谓代表。如《谢平原内史表》：

> 臣本吴人，出自敌国，世无先臣宣力之效，才非丘园耿介之秀。皇泽广被，惠济无远，擢自群萃，累蒙荣进。入朝九载，历官有六，身登三阁，官成两宫。服冕乘轩，仰齿贵游，振景拔迹，顾邈同列，施重山岳，义足灰没。遭国颠沛，无节可纪，虽蒙旷荡，臣独何颜！俯首顿膝，忧愧若厉。……重蒙陛下恺悌之宥，回霜收电，使不陨越。复得扶老携幼，生出狱户，怀金拖紫，退就散辈。感恩惟谷，五情震悼，蹐天踏地，若无所容，不悟日月之明，遂垂曲照，云雨之泽，播及朽瘁。忘臣弱才，身无足采，哀臣零落，罪有可察。苟削丹书，得夷平民，则尘洗天波，谤绝众口，臣之始望，尚未至是。
>
> 猥辱大命，显授符虎，使春枯之条，更与秋兰垂芳；陆沈之羽，复与翔鸿抚翼。虽安国免徒，起纡青组；张敞亡命，坐致朱轩。方臣所荷，未足为泰，岂臣蒙垢含吝，所宜忝窃；非臣毁宗夷族所能上报。喜惧参并，悲惭哽结。拘守常宪，当便道之官，不得束身奔走，稽颡城阙。瞻系天衢，驰心辇毂，臣不胜屏营延仰，谨拜表以闻。①

此表文辞雅致幽婉，对偶工整妥帖，气势流宕，音律和谐。

东晋的奏议大体沿袭西晋旧轨，讲究辞藻，只是人才不继，好的作品不多。其中庾亮的一些上表颇值得称道。②试看其《让中书监表》片段：

> 臣历观庶姓在世，无党于朝，无援于时，植根之本，轻也薄也。苟无大瑕，犹或见容。至于外戚，凭托天地，连势四时，根援扶疏，重矣大矣。而或居权宠，四海侧目，事有不允，罪不容诛。身既招映，国为之弊。其故何邪？直由姻媾之私，群情之所不能免，是以疏附则信，姻进则疑。疑积于百姓之心，则祸成于重闱之内矣。此皆往代成鉴，可为寒心者也。夫万物之所不通，圣贤因而不夺。冒亲以求一寸之用，未若防嫌以明至公。

---

① （南朝梁）萧统编，（唐）李善注：《文选》，中华书局1977年版，第524—526页。
② 徐公持编著：《魏晋文学史》，中国社会科学出版社2007年版，第365页。

今以臣之才，兼如此之嫌，而使内处心膂，外总兵权，以此求治，未之闻也；以此招祸，可立待也。虽陛下二相明其愚款，朝士百僚颇识其情，天下之人安可门到户说使皆坦然邪！①

文章揆情度理，展现坦荡胸襟。虽是骈体，然文质相半，行文流畅。

南朝时期，骈文趋于极盛。因为骈文能集中体现个人文化素养与审美趣味，所以朝野上下，都以骈文相高，抒情言志、纪事写景自不待言，即使碑铭、诔颂、章奏、书启之类应用文字，也基本上骈体化。这种风气，一直影响到唐宋。

刘宋时期的傅亮，上表文采斐然，朗丽可观，《为宋公至洛阳谒五陵表》为其代表作品。

> 臣裕言：近振旅河湄，扬旆西迈，将届旧京，威怀司雍。河流湍疾，道阻且长。加以伊洛榛芜，津途久废，伐木通径，淹引时月。始以今月十二日，次故洛水浮桥。山川无改，城阙为墟，宫庙隳顿，钟簴空列。观宇之余，鞠为禾黍。廛里萧条，鸡犬罕音。感旧永怀，痛在心目。以其月十五日奉谒五陵，坟茔幽沦，百年荒翳。天衢开泰，情礼获申。故老掩涕，三军凄感。瞻拜之日，愤慨交集。行河南太守毛脩之等，既开剪荆棘，缮修毁垣，职司既备，蕃卫如旧。伏惟圣怀，远慕兼慰，不胜下情，谨遣传诏殿中中郎臣某，奉表以闻。②

晋安帝义熙十二年（416），刘裕率军北伐，收复沦陷百年之久的故都洛阳。刘裕率众拜谒晋五陵，并下令修缮、守卫。傅亮代刘裕作表，将有关情况奏报朝廷。表文没有过多叙述战况，反而浓墨重彩描写征途之水阔山长，极力渲染故都之沧桑及拜谒五陵的凄怆，有类凭吊之诗赋，叙述曲折，其笔法很是别致。清人许梿评曰："以深婉之思，写悲凉之态，低回百折，直令人一读一击节也。"③将一道上表写得如此含蓄蕴藉，完全不类实用性公文，这是典型的六朝风格。

萧梁时的王融，才藻富赡，辞致宏远。其《上北伐图疏》《议给虏书疏》

---

① （南朝梁）萧统编，（唐）李善注：《文选》，中华书局 1977 年版，第 531 页。

② 《文选》卷三八，中华书局 1977 年版，第 534 页。

③ （清）许梿评选，黎经诰笺注：《六朝文絜笺注》卷五，中华书局 1982 年版，第 73 页。

《上疏乞自效》诸篇，都是名篇佳作。如《求自试启》：

> 臣闻春庚秋蟀，集候相悲，露木风荣，临年共悦。夫唯动植且或有心，况在生灵而能无感？臣自奉望宫阙，沐浴恩私，拔迹庸虚，参名盛列，缨剑紫复，趋步丹墀，岁时归来，夸荣邑里。然无勤而官，昔贤曾讥；不任而禄，有识必讥。臣所用慷慨愤懑，不遑自晏。诚以深恩鲜报，圣主难逢，蒲柳先秋，光阴不待，贪及明时，展悉愚效，以酬陛下不世之仁。若微诚获信，短才见序，文武吏法，唯所施用。夫君道含弘，臣术无隐，翁归乃居中自见，充国曰"莫若老臣"。窃景前修，敢蹈轻节，以冒不媒之鄙，式罄奉公之诚。抑又唐尧在上，不参二八，管夷吾耻之，臣亦耻之。愿陛下裁览。

全文气机流动，毫不板滞，且措辞清婉，娓娓动人。虽然"君道含弘，臣术无隐""窃景前修，敢蹈轻节"之语略显自夸，但非此不足以动主听。①

北魏时期，鲜卑族入主中原，虽然积极学习汉文化，但仍保持尚武习气、务实之风。对于朝廷公文，统治者一贯要求简易。孝文帝为此还曾下诏："今制百辟卿士，工商吏民，各上便宜。利民益治，损化伤政，直言极谏，勿有所隐，务令辞无烦华，理从简实。"② 故而北魏时期的奏议一般不事雕琢。这在六朝时期属于特例。但到了北齐，情况就起了很大变化。北齐的邢邵、魏收博学能文，又刻意学习南朝任昉、沈约的写作技巧，并注重文章结构。因此，俩人的表启之作，如邢邵《为潘司徒乐让表》、魏收《上魏书十志启》也是骈俪之文，辞采可观。而北朝文采之富者，莫过庾信。庾信本是南朝梁人，奉命出使西魏之际，梁亡，遂留仕北方，颇受优容，被尊为文坛宗师。庾信的文章辞令，在梁时轻艳流荡，羁北后老成苍凉，但总是文华卓绝。如《谢明皇帝赐丝布等启》就是代表性作品。

> 臣某启：奉敕垂赐杂色丝布绵绢等三十段，银钱二百文。某比年以来，殊有阙乏。白社之内，拂草看冰；灵台之中，吹尘视甑。怼妻狠妾，既嗟且憎；瘠子羸孙，虚恭实怨。王人忽降，大赉先临。天帝锡年，无逾此

---

① 于景祥著：《中国骈文通史》，吉林人民出版社 2002 年版，第 263 页。
② （北齐）魏收撰：《魏书》卷七，中华书局 1974 年版，第 154 页。

乐；仙童赠药，未均斯喜。张袖而舞，玄鹤欲来；舞节而歌，行云几断。所为舟楫无岸，海若为之反风；荑麦将枯，山灵为之出雨。况复全抽素茧，雪坂疑倾，并落青凫，银山或动。是知青牛道士，更延将尽之命；白鹿真人，能生已枯之骨。虽复拔山超海，负德未胜；垂露悬针，书恩不尽。蓬莱谢恩之雀，白玉四环；汉水报德之蛇，明珠一寸。某之观此，宁无愧心！直以物受其生，于天不谢。谨启。①

这篇谢启篇幅虽短，但灵气秀发，妙笔生花，诸如"张袖而舞，玄鹤欲来；舞节而歌，行云几断""所为舟楫无岸，海若为之反风；荑麦将枯，山灵为之出雨""蓬莱谢恩之雀，白玉四环；汉水报德之蛇，明珠一寸"，不仅属对工巧，而且辞采丰盈。

六朝时期，文学创作繁荣的同时，文学理论与批评也兴盛起来。单篇、专章乃至通篇论文之作，层出不穷。曹丕的《典论·论文》、陆机的《文赋》、挚虞的《文章流别论》、李充的《翰林论》、任昉的《文章缘起》、刘勰的《文心雕龙》、萧统的《文选》、颜之推的《家训》，或阐释作家作品风格，或梳理各文体的源流，或辨析文体特征，或选评各文体代表作品，都在中国文论史上产生重要影响。奏议作为一种应用广泛的独立文体，自然也得到文论家的重视。

曹丕《典论·论文》将文体分为四科，并指出各自的特点："夫文本同而末异。盖奏议宜雅，书论宜理，铭诔尚实，诗赋欲丽。"②他将奏议放在首位，着眼于社会实用价值，他强调奏议宜雅，与其他文体不侔，反映出他对奏议风格有比较深入的认识。陆机《文赋》分文体为十类，奏议居其一，且"奏平彻以闲雅"。李善为之注曰："奏事帝庭，所以陈叙情理，故和平其词，通彻其意，雍容闲雅，此焉可观也。"③就是说奏议要语气平和、说理透彻，体现从容优雅。这是对奏议风格的经典阐述，被后世屡屡称引。李充《翰林论》对奏议的讨论更为细致，比如："在朝辨政而议奏出，宜以远大为本。"这是总论。具体来说则："表宜以远大为本，不以华藻为先。若曹子建之表，可谓成文矣；诸葛亮之表后主，裴公之辞侍中，羊公之让开府，可谓德音矣。"又："驳不以华藻为先，

① （北周）庾信撰，（清）倪璠注，许逸民点校：《庾子山集注》卷八，中华书局1980年版，第575页。

② （魏）曹丕撰：《典论·论文》。见（南朝梁）萧统编、（唐）李善注《文选》卷五二，中华书局1977年版，第720页。

③ （晋）陆机撰：《文赋》。见《文选》卷十七，中华书局1977年版，第241页。

世以傅长虞每奏驳事，为邦之司直矣。"① 先指明奏议的特点与写作要求，再举名篇以为示范。李充论文比较重视文采，对曹植、陆机等人绮丽之作甚为欣赏，他强调奏议"不以华藻为先"，不是排斥辞采，而是更重视立意，这切合奏议实用的要求。

文学史上一贯有贵古贱今的论调，认为《尚书》《诗经》为永恒经典，后世作品无法超越。但葛洪却在《抱朴子》中说："《尚书》者，政事之集也，然未若近代之优文诏策军书奏议之清富赡丽也。《毛诗》者，华彩之辞也，然不及《上林》《羽猎》《二京》《三都》之汪濊博富也。"② 充分肯定近代文学成就胜过古代。就奏议而论，前面所举曹植、张华、陆机、庾亮等人表奏，其轻情流丽，比起《皋陶谟》《伊训》厚重古朴来，文辞上明显更胜一筹。

至于刘勰的《文心雕龙》，体大思精，专列"章表""奏启""议对"三篇来探讨奏议，不仅完整梳理了奏议的历史发展脉络，还细致分析了奏议的文体功能与特征。如概括汉代奏议曰："自汉以来，奏事或称上疏。儒雅继踵，殊采可观。若夫贾谊之务农，晁错之兵术，匡衡之定郊，王吉之观礼，温舒之缓狱，谷永之谏仙，理既切至，辞亦通畅，可谓识大体矣。后汉群贤，嘉言罔伏。杨秉耿介于灾异，陈蕃愤懑于尺一，骨鲠得焉；张衡指摘于史职，蔡邕铨列于朝仪，博雅明焉。"③ 刘勰的很多论断，如"章以谢恩，奏以按劾，表以陈请，议以执异""章表之为用也，所以对扬王庭，昭明心曲""章以造阙，风矩应明，表以致策，骨采宜耀""章表奏议，经国之枢机""章表奏议，则准的乎典雅"，④ 都是不刊之论。刘氏对于相关奏议名篇的品评，也极具眼光。这在前文中已多次提及。

总之，六朝奏议的发展既受外部环境影响，又依照文学自身演进道路前进，在审美功能方面不断调整，不管是创作上，还是理论批评上，都十分重视文采，体现出铺采摛文的特征。

最后要简单说一说隋代的奏议。

北周大定元年（581），杨坚代北周而建隋，不久就渡江灭陈，使国家重新

---

① （清）严可均校辑：《全上古三代秦汉三国六朝文》卷五三，中华书局1958年版，第1767页。

② （东晋）葛洪撰：《抱朴子》卷三十"钧世"，《四部丛刊》初编本。

③ （南朝梁）刘勰撰，范文澜注：《文心雕龙义注》卷五，人民文学出版社1958年版，第422页。

④ 《文心雕龙注》卷五、卷六，人民文学出版社1958年版，第406、407、530页。

获得统一。隋立国之初,很重视文学,并广纳人才,"江汉英灵,燕赵奇俊,并该天网之中,俱为大国之宝"。①总体来讲,因为南方文学更为发达,隋代文章更多地承袭南朝绮丽之风。这让重视文章实用功能的隋文帝不太满意,"每念斫雕为朴,发号施令,咸去浮华"。②治书侍御史李谔也不满当时的绮靡文风,上书指斥魏晋以后的文学"寻虚逐微,竞一韵之奇,争一字之巧。连篇累牍,不出月露之形;积案盈箱,唯是风云之状。世俗以此相高,朝廷据兹擢士。禄利之路既开,爱尚之情愈笃"。他认为:"文笔日繁,其政日乱,良由弃大圣之轨模,构无用以为用也。损本逐末,流遍华壤,递相师祖,久而愈扇。"③文帝深以为然,并将李谔所奏颁示天下并试图以行政手段加以推行。但这种办法只能短时间内奏效,不可能从根本上改变文坛风气。即便有个别官员如泗州刺史司马幼因文表华艳被治罪,但也只是个案。有隋一代,公卿大臣的奏议,很少有不重文辞的。只需要看看杨素的表章就能发现这一点。如其《谢炀帝手诏问劳表》:

> 臣自惟虚薄,志不及远,州郡之职,敢惮劬劳,卿相之荣,无阶觊望。然时逢昌运,王业惟始,虽涓流赴海,诚心屡竭,轻尘集岳,功力盖微。徒以南阳里闾,丰、沛子弟,高位重爵,荣显一时。遂复入处朝端,出总戎律,受文武之任,预帷幄之谋。岂臣才能,实由恩泽。欲报之德,义极昊天。伏惟陛下照重离之明,养继天之德,牧臣于疏远,照臣以光晖,南服降枉道之书,春官奉萧成之旨。然草木无识,尚荣枯候时,况臣有心,实自效无路。昼夜回徨,寝食惭惕,常惧朝露奄至,虚负圣慈。……萧王赤心,人皆以死,汉皇大度,天下争归,妖寇廓清,岂臣之力!曲蒙使臣弟约赍诏书问劳,高旨峻笔,有若天临,洪恩大泽,便同海运。悲欣惭惧,五情振越,虽百陨微躯,无以一报。④

此表虽没有六朝陆机、张华、庾信等人作品那般富丽精巧,但同样以骈偶行文,明秀俊雅,辞采不凡。杨素的其他奏议如《奏劾王谊》《奏张胄玄、刘孝孙所刌日食事》《滕王纶罪议》等,也都老成持重而不废文采。杨素乃隋朝开国元勋,

---

① (唐)魏徵等编:《隋书》卷七六《文学传序》,中华书局 1974 年版,第 1730 页。

② 同上。

③ (唐)魏徵等编:《隋书》卷六六《李谔列传》,中华书局 1974 年版,第 1544—1545 页。

④ (唐)魏徵等编:《隋书》卷四八《杨素列传》,中华书局 1974 年版,第 1291 页。

一生戎马倥偬，他的奏议都不以简朴面目示人，更不必说江总、薛道衡、卢思道、李德林这些文臣了。即便是激烈反对六朝绮靡的李谔，其向隋文帝请革文华的上书，也是工整流丽的骈体文。

不过，李谔的主张也有合理之处。因为古代文章特别是奏议这类公文，毕竟以实用为主，审美居其次。如果一味追求艺术形式，则未免本末倒置。六朝的奏议铺采摛文，在艺术技巧方面固然超过了先秦两汉，但在内容的充实与气势的充沛上，则明显不如。隋文帝、李谔改革文体文风的努力，客观上符合文学发展的要求，只是他们极力否认文章的审美功能，就有些矫枉过正了。使文章形式与内容和谐统一，特别是让应用文体也能达到文质相半，功用与审美并行不悖的历史任务，就不可避免地落到了唐人肩上。

第二章　唐代奏议的概况

　　吴曾祺《涵芬楼古今文钞》云："文章之体，因时代而殊，或古有而今无，或古无而今有，或名同而实固异，或名异而实固同，体制既繁，别裁宜审。"[①]吴氏所言非常符合中国古代各类文体的发展情况，历代奏议尤为如此。奏议产生既早，使用时间也长，其作品不仅数量庞大，而且形式多样，仅从历代名称上就可见一斑。简单如"章""表""奏""议""启""书""疏"，复杂如"谏书""谏言""奏言""奏说""奏对""奏谏""奏陈""奏疏""奏章""奏策""奏条""奏启""奏劾""奏本""奏状""奏折""奏议""奏表""状表""章表""事书""上书""弹章""驳议""便宜""封事""封驳""条陈""札子""手片""对策""万言书"等，名目之多，让人眼花缭乱，但其实很多是异名同体，形式虽有所变化，基本功能一致。

　　本章将对唐代奏议的文体特征、类别及文献情况简略地加以说明。

第一节　唐代奏议的文体特征

　　虽然正式"奏议"文体概念要到清代姚鼐的《古文辞类纂》才提出，但奏议作为臣下上奏君主类文书的统称早在南朝齐梁时代就出现。至于章、表、奏、议、疏、启、上书、封事、对策这些具体文种，则出现时代先后不一，用途各

---

① （清）吴曾祺编纂：《涵芬楼古今文钞·例言》，商务印书馆 1933 年版，第 1 页。

异。第一章已经有所提及，本节略加梳理总结。

如前所述，先秦尚未出现"奏议"一词，单独的"奏"或"议"，也不是文体名称。"奏议"连用，最早要到汉代。《汉书》载武帝元朔元年下诏求贤，"有司奏议曰：'古者诸侯贡士，一适谓之好德，再适谓之贤贤，三适谓之有功，乃加九锡；不贡士，一则黜爵，再则黜地，三而黜爵地毕矣。……不察廉，不胜任也，当免。'奏可"。这里的"奏议"是指相关部门根据武帝之诏而商议具体措施然后上奏，跟后世文体之意有区别。又《翟方进传》："朕既不明，随奏许可，后议者以为不便，制诏下君，君云卖酒醪。后请止，未尽月复奏议令卖酒醪。朕诚怪君，何持容容之计，无忠固意，将何以辅朕帅道群下？"① 结合上下文，"奏议"应该理解为"奏所议"的行为。《汉书》中"奏议"的用法大致如此。② 唯一例外的是《成帝纪》，其赞曰："博览古今，容受直辞。公卿称职，奏议可述。遭世承平，上下和睦。然湛于酒色，赵氏乱内，外家擅朝，言之可为于邑。建始以来，王氏始执国命，哀、平短祚，莽遂篡位，盖其威福所由来者渐矣！"颜师古注："称职，克当其任也。可述，言有文采。"③ 此处的"奏议"，当用作名词，指的是朝臣所上奏文书。这也说明"奏议"作为特定的行为方式开始向着文体名称进行转变。

到了六朝时期，"奏议"在史书中出现频率更高，《三国志》（含裴注）、《后汉书》皆在十次以上，虽然有些地方仍旧沿袭"奏所议"的用法，但大多数具有文类意义。如《三国志》卷十三载王朗"著《易》《春秋》《孝经》《周官》传，奏议论记，咸传于世"。又卷十四记"杜恕奏议论驳皆可观，掇其切世大事著于篇"。④ 其中"论记""论驳"都是文体名称，则"奏议"与它们并用，显然也属于文章一类。《后汉书》更不必说，类似的例子更多。比如《左雄列传》记："自雄掌纳言，多所匡肃，每有章表奏议，台阁以为故事。"⑤ 又《党锢列传》载："（刘）祐初察孝廉，补尚书侍郎，闲练故事，文札强辨，每有奏议，应对无滞，为僚类所归。"⑥ 可见，在魏晋时代，尽管在具体使用上还不是很固定，

① （汉）班固撰，（唐）颜师古注：《汉书》卷六，中华书局1962年版，第167、3423页。
② 据《四部丛刊》电子版检索，"奏议"一词在《汉书》总共出现过七次。
③ （汉）班固撰，（唐）颜师古注：《汉书》，中华书局1962年版，第330页。
④ （晋）陈寿撰，（南朝宋）裴松之注：《三国志》卷一三、一六，中华书局1959年版，第414、507页。
⑤ （南朝宋）范晔撰：《后汉书》卷六一，中华书局1965年版，第2022页。
⑥ 《后汉书》卷六七，中华书局1965年版，第2199页。

但"奏议"已经转变成为一种文类的名称，这也可以从同时期的一些文论著作中得到体现。比如曹丕的《典论·论文》曰："夫文本同而末异。盖奏议宜雅，书论宜理，铭诔尚实，诗赋欲丽。"[①]"奏议"俨然是文章之类，而且位居首位。葛洪《抱朴子》说："《尚书》者，政事之集也，然未若近代之优文诏策军书奏议之清富赡丽也。"[②]这些言论的出现，进一步说明"奏议"已从特定行为方式转变为一种文体名称。

到了唐代，奏议作为一种文类宽泛地存在着，不过依然没有固定名称，人们只是按照习惯或者需要以更具体的"章奏""表奏""奏疏"来代替之。但在唐人的集子里，将"奏议"作为单独一类文体的情况并不少见。陆贽的《翰苑集》就明确有"奏议"一类，权德舆在该集的序言里将陆贽所撰的"奏议"与"制诰"并论："公之文集有诗文赋，集表状为别集十五卷，其关于时政昭昭然与金石不朽者，唯制诰奏议乎！"[③]之后李德裕的《会昌一品制集》（也称《李卫公文集》）亦有"奏议"类目，李商隐代郑亚所做的序言里，也将李德裕的作品分为"册命典诰""奏议碑赞""军机羽檄"三类进行评述。可见至迟在中晚唐，"奏议"就是约定俗成的文体名称了。而直接以"奏议"命名单篇作品，为数亦不少。《全唐文》卷二七一有韩思复的《驳严善思绞刑奏议》《又驳严善思绞刑奏议》，卷四七五有崔纵《停减吏员奏议》等。权德舆《权载之文集》卷二九有《祭岳镇海渎等奏议》《昭陵寝宫奏议》《献懿二祖迁庙奏议》等。而唐人文集中提及"奏议"一词，总计有七十余处，绝大多数指的是文体。[④]唐代虽然没有专门著作对奏议的源流、分类、功能、体式、风格做全面、系统分析，但也不乏论及"奏议"的单篇文章。如李德裕《论修史体例状》谈及奏议的内容真实性，《忠谏论》总结臣子对皇帝的劝谏方式，杜牧的《与人论谏书》分析谏辞之得体，都有可取之处。五代牛希济有《表章论》一文，论述奏议写作的文质关系，举唐代正反数例，可算是唐人观点的小结。至于对奏议名家、名篇的评论与品鉴，则散见于唐人各类集序、书信中，有待整理。

---

① （魏）曹丕撰：《典论·论文》。见（南朝梁）萧统编、（唐）李善注《文选》卷五二，中华书局1977年版，第720页。其实"书论"中也有不少臣下上帝王之作，文体四科只是大概的划分。

② （东晋）葛洪撰：《抱朴子》卷三〇"钧世"，《四部丛刊》初编本。

③ （唐）陆贽撰，王素点校：《陆贽集》附录二，中华书局2006年版，第816页。

④ 此为电子版《四部丛刊》唐人总集与别集检索结果，其中有少部分"奏议"仍用作行为动词。

作为公文一类，奏议有相对固定的用语与格式，这也是其自成一体的重要特征。秦汉的奏议程式明确而规范，后世基本上仿照："汉承秦法，群臣上书，皆言'昧死言'。王莽盗位，慕古法，去'昧死'，曰'稽首'。光武因而不改，朝臣曰'稽首顿首'，非朝臣曰'稽首再拜'。"具体而言，章、奏、表、议略有不同："章者，需头，称'稽首上书'。""奏者，亦需头，其京师官但言'稽首'，下言'稽首以闻'。""表者，不需头。上言'臣某言'，下言'臣某诚惶诚恐，稽首顿首，死罪死罪'。左方下附曰'某官臣某甲上'。""驳议曰：'某官某甲，议以为如是。'下言：'臣愚戆议异。'"① 这些规定在六朝时大体通行，唐代稍有变化，不离谦卑之语。又常以"伏""伏惟""伏见""兹"引领首句。以"谨议""谨奏""谨闻"结尾。奏状惯例先以"由"字标明所言之事，结尾多用"无任……之至""不胜……之至"以表达心情。唐代奏议的格式在《唐大诏令集》中有明确条文规定，但最直观的材料还是敦煌遗书，它们保留着唐代公文形制的原始面貌。赵和平先生曾从中整理出书仪类文卷一百多份，编成《敦煌表状笺启书仪辑校》一书，其中收录有刘邺的《甘棠集》与郁知言的《记室备要》，虽然都是残卷，但可大略窥知唐代奏议的格式。②

唐代奏议一般分三部分，即首称、正文、末称（结尾）。首称和末称如前文所述，皆冠以尊君与抑臣的套语，正文部分，则多结合实际，陈述观点，提出解决建议。如《敦煌写本书仪研究》记载奏状的正文先列明"某事某事"，也即"略述事由"的点题；然后说明"某年某月日，敕遣臣勘当前件事"，"叙述委曲讫"，以"谨状"结束。末尾署明"某年月日具臣姓名进"，如请求处分还要加"伏听敕旨"于"谨状"之上。③

同时，自周代起实行避讳制度，即行文中如出现皇帝及其先辈的名字都要避讳，或简写或用他字代替，这个规定秦朝以后在公文行文固定下来，而且日益严格。如唐太宗李世民的"民"，在用作单字时要减掉末笔，或写作"人"，在用作偏旁时要写作"氏"。所以狄仁杰的《谏造大像疏》为避唐太宗李世民的名讳，数处用"人"字代替"民"字，先后出现了"必先人事""必在役人""讹误生人""又劫人财""又尽人力"这样的用法。④

---

① （汉）蔡邕撰：《独断》，《丛书集成》初编本。

② 赵和平辑校：《敦煌表状笺启书仪辑校》，江苏古籍出版社 1997 年版。

③ 赵和平：《敦煌写本书仪研究》，（台北）新文丰出版公司 1993 年版，第 157—158 页。

④ 董诰等编：《全唐文》卷一七二，中华书局 1983 年版，第 1749 页。

唐代的公文沿袭六朝风气，绝大多数用骈体，奏议写作也不例外。但这只是一种约定俗成的习惯，并没有法律明文对此进行规定。所以我们看到的唐代奏议时有散体或者骈散相间的作品。特别是中晚唐时期，韩愈、柳宗元、元稹、白居易、李德裕等人就撰写了大量散体奏议。

综上，最迟到唐，奏议已经形成为一类独立的文体。其特征有：上行公文，行文的对象是皇帝；用于臣僚参政论政、议论陈请；主要用骈体写作，有相对固定的格式、用语。

第二节　唐代奏议的类别

唐代奏议在继承前代基础上有所损益，从而形成一种比较规范的上行文类。据《唐六典》记载："凡下之通于上，其制有六，一曰奏抄，二曰奏弹，三曰露布，四曰议，五曰表，六曰状，皆审、署、申覆，而施行焉。"随后有注云："章奏制度，自汉已后，多相因循。隋令有奏抄、奏弹、露布等，皇朝因之。其驳议、表状等，至今常行。"①这是概说。所谓奏抄，按照《唐六典》注释，是指以政府各部门名义所上的奏议，与个人名义所上不同，其内容主要是"祭祀、支度国用、授六品以下官员、断流以上罪及除免官当者"。奏弹及劾奏，用于"御使纠弹百司不法之事"。露布有广狭二义，广义上泛指布告通告，特别是征讨的檄文；狭义则指两种奏议类文书，一为不缄封的上书，与封口秘呈的封事相区别，二特指用兵获胜后向朝廷奏捷的奏表，即"诸军破贼，申尚书兵部而闻奏焉""谓诸军破贼，申尚书兵部而闻奏焉"。②其余议、表、状三种则是常见奏议类文种。《唐六典》的分类有些笼统，且标准不太统一。兹结合汉以来情况，对唐代奏议类别加以简单地说明。

章。原为音乐术语，音乐奏完一曲称为一章。在汉代，引申为一种上行公文名。也称上章，主要向皇帝表示谢贺，不用于庶政。六朝时期，谢恩之外，

---

① （唐）李林甫等编：《唐六典》卷八，中华书局1992年版，第241—242页。
② 如于公异的《李晟收复西京露布》，见《全唐文》卷五一三，中华书局1983年版，第5216—5218页。

章也能陈事、论谏，其功能与表重叠，两者界限日益模糊。《文心雕龙》论"奏启""议对"，都是分而论之，"章表"却并论，这说明章、表已经没什么区别了。到唐代，章遂为表所取代，实际运用非常罕见。晚唐有"章奏之学"，其实际内容也是"表奏"写作，章有名无实。

表。始于秦汉，运用范围很广。起初是陈事、贡物、让谢、举荐，到六朝时，凡事皆可上表，所以《文心雕龙》言"表体多包"。① 在唐代，近臣以外的官员向皇帝上奏用表。而皇帝接到臣子所呈之表后，一般要就"表"内所奏之事作批复，这样在皇帝的下行公文中就出现了"答……表"这样一种不规范的公文形式。这种情况需要与上行之表加以区别。而且因为六朝以来奏的使用范围日益扩大，奏、表功能出现交叉重叠，表逐渐远离庶政，主要用于谢贺逊让。根据使用领域不同，表有贺表、谢表、遗表、降表、让表、劝进表的区别，其中贺表、谢表、遗表、让表使用较多。国家遇有重大庆典或者出现罕见祥瑞用贺表。得到赏赐、馈赠，表感恩用谢表。大臣临终前对皇帝有所陈词，用遗表。封官授爵，循例上表谦让用让表。

表也曾为科举考试的内容之一。建中二年（780），中书舍人赵赞权知贡举，曾在进士科考试中以箴、论、表、赞代替诗、赋。② 不过仅实行五年即停止。

奏。奏肇始于秦汉，最初用于按劾，"主于案举臣罪，议从国法"。③ 其后，奏成为上书进言文体的总称。"陈政事，献典仪，上急变，劾愆谬，总谓之奏。奏者，进也。言敷于下，情进于上也。"④ 在唐代，奏又称奏抄，可与状、启、表并用，以奏状、奏表居多，是唐代使用最为广泛的奏议类文体，主要用于日常政务奏请，一般以部门或部门长官的名义呈上。《唐六典》上记载的用于弹劾官员的"弹奏"，实际仍为奏抄，不过是用途固定罢了。唐制，御使弹劾官员时，面对仪仗上奏，称为对仗奏事。又向皇帝上书称申奏，分条陈事称奏疏。

议。议在秦时形成，用于驳难，对某种意见或策略表示异议。两汉沿袭，主要有驳议、谥议两种。对朝廷决策发表不同意见用驳议，可去"驳"，通称

---

① （南朝梁）刘勰撰，范文澜注：《文心雕龙注》卷五，人民文学出版社 1958 年版，第844 页。

② （宋）欧阳修、宋祁编撰：《新唐书》卷四四《选举志》，中华书局 1975 年版，第1186 页。

③ （清）王兆芳撰：《文章释》。见王水照主编《历代文话》，复旦大学出版社 2007 年版，第 6296 页。

④ 《文心雕龙注》卷五，人民文学出版社 1958 年版，第 421—422 页。

"议"，帝后崩或大臣薨，礼官评议其生平事迹，拟具上谥或赐谥的名号后请旨定夺，用谥议。"议"的功能在六朝隋唐保持不变。

状。状本始意义是貌，后引申为陈述、陈说，《文心雕龙·书记》释状为："状者，貌也。貌本原，取其事实。"① 状在六朝时属于应用文类，但较少用于公牍。状到唐代成为主要公文文体，运用的情况颇为复杂，既有上达皇帝的奏议文体，如奏状、行状、荐状、熟状、商量状等；也有官署间使用的上行文，如申状、呈状、功状、结状等；还有民众上达官府的文体，如察状、诉状、牒状等；偶尔也用作下行文，如告身也称凭状，是证明官员身份的公文。

表状一般由近臣呈上。《唐会要》卷二五"百官奏事"条载开元十八年四月二十一日敕："五品以上要官，若缘兵马要事，须面陈奏听，其余常务，并令进状。"② 玄宗时期屡有敕书要求诸司进状奏事，"中书门下、御史台不须引牒"，强调"凡所陈奏，皆断自天心。在于臣下，但宣行制敕"。③ 奏状一般不经过中书门下御史台而直接上达皇帝，更多的是向皇帝个人汇报。陆贽的《奉天请罢琼林大盈二库状》《兴元论续从贼中赴行在官等状》就是比较典型的作品。

疏。始创于汉，为奏的别称，奏疏连用，类似于奏议合称，为"群臣论谏之总名"。④ 疏在六朝时主要用于向王侯上书。隋唐时期复专用上书皇帝，一般分条陈述。如魏徵的《谏太宗十思疏》。

启。启在魏晋用于上奏皇帝，也称启事。著名的"山公启事"即山涛向皇帝举荐人才的系列上奏。六朝时启文盛行，陈事之外，多用于谢恩，可代替表奏。但到隋朝时就很少见到上呈皇帝的启文。唐代以后逐渐固定用于上皇太子、诸侯王，宋元明清也是如此，所以启在六朝以后只能算是准上奏议文体。

策。又称对策。主要用于科举考试的策试。唐代进士考试有时务策五道，制举诸科也要试策。对策实际是一种考试文体，当代的公务员选拔考试中的"申论"一科就明显借鉴了对策的经验与做法。但因为策题一般以政事、经义设问，名义上又是皇帝出题，对策就带有应诏陈政的意味，所以也能看作是一种

① （南朝梁）刘勰撰，范文澜注：《文心雕龙注》卷五，人民文学出版社1958年版，第459页。

② （宋）王溥编撰：《唐会要》卷二五，中华书局1955年版，第557页。

③ 参见《唐会要》卷二六《笺表例》开元二年闰三（二）月敕、卷五四《中书省》天宝八载（749年）七月中书门下奏，上海古籍出版社1991年版，第588、1088页。

④ （明）吴讷、徐师曾撰：《文章辨体序说·文体明辨序说》，人民文学出版社1962年版，第123页。

特殊形式的奏议。还有一种献言性质的奏策（也称进策）。《文体明辨》云："进策，著策而上进者是也。"这种进策为臣僚"私自议政而上进者"。[①] 如王忠嗣就曾向玄宗献《上平戎十八策》。

封事。始于汉代，主要用于秘密进谏。一般上奏文书按照行政管理制度都要经过尚书机构审核才能进呈皇帝御览，所以不密封。封事所奏的事情涉及朝廷重大机密或者是皇帝私人事务，除皇帝外其他人不能查看，因而要密封奏章。隋唐沿袭，用于秘密进谏，而且所涉事务只与皇帝（皇室）相关。如虞世南《上山陵封事》、李百药《请放宫人封事》。唐代的封事流传下来的较少，主要是因为其私密性强，文档一般不存录。

上书。战国时期形成的上书，虽然不是严格的奏议文类，但后世上奏称书者也不鲜见。比如隋朝就有李谔《上隋高帝革文华书》，近代则有康有为等人的《公车上书》。在唐代，奏议性质的上书（或曰书）也很多。如《全唐文》载录例子有卷一六二邢文伟《减膳上书》，卷一五六张行成《谏太宗书》，卷二九四褚无量《车驾东幸上书》，卷七二七舒元舆《献文阙下不得报上书》《上论贡士书》，等等。陈子昂的多篇论事书如《谏灵驾入京书》《谏政理书》《申宗人冤狱书》以及元稹的《论教本书》也都属此类。

除了以上常规名目，唐代奏议中还有榜子一类。据《新唐书·王起传》记载，王起首用榜子答皇帝之问。另外，据陈振孙《直斋书录解题》载，唐刊《陆宣公集》二十二卷，中分《翰苑》《榜子》为二集，其目亦与史志相同，后人整理，遂合二为一。

应该指出的是，以上唐代的奏议的划分只是就大体而言，在实际使用中，章、表、奏、议、书、疏、状、策、封事相互之间经常并用，形成章奏（奏章）、表奏（奏表）、表议（议表）、表疏（疏表）、奏书（书奏）、表状（状表）、封事表（书）、奏议（议奏）、书疏、书状、奏疏（疏奏）、对疏（疏对）、奏策之类名目，功能上也多有交叉，故"立体虽殊，而用事常混，只可大别，未遑细判"。[②]

---

① （明）吴讷、徐师曾撰：《文章辨体序说·文体明辨序说》，人民文学出版社1962年版，第130页。

② （南朝梁）刘勰撰，詹锳义证：《文心雕龙义证》卷五，上海古籍出版社1989年版，第820页。

第三节　唐代奏议的文献

　　唐代奏议的存世文献颇多，主要集中在史部与集部。史部中，两《唐书》（主要是《旧唐书》）及史论性著作《贞观政要》保留了数量可观的唐代奏议；政书如《唐律疏议》《唐六典》《通典》《唐会要》也有不少文献留存；在大型丛书如《四库全书》的史部"诏令奏议类"里，《历代名臣奏议》选录了一部分唐代奏议，"传记类"下的《李相国论事集》《魏郑公谏录》与《续录》主要内容也是奏议。集部中，宋以后的有关唐代文章的总集或选集，如《文苑英华》《唐文粹》《全唐文》之类，都收录有大量唐代奏议；留存至今的唐人的别集，除了专门诗集，一般都有数量不等的奏议类作品。在这些存世文献中，《全唐文》收录的唐代奏议数目最多。

　　清代嘉庆年间董诰领衔主编的《全唐文》是官修的唐文总集，洋洋一千卷，收文两万余篇，有唐一代文章，大体汇集。但因为工程浩大，参编者众，《全唐文》疏漏之处颇多。光绪年间，陆心源穷个人之力进行补充，编《唐文拾遗》七十二卷、《唐文续拾》十六卷，补录唐文三千余篇。二十世纪以来，唐代出土文献极多，这为唐文补遗提供了丰富材料。仅就石刻墓志而言，周绍良先生主编的《唐代墓志汇编续编》以及吴钢先生主编的《全唐文补遗》就收录以墓志为主的唐文六千多篇。陈尚君先生辑校的《全唐文补编》则首次对存世典籍和新见文献中唐文进行全面整理，又辑得唐文约七千篇。除去重复收录作品，总体来看，现有的唐文已经接近三万五千篇（含五代之文）。在这些文章中，奏议类作品占了很大比例。据笔者不完全统计（见附表），《全唐文》（含《拾遗》《续拾》）唐代奏议有六千三百余篇，《全唐文补编》可补充一千二百余篇，则奏议篇数超过全部唐文的五分之一。这是一笔相当可观的文学遗产。

　　下面再简要谈一谈唐人编撰的与奏议相关的文集。

　　六朝时期，随着文学创作繁荣，文体辨析意识逐渐增强，再加上文献目录学上的四部分类法产生，文集的编撰形成一股热潮。在这些文集当中，有一部分是按文体分类编撰。以奏议为例，据《隋书·经籍志》所载，总集有《汉名臣奏》《魏名臣奏》《晋诸公奏》等，别集有《刘隗奏》《孔群奏》《周闵奏事》之类，涉及史、子、集各部，可惜现在基本都佚失。①

---

① （唐）魏徵等编：《隋书》卷三三、三四，中华书局 1973 年版。

六朝的文集编撰风气对唐代影响非常大，再加上适逢盛世，文化发达，官方与民间对编撰文集都非常重视。据陈尚君、卢燕新两位先生考证，唐人编选总集多达两百多部。①比较著名的有唐太宗时虞世南等编纂的《文章总集》五千卷，高宗时许敬宗等编撰的《文馆词林》一千卷、《芳林要览》三百卷，玄宗时许坚《文府》二十卷等。这其中除了《文馆词林》尚有残存，其他都亡佚了。奏议总集方面，据《新唐书》载，有吴兢编《唐名臣奏》十卷，马覃编《奏议集》三十卷，赵元拱编《唐谏诤集》十卷、《唐初表奏》一卷，张易编《大唐直臣谏奏》七卷，阙名者编《唐奏议驳论》一卷、《章奏集类》二十卷、《咸通初表奏集》一卷，可惜都已经失传。

唐人编撰的别集数量也非常可观。据《唐书》《通志·艺文志》《遂初堂书目》《郡斋读书志》等记载，综合起来，唐代的别集接近一千部，湮没失传者则难以计数。唐代的别集类型多样，从收录数量看，有全集与选集之分；从收录作品的体裁来看，有诗文合集，也有单一的诗集、文集、赋集、判集、制诰集、奏议集等。全集、选集也主要按文体编次，通常是诗赋居首，次制诰、表议，接着是各类杂文，而以碑祭殿后，基本上是仿《文选》的编排体例。这一方面反映出《文选》对唐人文学观念的影响很大，另一方面也说明唐人对奏议类文章的重视。因为文体的前后排序实际上隐含着编选者对它们文学价值的判断。

唐人凡曾在朝为官者，其文集中通常都有奏议作品。而出掌谏职或充翰林学士、中书舍人者，其文集一般都分卷收录奏议。比较值得注意的有以下几种：

（一）魏徵《魏郑公文集》三卷。其中卷一是谏疏，卷二为表议，卷三是书序杂文，从整体来看，以奏议为主。武后时王方庆又将魏徵的谏疏与对太宗的答问（奏言）汇总，编成《魏郑公谏录》五卷。元至顺年间，翟思忠撰《魏谏公续录》二卷，明以后失传，四库馆臣从《永乐大典》中辑出，另行著录，但内容多和《谏录》重复。《畿辅丛书》删除重复后只余十八条，刻在《谏录》之后。

（二）张说《张燕公集》二十五卷。卷一五、卷二四专收表作。但据《全唐文》所载，张说的奏议类作品，表、奏、疏、议、状、论、书、对策，一应俱全，且《旧唐书》张说本传言其集三十卷，则现有的《张燕公集》当有佚失。

（三）权德舆《权载之文集》五十卷。卷二九为谥议，卷四三为谢表，卷

---

① 详见陈尚君《唐代文学丛考》，中国社会科学出版社 1997 年版，第 184—222 页；卢燕新《唐人编选唐文总集辑考》，《文史》，2008 年第 02 期。

四四为贺表，卷四五、四六为表状，卷四七为论事之疏，其奏议特别是表状的标题比较长，多概括内容。这在唐代奏议中比较少见。

（四）陆贽《翰苑集》二十二卷。为制诰奏议合集，卷一至卷十为制诰，卷一一到卷一六为奏草，任翰林学士时作，卷一七到卷二二为中书奏议，任宰相时作。又有《陆宣公奏议》（又称《议论表疏集》）十二卷单行，是目前所见最早以奏议命名的唐代文集，也是流传最广的一种。《陆宣公奏议》在后世很受重视，宋、元、明、清都有刊刻，分为十五卷并有注释，比较重要的有元至正十四年（1354）翠岩精舍刊十五卷本、明弘治七年（1494）刊十五卷本、嘉靖汪氏刊十五卷本、明刊谢枋得批点十五卷本等，这些刊本有一部分还流传到朝鲜、越南等国并备受推崇。

（五）李绛《李相国论事集》六卷。题名为李绛撰，实为唐史官蒋偕所编，主要载李绛的奏议及论谏之事。李绛历仕德、顺、宪、穆、敬、文宗六朝，宪宗朝时任翰林学士、同中书门下平章事，参与机密决策，故其奏疏论议有较高史料价值，同时也是极少数流传至今的唐代奏议类文集。

（六）元稹《元氏长庆集》六十卷。除卷二八载对策（"才识兼茂明于体用"）一篇，卷二九有《论教本书》一篇，卷三二收表奏（仅两篇，《叙奏》与《献事表》），其他奏议作品都分卷收录，如卷三三、三四收表作，卷三五到三九收状。值得注意的是卷三二中的《叙奏》，元稹在这道奏书中简述了其在元和年间谏官任上遭际，也将他所写的不少重要奏议罗列出来，并做了一番总结。这有助于后人了解元氏相关奏议的写作背景以及他对奏议功能的认识。

（七）白居易《白氏长庆集》七十五卷（现存七十一卷）。卷四一到四四收奏状四卷，卷四四到卷四八收对策四卷，其主体是《策林》，为应制举的拟作，有七十五篇，与元稹合作完成。《策林》与卷四九、五〇的《甲乙判》（即《百道判》）性质相近，都是科举应试的参考范文。唐代的拟判文集还有张鷟的《龙筋凤髓判》等多种，[①] 但在现存的文献目录类似《策林》的拟策文集是绝无仅有的，奏、议、表、状之类也是如此，除了在传奇小说中偶有仿作、戏作，也找不到类似的拟作专集，由此可见《策林》的独特价值。[②]

---

① 据郑樵《通志》载录，唐代的拟判流传到宋代尚有二十部计七十九卷。见《通志》卷七〇，中华书局 1987 年版，第 827 页。

② 晚唐表状笺启书仪类文集，如郁知言《记室备要》与李商隐的《金钥》之类，主要展示写作程式或者提供写作素材，一般没有完整的示例范文，与现在工具书类似。

（八）刘禹锡《刘梦得文集》四十卷。卷一五到卷一七收各类表作六卷，其中有一半是代人所作。卷二二收奏状一卷。现传的刘禹锡的文集是经过他本人整理的，刘氏只将表、状分列，没有其他名目，这可以看出中唐时期文人对这两类文体的重视，也反映出其时奏议写作的习惯。

（九）李德裕《会昌一品制集》二十卷（另附别集十卷，外集四卷）。卷一〇到卷一九为各类奏状，并且按照内容进行分卷：卷一〇是"朝廷大事"；卷一一"厘革故事"，即改革各种制度之议；卷一二是"杂务"，属于综合性事务；卷一三到卷一六是"用兵"，为对内平叛、对外绥靖的具体军事策略；卷一七是"审状"，其内容比较复杂，多是边地军政或人事安排；卷一八是"进献"与"辞让"；卷一九为"谢恩"。《会昌一品制集》是研究中唐政局第一手资料，也是对中国古代文章为"经国之大业"的生动说明。

从史志和目录书来看，初盛唐的奏议类专集很少见，但在中唐以后逐渐增加，到晚唐则大量出现，成为一种风气。中晚唐凡曾在藩镇掌书记者，基本都有奏议专集。文献记载有以下几种：令狐楚《表奏集》（自称《白云孺子表奏集》）十卷；刘蕡《策》一卷；刘三复《表奏》十卷；韦庄《谏疏笺表》四卷；周慎《辞表状》五卷；张濬《表状》一卷；李磎《表疏》一卷；赵璘《表状集》一卷；黄台《江西表状》二卷。[①] 不过可惜的是这些奏议专集都佚失了，所以其具体内容不得而知。

一些公文集如李吉甫的《类表》（五十卷，亦称《表启集》）、封敖的《封敖翰稿》（八卷）、李商隐的《樊南甲乙集》（四十卷）、刘邺的《甘棠集》（三卷）、罗隐的《湘南集》（三卷）、武元衡西川从事的《临淮尺题》（两卷）、李巨川《四六集》（二卷）等，收录的表状文甚多，而且很多都按照内容或者写作时间进行了细分。这其中，李商隐的《樊南甲乙集》因为《文苑英华》有载录，后人得以从中辑出一部分作品。刘邺的《甘棠集》原本在宋以后的史志、书目中已经备注阙失。二十世纪末有学者在整理敦煌写本 P.4093 号时发现了《甘棠集》的残卷六十多页，内容全部是刘氏代幕主草拟的表状。根据该书的体例推测，它应该也是一部晚唐的奏议专集。另外，新罗人崔志远的《桂苑笔耕集》（二十卷）主要内容是其在唐朝留学、为官期间（868—884）所撰写诗文，以汉文写就，其中包括他在淮南节度使高骈幕府任职期间代拟大量表、状、书、

---

① 参见《新唐书》卷六〇《艺文志》，中华书局 1975 年版；《宋史》卷二〇八《艺文志》，中华书局 1977 年版。

启。崔氏的文集在朝鲜半岛和日本都有刻本流传，并保存完好，后由清人据高丽旧刻影印出版，文献价值很高。

唐代奏议文集只有少数流传了下来，原因是这些文集很多经过了作者遴选删汰，再加上历经唐末五代战乱，绝大部分都损毁。李商隐《樊南甲集序》云：“大中元年，被奏入岭当表记，所为亦多。冬如南郡，舟中忽复括其所藏，火资墨污，半有坠落。因削笔衡山，洗砚湘江，以类相等色，得四百三十三件，作二十卷，唤《樊南四六》。”①罗隐《湘南应用集序》云：“隐自卜也审，江表一白丁耳。安有空将卷轴，与公相子弟争名。幸而知非，得以减过。冬十月，乞假归觐。阻风于洞庭青草间，因思湘南文书，十不一二。盖以失落于马上军前故也。今分为三卷，而举牒祠祭者亦与焉。”②据李、罗二人的自述，则其作品数目远不止文集所载。再比如刘三复，史志、目录中记载他有《表状》十卷，但《全唐文》仅存文三篇，且没有一篇笺表之作，其作品散佚状况更为严重。北宋前期所编《崇文总目》所记中晚唐奏议类文集，很多已经注明“阙”，这些文集应该都是湮灭于五代时期。

综上所述，在唐人所编辑的文集中，有相当数量的奏议专集，尽管绝大多数都已经佚失，但从史志与书目的记载来看，依然可以窥测唐代奏议创作的概貌与文坛风气。

---

① 刘学锴、余恕诚著：《李商隐文编年校注》，中华书局2002年版，第1713页。

② 雍文华校辑：《罗隐集》，中华书局1983年版，第286页。

第三章　初盛唐奏议文学述论

李唐王朝建立以后，全面继承隋朝各项制度并有所发展。如抑制门阀士族，加强中央集权；沿用三省六部制，并进一步明确职能；在府兵制基础上发展募兵制；根据《开皇律》修订《唐律》；实行均田制、租庸调制；崇儒兴学，科举取士。经过一百多年的励精图治，唐朝政治开明，经济繁荣，军事强盛，思想开放，文化发达，先后出现贞观之治、开元盛世，达到我国封建社会的鼎盛阶段。虽然安史之乱使唐朝由盛转衰，国势大减，但仍保留相当的实力。

在优越、宽松的社会环境下，唐代文学走向全面繁荣。唐诗流派竞繁，众体皆备，名家星罗，佳作海汇，其成就空前绝后；唐文骈散争胜，文质因其宜，繁约适其变，文从字顺，气盛言宜，其影响逾越千年；唐传奇驰骋想象，作意好奇，文备众体，叙述婉转，在小说史上举足轻重；词在中唐时兴于民间，到晚唐五代逐渐繁荣，至北宋则成为一代之文学。

唐代文学的繁荣也得益于它对前代文学的继承与发展。六朝时期，文学进入"自觉时代"，作品的艺术特质得到充分地发展，作家在创作方面积累了丰富的经验。但因为南北方长期分裂，彼此文学风尚与取径不同，因而地域差异明显。隋代文学虽然有南北合流的趋势，但因历时较短，融合尚属有限。唐代文学的贡献，就是在继承前代文学丰厚遗产的基础上，自觉融合南北之优长，形成整体风貌，使文学臻于文质彬彬、尽善尽美的境界，从而与政治的大一统相互辉映。

作为盛世文学的一部分，唐代公文以其鲜明的特色与辉煌的成就在文学史上占据重要地位。其表现主要有以下几个方面：中国古代公文中有相当多的文体都在唐代最终定型；公文的类别有了明确细致地划分（行上、平行、行下）；

公文融实用性与艺术性于一体，其文学价值，较之诗歌、传奇也并不逊色；此外，公文领域写作还出现不少"大手笔"，他们在当时文坛上的影响，不但不亚于诗赋名家，而且往往成为文坛执牛耳者。

唐代公文骈散兼行，以骈体为主，即便古文运动声势浩大，也没能改变这一局面。在唐代骈体公文中，制敕、奏议是最重要的两类。前者发号施令，体现最高统治者的意志；后者参政议事，代表群臣的意见。两者的交集形成朝廷政务的基本内容与重要方向。制敕的发布，通常是基于相关奏议的所请、所论，奏议的递呈，往往也是对相关制敕执行情况的反馈。从文学角度来看，制敕崇教化，尚雅正，定礼法以时，奏议务实际，重思辨，融情理于事；制敕展现朝廷的威仪风范，不乏如椽大笔，奏议突出个人的才能，时有卓识鸿文。它们代表着唐代公文的最高水平，后世无出其右者。

唐代奏议存文甚多，名家名作，代有其人。笔者在广泛阅读的基础上，有所认识，有所体会，但限于篇幅不能一一缕述。本章与下章将初步梳理唐代奏议文学的发展脉络，并通过名家名作的具体解读与论析，力图展现唐代奏议在不同时期的创作风格与艺术成就，并以此作为综论唐代奏议文学特征及其文学地位的依据。

第一节　初唐的奏议

唐承隋制而略有损益。初唐时期的中央官僚体系基本上沿袭了隋代模式。太宗在三省六部制基础上，进一步明确三省长官职权，并赐一些重臣"同中书门下平章事""同中书门下三品"头衔，允许参与政事堂议事，等同宰相。这种集体宰相制，有利于政事协商，提高了行政效率，也保证了皇帝的最高决策权。太宗还下令修订《氏族志》，提高皇族地位，贬抑门阀士族。同时，太宗进一步完善科举取士，吸纳更多人才参与国家治理，务使"天下英雄尽入吾彀中"。①高宗、武后期间，首开殿试，又设武举。在思想文化政策上，太宗令孔颖达等人考订儒家经典，撰成《五经正义》，高宗时由朝廷颁行，从此儒学得以

---

① （五代）王定保撰：《唐摭言》卷一《统序科第》，《丛书集成》初编本。

统一。但唐初统治者尊崇儒学的同时也优容道教与佛教，允许并鼓励三教论衡、并行。① 太宗时期，还在禁中设史官编纂"唐八史"，总结前代兴衰成败之历史经验。

上述制度的变革，自然是出于统治者长治久安的考虑，客观上也为文学的发展提供一种自由、活跃的思想文化氛围。与此同时，唐初最高层对文学本身也十分重视。如太宗不仅开弘文馆，招纳文士，而且创作颇丰。武后奖掖才学之士不遗余力。中宗时常与文臣游宴联句。因此，唐初文学之盛，令人瞩目。《旧唐书·文苑传》曰："文皇帝解戎衣而开学校，饰贲帛而礼儒生，门罗吐凤之才，人擅握蛇之价。靡不发言为论，下笔成文，足以纬俗经邦，岂止雕章缛句。韵谐金奏，词炳丹青，故贞观之风，同乎三代。高宗、天后，尤重详延；天子赋横汾之诗，臣下继柏梁之奏；巍巍济济，辉烁古今。"② 虽不免有溢美之词，但基本不离史实。

一、贞观群臣的嘉言谠论

唐初的文章，骈俪之风不减六朝，朝廷公文通行骈体，单行散句的行文少见，章表疏奏也不例外。不过，太宗时期的奏疏，大多比较务实，直陈时弊，议论大胆。这与太宗鼓励群臣直言极谏有很大关系。太宗曾叮嘱监修国史的房玄龄："其有上书论事，词理切直，可裨于政理者，朕从与不从皆需备载。"③ 这对群臣来说，就少了很多顾忌，可以畅所欲言，所以这一时期的嘉言谠论比比皆是。

在贞观时期的谏臣中，魏徵（580—643）最为著名。魏徵的奏疏，援古讽今，善于总结前代经验，尤其注意以隋为鉴，服务当下。《旧唐书》的编者特别重视魏徵的谏疏，在其传记中载录他的四篇疏奏。后来这些文章反复收入各种奏议集和文章总集、选集中，并被加了标题。例如四疏的第一篇，后人将其命

---

① 唐释道宣编撰有《集古今佛道论衡》，主要讨论佛道的华夷身份、传承系统的真伪、地位的先后问题。释彦悰编撰的《集沙门不应拜俗等事》，则涉及佛礼与儒家世俗礼孰重孰轻的争论。这两部书都保存了唐代大量与三教论争相关的诏令、奏议。《全唐文》也辑录此类文章数百篇。

② （五代）刘昫等编：《旧唐书》卷一九〇，中华书局1975年版，第4982页。

③ （唐）吴兢撰：《贞观政要》卷七，上海古籍出版社1978年版，第222页。

名为《论时政疏》，以隋炀帝穷奢极欲、刚愎自用而导致众叛亲离、身死国灭的例子来警醒唐太宗引以为戒：

> 臣观自古受图膺运，继体守文，控御英雄，南面临下，皆欲配厚德于天地，齐高明于日月，本支百世，传祚无穷。然而克终者鲜，败亡相继，其故何哉？所以求之，失其道也。殷鉴不远，可得而言。
>
> 昔在有隋，统一寰宇，甲兵强锐，三十余年，风行万里，威动殊俗。一旦举而弃之，尽为他人之有。彼炀帝岂恶天下之治安，不欲社稷之长久，故行桀虐，以就灭亡哉！恃其富强，不虞后患，驱天下以从欲，罄万物以自奉，采域中之子女，求远方之奇异。宫宇是饰，台榭是崇，徭役无时，干戈不戢。外示威重，内多险忌。谗邪者必受其福，忠正者莫保其生。上下相蒙，君臣道隔，民不堪命，率土分崩。遂以四海之尊，殒于匹夫之手，子孙殄灭，为天下笑，深可痛哉！
>
> 圣哲乘机，拯其危溺，八柱倾而复正，四维弛而更张。远肃迩安，不逾于期月；胜残去杀，无待于百年。今宫观台榭，尽居之矣；奇珍异物，尽收之矣；姬姜淑媛，尽侍于侧矣；四海九州，尽为臣妾矣。若能鉴彼之所以失，念我之所以得，日慎一日，虽休勿休；焚鹿台之宝衣，毁阿房之广殿，惧危亡于峻宇，思安处于卑宫，则神化潜通，无为而治，德之上也。若成功不毁，即仍其旧，除其不急，损之又损。杂茅茨于桂栋，参玉砌以土阶，悦以使人，不竭其力，常念居之者逸，作之者劳，亿兆悦以子来，群生仰而遂性，德之次也。若惟圣罔念，不慎厥终，忘缔构之艰难，谓天命之可恃，忽采椽之恭俭，追雕墙之靡丽，因其基以广之，增其旧而饰之，触类而长，不知止足，人不见德，而劳役是闻，斯为下矣。譬之负薪救火，扬汤止沸，以暴易乱，与乱同道，莫可测也，后嗣何观！夫事无可观则人怨，人怨则神怒，神怒则灾害必生，灾害既生，则祸乱必作，祸乱既作，而能以身名全者鲜矣。顺天革命之后，将隆七百之祚，贻厥子孙，传之万叶，难得易失，可不念哉！①

开篇即单刀直入，以设问的方式提出中心论点：历代皇帝都想"本枝万代，传祚无穷"，但为什么总是"克终者鲜，败亡相继"呢？隋鉴不远，正是绝好的反

---

① （五代）刘昫等编：《旧唐书》卷七一，中华书局1975年版，第2550—2551页。

面例证。于是再以一句反问领起："彼炀帝岂恶天下之治安，不欲社稷之长久，故行桀虐，以就灭亡哉！"问题提得尖锐，对太宗几近当头棒喝：哪个皇帝不想传之百代，隋朝为什么会二世而败呢！于是下面一针见血地指出其原因是隋炀帝奢求太多，"恃其富强，不虞后患，驱天下以从欲，罄万物以自奉"，最终"以四海之尊，殒于匹夫之手，子孙殄灭，为天下笑"。这个分析是通过追叙隋炀帝的所作所为来完成的。虽然追叙很简括，但许多事情都是太宗亲历亲知的，故无须细说，已可明白。有了隋炀帝的这段史实作铺垫，后面有关治国之道的分析也就顺理成章了。所谓"德之上""德之次""斯为下"就是治国的上策、中策与下策。明白政权之"难得易失"的道理，就会自我克制，避免重蹈隋之覆辙。简括地叙事，然后据事析理，这是魏徵奏疏的显著特征。

正是听取了魏徵等人的谏诤，太宗在统治前期的十来年里都克己节俭，励精图治。但随着功业日隆，太宗终究免不了骄矜之心，生活逐渐奢靡起来，忍不住开始大修宫宇，四处游幸，也不太听得进群臣的意见，致使上下有不少怨言。《旧唐书》魏徵本传引录的魏徵第二篇奏疏就是针对太宗的懈怠心理而作，后人根据内容将其命名为《陈十思疏》。此疏的宗旨是敦请太宗居安思危，善始慎终：

　　臣闻求木之长者，必固其根本；欲流之远者，必浚其泉源；思国之安者，必积其德义。源不深而望流之远，根不固而求木之长，德不厚而思国之安，臣虽下愚，知其不可，而况于明哲乎？人君当神器之重，居域中之大，将崇极天之峻，永保无疆之休。不念居安思危，戒奢以俭，德不处其厚，情不胜其欲，斯亦伐根以求木茂，塞源而欲流长也。

　　凡百元首，承天景命，莫不殷忧而道著，功成而德衰，有善始者实繁，能克终者盖寡。岂其取之易守之难乎？昔取之而有余，今守之而不足，何也？夫在殷忧必竭诚以待下，既得志则纵情以傲物；竭诚则吴、越为一体，傲物则骨肉为行路。虽董之以严刑，震之以威怒，终苟免而不怀仁，貌恭而不心服。怨不在大，可畏惟人；载舟覆舟，所宜深慎。奔车朽索，其可忽乎？

　　君人者，诚能见可欲，则思知足以自戒；将有作，则思知止以安人；念高危，则思谦冲而自牧；惧满溢，则思江海下百川；乐盘游，则思三驱以为度；忧懈怠，则思慎始而敬终；虑壅蔽，则思虚心以纳下；惧谗邪，则思正身以黜恶；恩所加，则思无因喜以谬赏；罚所及，则思无以怒而滥刑。总此十思，宏兹九德，简能而任之，择善而从之，则智者尽其谋，勇者竭其力，仁者播其惠，信者效其忠；文武争驰，君臣无事，可以尽豫游之乐，可以养松乔之寿，鸣琴垂拱，不言而化。何必劳神苦思，代下司职，役聪明之耳目，亏无为之大道哉？①

文章开宗明义，以"固本思源"为喻，强调"思国之安者，必积其德义"，提醒太宗居安思危、戒奢以俭，以保证国家长治久安。接着从历史经验出发，指出"有善始者实繁，能克终者盖寡"的人性弱点，阐述政权"取易守难"的道理，从"竭诚以待下""纵情以傲物"正反两方面来说明应善始慎终的重要性，得出守成之君"所宜深慎"的结论。最后提出"十思"的具体内容，概括起来就是戒奢侈、恤百姓、戒焦躁、不自满、不放纵、不懈怠、纳忠言、远小人、克喜怒、明赏罚。通篇以"思"字贯穿，写出一系列排句，高屋建瓴地指出作为一个最高统治者，应当怎样行事，怎样考虑问题。所举达到十项，但实际仍可举一反三，延伸扩展，其余未谈到的，就让太宗自己去思考了。这道奏疏以议论风发、环环紧扣为特色，没有明显的叙事。但当事人心里都会非常清楚，每一处"思"之后，都是有事实为依据的。奏疏中叙事是为议论服务的，但又须十分节俭，凡能意会者，就不必絮叨。太宗读过这道谏疏后，犹如受当头棒喝，很受触动，特手诏答复："省频抗表，诚极忠款，言穷切直。披览忘倦，每达宵分。非公体国情深，启沃义重，岂能示以良图，匡其不及。"表示要接受意见，"置之几案"，时刻提醒自己要"虚襟静志，敬伫德音"。②

这篇奏疏虽用骈体，但间杂散句，又使用了大量排比句，全文整饬而不失流转。另外，从修辞角度来看，文章不假藻饰，无生僻典故，不拘泥声律，不回避首尾虚字，因而显得自然平实，跟一般骈文面貌不同。这些特征可算是魏徵谏疏的共同之处，在当时独具一格，对后世陆贽的奏议写作有直接的影响。

---

① （五代）刘昫等编：《旧唐书》卷七一，中华书局 1975 年版，第 2551—2552 页。本篇最早见于《贞观政要》，原无题，《旧唐书》言魏徵上四疏以陈得失，文字照录。《文苑英华》卷六九五、《历代名臣奏议》卷二七题为《论时政书》（凡四篇，此篇为其二），《右编》卷二"治总二"题为《陈十思疏》，《文章辨体》卷二二"奏疏二"题为《谏太宗十思》，《古文渊鉴》卷三十题为《上十思疏》，《古文观止》卷四、《全唐文》卷一七三题为《谏太宗十思疏》。比较而言，《右编》与《古文渊鉴》的标题似乎更恰切。不过本书所引唐代奏议的标题以《全唐文》为准，特此说明。

② （唐）吴兢撰：《贞观政要》卷一，上海古籍出版社 1978 年版，第 10 页。

马周（601—648）出身贫寒，但聪颖好学，有济世之才，早年不得志，后至长安为中郎将常何家的门客，因代常何向太宗上疏二十条，深切时弊，太宗阅后深为叹服，遂获召见，成为太宗的股肱之臣。太宗评其曰："见事敏速，性甚贞正，至于论量人物，直道而行，朕比任使，多所称意。"[1]马周的奏疏，机辩明锐，颇有时誉。如岑文本就说："马周论事多矣，援引事类，扬榷古今，举要删芜，言辩而理切。奇峰高论，往往间出，听之靡靡，令人忘倦。"[2]马周在贞观十一年（637）所上《陈时政疏》是其论事奏疏的代表作。

臣历睹前代，自夏、殷及汉氏之有天下，传祚相继，多者八百余年，少者犹四五百年，皆为积德累业，恩结于人心。岂无僻王，赖前哲以免尔！自魏、晋已还，降及周、隋，多者不过五六十年，少者才二三十年而亡，良由创业之君，不务广恩化，当时仅能自守，后无遗德可思。故传嗣之主政教少衰，一夫大呼而天下土崩矣。今陛下虽以大功定天下，而积德日浅，固当思隆禹、汤、文、武之道，广施德化，使恩有余地，为子孙立万代之基。岂欲但令政教无失，以持当年而已。然自古明王圣主，虽因人设教，宽猛随时，而大要唯以节俭于身、恩加于人二者是务。故其下爱之如日月，畏之如雷霆，此其所以卜祚遐长而祸乱不作也。

今百姓承丧乱之后，比于隋时才十分之一，而供官徭役，道路相继，兄去弟还，首尾不绝，远者往来至五六千里，春秋冬夏，略无休时。陛下虽每有恩诏令其减省，而有司作既不废，自然须人，徒行文书，役之如故。臣每访问，四五年来，百姓颇有怨嗟之言，以陛下不存养之。昔唐尧茅茨土阶，夏禹恶衣菲食，如此之事，臣知不复可行于今。汉文帝惜百金之费，辍露台之役，集上书囊以为殿帷，所幸慎夫人衣不曳地。至景帝以锦绣纂组妨害女工，特诏除之，所以百姓安乐。至孝武帝虽穷奢极侈，而承文、景遗德，故人心不动。向使高祖之后，即有武帝，天下必不能全。此于时代差近，事迹可见。今京师及益州诸处，营造供奉器物，并诸王妃主服饰，议者皆不以为俭。臣闻昧旦丕显，后世犹怠，作法于理，其弊犹乱。陛下少处人间，知百姓辛苦，前代成败，目所亲见，尚犹如此，而皇太子生长

① （五代）刘昫等编：《旧唐书》卷六五，中华书局1975年版，第2453页。

② （唐）刘肃撰，许德楠、李鼎霞点校：《大唐新语》卷七，中华书局1984年版，第112页。

深宫，不更外事，即万岁之后，固圣虑所当忧也。

臣窃寻往代以来成败之事，但有黎庶怨叛，聚为盗贼，其国无不即灭，人主虽欲改悔，未有重能安全者。凡修政教，当修于可修之时，若事变一起而后悔之，则无益者也。故人主每见前代之亡，则知其政教之所由丧，而皆不知其身之有失。是以殷纣笑夏桀之亡，而幽、厉亦笑殷纣之灭。隋帝大业之初又笑齐、魏之失国。然今之视炀帝，亦犹炀帝之视齐、魏也。故京房谓汉元帝云："臣恐后之视今，亦犹今之视古。"此言不可不戒也。

往者贞观之初，率土霜俭，一匹绢才得一斗米，而天下帖然。百姓知陛下甚忧怜之，故人人自安，曾无谤讟。自五六年来，频岁丰稔，一匹绢得粟十余石，而百姓皆以陛下不忧怜之，咸有怨言。又今所营为者，颇多不急之务故也。自古以来，国之兴亡，不由积畜多少，唯在百姓苦乐。且以近事验之，隋家贮洛口仓，而李密因之；东都积布帛，王世充据之；西京府库亦为国家之用，至今未尽。向使洛口、东都无粟帛，即世充、李密未能必聚大众。但贮积者固是有国之常事，要当人有余力而后收之，岂人劳而强敛之，更以资寇，积之无益也。然俭以息人，贞观之初，陛下已躬为之，故今行之不难也。为之一日，则天下知之，式歌且舞矣。若人既劳矣，而用之不息，傥中国被水旱之灾，边方有风尘之患，狂狡因之窃发，则有不可测之事，非徒圣躬旰食晏寝而已。古语云："劝人以行不以言，应天以实不以文。"以陛下之明，诚欲励精为政，不烦远采上古之术，但及贞观之初，则天下幸甚。①

这篇奏疏剖析时政的时候，非常注意将当前百姓的"颇有怨嗟之言"与贞观初年的"人人自安"情况进行对比，巧妙地对太宗后期奢靡之风渐长提出批评。二者皆举出若干实事，如说百姓"供官徭役，道路相继，兄去弟还，首尾不绝，远者往来至五六千里，春秋冬夏，略无休时"就非常具体，把徭役之沉重、扰民揭示得一清二楚。又如说"往者贞观之初，率土霜俭，一匹绢才得一斗米，而天下帖然……自五六年来，频岁丰稔，一匹绢得粟十余石，而百姓皆以陛下不忧怜之，咸有怨言"，这些也都是具体陈述，举出的都是硬邦邦的事实。在这样的叙述之后，才能做出分析、议论和判断。而为了分析深透，马周奏疏的叙事又涉及前代：西汉自文景之治至武帝奢侈的变化、近代"隋家贮洛口仓，而

---

① （五代）刘昫等编：《旧唐书》卷七四，中华书局 1975 年版，第 2615—2617 页。

李密因之；东都积布帛，王世充据之"都由马周叙述出来，成为警诫太宗的好例子。在叙述了古今成败得失之例后，马周得出结论：坚持贞观之政，国可太平；反之，则国事可危，一旦发生不可测之事，再后悔就来不及了。这个结论合情合理、无可辩驳。太宗阅后，"称善久之"。①

马周的这封奏疏不假骈俪，朴实无华，但层次分明，于平实中见至理，立意高远，语气极为诚恳，而又提炼出若干警句。如"向使高祖之后，即有武帝，天下必不能全""国之兴亡不由蓄积多少，唯在百姓苦乐"，这些都是历史经验的深刻洞见与高度概括。他把"贞观之初"作为"励精为政"的标准，对太宗来说是一种肯定也是一种委婉批评。这一点与魏徵的《十渐不克终疏》很相似。不过魏徵说得很具体，而马周则言简意赅。伟人毛泽东对其非常欣赏，称之为"贾生《治安策》以后第一奇文"。②从政治角度而言，奇在见识深邃，能言人之所难言。从文章本身来看，奇在明明平淡叙来，语气和婉，却让人夕惕若厉。这样的文章，可以说是奏议的绝唱。

除了魏徵、马周，刘洎、岑文本、虞世南、褚遂良等人也是直言极谏的代表人物。

刘洎（？—646）性疏峻而敢言。太宗"威容俨肃，百僚进见者，皆失其举措"，③又"善持论，每与公卿言及古道，必诘难往复"，"上书人不称旨者，或面加穷诘，无不惭退"。④刘洎认为这种做法不是进言之道，遂上《谏诘难臣寮上言书》劝谏太宗多倾听，少辩驳："帝王之与凡庶，圣哲之与庸愚，上下相悬，拟伦斯绝。是知以至愚而对至圣，以极卑而对至尊，徒思自强，不可得也。陛下降恩旨，假慈颜，凝旒以听其言，虚襟以纳其说，犹恐群下未敢对扬，况动神机，纵天辩，饰辞以折其理，援古以排其议，欲令凡庶何阶应答？"这是从情理上进行分析。接着引述经典与史实进行论证："老君称大辩若讷，庄生称至道无文，此皆不欲烦也。齐侯读书，轮扁窃笑；汉皇慕古，长孺陈讥，此亦不欲劳也。且多记则损心，多语则损气，心气内损，形神外劳，初虽不觉，后必为累。须为社稷自爱，岂为性好自伤乎？窃以今日升平，皆陛下力行所至，欲其长久，匪由辩博。但当忘彼爱憎，慎兹取舍，每事敦朴，无非至公，若贞观

---

① （五代）刘昫等编：《旧唐书》卷七四，中华书局1975年版，第2618页。
② 张贻玖著：《毛泽东读史》，当代中国出版社2005年版，第84页。
③ （唐）吴兢撰：《贞观政要》卷二，上海古籍出版社1978年版，第46页。
④ （五代）刘昫等编：《旧唐书》卷七四，中华书局1975年版，第2608、2611页。

之初则可矣。至如秦政强辩，失人心于自矜；魏文宏才，亏众望于虚说。此才辩之累，较然可知矣。伏愿略兹雄辩，浩然养气；简彼细图，淡焉自怡。固万寿于南岳，齐百姓于东户，则天下幸甚，皇恩斯毕。"① 作为统治者，本身的学识与口才是其次的，关键在于知人善任，从谏如流，听取群臣合理意见，刚愎自用，强词夺理堵住了悠悠众口，只会让人心尽失。对刘洎批评，太宗的手诏答复："比有谈论，遂致烦多，轻物骄人，恐由兹道。形神心气，非此为劳。今闻谠言，虚怀以改。"② 从这里我们可以了解到唐太宗谦虚下人的品格。

岑文本（595—645）才思敏捷，长于议论，《北周书》中很多史论都出自其手。岑文本为人谦虚谨慎，很受太宗器重，专典机密十几年。岑文本的上疏，据实言理，洗练简洁。如载于《旧唐书·侯君集传》的《理侯君集等疏》针对功臣违法乱纪的现象，从明辨功过、分清主次和皇恩浩荡的角度，建议太宗赦免侯君集等人。为此奏疏一连叙述了好几件史事：汉武帝奖励功小而劳苦的李广利，汉元帝赦免灭郅支单于而贪暴不法的陈汤，晋武帝宽待灭东吴而焚吴宫、掠财物的王濬，隋文帝封赏平陈后纵士兵劫掠的韩擒虎，以下的议论完全依托这些故事，并以"斯则陛下圣德，虽屈法而德弥显；君集等怀过，虽蒙宥而过更彰"的话彻底说服了太宗。③ 尽管侯君集后来因依附太子李承乾策划兵变而被诛杀，但他的确也曾立下赫赫战功，不能因后事废前事。《大水上封事极言得失》作于贞观十一年，此年榖、洛二水泛滥，被说成是"天谴"，在此情况下，未免人心惶惶；岑文本的上疏则否认"天谴"，而强调人治，而人治的关键则在于对百姓要"常加含养"，使之"日就滋息"。岑文本指出，真正使国家社稷安定、政治无虞的，是百姓的拥戴，于此引出帝舜、孔子之语，阐明君民关系："君犹舟也，人犹水也；水所以载舟，亦所以覆舟。"至于水灾，那是自然现象，只要有人，不难治理。不但水灾，就是"桑谷为妖，龙蛇作孽，雊雉于鼎耳，石言于晋地"——无论多怪异的现象，都不可怕。只要真心以民为本，应对措施得当，就能"转祸为福，变咎为祥"。④ 这篇奏疏借如何正确对待天灾而极陈关切民生之重要，话语虽说得婉转，其批判性却是很强、很深刻的。

虞世南（558—638）为人忠直敢言，屡屡犯颜进谏，但又处处为太宗着想，

① （五代）刘昫等编：《旧唐书》卷七四，中华书局 1975 年版，第 2608 页。
② （五代）刘昫等编：《旧唐书》卷七四，中华书局 1975 年版，第 2609 页。
③ （五代）刘昫等编：《旧唐书》卷六九，中华书局 1975 年版，第 2512 页。
④ （五代）刘昫等编：《旧唐书》卷七〇，中华书局 1975 年版，第 2536—2537 页。

所以太宗对之十分亲厚，尝谓侍臣曰："朕因暇日，每与虞世南商榷古今。朕有一言之善，世南未尝不悦；有一言之失，未尝不怅恨。其恳诚若此，朕用嘉焉。群臣皆若世南，天下何忧不理？"虞世南的奏议言辞恰切，简要而深刻。如收录在《旧唐书》本传中的《上山陵封事》是最有代表性的一篇。此文谏止为高祖营造隆厚山陵，主张薄葬，认为："古之圣帝明王所以薄葬者，非不欲崇高光显珍宝具物以厚其亲，然审而言之，高坟厚垅，珍物毕备，此适所以为亲之累，非曰孝也。是以深思远虑，安于菲薄，以为长久万代之计，割其常情以定耳。"其后引汉文帝与魏文帝故事予以论证，将议论放在叙事的基础上。此文引刘向谏汉成帝造延、昌二陵的书奏，更采用间接引语的手法，完整地叙述了张释之与汉文帝关于薄葬的对话，并由此再延伸到汉武帝奢侈厚葬导致汉末赤眉起义军破茂陵取财物的事，以及魏文帝曹丕感慨"自古至今，未有不亡之国，无有不发之墓"，并坚持薄葬，且将其定为"永制"的叙述和评论。这里的叙事当然并非虞世南有意在进行文学创作，但足以证明叙述故事诚为是申明观点的重要手段，为奏议文所必需。文章最后说："向使陛下德止如秦、汉之君，臣则缄口而已，不敢有言。"这是虞世南的假设，是一个有意的逗引，他在此句之后马上来了个自我否定，接续道："伏见圣德高远，尧、舜犹所不逮，而俯与秦、汉之君同为奢泰，舍尧、舜、殷、周之节俭，此臣所以尤戚也。"[1] 既然圣德"尧、舜犹所不逮"，却又"与秦、汉之君同为奢泰"，这岂不是一个悖论吗？虞世南这样说，既使太宗心悦，又能引起太宗自我反省，应该说是很巧妙的上奏技巧。有此一番议论，下面便直截了当地请求薄葬唐高祖，明确提出了建议方案；这种先做否定性假设，再做肯定性褒扬，然后继续陈奏的手法，在后来的奏议中也经常可以看到。

褚遂良（596—658）是太宗的顾命大臣之一，每有大事必蒙咨询。《旧唐书·褚遂良传》记载褚遂良多次进谏太宗，如论封禅泰山，论史官职责，论立皇太子，论与薛延陀部的关系等，所涉均为国之大事。太宗晚年欲亲征高句丽，褚遂良数次上书劝阻，太宗坚持发兵，结果无功而返。后来高句丽遣使"贡白金"行贿，褚遂良谏太宗予以拒绝，太宗采纳。褚遂良又谏太宗在高昌立首领，以夷制夷；谏太宗允太子别居东宫，以多与师傅接近，"前后谏奏及陈便宜书数十上，多见采纳"。[2] 这些谏疏既指陈事实，又委婉尽理，而为了说理，往往举

---

① （五代）刘昫等编：《旧唐书》卷七二，中华书局 1975 年版，第 2568—2569 页。

② （五代）刘昫等编：《旧唐书》卷八〇，中华书局 1975 年版，第 2738 页。

出诸多历史事实，以简洁的叙事作为议论的基础。而他的《请节劳表》则是另一种风格："陛下昔年力平寇乱，及临宝位，忧劳万国，龙荒沙漠，何所不思？情切于此，无时懈息，遂令陛下须鬓为之早白。又数年以来，耽玩书史，每作文咏，兼诸手笔。日暮继烛，运心不停。又诘朝与群臣论政，数百千语，音若韶夏，理同兰玉，若非辛勤，何以得此？且以天情爱好，不能自息。臣愚诚恐陛下今犹看读。夫人年逾四十，筋力渐疲，笃而不休，更增疹疾。然君以百姓为心，百姓以君为命。君体平康，天下安宁。陛下已读得之者用之不可尽，已知者当世不能逾。伏愿节诸言语，且无披卷，每减思虑，微疴自遣，天下苍生之所幸赖，臣不胜区区，谨敢表闻。"[1] 这篇奏表言太宗在文治武功方面殚精竭虑，思虑过甚，确乎出自臣子的一片赤诚关心，文章"全用家常话语，不假骈词俪句，温情脉脉，与一般直谏之文是很不同的。"[2] 我们若再结合刘洎《谏诘难臣寮上言书》来看，则太宗脾性跃然纸上，这种不经修饰的描写，使太宗的形象更为真实与自然。

二、陈子昂的旰晔之文

高宗当政时期，基本沿袭贞观遗政，社会稳定，经济繁荣，史称"永徽之治"。唐代的版图，也以高宗时为最大。高宗为守成之君，性格沉稳，能虚心纳谏，即位之初，即宣布："事有不便于百姓者，悉宜陈，不尽者更封奏。"[3] 高宗群臣也是萧规曹随，勇于进言。武后以女主登基，号为革命，但国家大政方针并没有根本性动摇，所以政治总体稳定。武后精于权术，但也有接纳逆耳之言的雅量。如大臣朱敬则上奏批评她男宠太多："嗜欲之情，愚智皆同，贤者节之，不使过度，则前圣格言也。"[4] 武后虽然尴尬，但还是厚赏了朱敬则。连宫禁壁昵这样的禁忌都可以直言，对时弊的抨击力度就可想而知了。武后喜好文学，对于词臣青眼有加，李峤、陈子昂、张说、宋之问、富嘉谟、吴少微等人都得到其赏识，并逐渐崭露头角。从武后晚年到玄宗上台十年间，高层权力斗争不断，政局几度混乱。中宗在母亲、妻女强势下，无所作为，睿宗两度登基，

---

① （清）董诰等编：《全唐文》卷一四九，中华书局 1983 年版，第 1503—1504 页。

② 郭预衡著：《中国散文史》（中），上海古籍出版社 2000 年版，第 58 页。

③ （宋）司马光编撰：《资治通鉴》卷一九九，中华书局 1956 年版，第 6270 页。

④ （五代）刘昫等编：《旧唐书》卷七八，中华书局 1975 年版，第 2706 页。

两让天下，仅求自保。不过，政治上短暂的不平静并没有影响到文学发展。张说曾追述这一时期文学景象曰："自则天久视之后，中宗景龙之际，十数年间，六合清谧，内峻图书之府，外辟修文之馆，搜英猎俊，野无遗才。右职以精学为先，大臣以无文为耻。每豫游宫观，行幸河山，白云起而帝歌，翠华飞而臣赋，雅颂之盛，与三代同风，岂惟圣后之好文，亦云奥主之协赞者也。"（《昭容上官氏文集序》）① 所谓"精学为先""无文为耻"，正是朝廷上下重视"文学"的真实写照。虽然这种"文学"与政治密不可分，少不了揄扬元献、润色王言。可以说，初盛唐之交的这一二十年，正是文学走向全面繁荣的前奏期。

就奏议文而言，在太宗去世后的半个世纪里，其发展是平稳推进的，六朝繁缛靡丽的影响犹存，剀切质实、厚重雅正的特征也逐步显现。这种新旧杂陈，南北合流的情况，在"初唐四杰"的作品里体现得十分明显。"四杰"的骈体公文很多，但因为四人身世坎坷，仕宦不显，奏议作品却较少。王勃有三篇（分别是《上拜南郊颂表》《上九成宫颂表》《为原州赵长史请为亡父度人表》），杨炯有两篇（《为刘少傅等谢敕书慰劳表》《公卿以下冕服议》），骆宾王有两篇（《为齐州父老请陪封禅表》《对策文》），卢照邻则没有奏议作品传世。客观地说，这些作品没有他们创作的其他骈文（如启、檄、序）那般典雅精切，格调激昂，也不如魏徵等人奏议的简要深刻，但言之有物，且都郁郁有不平之气，甚或有偏激之语，跟"争构纤微，竞为雕琢""影带以狥其功，假对以称其美，骨气都尽，刚健不闻"② 的华靡之文，还是有很大不同的。

"四杰"稍后的陈子昂（661—702）诗文兼擅，《旧唐书·文苑传》录其所上奏疏两篇，并云其历任拾遗之官，"数上疏陈事，词皆典"。③ 陈子昂勇于上疏，一来因为有参政报国之志，一来也为在政治上表现，以引起最高统治者的注意。这两点动机，也就决定了陈子昂奏疏的特色。从内容看，他的论事奏疏涉及减刑、纳谏、任贤、息兵、安边、利民等多方面，大多直陈时弊，剖析政事，以救时济世为目的。如《谏用刑书》抨击告密之风盛行造成冤假错案频现："伏见诸方告密，囚累百千辈，大抵所告，皆以扬州为名，及其穷竟，百无一实。陛下仁恕，又屈法容之。傍讦他事，亦为推劾，遂使奸臣之党，快意相仇，睚眦之嫌，即称有密。一人被告，百人满狱。使者推捕，冠盖如云。或谓

---

① （清）董诰等编：《全唐文》卷二二五，中华书局 1983 年版，第 2275 页。

② （唐）杨炯撰：《王勃集序》，《杨盈川集》卷三，《四部丛刊》初编本。

③ （五代）刘昫等编：《旧唐书》卷一九〇，中华书局 1975 年版，第 5024 页。

陛下爱一人而害百人，天下喟喟，莫知宁所。"① 这里的叙述可为武后时期刑狱冤滥的实录。冤狱大兴根本原因是武后为巩固统治而宠信酷吏，陈子昂敢于揭露，是需要一定勇气的。这道上书以古证今，言多切至，论析周密，驳议精当。

陈子昂的《为乔补阙论突厥事表》《谏雅州讨生羌书》《上蜀川安危事》《上西蕃边州安危事》主要针对边防军事问题发表议论。《为乔补阙论突厥事表》以秦汉时期匈奴之患为例，提醒朝廷要趁突厥自然灾害严重、统治者内乱之机，"建大策，行远图，大定北戎"，彻底降服突厥。他结合自身考察，认为朝廷设置安北都护府是"制匈奴之上策"，只要在此营田屯兵，选名将驻守，招纳流亡叛逃者，不出三年，可坐取突厥。② 因为经过实地考察，陈子昂对边疆形势分析是很到位的，他提出的策略也切实可行。③ 而《谏雅州讨生羌书》则指出兴兵讨羌是"徇贪夫之议"而妄动干戈，不仅有违一贯实行的息兵安民的仁政，而且"诛无罪之戎而遗全蜀之患"，对国家没有任何好处。从现状来说，近年"山东饥，关陇弊，历岁枯旱，人有流亡"，更"不可动甲兵，兴大役，以自生乱"。④ 文章还简述了昔日高宗对吐蕃用兵失败的经过，刻意将强大的声势与惨败的结果进行对比，再联系今日士卒疲惫的情况，其用笔在昔，着意在今的意图再明显不过。⑤ 这些表奏论事犀利，说理透辟，充分展示出陈子昂敏锐的观察力与清醒的大局观。王夫之谓陈子昂虽以诗名于唐，"非但文士之选，使得明君以尽其才，驾马周而颉颃姚崇，以为大臣可矣"。⑥ 可惜武后仅欣赏陈子昂的"文称旰晔"，⑦ 对他的政治才干不甚重视。

---

① （五代）刘昫等编：《旧唐书》卷五〇《刑法志》，中华书局 1975 年版，第 2144—2147 页。

② （唐）陈子昂撰，徐鹏点校：《陈子昂集》卷四，中华书局 1960 年版，第 84—90 页。

③ 贞观四年（630），太宗趁东突厥遭遇天灾又内乱之机，派李靖出击颉利可汗并俘获之，东突厥亡。显庆二年（657）高宗遣苏定方征讨西域，俘沙钵罗可汗，西突厥亦亡。此后数十年间，突厥各部臣服唐朝统治，基本稳定。但由于唐廷经常征调，遂招致各部不满，调露元年（679），一些上层贵族趁机反唐复国，史称后突厥。天宝四年（745），同样是趁后突厥内讧，唐玄宗命王忠嗣联合回纥骨力裴罗击杀白眉可汗，才解决了突厥在北方的边患。可见，陈子昂所提出的策略是很有远见的。

④ （五代）刘昫等编：《旧唐书》卷一九〇，中华书局 1975 年版，第 5021—5024 页。

⑤ 韩理洲著：《陈子昂研究》，上海古籍出版社 1988 年版，第 151 页。

⑥ （清）王夫之撰：《读通鉴论》卷二一，中华书局 1975 年版，第 737 页。

⑦ （元）辛文房撰：《唐才子传》卷一，古典文学出版社 1975 年版，第 11 页。

　　陈子昂的《答制问事》凡八条，乃是应武后要求而论"当今政要"，可以看作另一种形式的奏疏，集中体现了陈子昂的政治主张。如《请措刑科》直言武后治下"刑狱尚急，法纲未宽"，致使"天下士庶，未敢安止"，当务之急是"顺人施化，赦过宥罪"。《贤不可疑科》强调"得贤须任，既任须信，既信须终，既终须赏"，"若外有信贤之名，而内实有疑贤之心"，"虽日得百贤，终是无益，适足以损贤伤政也"。《请息兵科》认为"兵甲岁兴，赋役不省"使人民"日以疲劳，不得安息"，要转变战略（即"庙算"），养精蓄锐，富民强兵，不必大动干戈而边疆安宁。① 这些论述针砭时弊，或直奔主题，或正反推论，都入情入理，剀切透彻，所以司马光称赞《答制问事》八条"辞婉意切，其论甚美"。②

　　陈子昂提倡风雅兴寄和汉魏风骨，他的论事奏疏，内容充实，气势磅礴，多用散体，间杂骈句，绝去雕饰，"疏朴近古"③，在唐代前期文风的转变上起到了重要作用。《谏灵驾入京书》就是一篇代表性的作品。弘道元年（683）十一月，唐高宗病逝于洛阳，武则天临朝称制，短短三个月内，先后废立中宗、睿宗，不久朝廷下诏将高宗灵柩西迁关中。陈子昂上书表示异议。这封书奏的核心意思很明确，就是如标题所示的"谏灵驾入京"，即劝阻将唐高宗的灵柩由洛阳运回长安。但为了申说己意，陈子昂却在开头兜了一个很大的圈子：

　　　　梓州射洪县草莽愚臣陈子昂，谨顿首冒死献书阙下。臣闻明主不恶切直之言以纳忠，烈士不惮死亡之诛以极谏。故有非常之策者，必待非常之时；有非常之时者，必待非常之主。然后危言正色，抗议直辞，赴汤镬而不回，至诛夷而无悔，岂徒欲诡世夸俗、厌生乐死者哉？实以为杀身之害小，存国之利大，故审计定议而甘心焉。况乎得非常之时，遇非常之主，言必获用，死亦何惊？千载之迹，将不朽于今日矣。

这一段纯系谀辞，其目的是颂扬新皇，戴高帽子，也为自己的上谏谋求更高的

---

　　① （唐）陈子昂撰，徐鹏点校：《陈子昂集》卷八，中华书局1960年版，第164—173页。
　　② （宋）司马光编撰，（元）胡三省音注：《资治通鉴》卷二〇四，中华书局1956年版，第6457页。
　　③ （清）永瑢等编撰：《四库全书总目提要》卷一四九，中华书局1965年版，第1278页。

保险系数。接着，文章把话头引到已故的高宗皇帝：

> 伏惟大行皇帝遗天下，弃群臣，万国震惊，百姓屠裂。陛下以徇齐之圣，承宗庙之重，天下之望，喁喁如也，莫不冀蒙圣化，以保馀年，太平之主，将复在于今日矣。况皇太后又以文母之贤，协轩宫之耀，军国大事，遗诏决之，唐、虞之际，于斯盛矣。
>
> 臣伏见诏书，梓宫将迁京师，銮舆亦欲陪幸。计非上策，智者失图，庙堂未闻有骨鲠之谋，朝廷多见有顺从之议。愚臣窃惑，以为过矣。伏自思之，生圣日，沐皇风，摩顶至踵，莫非亭育。不能历丹凤，抵濯龙，北面玉阶，东望金屋，抗音而正谏者，圣王之罪人也。所以不顾万死，乞献一言，愿蒙听览，甘就鼎镬，伏惟陛下察之。①

上面几段叙述了高宗逝世的事实，同时又恭维了新皇帝和未亡人武太后一番，然后才说到灵驾将要西迁的事，提出了自己的反对意见，批评"庙堂未闻有骨鲠之谋，朝廷多见有顺从之议"。这是冒死献书的背景。而"伏自思之"以下，又是一大段申明，全系无关紧要之语，但又为谏诤之文所不可或缺的套话。然后才正式入题：

> 臣闻秦据咸阳之时，汉都长安之日，山河为固，天下服矣，然犹北假胡宛之利，南资巴蜀之饶；自渭入河，转关东之粟；窬沙绝漠，致山西之宝：然后能削平天下，弹压诸侯，长辔利策，横制宇宙。今则不然。燕、代迫匈奴之侵，巴、陇婴吐蕃之患，西蜀疲老，千里赢粮，北国丁男，十五乘塞，岁月奔命，其弊不堪。秦之首尾，今为阙矣。即所余者，独三辅之间尔，顷遭荒馑，人被荐饥。自河而西，无非赤地；循陇以北，罕逢青草，莫不父兄转徙，妻子流离，委家丧业，膏原润莽。此朝廷之所备知也。赖以宗庙神灵，皇天悔祸，去岁薄稔，前秋稍登，使赢饿之余，得保性命，天下幸甚，可谓厚矣。然而流人未返，田野尚芜，白骨纵横，阡陌无主，至于蓄积，犹可哀伤。陛下不料其难，贵从先意，遂欲长驱大驾，按节秦京，千乘万骑，何方取给？况山陵初制，穿复未央，

① （五代）刘昫等编：《旧唐书》卷一九〇，中华书局 1975 年版，第 5018—5019 页。

土木工匠，必资徒役。今欲率疲弊之众，兴数万之军，征发近畿，鞭朴羸老，凿山采石，驱以就功，但恐春作无时，秋成绝望，凋瘵遗噍，再罹饥苦，倘不堪弊，一有逋逃，"子来"之颂，其将何词以述？此亦宗庙之大机，不可不深图也。况国无兼岁之储，家鲜匝时之蓄，一旬不雨，犹可深忧，忽加水旱，人何以济？陛下不深察始终，独违群议，臣恐三辅之弊，不止如前日矣。

且天子以四海为家，圣人包六合为宇，历观邃古，以至于今，何尝不以三王为仁，五帝为圣？故虽周公制作，夫子著名，莫不祖述尧舜，宪章文武，为百王之鸿烈，作千载之雄图。然而舜死陟方，葬苍梧而不返；禹会群后，殁稽山而永终。岂其爱蛮夷之乡而鄙中国哉？实将欲示圣人之无外也，故能使坟籍以为美谈，帝王以为高范。况我巍巍大圣，轶帝登皇，日月所临，莫不率俾，何独秦丰之地，可置山陵；河洛之都，不堪园寝？陛下岂可不察之？愚臣窃为陛下惜也。且景山崇丽，秀冠群峰，北对嵩邙，西望汝海，居祝融之故地，连太昊之遗墟，帝王图迹，纵横左右，园陵之美，复何加焉？陛下曾未察之，谓其不可，愚臣鄙见，良足尚矣。况瀍涧之中，天地交会，北有太行之险，南有宛叶之饶，东压江淮，食湖海之利；西驰崤渑，据关河之宝。以聪明之主，养淳粹之人，天下和平，恭己正南面而已。陛下不思瀍洛之壮观，关陇之荒芜，遂欲弃太山之安，履焦原之险，忘神器之大宝，循曾闵之小节。愚臣暗昧，以为甚也。陛下何不鉴诤臣之策，采行路之谣，谘谋太后，平章宰辅，使苍生之望，知有所安，天下岂不幸甚？

昔者平王迁周，光武都洛，山陵寝庙，不在东京；宗社坟茔，并居西土。然而《春秋》美为始王，《汉书》载为代祖，岂其不愿孝哉？何圣贤褒贬，于斯滥矣？实以时有不可，事有必然，盖欲遗小存大，去祸归福，圣人所以为贵也。夫小不忍则乱大谋，仲尼之至诚，愿陛下察之。若以臣愚不用，朝议遂行，臣恐关陇之忧，无时休也。

臣又闻太原蓄钜万之仓，洛口积天下之粟，国家之宝，斯为大矣。今欲舍而不顾，背以长驱，使有识惊嗟，天下失望。倘鼠窃狗盗，万一不图，西入陕州之郊，东犯武牢之镇，盗敖仓一抔之粟，陛下何以遏之？此天下之至机，不可不深惧也。虽则盗未旋踵，诛刑已及，灭其九族，焚其妻子，泣辜虽恨，将何及焉？故曰："先谋后事者逸，先事后图者失。"然而国之利器，不可以示人，斯言不徒设也，愿陛下念之。①

以上几段展开议论，多层次地申述灵驾不应西迁的理由。值得注意的是，这里的议论，完全是建立在叙事的基础之上，有的甚至以叙事描述为主，以叙事描述替代了议论。"臣闻秦据咸阳"一节，前半叙秦汉之史，后半叙今日情况，在叙述中已流露出今日国力不能与秦汉相比的意思，"陛下不料其难，贵从先意"以下，则叙述迁灵之举的可能前景，仍是以叙代议的手法。"且天子以四海为家""昔者平王迁周"两节是举出正面例子与迁灵之举对照，在夹叙夹议中表明自己的态度。最后一节回到现实，极言灵驾西迁所可能造成的危险局面："倘鼠窃狗盗，万一不图，西入陕州之郊，东犯武牢之镇，盗敖仓一杯之粟，陛下何以遏之？"拎出如此场景，虽不免有点危言耸听，但意在警醒皇帝，也只有这样，全文落脚在"先谋后事者逸，先事后图者失"和"国之利器，不可以示人"的议论上，才显得神完气足，不由得当权者不慎重考虑。

从形式上看，这篇文章变骈为散，句式加长，语言质朴自然，明朗畅达，在整体面貌上已经与唐初的文章拉开距离，比较接近中唐陆贽的长篇奏论了。

此文献上后，影响很大，一时间洛阳纸贵，"市肆闾巷吟讽相属，乃至转相货鬻，飞驰远迩"（卢藏用《陈氏别传》）。②虽然最终结果是高宗迁葬于关中的乾陵，陈子昂的意见并没有被采纳，但这篇文章无疑给当政者留下了不错的印象，武后还特别召见陈氏并予以勉励。

与四杰、陈子昂沉居下僚不同，高宗武后时期，朝廷上还有一批少年得志，以至仕宦台阁的文人，他们的奏议俨然是另一种风貌。比如"文章四友"之一的李峤（644—713），二十岁进士及第，仕途颇顺，屡居相位，还被封为赵国公。李峤因为写得一手好文章，甚得武后器重，朝廷重要公文，多用其笔。《全唐文》录其奏议凡五卷，近八十篇。这些奏议拾遗补缺，议论时政，不乏真知灼见。不过，李峤的奏议很少有激切之言，一般是委婉进谏，很讲究措辞技巧，如《谏建白马坂大像疏》：

臣以法王慈敏，菩萨护持，唯拟饶益众生，非要营修土木。伏闻造像，

---

① （五代）刘昫等编：《旧唐书》卷一九〇，中华书局1975年版，第5019—5021页。

② （唐）陈子昂撰，徐鹏点校：《陈子昂集》附录，中华书局1960年版，第252—253页。

税非户口，钱出僧尼，不得州县祗承，必是不能济办，终须科率，岂免劳扰。天下编户，贫弱者众，亦有佣力客作以济糇粮，亦有卖舍贴田以供王役。造像钱见有一十七万余贯，若将散施，广济贫穷，人与一千，济得一十七万余户。拯饥寒之弊，省劳役之勤，顺诸佛慈悲之心，沾圣君亭育之意，人神胥悦，功德无穷。①

开头就树立了一个大前提：佛祖慈悲，想的是让众生富裕，而不是要大兴土木。这是武则天也不能不同意的。有了这个前提，下面的摆事实就只能导出一个反对劳民伤财地建造大佛像的结论。"伏闻造像"至"亦有卖舍贴田以供王役"，具体地揭示造像扰民的事实，从表现手法上说，便是客观地叙述。可是李峤并不直截了当地把"反对"二字道出，而是又描述出一个假想场面：把准备建造大像的十七万贯钱分给贫穷百姓，每家一贯（一千钱）就可帮助十七万户，这是多么符合佛祖慈悲的大好事啊！李峤巧妙地以佛家慈悲为怀来比附和要求圣君爱民之心，把"拯饥寒之弊，省劳役之勤"与"顺诸佛慈悲之心，沾圣君亭育之意"画上等号，于是不言而喻，"营修土木"（即建白马坂大像）便显得既有悖于佛教宗旨又与为政之道相逆。在武后极端信佛的情形下，直接批评佛教是武后所不能容忍的，而李峤不直言是非，却从佛教"饶益众生"的角度来评判建造佛像之举，武后便无话可说。这种皮里阳秋的写法，既进行了讽谏，也不至于触怒武后，是以上奏虽不被采纳也未见降罪。李峤曾在《自叙表》中描述自己："从仕代饥寒之役，徇禄无显达之心，修身惧于辱先，履道期于远害。""内无术数之机，外绝朋附之党，一心奉主，介然孤立。"②这是他心声的流露，既表达了对武后忠诚，又不过分谦卑，语调显得从容得体。

---

① （五代）刘昫等编：《旧唐书》卷九四，中华书局 1975 年版，第 2994—2995 页。

② （清）董诰等编：《全唐文》卷二四六，中华书局 1983 年版，第 2494 页。

第二节　盛唐的奏议

盛唐国势昌隆，朝野上下高度自信，士人普遍胸怀壮志，好语王霸大略，以天下为己任，纵论九州，属意边疆。当然，承平日久，揄扬盛业、粉饰元猷也属常态。而且李唐立国以来，统治者在用人纳谏方面都比较开明，所以群臣议论时政，少有顾忌。再加上当时的很多大臣如张说、苏颋、张九龄诸人，入仕初期都以文辞为进身之阶，上位后又颇有政绩，可谓娴于辞章，兼善吏事。这些特点体现在创作中，就使盛唐的奏议摆脱六朝的纤巧浮靡而显得文质相宜，典雅厚重。虽然骈体奏议仍然是主体，但行文错落有致，明白晓畅散体奏议也开始逐渐增多，而且骈散并无严格限制，骈中有散，散中带骈，不拘一格，笔法多变。

先看看开元年间两位著名宰相姚崇与宋璟的奏议。姚长于应变，以成天下之务，而宋则长于守文，以持天下之正，二人理政之道不同，同归于治。

姚崇（650—721）为相时敢作敢为，不信鬼神，不畏灾异。据《旧唐书》姚崇本传记载，开元四年（716），山东发生蝗灾，百姓不敢捕杀，皆烧香礼拜，设祭祈恩。朝廷与地方各级官员也多认为蝗虫是天灾，只有修德方能禳除，人力捕杀恐为害更甚。姚崇为此事上《答捕蝗奏》，批评"庸儒执文，不识通变"，强调"事系安危，不可胶柱。纵使除之不尽，犹胜养以成灾"；民以食为天，如任凭蝗虫害稼，势必导致颗粒无收，百姓流离失所。他认为"蝗既解飞，夜必赴火，夜中设火，火边掘坑，且焚且瘗，除之可尽"，[1] 于是派遣御史分道指导灭蝗。在他的大力督责下，山东灭蝗十余万石，灾害得以化解。其后，玄宗准备东巡洛阳，恰巧长安的太庙因年久而崩坏，宋璟、苏颋等人认为这是上天降咎，应暂停东行。玄宗犹豫不决，召姚崇商讨。姚崇认为太庙本是前秦时建，距今有数百年，"山有朽坏，尚不免崩"，"久来枯木，合将摧折"，不过是"偶与行期相会"，不必顾虑。况且东巡不是无事烦劳，而是因为"关中不甚丰熟，转运又有劳费"，才到东都就食。东都洛阳已做好准备，如果取消行程，未免"失信于天下"。旧庙既毁，"不堪修理"，不如"改造新庙，以申诚敬"。[2] 这种当机立断，很能见出姚崇的个性与处事风格。玄

---

① （五代）刘昫等编：《旧唐书》卷九六，中华书局 1975 年版，第 3024 页。
② （五代）刘昫等编：《旧唐书》卷九六，中华书局 1975 年版，第 3026 页。

宗最后听从了姚崇的意见。从武后开始，朝廷上下佞佛者甚众。姚崇对此却保持清醒认识，时有抨击，他在《谏造寺度僧奏》说："佛不在外，求之在心。图澄最贤，无益于全赵；罗什多艺，不救于亡秦。何充、苻融，皆遭败灭；齐襄、梁武，未免灾殃。但发心慈悲，行事利益，使苍生安乐，即是佛身。何用妄度奸人，令坏正法？"①从文章本身来看，这几篇奏表行文干净利落，分析简要透辟，表现出崇实尚用的风格。

宋璟（663—737）奏议的特点是持正老成、言辞恳切，即使引述故事，举例论证，也是直白坦陈，不求婉曲。例如《旧唐书·宋璟传》记载的《谏筑坟逾制疏》，针对驸马都尉王守一为父筑坟攀比皇后之父的规格，宋璟除首先摆出"夫俭德之恭，侈恶之大，高坟乃昔贤所诫，厚葬实君子所非"的大道理外，又举出贞观中魏徵谏公主出嫁规格超过长公主（皇帝的姐妹或姑母）之事，引出唐太宗对皇子封赏低于自己兄弟的正面例子，以及唐中宗过度封赠韦后之父，"擅作邦陵，祸不旋踵"，反而使得其家破灭的反面例证，所言均直截了当，立场极为鲜明。②又如其《请停广州立遗爱碑奏》拒绝为己立碑记功，第一句述事："臣伏见韶州奏事云，广州与臣立遗爱颂。"简洁明了，随后马上转入议论："但碑所以颂德纪功，披文相质，臣在郡日，课无所称，纵恭宣政理，幸免罪戾，一介俗吏，何足书能？滥承恩私，见在枢密。以臣光宠，成彼谄谀。欲革此风，望自臣始，请敕广府即停。"③述及自己在广州的治理，实事求是中含着谦虚；述及目前处境，言辞简洁而感恩之情明显；揭示建造遗爱碑（颂）的实质是"以臣光宠，成彼谄谀"，可谓一针见血，深入骨髓。所以最后的结论也就清清楚楚：要改革这庸俗的习气，就从臣下我开始吧！这道奏疏，绝去雕饰，质朴无华；但从文学上看，有叙有议，起承转合，皆恰到好处。又如《乞休表》：

> 臣闻力不足者，老则更衰；心无主者，疾而尤废。臣昔闻其语，今验诸身，况且兼之，臣自拔迹幽介，钦属盛明，才不逮人，艺非经国。复以久承驱策，历参试用，命偶时来，荣因岁积。遂使再升台座，三入冢司，进阶开府，增封本郡。所更中外，已紊彝章，逮居端揆，左叨名职。何

① 《旧唐书》卷九六，中华书局 1975 年版，第 3023 页。
② （五代）刘昫等编：《旧唐书》卷九六，中华书局 1975 年版，第 3033—3034 页。
③ （清）董诰等编：《全唐文》卷二〇七，中华书局 1983 年版，第 2092 页。

者？丞相官师之长，任重昔时；愚臣衰朽之余，用惭他日。位则愈盛，人则浸微，尽知其然，何居而可？顷偃俯从政，苍黄不言，实怀覆载之德，冀竭涓尘之效。今积羸成惫，沈锢莫瘳，耳目更昏，手足多废。顾惟殒越，宁遂宿心？安可以苟徇大名，仍尸重禄，且留章绶，不上阙庭。仪刑此乖，礼法何设？何能为也。伏惟陛下选能以授，为官而择，察臣之恳词，矜臣之不逮，使得罢归私室，养疾衡门，上弭官谤，下知死所。则归全之望，获在愚臣；养老之恩，施于圣代。日暮途远，天高听卑，瞻望轩墀，伏深感恋。①

此表报告自身老迈的状况，请求退休，所言也相当切直，不过因为事涉个人，所以笔下尤带感情色彩，读来更令人动容。

　　姚崇与宋璟是开元前期"吏治"的代表，与张说、苏颋的"文治"形成鲜明的对照，他们的奏议共同反映出盛唐奏议对实用性与艺术性的普遍追求。即使是不以文学见长的姚、宋，其奏议也能充分叙事达意，而且文如其人，能够成为他们人格表现的一个侧面。

一、燕许大手笔

　　张说（667—730）与苏颋（670—727）也是玄宗朝著名宰相。两人官位显赫，同时也是文章大家，尤善制诏册颂，有"燕许大手笔"之美誉，主盟文坛数十年，对唐代文坛影响很大。

　　张说之文留存较多，以宏丽华赡为明显特征，其颂赞称美朝政，褒扬功烈，有盛世气象；其碑文墓志，雅有典则，当时无人能及；至于奏议，则"为文俊丽，用思精密"。②早在武后时期，张说就以文采出众而受到朝廷关注，其应制举而作的《对词摽文苑科策》被武后判为天下第一。该对策有三道，第二道尤其精警："臣闻政犹水火，刑譬阴阳。昔三监玩常，有司既纠之以猛；今四罪咸服，陛下宜计之以宽。明肆赦之渥恩，安万人之反侧，布深仁于罗鸟，收至察于泉鱼，岂不大哉！天下幸甚。"③寥寥数语，却将当前形势与应该采取的策略

---

① 《旧唐书》卷九六，中华书局1975年版，第3035页。

② （五代）刘昫等编：《旧唐书》卷九六，中华书局1975年版，第3057页。

③ （清）董诰等编：《全唐文》卷二二四，中华书局1983年版，第2262页。

透辟道出，且辞采烂然，这绝非寻常文士所能及。开元初年，张说因为不肯依附太平公主被贬相州，玄宗登基不久，羽翼未丰，无力援救，只能遣高力士代为送行。临别之际，张说给玄宗上《谢京城东亭子宴送表》。

> 臣某言：力士至，奉宣敕，以臣临歧（《全唐文》原作"岐"，误），特令赐宴。恭承惠渥，念及庸微，天地同仁，木石知感。不胜惶悚戴荷之极，臣某中谢。

> 臣历观自古君臣，凡所际会，或因缘党进，或延接功成，故未竭而知，不言而信。岂有地孤援寡，毁众谤深，察蒙蔽之中，致旷荡之外。逢陛下特达之遇，当陛下圣明之朝，事出非常，泽均恩重。今者誓将沥血，未足竭诚，徒欲杀身，岂能报德。至如励精勤政，与直守公，酬陛下忧人之心，行陛下宏道之化，安敢失坠，以负神明。但函关路遥，长安日远，不任恋主凄怆之至。[1]

前面略述上表的缘由，表达对赐宴送别的感激之情。后面虽然满腹委屈，但没有一句怨言，只是极有分寸地表达了对玄宗的留恋，并以"函关路遥，长安日远"暗示玄宗敌我力量悬殊，要注意韬光养晦，保存实力，这样才能相见有期。这种言辞以外之讽谏之意，只有君臣相知甚深，才能体会。这正是"用思精密"之处。

《论幽州边事疏》是张说出守幽州时给玄宗的上疏。在这之前，张说因与姚崇不和而被排挤出朝廷，投闲置散达六年之久。幽州乃军事重镇，只要抓住机会戴罪立功，便能东山再起。所以张说除了向玄宗分析幽州的边界形势、提出应对之策外，主要还是想争取玄宗的信任和支持以减少干扰，以利于自己施展手脚。

> 先帝以臣践履忠孝，使臣启发圣明，故得侍读春宫，夙承天眷。景云中岁，兼掌枢衡，内当沸腾之口，外御倾夺之势，陛下监抚既安，自天所祐，臣协赞之意，明神启之。开元之始，首典钧轴，智小任大，福过灾生，出守三州，违离六载，曲直非己，升降由人。惟君知臣，事不待说。

> 今改秩边镇，委重戎麾。窃以两蕃近和，能无同异，九姓远附，未闻抚纳。欲恃贼杀无侵扰之虑，保宁两蕃受征发之盟，臣愚料之，恐未然

① （清）董诰等编：《全唐文》卷二二三，中华书局1983年版，第2255页。

矣。何者？贼杀新立，必逞兵威。贼兵所加，必收九姓。九姓若去，两蕃摇矣。九姓虽属并州节度，然共幽州密迩，脱有风尘，何事不至！臣熟闻幽州兵马寡弱，卒欲排比，未可即戎，城中仓粮，全无贮积，设若来迫，臣实忧之。

伏乞圣慈，深以垂意，博询旧将，豫为筹画，若早图之，必无后悔。且孤臣总众，易起猜嫌。宽大失济事之宜，严整招怨黩之谤。远辞天听，临路彷徨。如有论告臣身、奏劾军者，乞追臣面问，对定真虚，则日月无可蔽之期，幽远有自通之望。伏乞留书在内，时加矜察。①

文章开头略提旧事，既能让玄宗勾起旧情，又不显得矜功自傲。接下来说起被贬在外、任人曲直的无奈，看似轻描淡写，但足以唤起玄宗的怜惜之情。随后转移到具体的边地事务，简明扼要分析了抚纳并州九姓对安定幽州的重要性。最后请求玄宗排除干扰，继续信任与支持自己。具体地说，就是若有人告状，请皇帝"追臣面问，对定真虚"，而不要听到一面之词就做出裁判；因为自己远离中枢，很容易被造谣中伤。整篇文章思虑周密，措辞质直而不乏巧妙。全篇虽用偶对，然语言简质，近乎散体，已经有古文的味道。

张说的奏议，在纵论时事之外，间或有些逸笔，描写景物，抒发感情，文学色彩格外浓厚。如《为留守奏庆山醴泉表》：

臣于六月二十五日得所部万年县令郑国忠状，称去六月十四日，县界霸陵乡有庆山见醴泉出。臣谨差户曹参军孙履直对山中百姓检问，得状。其山平地涌拔，周回数里，列置三峰，齐高百仞。山见之日，天青无云；异雷雨之迁徙，非崖岸之骞震。歘尔隆崇，巍然蓊郁，阡陌如旧，草树不移。验益地之详图，知太乙之灵化。山南又有醴泉三道，引注三池，分流接润，连山对浦，各深丈余，广数百步。味色甘洁，特异常泉，比仙浆于轩后，均愈疾于汉代。②

从"其山平地涌拔"至文末，写得诗情画意，不亚于一篇山水小记。又如《为留守奏嘉禾表》："臣今月日奉进止，告望风台庆山醴泉之瑞，其日于山陵东柏

① （清）董诰等编：《全唐文》卷二二四，中华书局1983年版，第2257页。
② （清）董诰等编：《全唐文》卷二二二，中华书局1983年版，第2241页。

城内得嘉禾一本。臣初见众苗亘垄，香颖垂秋，嘉玩繁滋，欲观稃粒，左右无识，折以呈臣。异其绿叶绥舒，葱芒璧秀，熟视奇状，乃知嘉祥：下则异亩合茎，上又同连双穗。"①世界之大，何奇不有？所谓祥瑞，很多都是附会罢了，这两道奏表本身无甚意义，不过是张说引起皇帝关注的一种手法。值得注意的是这两段文字的写法，都是简叙其事，而把笔墨用于写景状物，又骈散相间，很接近文赋的写法。文学才能帮助张说借机献文，以吸引皇帝眼球，而将奏表写得文采斐然、赏心悦目，也算是一个创新之举，这对中唐韩愈、柳宗元的奏议写作可能有所启发。

苏颋才思敏捷，文采出众，现存的文章有不少是应制代笔而作，以中书制诰为主体（《全唐文》编为文集近五卷），其特征为结体森严，属词醇雅，颇显台阁之气。那些以朝官身份撰写的章表事状类奏议，风格也与之接近，如《为政事贺雨状》《为宰相论月应蚀状》《为群官请公除表》之类。但也有一些表奏涉及个人家事，则不乏自抒情志的色彩。如其代乃父苏瑰让左仆射、让侍中的表文，叙其父官历简要而感恩之情洋溢；又如《谢弟诜除给事中自求改职表》根据一家兄弟不宜"并居东西要近"的原则，提出改变自己中书侍郎职务的请求。

臣某言：伏奉今月二十四日敕，以臣弟左司郎中臣诜为给事中。嘉命猥臻，惶怖相视，荣以为感，茫然失图，臣某中谢。臣兄弟数人，获承累代之庇，自幼而长，惟愚与直。臣弟臣诜，初一尉耳，窃愿从微守分，岂思养拙邀荣？而乾道曲临，一门特幸，前恩罔谢，后忝仍及。生臣者父母，宠臣者圣明，非臣等陨首流肠，少酬万分之一，臣某中谢。

臣自叨清切，颇历星霜，乏锺会五字之敏，多王濛四年之任，竟未能陈一策，进一贤。雕虫粗辨其所为，濡翼久知其非据，下惭先臣戒盈之训，上负圣主则哲之明。常甘屏黜，以待髦俊，岂悟臣诜，复私成造？比臣则行有馀力，选众则曾无足言，遂使联事拔垣，同趋阶陛，或紊公式，必招私议，臣知不可，物谓臣何？安有兄弟妄庸，并居东西要近？臣怀觍愧，非敢身谋，事或乖违，实尘皇揆。伏乞详臣自卜之审，察臣由衷之请。臣弟诜殊荣既拜，奉纶绂而难回。臣颎薄技何成？顾瓶筲而易竭。指于十手，臣假遑宁，不如一脢，臣将焉用？所冀移臣职守，允臣陈乞，抑朝章之是

① （清）董诰等编：《全唐文》卷二二二，中华书局1983年版，第2244页。

穆，匪等列之攸宜。惓惓款诚，昧死期达，无任悚荷屏营之至，谨诣肃章门外奉表以闻。

又臣先臣某，往忠社稷，陛下特赐茅土，遂臣所让，因授臣第四弟乂右补阙，亦希别从选序，不敢同在近侍。臣之感恩，不识为喻，轻黩旒冕，惧深冰谷。①

此表一是感谢恩典，一是辞让职务，故语多谦辞，文意显明。虽用骈体，句式齐整，但又不拘泥四六句，如"雕虫粗辨其所为，濡翼久知其非据，下惭先臣戒盈之训，上负圣主则哲之明"就分别是七字句与八字句的对仗。不仅如此，本文还打破了骈文两两相对、互文见义的惯用句式，如"常甘屏黜，以待髦俊，岂悟臣诜，复私成造""臣怀觍愧，非敢身谋，事或乖违，实尘皇揆"，次第陈述，连类而下，有类诗歌当中的流水对与扇面对。这种写法，对骈体文而言，是一种创新。中唐以后，陆贽的奏议运散入骈，则是进一步的革新。

骈体奏议之外，苏颋奏议也有少量采用了散体的奏议，《谏銮驾亲征吐蕃表》就是代表作品。

臣某言：皇情愍彼边甿，忿兹凶丑，必亲吊伐。臣闻天子之怒，伏尸百万，流血千里，若吐蕃者，鼠窃豕食，犹鱼跃釜中耳，又何足以当陛下之怒哉？臣愚窃以不可。何也？频岁以来，百姓不足，岐陇河渭，动无储廪。今大驾遄征，供置仓卒，若缓之以法，必乏我军兴；急之以刑，则人无所措。此时不可也。乘边将士，或交锋刃，飞书告捷，首尾继来，料贼之势，不复支久。陛下若轻车电发，则亏持重之虑；如按部徐行，又非赴敌之义。此势不可也。盖称王者之师，有征无战，谓蕃贡有阙，王命征之，于是乎理兵其郊，获辞而止，非谓擐甲临军，敌人畏之，莫敢战也。是以古者圣帝明王，无亲将也，云黄帝五十三战者，即缔构草昧，非太平之本也。故自阪泉之后，修身养德，与七圣游于具茨，三月斋而访道。今陛下凤翔藩邸，龙跃御天，不日而再造乾坤，一呼而拨定祸乱，是则圣过黄帝，而经纶之业备矣。故当高居深视，制礼作乐，禅梁甫，登崆峒，雅歌从容，为后王法。阃外之事，属诸将军，何至厌玉辇，甘金革，邀功马上，为一人之敌也？

① （清）董诰等编：《全唐文》卷二五五，中华书局 1983 年版，第 2584 页。

今吐蕃遣偏裨小丑，干犯大国，我军未捷，而耻已深，而陛下又将屈至尊，远为之敌。使攻无不胜，战无不克，犹未足以夸四夷，适足以骄敌人、羞天下也。又扈从之人，半非斗士，使给往来，日费千金。与其倾耗资储，孰若回募骁健？重赏之下，必有勇夫，以敢死之师，当疲老之寇，若排山压卵，何必劳圣躬哉？况事有不可轻，敌有不可小者。昔周师困于祝聃，汉祖厄于平城，安可谓吐蕃无祝聃耶，河右无平城耶？千金之子，坐不垂堂，圣人终日不离辎重，不可忽也。臣又闻吐蕃之入也，惟趣羊马，不至杀掠于人，但剥体取衣，此穷寇耳。又数道俱进，按队徐行者，若有所望，恐连谋北狄。陛下如必亲戎，迈于岐陇，脱幽并警候，灵夏驰烽，突厥之骑南侵，犹如吐蕃之势，长安百姓惊扰，太上皇帝岂不忧劳？陛下以三贼凭陵，谁者先击？岂可挂西军之众，分御北胡？野次之间，遥谋庙堂不战之策，帝城空虚，众亦何仰？臣固曰居中制胜，为防萌杜渐之上略也。①

开元二年（714）八月吐蕃侵扰大唐边界，冬十月，玄宗欲亲征。苏颋连上两表，以劝谏此行，此为其二。文章的主旨与前表相同，但分析的话语又进了一步，首先从时与势两方面分析御驾亲征之不可行；接着以"阃外之事，属诸将军"否认亲征的必要性；然后提出以逸待劳，"居中制胜"应对之策。这道谏表权衡轻重，斟酌古今，层层深入，叙事有法，在典雅的文辞中，夹有不少通俗的成语与古语，如第一表的"千钧之弩，不为蹊鼠发机也，况万乘之重，而与犬戎角胜哉"。又如第二表中的"使攻无不胜，战无不克，犹未足以夸四夷""重赏之下，必有勇夫""千金之子，坐不垂堂""蕞尔一冠，为一蚁之附九牛"，等等。而长短不拘的句式，使奏疏更加清新可读、亲切感人。在骈体公文风行的盛唐，这样熔冶了散句的大手笔，自然更容易让人注目。

总之，燕许大手笔的奏议文质并举，笔力雄健，体现出盛世气象。尤其是张说，其制敕之文雍容典雅，气势雄浑，但其奏议风格却趋向自然朴质，有复古的特色。这对于引导盛唐文坛风气，具有示范意义。

---

① （清）董诰等编：《全唐文》卷二五五，中华书局 1983 年版，第 2587 页。

二、张九龄的謇谔之言

张九龄（678—740）为盛唐最后一个名相。张九龄才能出众，谈吐不凡。温文尔雅之外，张九龄也有刚强耿介的一面，不论在朝廷还是地方，都秉公守则，绝不妥协。玄宗对张九龄十分欣赏，即使后来将其罢相并贬出京城，仍不失好感。每当宰相推荐人才，玄宗都要询问："风度得如九龄否？"①

张九龄颇具慧眼，善于识人。开元二十一年（733），安禄山入朝奏事，态度傲慢，张九龄当即就对侍中裴光庭说："乱幽州者，必此胡也。"开元二十四年（736），安禄山讨契丹失利，按律当斩，主帅张守珪将其执送京师，请行朝典。张九龄奏劾："穰苴出军，必诛庄贾；孙武教战，亦斩宫嫔。守珪军令必行，禄山不宜免死。"玄宗没有采纳。张九龄又奏曰："禄山狼子野心，面有逆相，臣请因罪戮之，冀绝后患。"②玄宗仍不从，放归了安禄山，最终养虎为患，铸成大错。

张九龄是继张说之后另一位文坛领袖，其文学思想与实践比较接近初唐的陈子昂，倡导兴寄风骨，反对浮华雕琢。张九龄本人的文章，简约切实，真意笃挚，表章奏议也不例外。开元年间千秋节（玄宗诞日），群臣皆献奇珍异宝，唯张九龄以五卷书奉上，且上表说明缘故，是为《进千秋金镜录表》。

> 臣九龄言：伏见千秋节日，王公已下悉以金宝镜进献，诚贵尚之尤也。臣愚以谓明镜所以鉴形者也，有妍媸则见之于外；往事所以鉴心者也，有善恶则省之于内。故黄帝《镜铭》云："以镜自照见形容，以人自照见吉凶。"又古人云："前事之不远，后事之元龟。"元龟亦犹镜也。伏惟开元神武皇帝陛下圣德之至，动与天合，本已全于道体，固不假于事鉴。然覆载广大，无所不包，圣道冲虚，有来皆应，臣敢缘此义，谨于生辰节上事鉴十章，分为五卷，名曰《千秋金镜录》。虽闻见褊浅，所择不深，至于区区效愚，其庶乎万一。不胜悃款之至，谨言。③

---

① （五代）刘昫等编：《旧唐书》卷九六，中华书局 1975 年版，第 3099 页。

② （宋）欧阳修、宋祁编撰：《新唐书》卷一二六，中华书局 1975 年版，第 4429—4430 页。

③ （唐）张九龄撰：《曲江集》卷一三《进千秋节金镜录表》，《四部丛刊》初编本。

按照惯例，上表本应表示庆贺，张九龄却恳请玄宗以往事为鉴，说是送礼却等于讽谏。考虑到开元末期，好大喜功的玄宗已经"渐肆奢欲，怠于政事"，① 张九龄的上表实际是在提醒玄宗要慎终如始，大有深意存焉。有学者指出，《金镜录》及上表文"以朴素的语言，讲寻常的道理；用骈散兼行的文体，写借古鉴今的经验教训，娓娓谆谆，显示出政治家的卓识和风度"。② 这个评价很到位。

张九龄身为玄宗近臣，曾代草大量敕书，以处置国内外大事，其中一部分属于外交文书。至其奏议，则多由口头表达。《旧唐书·张九龄传》称其迁中书侍郎后"常密有陈奏，多见纳用"。③ 前文提及他关于安禄山的处置建议，即是此类。现存张九龄撰写的其他奏状数量不多，但已足见其謇谔之气。如其《论东北军未可轻动状》，主张怀柔北方民族（契丹、奚、突厥），反对守边军将轻举妄动，因为那将是"徒结人隙，亦以不信，为国生患，莫甚于此"。④ 行文言简意赅，绝不拖泥带水。《论教皇太子状》云："皇太子是天下之本，为国之贰。今则睿质渐长，犹在深宫，所与近习者，未必皆正人端士。安于逸乐，久则性成。是以古者明王恐其若此，虽在赤子，先之以教，必使耆儒硕德为之师保。"⑤ 不但开门见山，而且举出周成王、秦始皇两个截然相反的例子，来论证幼年教育的重要性，真可谓直言无隐，无所顾忌。《上封事书》是张九龄早年的一篇奏议，以批评各州县令、刺史"多非其任，徒有其名"为议论主旨，其中揭露了"京官之中，出为州县者，或是缘身有累，在职无声，用于牧宰之间，以为斥逐之地；或因势附会，遂忝高班，比其势衰，且无他责，又谓之不称京职，亦乃出为刺史"以及"武夫流外，积资而得，官成于经久，不计于有才。诸若此流，尽为刺史"⑥ 等现象。这形象地为世人展现了一幅官场流弊图。

张说评张九龄文章"如轻缣素练，虽济时适用，而窘于边幅"。⑦ "窘于边

① （宋）司马光编撰，（元）胡三省音注：《资治通鉴》卷二一四，中华书局1956年版，第6823页。

② 乔象锺、陈铁民主编：《唐代文学史》（上册），人民文学出版社1995年版，第273页。

③ （五代）刘昫等编：《旧唐书》卷九六，中华书局1975年版，第3099页。

④ （唐）张九龄撰：《曲江集》卷一三，《四部丛刊》初编本。

⑤ （唐）张九龄撰：《曲江集》卷一六，《四部丛刊》初编本。

⑥ 同上。

⑦ （唐）刘肃撰，许德楠、李鼎霞点校：《大唐新语》卷八，中华书局1984年版，第130页。

幅"意谓九龄之文章略显拘谨局促，不够挥洒自如，似乎是一种缺失，但"济时适用"却是个很高的评价。特别是对于奏议这类实用性文章来说，辞达而已矣，适用足够，何需过度修饰？

张九龄的奏议，除了济时适用，有时也能凸显性情。如开元二十五年（737），张所举荐的周子谅因罪被杀，张本人也受到牵连而被罢相贬往荆州。他到任后即撰《荆州谢上表》以谢恩：

> 伏奉四月十四日制，授臣荆州大都督府长史。闻命皇怖，魂胆飞越。即日戒路，星夜奔驰，属小道使多，驿马先少，以今月八日至州，礼上，诚惶诚恐，顿首顿首，死罪死罪。臣不即饮气取死，岂敢辄惜余命。伏念心无党恶，死则似同。以此偷生，犹希圣察。
>
> 臣往年按察岭表，便道赴使，访闻周子谅，久经推覆，遥即奏充判官，寻属臣改官，使亦有替。其后信安郡王祎奏将朔方驱使，便请授官，臣因其岭外勤劳，因而奏乞。事不敢隐，未至涉私，然进用非人，诚宜得罪。臣特蒙拔擢，出自宸衷。陛下所用隐微，惟臣而已。伏思报效，窃特圣恩，每于事端，无所防避。智识虽浅，馨竭则深。微诚区区，义有所在。岂复与此私协，以负累圣鉴。臣虽至顽至愚，不至于此。皇天后土，照臣血诚。夙夜烦冤，欲辨无路。臣闻物有穷者，必诉于昊天。人有痛者，必呼于父母。臣今孤苦，不乞哀于圣君，岂蒙恶声遂衔冤以没代？[1]

谢恩上表一般都是例行公事的官样文字。但这一篇却与众不同，展现出强烈的个性色彩。因为它名为谢恩表，实则申诉书。但它又没有纠缠具体的是非曲直，而是披肝沥胆，将忠诚事君、磊落行事、无辜受贬、忍辱抗辩的心路历程揭示出来。读其文字，处处是认罪自责，细思其理则又句句是为自己辩护。以公文的形式来表现私人文书的内容，这或许是奏议不同于一般公文的一大特点。

无独有偶，盛唐大名士李邕也写过类似的性情之作。如其开元之中献呈玄宗的《谢恩慰谕表》：

> 臣二十余年，数从远谪，流离辛苦，契阔死生。因陛下兴圣，谋行天讨，救万人之命，解四海之悬，臣所以脱于往危，保于今泰者为此。顷岁

---

① （唐）张九龄撰：《曲江集》卷一三，《四部丛刊》初编本。

昌宗执柄，三思弄权，臣与宋璟同论，桓敬俱奏。贬臣为富（一作常）州司户。实荷陛下诛韦氏之后，收正人之余，特拜臣左台侍御史。此陛下活臣之命、贷臣之荣一也。顷岁谯王重福谋立东都，臣当留台，与洛州司户（一作马）崔日知挫其逆形，收其余孽。东都底定，职臣之功，自文林郎拜朝散大夫，除户部员外郎，岑曦、崔湜之辈，以臣再用往还，并忌崔隐甫、倪若水等，恐为陛下之助，与臣同制各贬官，仍联翩左迁，为崖州舍城县丞。及陛下正位紫宸，臣又自岭南九品远恶官除朝散大夫、户部郎中，又荷陛下活臣之命、贷臣之荣二也。顷岁陛下东封将还，臣路左谒见，猥承圣顾，广录旧文。朝议恐陛下用臣，薛自勤与外生库狄履温罗织臣至死，仍承陛下免其罪，授臣官。又荷陛下活臣之命、贷臣之荣三也。臣出入岭南，自经一纪，自澧州司马加朝散大夫，兼此州牧，解青绶，垂彤襜，去瘴毒之艰，遂江山之性。又荷陛下活臣之命、贷臣之荣四也。且臣远览前书，颇闻故事，一餐之惠，尚可杀身，况臣蒙圣主千年之恩，救愚臣万死之急。至若训诲委积，率谕再三，蚊力负山，不胜其重，萤火向日，徒失其晶。必当闭户绝交，澄心去欲，下以安所部，上以报所天，岂徒殒躯丧元，焚妻夷族而已？无任生死肉骨恐惧感戴之至。①

李邕此文也是"谢恩"，标举玄宗对其有"活命""贷荣"之厚恩者三四；然而其实是刻意历叙自己的宦途波折，发言所至，实乃"表功""表忠"。如表文中提到"（张）昌宗执柄""（武）三思弄权"之时，朝臣为恢复李唐神器而抗争，将自身与桓彦范、敬晖、宋璟并列，个中未必没有暗示自己劳苦功高的意思。又如说谯王李重福作乱时，自己与崔日知平叛，进一步突出了自己对于玄宗的忠诚与勋劳。其后，李邕笔锋一转，诉说自己为朝臣所忌而屡遭贬斥乃至被罗织构陷，而每一次又都因玄宗额外眷顾而得以幸免。打击排斥李邕的朝臣很多，但他在罗列时有所选择。像岑曦、崔湜虽为宰臣，却属太平公主一党，已被玄宗铲除；而薛自勤等人只是侍御史之类的言官，均直接点名，毫不客气；至于对于同样排斥自己的宰相姚崇、张说等人，李邕却避而不谈，因为他们是玄宗提拔的，有的或仍在位，必须顾及玄宗的颜面，也得考虑自己的安危。从李邕的叙述中不难看出，他自认在政治大节上一贯正确，可能存在这样那样的问题，但应当被优容、被怜悯。这正是李邕谢表所想要达到的效果。

---

① （清）董诰等编：《全唐文》卷二六一，中华书局1983年版，第2653—2654页。

此表虽然字里行间道尽诚衷款曲，充满了感恩戴德之情，但可以想见，李邕落笔行文之际，其实是牢骚满腹、块垒难平的。反复叙述自己匡扶社稷之功却仕途坎坷的际遇，未始不是一种愤懑情绪的流露。郭预衡先生认为："此表写于晚年，有申诉，也有陈情，一生遭际，尽在其中，和一般谢表之陈言旧套不同。"①除"写于晚年"的判断尚可商榷外，所论极是。②如果我们将张九龄、李邕两表进行比较，便能够发现写法类似，都是自述生平（详略有所不同），不假议论，直抒胸臆，慷慨激昂，就其内容而言实系奏议的另类，而论其文学风格则也可以算作盛唐奏议中一种独特的存在。

安史之乱前后，盛唐与中唐之交，元结（719—772）、独孤及（725—777）踵继张说，在公文文体方面进行了新的探索，创作实践上也取得了一定成绩。他们对文章有大致相同的看法，概括起来就是文章要本道宗经，反映政治现实与社会矛盾；文章作用是化成天下，劝世救俗。他们的奏议密切关注时局，所论针对性强。他们慕古学古，但奏表之作仍以骈体居多，只是杂糅散句，不事雕琢，比之燕许大手笔，因刻意求古，文采似有所不足，但胜在简洁自然。如元结《谢上表》就是这样的一篇名作。

> 臣某言：去年九月敕授道州刺史。属西戎侵轶，至十二月，臣始于鄂州授敕牒，即日赴任。臣州先被西原贼屠陷，节度使已差官摄刺史，兼又闻奏。臣在道路待恩命者三月，臣以五月二十二日到州上讫。耆老见臣，俯伏而泣；官吏见臣，已无菜色。城池井邑，但生荒草；登高极望，不见人烟。岭南数州，与臣接近，余寇蚁聚，尚未归降。臣见招辑流亡，率劝贫弱，保守城邑，畲种山林，冀望秋后，少可全活。

> 臣愚以为今日刺史，若无武略以制暴乱，若无文才以救疲弊，若不清廉以身率下，若不变通以救时须，一州之人不叛，则乱将作矣。岂止一州者乎？臣料今日州县，堪征税者无几，已破败者实多；百姓恋坟墓者盖少，思流亡者乃众。则刺史宜精选谨择，以委任之，固不可拘限官次，得之货贿，出之权门者也。凡授刺史，特望陛下一年问其流亡归复几何，田畴垦

---

① 郭预衡著：《中国散文史（中）》，上海古籍出版社 2000 年版，第 108 页。

② 李邕此表的叙述提到玄宗东封还都，其在汴州谒见的事，即使加上"出入岭南，自经一纪"的事，也尚未到其晚年。《旧唐书》本传云（李）邕后于岭南从中官杨思勖讨贼有功，又累转括、淄、滑三州刺史"，至"天宝初，为汲郡、北海二太守"，直到天宝五年七十多岁时才因事被杀。见《旧唐书》卷一九九，中华书局 1975 年版，第 5042—5043 页。

辟几何；二年问畜养比初年几倍，可税比初年几倍；三年计其功过，必行赏罚，则人皆不敢冀望侥幸，苟有所求。臣实孱弱，辱陛下符节。陛下必当谨择，臣固宜废归山野，供给井税。臣不任恳款之至，谨遣某官奉表陈谢以闻。①

代宗广德元年（763），元结被授道州刺史，这道上表，前一段详叙赴任道州刺史的经过，及初到道州时的观感，其叙述道州的凋敝之状"耆老见臣，俯伏而泣；官吏见臣，已无菜色。城池井邑，但生荒草；登高极望，不见人烟"，文字精简，但勾勒的图景清晰，足以使身在朝廷的皇帝与群官如身临其境一般。在此基础上，再报告自己采取的措施，提出朝廷选派刺史的重要，并建议考察刺史的几项标准。每一句话都有坚实可靠的背景，都可操作、可检查。这样的上表显示了元结的治理之才，也显示了其端正的文学思想。千百年后再读，仍能想见当时情景，可以用来补充史文。他的《让容州表》及《乞免官归养表》之类，情真意切，不烦笔削，风格与上表一致；文体则介于骈散之间，"既不努力为骈，也不苦心作散"，自然发抒，"不蹈古也不袭今"，②正是其性格品行的体现。

独孤及善写谥议，其《故御史中丞卢奕谥议》《驳太常拟故相国江陵尹谥议》《景皇帝配昊天上帝议》之类，皆"皆参用典礼，约夫子之旨。其事核，其文高，学者传示以为式"。③如议卢奕之谥：

　　卢奕刚毅朴忠，直方而清，励精吏事，所居可纪。天宝十四载，洛阳陷没。于时东京人士，狼狈麂骇，猛虎磨牙而争其肉，居位者皆欲保命而全妻子。或先策高足，争脱羿彀；或不耻苟活，甘饮盗泉。奕独正身守位义不去，以死全节誓不辱。势窘力屈，以朝服就执，犹慷慨感愤，数贼枭獍之罪。观者股栗，奕不变其色，而北面辞君，然后受害。虽古烈士，方之者鲜矣！

---

① （唐）元结撰，孙望点校：《元次山集》卷八，中华书局 1960 年版，第 123—124 页。

② 于景祥著：《唐宋骈文史》，辽宁人民出版社 1991 年版，第 68 页。

③ （唐）梁肃撰：《赐紫金鱼袋独孤公行状》，见《全唐文》卷五二二，中华书局 1983年版，第 5304 页。

京洛陷没时众人的惊慌失措、屈节保命与卢奕的临危不惧、慷慨赴死形成鲜明地对比。以下再列举荀息、仲由、玄冥、伯姬四个"蹈义而捐生"的范例,阐发卢奕之"身可杀,节不可夺"的意义,驳斥卢奕之死"于事无补"的谬论,最后盖棺论定:

> 谨按谥法,图国忘身曰"贞",秉德遵业曰"烈"。奕执宪戎马之间,志籓王室,可谓图国;国危不能拯,而继之以死,可谓忘身;历官一十任,言必正,事必果,而清节不挠,去之若始至,可谓秉德;先黄门(按,指卢奕之父卢怀慎)以直道佐时,奕嗣之以忠纯,可谓遵业。请谥曰"贞烈"。[①]

全文据实以陈,按礼拟谥,文字非常俭省,"粹然儒者之言,非徒以词采为胜"。[②]但在今天我们看来则有以简法笔墨刻画人物形象的功效,是一种典型的史笔。《旧唐书·卢奕传》收入此文,并非偶然。这类文字在当时很有影响,对塑造和培养士人的气节品格,也是起到积极作用的。

至于萧颖士(707—759)、李华(715—774)、贾至(718—772)等人奏议,也都是变雕为朴,质实平易。他们的奏议行文,既不是纯粹的骈偶,也不是简单的散句单行,而是古今杂糅,以意为先。作为古文运动的先行者,他们的创作对锐意继承古文传统的韩柳等人,有不少启发。后者正是在前者探索的基础上,强化奏议经世致用的内容,又避免矫枉过正,注重形式上的创新,在艺术上融合汉魏与六朝之长,才为唐代文章开创出崭新的天地。

---

① (五代)刘昫等编:《旧唐书》卷一八七,中华书局 1975 年版,第 4894—4895 页。
② (清)永瑢等编:《四库总目提要》卷一五〇,中华书局 1965 年版,第 1285 页。

第四章　中晚唐奏议文学述论

安史乱起，玄宗狼狈退位，郁郁而终。肃宗、代宗先后继位，致力于平定叛乱，倚重地方军事力量，大封节度使，结果尾大不掉，为藩镇割据埋下隐患；同时，在内政上，宠信宦官，授以兵权，导致宦官势力恶性膨胀；由于内乱不已，吐蕃、回鹘、党项趁机侵扰，边防也屡屡吃紧。安史之乱虽然最终得以平定，但盛世风光一去不返，留下的是满目疮痍、百废待兴。其后德宗、顺宗时期，社会安定下来，经济逐步恢复，到宪宗元和年间，政治上有所革新，又平定了诸镇叛乱，出现中兴局面，并维持到敬宗宝历年间，但其繁荣程度，与贞观之治、开元盛世不可同日而语。所以，安史之乱是唐朝由盛转衰的转折点，它将唐代历史分成截然不同的两段，前一段蒸蒸日上，后一段战乱频仍。而文学在这个历史关头，却没有因此而消歇，而沿着自身的发展轨迹继续前行。

时运交易，质文代变，在国势渐衰的中唐，文学却迎来了另一个高峰。古文运动方兴未艾，新乐府创作风起云涌，传奇小说盛极一时。朱熹曾说："大率文章胜，则国家却衰。如唐贞观开元都无文章。及韩昌黎、柳河东以文显，而唐之治已不如前矣。"[1]朱熹所谓"文章"，仅指的是文以贯道的古文，所以他将初盛唐的文章也否定了。但他的观点也可以理解为文章不以治乱论盛衰，则是有一定合理性的。而且我们可以试加推广，将其他文体也包括进来。中唐文章异彩纷呈，名家会聚是客观事实。只从奏议文的写作来看，陆贽、权德舆诸人各具特色，韩柳、元白皆自成一派，比起盛唐奏议来，由于内容的关系，气势、辞采上或许不及，但论及风格多样、体式完备、技法高超，中唐奏议实在要略胜一筹。

---

① （宋）黎靖德编：《朱子语类》卷一三九《论文上》，中华书局 1986 年版，第 3302 页。

第一节　中唐的奏议

中唐时期，特别是贞元年间，面对安史之乱后所造成的社会动荡，有识之士，无论是身居宰辅还是屈就下层，都在思考如何救失补弊。这种思考体现在文章里，就是思想性增强，理论色彩渐浓；反映在文坛风气上，则初唐陈子昂所提倡的复兴古道、改革文体文风的主张获得越来越多的文人认同，形成一股复古思潮。紧接着，韩愈、柳宗元领导的古文运动便声势浩大地开展起来。

韩柳的古文追求一种古色斑斓的风貌，强调"语必己出"以表达不同于世俗的见地，其创新的色彩相当浓厚。但因为与时人习惯的文章写法差异较大，韩柳古文一时还难于全面进入实用之文的领域。皇甫湜曾评价韩愈之文："如长江秋注，千里一道，冲飚激浪，瀚流不滞。然而施于灌溉，或爽于用。"①虽然他十分推崇韩愈古文的艺术价值，却也不得不承认其在普遍适用性不够。因此，中唐时期文章的常用形式仍是骈文，古文只在论、记、序、跋及书信等个性化程度较高的文体中使用，一般的行政公文如诏、令、表、奏、笺、启、状、判等，仍旧在惯常的骈文轨道上运行。

不过，由于骈体公文逐渐趋向于程式化，而古文却经久弥新，故对于不屑于流俗者来说，古文的魅力难以抵挡。刘禹锡在《答连州薛郎中论书仪书》中说："窃观今之人，于文章无不慕古，甚者或失于野；于书疏独陋古而汩于浮。两者同出于言而背驰，非不能尽如古也。盖为古文者得名声，为今书者无悔吝。"②写古文不无好处，但论实用写作，还是得用骈体。为了克服这个矛盾，古文家便开始有意识地对骈体公文进行改造，权德舆是先驱，韩愈、柳宗元是骨干，他们改造的主要途径就是骈散结合，用古文之法写骈体公文。另外，受古文运动影响，元稹、白居易在公文写作中也有慕古倾向。他们利用在朝廷知制诰的时机，把古文带入制诰等"王言"的写作中，他们的奏议，也写得朴素平易，在朝野引起很大反响。当然，也有坚持用骈体进行奏议写作的，陆贽就是代表。不过陆贽的很多骈体奏议实际采用的是散句双行，运单成复的形式，跟传统骈文有很大区别。陆贽的奏议以其笔法的创新，在唐代奏议发展过程中独树一帜。

---

① （清）董诰等编：《全唐文》卷六八七，中华书局1983年版，第7035页。

② （唐）刘禹锡撰，卞孝萱校订：《刘禹锡集》卷十，中华书局1990年版，第133页。

一、万世龟鉴的《翰苑集》

中唐之世，以文章成相业，凭智谋使唐室再安者，陆贽为第一人。

陆贽（754—805）博古通今，才识过人，他识大体，有远略，在治国方面有一套完整的理论，如治乱由人，不在天命；理乱之本，系于人心；立国之权，居重驭轻；求才贵广，考课贵精，等等。在具体政策上，他主张广开言路，改过求治；均节赋税，养人资国；善择将帅，从严治军。这些理论与策略完整地展现在他上德宗的奏状里，实施起来也卓有成效。可惜德宗昏庸，对于陆贽，危则用之，安则弃之，再加上裴延龄、吴通玄等人的排挤打压，致使陆贽的才能得不到充分的施展，这不能不说是个历史悲剧。苏轼为此曾感慨："（陆贽）才本王佐，学为帝师。论深切于事情，言不离于道德。智如子房而文则过，辩如贾谊而术不疏，上以格君心之非，下以通天下之志。但其不幸，仕不遇时。德宗以苛刻为能，而贽谏之以忠厚；德宗以猜疑为术，而贽劝之以推诚；德宗好用兵，而贽以消兵为先；德宗好聚财，而贽以散财为急。至于用人听言之法，治边驭将之方，罪己以收人心，改过以应天道，去小人以除民患，惜名器以待有功，如此之流，未易悉数。可谓进苦口之药石，针害身之膏肓。使德宗尽用其言，则贞观可得而复。"①

陆贽有《翰苑集》传世，其主体就是呈给德宗的奏状十二卷。《翰苑集》对后世政治影响深远，历代评议甚多，此不赘述。以下只从文学的角度对陆贽的奏议加以考察。

陆贽的奏议主要用骈体，但经过了改造，与传统骈文大不相同。其中最明显的改造就是融散入骈。上节已经提到，融散入骈在盛唐时期已经出现，张说和苏颋就间或为之，但是将骈散结合得妙合无垠，却是陆贽首先做到的。陆贽的骈体奏议，并不拘泥于骈四俪六定格，其句式非常灵活，少则三个字，多则十余字。比如《奉天荐袁高等状》："臣近因奏对，言及任人，陛下累叹乏才，惘然忧见于色。臣退而思省，且喜且惭。所喜者，乐陛下急于求贤，明君致理之资也；所惭者，耻近侍不能荐士，微臣窃位之罪也。辄自端择，思举所知，犹惧鉴识不明，品藻非当，反复参校，未果上闻。"②又比如《兴元论解姜公辅

---

① （宋）苏轼撰，孔凡礼点校：《乞校正陆贽奏议上进劄子》，《苏轼文集》卷三六，中华书局 1986 年版，第 1012 页。

② （唐）陆贽撰，王素点校：《陆贽集》卷一四，中华书局 2006 年版，第 433 页。

状》："公辅顷在翰林，与臣久同职任。臣今据理辨直，则涉于私党之嫌；希旨顺承，则违于匡辅之义。涉嫌止贻于身患，违义实玷于君恩。殉身忘君，臣之耻也；别嫌奖义，主之明也。"①这两段文字，上下句除了字数相等，没有平仄偶对，不求声韵和谐，句式虽然整饬，但承接自然，富有节奏感，如行云流水。这样的写法在陆贽的奏议中比比皆是。如《奉天请罢琼林大盈二库状》：

右。臣闻："作法于凉，其弊犹贪；作法于贪，弊将安救？"示人以义，其患犹私；示人以私，患必难弭。故圣人之立教也，贱货而尊让，远利而尚廉。天子不问有无，诸侯不言多少，百乘之室，不畜聚敛之臣。夫岂皆能忘其欲赇之心哉！诚惧赇之生人心而开祸端，伤风教而乱邦家耳。是以务鸠敛而厚其帑椟之积者，匹夫之富也；务散发而收其兆庶之心者，天子之富也。天子所作，与天同方，生之长之，而不恃其为；成之收之，而不私其有。付物以道，混然忘情，取之不为贪，散之不为费，以言乎体则博大，以言乎术则精微。亦何必挠废公方，崇聚私货，降至尊而代有司之守，辱万乘以效匹夫之藏。亏法失人，诱奸聚怨，以斯制事，岂不过哉！

今之琼林、大盈，自古悉无其制，传诸耆旧之说，皆云创自开元。贵臣贪权，饰巧求媚，乃言："郡邑贡赋所用，盍各区分？税赋当委之有司，以给经用，贡献宜归乎天子，以奉私求。"玄宗悦之，新是二库。荡心侈欲，萌柢于兹。迫乎失邦，终以饵寇。《记》曰："货悖而入，必悖而出。"岂非其明效欤？

陛下嗣位之初，务遵理道，敦行约俭，斥远贪饕。虽内库旧藏，未归太府，而诸方曲献，不入禁闱。清风肃然，海内丕变。议者咸谓汉文却马，晋武焚裘之事，复见于当今矣。近以寇逆乱常，銮舆外幸，既属忧危之运，宜增儆励之诚。臣昨奉使军营，出游行殿，忽睹右廊之下，榜列二库之名，惧然若惊，不识所以。何则？天衢尚梗，师旅方殷，疮痛呻吟之声，噢咻未息，忠勤战守之效，赏赉未行，而诸道贡珍，遽私别库，万目所视，孰能忘怀。窃揣军情，或生觖望，试询候馆之吏，兼采道路之言，果如所虞，积憾已甚。或忿形谤讟，或醜肆讴谣，颇含思乱之情，亦有悔忠之意。是知庳俗昏鄙，识昧高卑，不可以尊极临，而可以诚义感。

① （唐）陆贽撰，王素点校：《陆贽集》卷一五，中华书局2006年版，第455页。

顷者六师初降，百物无储，外扞凶徒，内防危堞，昼夜不息，迨将五旬。冻馁交侵，死伤相枕，毕命同力，竟夷大艰。良以陛下不厚其身，不私其欲。绝甘以同卒伍，辍食以啖功劳。无猛制而人不携，怀所感也；无厚赏而人不怨，悉所无也。今攻围已解，衣食已丰，而谣诼大兴，军情稍阻。岂不以勇夫恒性，嗜货矜功，其患难既与之同忧，而好乐不与之同利，苟异恬默，能无怨咨？此理之常，固不足怪。《记》曰："财散则民聚，财聚则民散。"岂非其殷鉴欤！众怒难任，蓄怨终泄，其患岂徒人散而已，亦将虑有构奸鼓乱，干纪而强取者焉。

夫国家作事，以公共为心者，人必乐而从之；以私奉为心者，人必咈而叛之。故燕昭筑金台，天下称其贤；殷纣作玉杯，百代传其恶。盖为人与为己殊也。周文之囿百里，时患其尚小；齐宣之囿四十里，时病其太大。盖同利与专利异也。为人上者，当辨察兹理，洒濯其心，奉三无私，以一有众。人或不率，于是用刑。然则选其利而禁其私，天子所恃以理天下之具也。舍此不务，而壅利行私，欲人无贪，不可得已。今兹二库，珍币所归，不领度支，是行私也。不给经费，非宣利也。物情离怨，不亦宜乎？智者因危而建安，明者矫失而成德。以陛下天姿英圣，倘加之见善必迁，是将化蓄怨为衔恩，反过差为至当。促祅遗孽，永垂鸿名，易如转规，指顾可致。然事有未可知者，但在陛下行与否耳。能则安，否则危；能则成德，否则失道。此乃必定之理也，愿陛下慎之惜之。①

叙琼林、大盈二库之来由及罢置之理由，为了详尽确切，多用散句，这样不至于流于板滞。在列举历史事实时，为避免杂芜琐碎，尽量用骈句，如将燕昭与殷纣、周文和齐宣正反对举，这样显得干练整齐，条目分明，又能使说理事不孤立。②又《兴元请抚循李楚林状》：

自昔能建奇功，或拯危厄，未必皆是洁矩之士、温良之徒。驱驾扰驯，唯在所驭。朝称凶悖，夕谓忠纯；始为寇雠，终作卿相。知陈平无行而不弃，恣韩信自王而遂封，蒯通以折理获全，雍齿以积恨先赏，此汉祖所以恢帝业也。置射钩之贼而任其才，释斩袪之怨以免于难，此桓文所以宏霸

①　（唐）陆贽撰，王素点校：《陆贽集》卷一四，中华书局 2006 年版，第 420—425 页。
②　于景祥著：《陆贽研究》，辽宁人民出版社 1998 年版，第 61 页。

功也。然则当事之要，虽罪恶不得不容；适时之宜，虽仇雠不得不用。陛下必欲精求素行，追抉宿疵，则是改过不足以补愆，自新不足以赎罪。①

这一段是先议论再举证。议论是散句双行，其后陈平、韩信、蒯通、雍齿数例，字数不等，是加长的骈句。

骈体因为体式所限，本不便议论，所以魏晋六朝的奏议，基本是短制，七八百字已属罕见；初盛唐魏徵、陈子昂，论事详尽，其长者两三千言而已；到了陆贽，融散入骈，动辄五六千言。如《论缘边守备事宜状》《均节赋税恤百姓六条》《论裴延龄奸蠹书》等，都是长篇巨制，这些作品层层推进，条分缕析，将道理说透至无以复加，深得西汉贾谊等人政论文精髓。这无疑是陆贽对骈体文的创造性运用。《四六丛话》云："古以四六入章奏者夥矣，贺谢表而外，惟荐举及进奉则或用之，品藻比拟，此其长也。若敷陈论列，无往不可，而又纂组辉华，宫商谐协，则前无古，后无今，宣公一人而已。"② 陆贽的骈体奏议驱使骈文自身获得了解放，这是骈文的一大改变，在骈文发展史上具有重要的意义。

陆贽的奏议一般较少使事用典，即使用典，也力避生僻，所以不拘长短，都明白易晓、文理通畅。如《兴元论续从贼中赴行在官等状》：

> 以一人之听览而欲穷宇宙之变态，以一人之防虑而欲胜亿兆之奸欺，役智弥精，失道弥远。项籍纳秦降卒二十万，虑其怀诈复叛，一举而尽坑之，其于防虞，亦已甚矣。汉高豁达大度，天下之士至者，纳用不疑，其于备虑，可谓疏矣。然而项氏以灭，刘氏以昌，蓄疑之与推诚，其效固不同也。秦皇严肃雄猜，而荆轲奋其阴计；光武宽容博厚，而马援输其款诚。岂不以虚怀待人，人亦思附？任数御物，物终不亲！情思附则感而悦之，虽寇亿化为心膂矣；意不亲则惧而阻之，虽骨肉结为亿雠矣。③

所举秦汉故实，刘项得失，都是人所熟知的，叙述也言简意赅，但论证领导者多疑与推诚的相反效果，却十分有力。在大量的事实面前，历史的经验教训突

---

① 《陆贽集》卷一四，中华书局 2006 年版，第 494—496 页。

② （清）孙梅撰：《四六丛话》卷三二，《万有文库》本。

③ （唐）陆贽撰：《陆贽集》卷一五，中华书局 2006 年版，第 472—473 页。

显在当今统治者的面前，何去何从，不言而喻。而从文学表达角度视之，则准确地叙事与深刻地析理，怎样才结合得更好，陆贽为后人做出了范例。

陆贽的奏议很讲究讽谏技巧，而且有明确的理论指导，他认为"动人以言，所感已浅，言又不切，人谁肯怀"（《奉天论赦书事条状》）。[①] 他深知德宗的刚愎自用、偏狭忌刻，所以在揣摩德宗心理上颇下功夫。这表现在奏议里，就是很少像魏徵那样直言极谏，而是言辞恳切，纡徐委婉，以大量的历史事实、历史人物成败得失之例为据，阐明为君、行政的道理，把儒家的治术从历史故事中自然地提炼出来，循循善诱，苦口婆心地教给德宗。即便是严厉地批评，在极其温和的态度下，言辞也显得不那么刺耳，让德宗有台阶可下。也正因为这样，德宗才能允许他进入权力中枢，他也才发挥了一些作用。如在《请许台省长官举荐属吏状》中，他批评德宗用人之误，却先肯定德宗"勤求理道，务徇物情，因谓举荐非宜，复委宰臣拣择。其为崇任辅弼，博采舆词，可谓圣德之者"。随后再指出德宗的缺失。"然而于委任责成之道、听言考实之方，闲邪存诚，犹恐有阙。"[②] 这样既维护了德宗的脸面，又不回避问题。再如《论叙迁幸之由状》解析建中四年（783）的泾原兵变：

> 臣所谓致今日之患，是群臣之罪者，非敢徒饰浮说，苟宽圣怀，事皆有由，言庶可复。自胡羯称乱，遗患未除，朝廷因循，久务容养，事多僭越，礼阙会朝。陛下神武统天，将台区宇，乃命将帅，四征不庭。凶渠稽诛，逆将继乱，兵连祸结，行及三年。徵师四方，无远不暨，父子诀别，夫妻分离，一人征行，十室资奉，居者有馈送之苦，行者有锋刃之忧，去留骚然，而闾里不宁矣。聚兵日众，供费日多，常赋不充，乃令促限；促限才毕，复命加徵；加徵既殚，又使别配；别配不足，于是榷算之科设，率贷之法兴。禁防滋章，条目纤碎，吏不堪命，人无聊生。农桑废于徵呼，膏血竭于笞捶，市井愁苦，室家怨咨，兆庶嗷然，而郡邑不宁矣。边陲之戍，用保封疆，禁卫之师，以备巡警，二者或阙，则生戎心，国之大防，莫重于此。
>
> 陛下急于靖难，累遣东征，边备空虚，亲军寡弱，寻又搜阅私牧以取马，簿责将家以出兵。凡有私牧者，例元勋贵戚之门；所谓将家者，皆统

---

① （唐）陆贽撰，王素点校：《陆贽集》卷一二，中华书局 2006 年版，第 414 页。

② 《陆贽集》卷一七，中华书局 2006 年版，第 541–542 页。

帅岳牧之后。是乃尝蒙亲委，或著忠劳，复除征徭，固有常典。今忽夺其畜牧，事其子孙，有乞假以给资装，有破产以营卒乘，道路凄悯，部曲感伤，贵位崇勋，孰不解体。加以聚敛之法，縠下尤严，邸第侯王，咸输屋税，稗贩夫妇，毕算缗钱。贵而不见优，近而不见异，其为愤感，又甚诸方。诛求转繁，庶类恐惧，兴发无已，群情动摇，朝野嚣然，而京邑关畿不宁矣。

陛下又以百度弛废，志期肃清，持义以掩恩，任法以成理。神断失于太速，睿察伤于太精。断速则寡恕于人，而疑似之间不容辩也；察精则多猜于物，而臆度之际未必然也。寡恕则重臣惧祸，反侧之衅易生；多猜则群下防嫌，苟且之风渐扇。是以叛乱继起，怨讟并兴，非常之虞，亿兆同虑。惟陛下穆然凝邃独不得闻，至使凶卒鼓行，白昼犯阙，重门无结草之御，环卫无谁何之人。自古祸变之兴，未有若斯之易，岂不以乘我间隙，因人携离哉！陛下有股肱之臣，有耳目之任，有谏诤之列，有备卫之司，见危不能竭其诚，临难不能效其死，所谓致今日之患，是群臣之罪者，岂徒言欤？①

这年八月，淮西节度使李希烈叛唐，发兵围攻襄阳。德宗诏令泾原节度等各道兵马援救襄阳。十月，泾原将士五千人抵达长安附近，天寒地冻却仅得粗饭赏赐，群情极度不满，临阵倒戈，拥立朱泚为帅攻入长安，德宗在宦官的护卫下仓皇出逃奉天。这次叛乱的爆发有多方面原因，德宗的处置欠妥要负主要责任。但陆贽避重就轻，将责任归咎到群臣，认为"今日之患，是群臣之罪"，因为他们"见危不能竭其诚，临难不能效其死"。另外，也有历史原因，自安史之乱以来，"逆将继乱，兵连祸结"，这导致国无宁日，民生凋敝。不过陆贽在下面分析迁幸奉天主要原因里，还是举出一系列事实，指出德宗不少问题：一是"急于靖难，累遣东征，边备空虚，亲军寡弱"，也就是说操之过急，征兵太频，扰民过甚，而且倾力出动，京城防卫力量薄弱；二是"百度弛废，志期肃清，持义以掩恩，任法以成理"，乱世用重典，无可厚非，不过在用人之际，德宗神断太速，督查太精，反映出他苛察猜忌之心太重，从而导致人心不稳、群臣苟且。陆贽的指陈，在政治上是对德宗的批评；在文学上，则是对一系列现实状况的概括与描述，如说到连年征战，造成"父子诀别，夫妻分离，一人征行，十室

---

① （唐）陆贽撰，王素点校：《陆贽集》卷一二，中华书局 2006 年版，第 354—360 页。

资奉，居者有馈送之苦，行者有锋刃之忧，去留骚然，而闾里不宁矣"——虽无细节描写、人物对话，但都十分形象具体，当时民间的骚动和负担之重均已写出。下面写到德宗下令"搜阅私牧以取马，簿责将家以出兵"，将此中骚扰扩大到更大范围，更造成"群情动摇，朝野嚣然"。

朱泚之乱由朝廷的重大失误所引发，总要有人承担责任，德宗也需要对臣民有所交代。让他主动承认错误是不可能的，只能婉转地提出问题让其反思。所以陆贽不得不先将板子打在群臣身上，然后设身处地从德宗的立场来考虑问题，多找客观原因，再透过客观原因的分析，将反省的目标引向德宗。尽管这样婉曲地批评力度不够，但首先保证不至于让德宗觉得反感，其次也多少能使其反躬自省。这种顺情入机、动言中务的劝谏之道是陆贽的无奈之举，但也造就了其奏议的一大特色，颇为后人欣赏，被誉为"辞婉意如，得告君之道"。①刘熙载《艺概·文概》对此评曰："陆宣公奏议，妙能不同于贾生。贾生之言犹不见用，况德宗之量非文帝比。故激昂辩析有所难行，而纡余委备可以巽入。且气愈平婉，愈可将其意之沉切。故后世进言多学宣公一路，惟体制不必仍其排偶耳。"②从客观角度来说，后世臣僚学陆贽的上奏之法，也是为了适应君权日益强化政治趋势。因为一应进言只有迎合圣心，得到最高统治者认可，才有实施的可能性。

总之，陆贽的奏议主旨鲜明而论证充分，多举现实状况与历史经验教训，以警醒皇帝，而行文运散入骈，从容不迫，挥洒自如，意到笔随，言辞恳切，口吻委婉。骈体奏议到陆贽手里，不但能议论，也可叙述、抒情，实用功能大大提高；骈体的形式虽然没有变化，但其性质与内容均已改观。他的创作标志着骈体奏议达到了一个新的高度，具有独特的文学审美价值。

陆贽的奏议得到了同时代人很高评价，权德舆为《翰苑集》所作序言云："览公之作，则知公之为文也。润色之余，论思献纳，军国利害，巨细必陈，则有《奏草》七卷。览公之奏，则知公之为臣也。其在相位也，推贤与能，举直错枉，将斡璿衡而揭日月，清氛祲而平泰阶。敷其道也，与伊、说争衡；考其文也，与典、谟接轸，则有《中书奏议》七卷。览公之奏议，则知公之事君也"③权

---

① （唐）陆贽撰，（宋）郎晔注：《注陆宣公奏议》卷三，元至正十四年刘氏翠岩精舍刻本。
② （清）刘熙载撰，徐中玉、萧华荣点校：《刘熙载论艺六种》，巴蜀书社1990年版，第51—52页。
③ （唐）陆贽撰，王素点校：《陆贽集》附录二，中华书局2006年版，第816—817页。

德舆从为人与为文的统一来评价《翰苑集》，这可以说是抓住了陆贽奏议的根本。

陆贽的奏议在后世也极受重视。《新唐书》例不录骈文，独取陆贽奏议多篇，而《资治通鉴》则长篇累牍采录，不仅是因为文章本身好，更有叙事详尽、可部分代替史述的原因。后世朝臣，无不奉陆贽奏议为龟鉴。如苏轼就对陆贽的奏议极其服膺，处处学习，其《上神宗皇帝书》《教战守策》《到惠州谢表》《谢中书舍人启》《乞常州居住表》以散行之气运对偶之文，气盛言宜，卷舒自如，深得陆奏之精妙。

二、尚气尚理的权德舆奏疏

权德舆（759—818）出身世家，少即知名，仕宦显达，曾官至宰相，是中唐名臣之一。又以文章著称，《旧唐书·权德舆传》说他"于述作特盛，六经百氏，游泳渐渍，其文雅正而弘博，王侯将相泊当时名人薨殁，以铭记为请者什八九，时人以为宗匠焉"。①

权德舆对于创作目的与文学作品的功能有比较明确、系统的认识。他认为："文之为也，上以端教化，下以通讽谕，其大则扬鸿烈而章缉熙，其细则咏情性以舒愤懑。……历代文章，与时升降。其或伯仲之间，齐名善价，以德行世其业，以文学大其门，则又鲜焉。"②"君子消长之道，值乎其时，而文亦随之。得其时则彰明事业，以宣利泽；不得其时，则放心寄意，以摅志气。"③他的创作正是这些主张的实践，也是其政治活动的组成部分。权德舆文章的风格，诚如他在《醉说》一文中概括的那样，"尚气，尚理，有简，有通"。④尚气与尚理指的是文章的内容关乎世道人心、风俗教化，其势沛然莫之能御；尚简与尚通则指的是文字简明扼要，语言通畅易晓。概括起来就是内容与形式相统一。例如《论裴延龄不应复判度支疏》：

> 臣伏以爵人于朝，与众共之，况经费之司，安危所系。延龄顷自权判，

---

① （五代）刘昫等编：《旧唐书》卷一四八，中华书局1975年版，第4005页。
② （唐）权德舆撰：《梓州刺史权公文集序》，《权载之文集》卷三四，《四部丛刊》初编本。
③ 《崔祐甫文集序》，《权载之文集》卷三三，《四部丛刊》初编本。
④ 《醉说》，《权载之文集》卷三〇，《四部丛刊》初编本。

逮今间岁，不称之声，日甚于初。群情众口，喧于朝市，不敢悉烦圣听，今谨略举所闻。多云以常赋正额支用未尽者，便为之剩利，以为己功。又重破官钱买常平先所收市杂物，遂以再给估价，用充别贮利钱。又云边上诸军，皆至悬缺，自今春以来，并不支粮。伏以疆场之事，所虞非细，诚圣谟前定，终事切有司。陛下必以延龄孤贞独立，为时所抑，丑正有党，结此流言，何不以新收剩利，征其本末，为分析条奏？又择朝贤信臣，与中使一人，巡覆边军，察其资储有无虚实。倘延龄受任以来，精心勤力，每事省约，别收羡馀，于正数各有区别，边军储蓄，实犹可支，身自敛怨，为国惜费，自宜更示优奖，以洗群疑，明书厥劳，昭示天下。如或言者非谬，罔上实多，岂以邦国重务，委之非据。臣职在谏曹，合采群议，正拜已来，今已旬日，道路云云，无不言此。岂京师士庶之众，愚智之多，合而为党，共有雠嫉？陛下亦宜稍回圣鉴，俯察群心。①

《旧唐书》裴延龄本传云："贞元八年，班宏卒，以延龄守本官，权领度支。自揣不通殖货之务，乃多设钩距，召度支老吏与谋，以求恩顾。……且欲多张名目以惑上听，其实于钱物更无增加，唯虚费簿书、人吏耳。"②裴氏对经济治国一窍不通，却善于弄虚作假，又不顾百姓死活，大肆聚敛，别收羡馀，以讨德宗欢心。裴氏的行为激起群臣不满，但却深得德宗信任，不久就迁户部侍郎、判度支。权德舆时任左补阙，有讽谏之职责，遂上二疏反对裴氏判度支，此为其二。文章措辞尖锐，分条列出裴延龄的恶行，指出其巨大危害，力陈度支乃要职，用人须慎，裴氏能力不逮，宅心不正，不宜此职，要求德宗明察。权德舆的上疏，其实代表着群臣的看法，且谓"道路云云，无不言此"，也就是说民众也极端不满。这是在借社会舆论向德宗施压。但是，裴延龄聚敛之举极大满足了德宗私欲，实际是得到德宗默认的。所以，权德舆的上疏可谓是逆批龙鳞。此疏不过四百余字，但力透纸背，理直气壮。

元和初年，运粮使董溪、于皋谟盗用官钱，宪宗下诏流放岭南，后又觉得处置太轻，密令宦官将二人杀死在流放途中。权德舆以为此举破坏法制，有损朝廷信誉，特上《奏于、董所犯当明刑正罪疏》：

---

① （五代）刘昫等编：《旧唐书》卷一四八，中华书局1975年版，第4002—4003页。
② （五代）刘昫等编：《旧唐书》卷一三五，中华书局1975年版，第3720页。

窃以董溪等，当陛下忧山东用兵时，领粮料供军重务，圣心委付，不比寻常，敢负恩私，恣其赃犯，使之万死，不足塞责。弘宽大之典，流窜太轻，陛下合改正罪名，兼责臣等疏略。但诏令已下，四方闻知，不书明刑，有此处分，窃观众情，有所未喻。伏自陛下临御已来，每事以诚，实与天地合德，与四时同符，万方之人，沐浴皇泽。至如于、董所犯，合正典章，明下诏书，与众同弃，即人各惧法，人各谨身。臣诚知其罪不容诛，又是已过之事，不合论辩，上烦圣聪。伏以陛下圣德圣姿，度越前古，顷所下一诏，举一事，皆合理本，皆顺人心。伏虑他时更有此比，但要有司穷鞫，审定罪名，或致之极法，或使自尽，罚一劝百，孰不甘心！巍巍圣朝，事体非细，臣每于延英奏对，退思陛下求理之言，生逢盛明，感涕自贺。况以愚滞朴讷，圣鉴所知，伏惟恕臣迂疏，察臣丹恳。①

对坐赃官员处分应该"合正典章，明下诏书"，而不是"不书明刑"，已赦而杀。对于既成事实的论辩，并不是放马后炮，而是勇于承担"疏略"责任，有错即纠，维护法制尊严。同时，也是委婉提醒宪宗下不为例。短短一文，以叙代议，将事理、人情剖析得相当深刻，也融入教化与讽喻之义于文字之间。这是权德舆奏议的鲜明特色。

权德舆的《奏孝子刘敦儒状》也属短篇，却把一个孝子形象刻画得淋漓尽致，也将授官的理由叙述的十分充分：

孝子刘敦儒，年四十九。曾祖子元，祖贶，父浃，住东都从善坊。

右件人，名儒史官之家。积成教义，至性诚孝，感动人伦。母患风狂，心绪乖乱。无辜榜棰，常至僵仆。或冻于积雪之下，或曝于赫日之中。腐烂鞁瘃，略无完体。见其楚毒，方肯饮食。敦儒苏而复起，常惧人知。承顺恬然，不觉疾痛。因心之道，贯于神明。欲盖弥彰，事久方著。蒸蒸不匮，十有六年。贞元二十年，留守韦夏卿具状奏闻。奉其年八月二十九日敕："宣付史馆，旌表门闾。"臣至洛都，具详事实。闻诸族类，布在风谣。今又十年，不改其养。饥寒所迫，衣食阙然。晨昏所奉，朝不继夕。伏以底禄筮仕，资荫多门；至行绝人，尤可嘉奖。伏望天恩，特授一解褐京官，使分司就养。则私计可给，寸禄为荣。庶厚时风，以宏孝理。特乞圣慈，

---

① （五代）刘昫等编：《旧唐书》卷一四八，中华书局 1975 年版，第 4004 页。

允臣所奏。谨录奏闻，伏候敕旨。①

文章没有空泛地议论，而是寓说理于叙事之中，将刘敦儒孝道人伦的真实情况道出，极富感染力；又饱蘸情感，刻画细节，将一个几十年如一日照顾病母、任劳任怨的孝子形象生动展现出来，感人至深。在标举以孝治天下的唐代，嘉奖孝子，实劝忠臣，是一件稳定国体，淳厚民风的大事。对刘孝子安排的建议，也切实可行，"特授一解褐京官"，只是闲职，但领俸禄继续侍亲而已，既解决了刘敦儒经济的窘困，又弘扬了孝道。从文章本身来说，虽以四字格的短句为主，但骈散参半，排偶贯穿以蓄势，散句间杂以承转，整体显得文约事丰，流畅自如。可见大家运笔，总是以意为主，不拘形式的。

权德舆的奏议，尚气尚理，明道的色彩渐浓，已经透露出文坛风气转向的讯息，为韩柳、元白等人导夫先路。

三、气盛言宜的韩柳表状

韩愈（768—824）、柳宗元（773—819）作为中唐古文运动的领导者，同时又在中唐政治活动中扮演着重要角色。这种古文家兼政治家的双重身份，使二人的作品呈现出一种特殊的艺术魅力。韩、柳有意识地将古文的创作技法运用到奏议创作中，使奏议文从字顺，气盛言宜，非常具有感染力。

韩愈在文以明道的观念指导下，以继承儒家道统自期，心存浩然之气，为文发言真率，无所畏惧。他的很多奏议都敢于揭露，其名作《御史台上论天旱人饥状》和《论淮西事宜状》都言群臣所不敢言。当然，最能体现韩愈胆识的还是《论佛骨表》。元和十四年（819），唐宪宗派人迎凤翔法门寺释迦牟尼指骨一节入宫祈福。《旧唐书·韩愈传》记载了当时迎接佛骨的盛况："自光顺门入大内，留禁三日，乃送诸寺。王公士庶奔走施舍，惟恐在后。百姓有废业破产，烧顶灼臂而求供养者。"②时任刑部侍郎的韩愈素不喜佛，于是上表直谏，极论佞佛之害。

伏以佛者，夷狄之一法耳，自后汉时流入中国，上古未尝有也。昔者

---

① （唐）权德舆撰：《权载之文集》卷四六，《四部丛刊》初编本。

② （五代）刘昫等编：《旧唐书》卷一六〇，中华书局1975年版，第4198页。

黄帝在位百年，年百一十岁；少昊在位八十年，年百岁；颛顼在位七十九年，年九十八岁；帝喾在位七十年，年百五岁；帝尧在位九十八年，年百一十八岁；帝舜及禹，年皆百岁。此时天下太平，百姓安乐寿考，然而中国未有佛也。其后殷汤亦年百岁，汤孙太戊在位七十五年，武丁在位五十九年，书史不言其年寿所极，推其年数，盖亦俱不减百岁。周文王年九十七岁，武王年九十三岁，穆王在位百年。此时佛法亦未至中国，非因事佛而致此也。

汉明帝时始有佛法，明帝在位才十八年耳。其后乱亡相继，运祚不长。宋、齐、梁、陈、元魏已下，事佛渐谨，年代尤促。惟梁武帝在位四十八年，前后三度舍身施佛，宗庙之祭，不用牲牢，昼日一食，止于菜果，其后竟为侯景所逼，饿死台城，国亦寻灭。事佛求福，乃更得祸。由此观之，佛不足事，亦可知矣。高祖始受隋禅，则议除之。当时群臣识见不远，不能深究先王之道、古今之宜，推阐圣明，以救斯弊，其事遂止。臣常恨焉！伏维皇帝陛下，神圣英武，数千百年已来未有伦比。即位之初，即不许度人为僧尼、道士，又不许别立寺观。臣当时以为高祖之志，必行于陛下之手，今纵未能即行，岂可恣之转令盛也！

今闻陛下令群僧迎佛骨于凤翔，御楼以观，舁入大内，令诸寺递迎供养。臣虽至愚，必知陛下不惑于佛，作此崇奉以祈福祥也。直以年丰人乐，徇人之心，为京都士庶设诡异之观、戏玩之具耳。安有圣明若此而肯信此等事哉？然百姓愚冥，易惑难晓，苟见陛下如此，将谓真心事佛。皆云天子大圣，犹一心敬信；百姓微贱，于佛岂合惜身命。所以焚顶燔指，百十为群，解衣散钱，自朝至暮，转相仿效，惟恐后时，老少奔波，弃其生业。若不即加禁遏，更历诸寺，必有断臂脔身以为供养者。伤风败俗，传笑四方，非细事也。

夫佛本夷狄之人，与中国言语不通，衣服殊制。口不道先王之法言，身不服先王之法服，不知君臣之义，父子之情。假如其身至今尚在，奉其国命，来朝京师，陛下容而接之，不过宣政一见，礼宾一设，赐衣一袭，卫而出之于境，不令惑于众也。况其身死已久，枯朽之骨，凶秽之馀，岂宜以入宫禁！孔子曰："敬鬼神而远之。"古之诸侯，行吊于其国，尚令巫祝先以桃茢祓除不祥，然后进吊。今无故取朽秽之物，亲临观之，巫祝不先，桃茢不用，群臣不言其非，御史不举其失，臣实耻之。乞以此骨付之水火，永绝根本，断天下之疑，绝后代之惑。使天下之人，知大圣人之所作为出于寻常万万也，岂不盛哉！岂不快哉！佛如有灵，能作祸祟，凡有殃咎，宜加臣身，上天鉴临，臣不怨悔。①

此表首先列举了上古之君，无佛法而国运长久，而自汉明帝开始，历代奉佛之君，乱亡相继，以证佛不足事。而其用心，则在于打破奉佛可长寿、可久享国的幻想。其次，叙及本朝遗训以说明高祖以来，历朝统治者头脑还是比较清醒的（当然，这里已经有所隐晦，对武则天的佞佛就没有提）。接着对现实的佞佛之弊予以揭露。这里有描写，有推论，总之是具体而形象地揭示佞佛的伤风败俗和可鄙可笑。最后，依据传统儒家之说来辟佛，但又并非纯粹说理，而是设想出一件事实：倘若佛氏前来朝觐，皇帝不过"容而接之"，绝不会大张旗鼓地迎送。那么又有什么必要对一指枯骨如此兴师动众地拜迎呢！如此说理，既不枯燥，又更透彻。

关于辟佛，早在唐初傅奕就曾向高祖上《请废佛法表》，引发朝廷一场大论争。但在文学史上，傅奕之表的影响却不及韩愈之作。其实韩愈反佛的理由与傅奕基本相同，不过韩愈没有走传统路线，从佛教宗旨上立说，或从信佛之社会危害着手，②而是独辟蹊径，在寿夭福祸上做文章，可谓击中要害，因为朝廷上下拜佛无非是希求长寿多福，而残酷的事实是"事佛求福，乃更得祸"。这是釜底抽薪之法，比从理论批判要通俗易懂，但又要犀利有力得多。另外，韩愈把批评矛头指向顺从宪宗佞佛的群臣，对于"群臣不言其非，御史不举其失"，韩愈深为反感。韩愈对皇帝的态度稍有不同，他明知道宪宗对佛法崇信过甚，却反复声称"必知陛下不惑于佛"，"安有圣明若此，而肯信此等事哉？"本意是把皇帝置于清醒明智的位置，或者用俗话说，是先给皇帝戴上思想正确的高帽子，可是过度恭维反而适得其反，这些话让持不同意见者听来似乎很有讥讽的意思。果然，宪宗看了韩愈此表后非常愤怒，将韩愈的奏疏掷示宰臣说："愈言我奉佛太过，我犹为容之。至谓东汉奉佛之后，帝王咸致夭促，何言之乖剌

① （五代）刘昫等编：《旧唐书》卷一六〇，中华书局1975年版，第4198—4200页。

② 如傅奕之表言："生死寿夭，由于自然；刑德威福，关之人主。乃谓贫富贵贱，功业所招，而愚僧矫诈，皆云由佛。窃人主之权，擅造化之力。"从理论上驳斥佛学虚妄，相当透辟。他揭露佛教的危害："恐吓愚夫，诈欺庸品。""使不忠不孝，削发而揖君亲；游手游食，易服以逃租赋。"（《旧唐书》卷七九傅奕本传，中华书局1975年版，第2714页）这样的论述，也很深刻。但傅奕的上表，后世知晓者却很少。

也？愈为人臣，敢尔狂妄，固不可赦！"① 幸亏裴度等人求情，方得免死贬为潮州刺史。

如果说《论佛骨表》表现了韩愈为人忠烈慷慨、飞扬激越的一面，那么《潮州刺史谢上表》则表现了他性格中软弱自贱、戚戚怨嗟的另一面。《潮州刺史谢上表》是一篇用心之作。文章首先自责，痛骂自己"狂妄憨愚，不识礼度""正名定罪，万死犹轻"，对能够免死而外贬，表示感激涕零。次段叙述自己不敢稽延，赶到任所后即向当地民众宣扬皇恩，这是谢上表的应有内容。再次一段，施展文才，细描潮州地理和自然景象；详叙自身年岁已高，身体欠佳，恐难持久，流露出一副乞怜哀告的姿态："臣所领州，在广府极东，过海口，下恶水，涛泷壮猛，难计期程，飓风鳄鱼，患祸不测。州南近界，涨海连天，毒雾瘴氛，日夕发作。臣少多病，年才五十，发白齿落，理不久长。加以罪犯至重，所处远恶，忧惶惭悸，死亡无日。单立一身，朝无亲党，居蛮夷之地，与魑魅同群，苟非陛下哀而念之，谁肯为臣言者。"接下去，转到歌颂宪宗功德，建议封禅；并吹嘘自身文才，表示可在颂扬皇恩上效力，哀求宪宗怜察："陛下即位以来，躬亲听断，旋乾转坤，关机阖开，雷厉风飞，日月清照，天戈所麾，无不从顺。宜定乐章，以告神明，东巡泰山，奏功皇天，具著显庸，明示得意，使永永年代，服我成烈。当此之际，所谓千载一时不可逢之嘉会，而臣负罪婴衅，自拘海岛，戚戚嗟嗟，日与死迫，曾不得奏薄伎于从官之内、隶御之间，穷思毕精，以赎前过。怀痛穷天，死不闭目，伏唯陛下天地父母，哀而怜之。"② 全文写得如泣如诉，异常可怜，不但彻底认错，而且一片效忠之心，只求戴罪立功。结果皇帝也似乎果真被打动了，将韩愈量移袁州刺史。

除谢恩、陈情外，一般奏表都以议论为主，但韩愈的奏表很喜欢叙事。如上述《论佛骨表》中对于朝廷内外佞佛如狂场面的描写："焚顶燔指，百十为群，解衣散钱，自朝至暮，转相仿效，惟恐后时，老少奔波，弃其生业。"接着又以想象之笔，虚构佛陀来华的情景："假如其身至今尚在，奉其国命，来朝京师，陛下容而接之，不过宣政一见，礼宾一设，赐衣一袭，卫而出之于境，不令惑众也。"写得煞有其事。再如《贺雨表》叙述皇帝祈雨前后过程：

伏以季夏以来，雨泽不降。臣职司京邑，祈祷实频。青天湛然，旱气

---

① （五代）刘昫等编：《旧唐书》卷一六〇，中华书局 1975 年版，第 4200 页。
② 同上。

转甚。陛下悯兹黎庶，有事山川。中使才出于九门，阴云已垂于四野，龙神效职，雷雨应期，嘉谷奋兴，根叶肥润，抽茎展穗，不失时宜，人和年丰，莫大之庆。微臣幸蒙宠任，获觌殊祥，庆抃欢呼，倍于常品，无任踊跃之至，谨奉表以闻。①

除了最后一句套话，此表纯粹叙事，并将自己祈祷之无效与皇帝之求雨而"雷雨应期"进行对比，突出皇帝的盛德。再比如袁州刺史任上所做的《贺庆云表》：

> 臣所领州，今月十六日申时，有庆云见于西北，至暮方散。臣及举州官吏百姓等，无不见者。五彩五色，光华不可遍观；非烟非云，容状讵能详述。抱日增丽，浮空不收，既变化而无穷，亦卷舒而莫定。斯为上瑞，实应太平。臣某诚欢诚喜，顿首顿首。②

此表不仅简略叙述了庆云出现日期时间、地点方位、持续长短，而且十分形象地描述了庆云的色彩、形态及变化之奇妙，虽是应景之作，公牍之什，却写得情文相生。类似的作品还有《贺太阳不亏状》记叙日食过程："自卯及巳，当亏不亏。虽隔阴云，转更明朗，比于常日，不觉有殊。"③在奏表中叙事状物不是韩愈的发明，但论篇幅之大，文笔之精，韩愈的奏表堪称典范。

韩愈的奏议在表达技巧上亦颇具个性。他的奏议　如其古文，起承转合，多用虚词。如《御史台上论天旱人饥状》："臣窃见陛下怜念黎元，同于赤子，至或犯法当戮，犹且宽而宥之，况此无辜之人，岂有知而不救？"④除发端"窃见"外，用了"至或""犹且""况此"以承接，"岂有"表反问，一句话竟用了五个虚词。又《奏汴州得嘉瓜嘉禾状》："或两根并植，一穗连房；或延蔓敷荣，异实共蒂；既叶和同之庆，又标丰稔之祥。"并列的句子，迭用连词"或"之外，加上"既……又"，显得文从字顺，极为流畅。

韩愈的奏议也善于提炼词语。仅以韩愈的《潮州刺史谢上表》为例，"铺

---

① 《韩昌黎文集校注》卷八，上海古籍出版社 1986 年版，第 634 页。
② 《韩昌黎文集校注》卷八，上海古籍出版社 1986 年版，第 626 页。
③ 《韩昌黎文集校注》卷八，上海古籍出版社 1986 年版，第 635 页。
④ 《韩昌黎文集校注》卷八，上海古籍出版社 1986 年版，第 588 页。

张对天之闳休，扬厉无前之伟绩"演变成了今天的"铺张扬厉"一词；"雷厉风飞"成了"雷厉风行"；"千载一时不可逢之嘉会"成了今天的"千载难逢"；"死不闭目"演变成了"死不瞑目"。另外像"兢兢业业""旋乾转坤""破脑刳心"这些成语今天依然在使用。至于《论佛骨表》中"辞事相称""无与伦比""乱亡相继""诡异之观""伤风败俗"，《贺册尊号表》中的"超今冠古""经纬天地""功崇德钜""赫赫巍巍"，《论淮西事宜状》的"筋疲力尽""虚张声势"，等等，也是经韩愈提炼而后世广泛运用的成语。

韩愈的奏议绝大多数用散体，但也不废骈偶。如《为裴相公让官表》：

臣诚见陛下具文武之德，有神圣之姿，启中兴之宏图，当太平之昌运，勤身以俭，与物无私，威怒如雷霆，容覆如天地。实群臣尽节之日，才智效能之时。圣君难逢，重德宜报，苦心焦思，以日继夜。苟利于国，知无不为，徒欲竭愚，未免妄作。陛下不加罪责，更极宠光，既领台纲，又毗邦宪。圣君所厚，凶逆所仇，阙于防虞，几至毙踣。恩私曲被，性命获全，忝累祖先，玷尘班列，未知所措，祇自内惭。岂意陛下擢臣于伤残之余，委臣以燮和之任，忘其陋污，使佐圣明。此虽成汤举伊尹于庖厨，高宗登傅说于版筑，周文用吕望于屠钓，齐桓起宁戚于饭牛，雪耻蒙光，去辱居贵，以今准古，拟议非伦。陛下有四君之明，行四君之事；微臣无四子之美，获四子之荣。岂可叨居，以彰非据。①

据《旧唐书》宪宗本纪载，元和十年（815）六月乙丑，御史中丞裴度被任命为中书侍郎同中书门下平章事，惯例要上让官表，韩愈善属文，又为考功郎中知制诰，裴度遂请韩愈代笔。②此表以排偶行文，间以散句承接上下句，熔铸经史，叙述裴氏拜相之前的仕途之艰险与圣眷之盛隆，均极到位而又简洁含情。如文中"圣君所厚，凶逆所仇，阙于防虞，几至毙踣"诸句，即概括了元和十年与宰相武元衡同时被刺的事，然后说到宪宗的拔擢，举出古代贤臣伊尹、傅说、吕望、宁戚被不次提拔的事，两相类比，既有当仁不让之意，更有喻宪宗皇帝为商汤、武丁、周文王、齐桓公等圣君的用心。从表达效果来看，全篇选用骈散、浑颢流转，与古文无异。包世臣在《艺舟双楫·文谱》

---

① 《韩昌黎文集校注》卷八，上海古籍出版社1986年版，第600—601页。
② （五代）刘昫等编：《旧唐书》卷一五，中华书局1975年版，第453页。

讨论文章骈散句式的参差之美时说："奇偶为先，凝重多出于偶，流美多出于奇。体虽骈，必有奇以振其气；势虽散，必有偶以植其骨。仪厥错综，致为微妙。"① 以之评价韩愈的奏议，十分精当。韩愈的这种奏议写作风格，以后为宋代欧阳修、苏轼等人所效仿，青出于蓝而胜于蓝。

与韩愈的奏议多属散文不同，柳宗元的奏议基本是骈文，如《为王京兆贺雨第四表》：

> 臣于三月二十九日奉进旨于诸灵迹处祈雨，至三十日甘雨遂降者。臣闻惟圣有作，先天不违，发令而祥风已兴，致诚而玄液旋被。臣某诚欢诚贺，顿首顿首。
>
> 伏惟皇帝陛下侧身防患，道迈周王；尽力勤人，功超夏后。圣谟广运，驱百灵以从风；神化旁行，滋五稼而流泽。油云四合，膏雨溥周，农壤遂一于肥硗，渗漉尽沾于遐迩。蒸黎咏德，知必自于圣心；草木欣荣，如有感于皇化。有年之庆，实在于斯。臣以无能，谬领京邑，上劳宸虑，运此岁功。无任喜惧屏营之至。②

除了首段开头一句略述事情缘由，再加上两段末尾的程式语，其余皆以对偶行文，极为精工。其他的祈雨表中也有一些工对，如"宸衷暂惕，已矫御天之龙；对谟既宣，遂洽漏泉之泽""布溁垂阴，随圣泽而俱远；滂沱积润，与恩波而共深""瑞鸟迎舟，掩商羊之舞；仙云覆风，协从龙之征"等。有些偶对非常警策，发人深省，如"大孝之本，继志为难；酌礼之情，得中为贵""乱者思理，危者求安"等。③

柳宗元的奏议，也常常意气形色，笔带感情。如脍炙人口的《驳复仇议》：

> 臣伏见天后时，有同州下邽人徐元庆者，父爽为县尉赵师韫所杀。卒能手刃父仇，束身归罪。当时谏臣陈子昂建议诛之而旌其间，且请编之于令，永为国典。臣窃独过之。

---

① （清）包世臣撰：《文谱》,《艺舟双楫》卷一,《万有文库》本。
② （唐）柳宗元撰：《柳宗元集》卷三七，中华书局 1979 年版，第 973 页。
③ 《柳宗元集》卷三七，中华书局 1979 年版，第 970、971、972、974、945、947 页。

这一段先简单交代事由，明确对陈子昂的处置建议表示异议，为下面的议论与分析做铺垫。

> 臣闻礼之大本，以防乱也。昔日无为贼虐，凡为子者杀无赦。刑之大本，亦以防乱世。若日无为贼虐，凡为治者杀无赦。其本则合，其用则异，旌与诛莫得而并焉。诛其可旌，兹谓滥，黩刑甚矣；旌其可诛，兹谓僭，坏礼甚矣。果以是示于天下，传于后代，趋义者不知所以向，违害者不知所以立，以是为典，可乎？盖圣人之制，穷理以定赏罚，本情以正褒贬，统于一而已矣。向使刺谳其诚伪，考正其曲直，原始而求其端，则刑礼之用，判然离矣。何者？若元庆之父，不陷于公罪；师韫之诛，独以其私怨。奋其吏气，虐于非辜，州牧不知罪，刑官不知问，上下蒙冒，吁号不闻。而元庆能以戴天为大耻，枕戈为得礼，处心积虑，以冲仇人之胸，介然自克，即死无憾，是守礼而行义也。执事者宜有惭色，将谢之不暇，而又何诛焉？其或元庆之父，不免于罪，师韫之诛，不愆于法。是非死于吏也，是死于法也。法其可仇乎？仇天子之法，而戕奉法之吏，是悖骜而凌上也。执而诛之，所以正邦典，而又何旌焉？且其议曰："人必有子，子必有亲，亲亲相仇，其乱难救？"是惑于礼也甚矣！礼之所谓仇者，盖以冤抑沉痛，而号无告也；非谓抵罪触法，陷于大戮。而曰"彼杀之，我乃杀之"，不议曲直，暴寡胁弱而已。其非经背圣，不亦甚哉！周礼："调人，掌司万人之仇。凡杀人而义者，令勿仇，仇之则死；有反杀者，邦国交仇之。"又安得亲亲相仇也？《春秋公羊传》曰："父不受诛，子复仇可也；父受诛，子复仇，此推刃之道，复仇不除害。"今若取此以断两下相杀，则合于礼矣。且夫不忘仇，孝也；不爱死，义也。元庆能不越于礼，服孝死义，是必达理而闻道者也。夫达理闻道之人，岂其以王法为敌仇者哉？议者反以为戮，黩刑坏礼，其不可以为典，明矣！请下臣议附于令，有断斯狱者，不宜以前议从事，谨议。①

这篇奏议比较特殊，它是柳集中不多见的散体奏议，并且不是直接议论时政，而是就武后朝一桩旧案的判决进行重新辩驳，以期完善法典刑律。柳宗元当时正在礼部任职，也算是在职事范围内上言。史载陈子昂曾建议将为父报仇而杀

---

① （唐）柳宗元撰：《柳宗元集》卷三七，中华书局 1979 年版，第 102—104 页。

县尉赵师韫的徐元庆"正国法，然后旌其闾墓，以褒其孝义"，"当时议者咸以子昂为是"。^①而柳宗元却从礼与法的矛盾入手，批驳了陈子昂"既诛且旌"的建议。他认为在徐元庆一案中，核心在于徐父是否有罪，如果有罪，那赵师韫是在执法，徐元庆的杀赵复仇行为便违背法律，罪不容赦，更不能旌表；如果徐父是无罪被诛，那赵师韫是草菅人命的恶官，徐杀之是为国除害，应该大力表彰，绝不能行诛。从封建礼法的角度而论，柳宗元的观点可谓无懈可击。^②况且在徐、赵的对立中，徐势单力薄；在徐与各级官僚的斗争中，他又是孤立无援。一个弱寡之人，不惧强权，服孝死义，本该旌表，却置死地，这于礼有违，于法无据，所以原判决应该推翻。

这篇文章因事实明显且为众所周知，故不烦琐细叙，而将主要篇幅用于论辩。其分析引经据典，语言精练，说理透辟，有破有立，反映出柳文一贯的峻洁廉悍风格。更重要的是文章热血沸腾，充满了对下层人民的同情。它站在弱者的立场上，痛揭"暴寡胁弱"、官官相护的吏治黑暗，对人民的"冤抑沉痛而号无告"义愤填膺。清姚范评《驳复仇议》"深痛至愤所不能已者"，^③实已点出此奏所蕴含的情感化特征。这种特征，源于柳宗元将自身的道德修养形诸于文，又能以古文的笔法淋漓尽致地表达出来。

韩柳的奏议，与他们创作的其他文体作品一样，不论古今，适用为主，又惯用破体为文，用"古文"（散文）改造"今文"（骈文），在"文章"的大框架下消融了古文与骈文的界限，使骈四俪六成为一种行文之法而不是专门文体，让散句单行也可铺陈辞采、整饬华美。在他们手中，骈散都是形式，是抒发情感、表达观念、叙述事情的工具，他们为文的目的是关注现实、体现和鼓吹仁义道德。韩柳的奏议既合实用，又具高度艺术性，是两者的完美融合。其风格既不同于六朝，也有别于先秦两汉，跟初盛唐也有所差异，它是在充分继承前代奏议文学成就基础之上，努力创新的丰硕成果。

---

① （五代）刘昫等编：《旧唐书》卷一九〇，中华书局 1975 年版，第 5024 页。

② 当然，如果站在现代法律的角度，柳宗元的论点也有不尽合理之处，因为任何个人无权自行剥夺他人生命，而必须诉诸法律，即便对方是罪恶滔天。

③ （清）姚范语，转引自吴文治编《柳宗元资料汇编》，中华书局 1964 年版，第 401 页。

四、公文领域的"元和体"

在中唐文坛，文章的水平和影响能与韩愈、柳宗元相颉颃的只有元稹、白居易。元白二人曾倡导新乐府运动，亦有改革文章之议，与韩柳趋于同调。二人后来又都掌制诰，有机会实践复古的主张，"制从长庆词高古"①，在当时影响很大。特别是元稹（779—831），可谓公文写作一大家。元稹认为："制诰本于《书》，《书》之诰、命、训、誓，皆一时之约束也。自非训导职业，则必指言美恶，以见明诛赏之意焉。"②所以他任知制诰时，"变诏书体，务纯厚明切"③，其撰拟的制敕多是散体行文，几乎没有骈句，时或也骈散相间，但大都能出于自然，文从字顺，白居易称赞元氏"能芟繁词，划弊句，使吾文章言语，与三代同风"。④这与韩柳古文运动倡导的主张，可谓异曲同工了。不过在应用文体上，韩柳的贡献更多体现在私书（如碑铭书启）方面，而元稹则是在公牍方面。由于元稹的积极倡导，"自是司言之臣，皆得适用古道"。⑤散体文的地位在中唐时期得到进一步巩固和加强。

元稹草拟的公文在形式上摆脱了传统公文骈四俪六的对偶句式，以单行散句为主，间杂骈俪；在语言上，删繁就简，质朴晓畅。元稹的奏议篇章很多，除了一般奏表，还包括应"才识兼茂明于体用"科考试的对策之文。长庆末年，元稹自编文集时曾有交代："始《教本书》，至于为人杂奏，二十有七轴，凡二百二十有七奏。"⑥元稹的奏议不仅内容宏富，对现实政治的把握非常深刻，而且行文间感情自然流露，不浮夸，不做作。如其作于元和元年（806）的《献事表》，在王叔文"永贞革新"失败，朝廷动荡，群臣恐惧不敢多言或因循守旧不愿进谏的情况下，大胆地就时事发表意见：

---

① （唐）白居易著，顾学颉校点：《余思未尽加为六韵重寄微之》，《白居易集》卷二三，中华书局1979年版，第503页。

② （唐）元稹著，冀勤点校：《制诰序》，《元稹集》卷四〇，中华书局1982年版，第442页。

③ （宋）欧阳修、宋祁编撰：《新唐书》卷一七四，中华书局1975年版，第5226页。

④ 《元稹除中书舍人翰林学士赐紫金鱼袋制》，《全唐文》卷六六三，中华书局1982年版，第6739页。

⑤ 同②

⑥ （五代）刘昫等编：《旧唐书》卷一六六，中华书局1975年版，第4338页。

陛下以上圣之资，绍复前统，即位之日，天下唯新。罪叔文之徒，而凶邪之党散；悬惠琳之首，而悖乱之气消；发承光之诈，而假威之孽除；反焦陂之田，而蒸庶之情感。其馀涤瑕缓死，薄赋恤人，赐帛耆年，旌闾孝悌，修废学，建义仓，莫不曲被殊私，覃于有截。斯皆陛下上法尧舜，近法太宗，致理之萌形见者数十，岂臣庸劣一二而能明。然而臣窃复孜孜咄咄有所未决者，独以陛下即位已来，既周岁矣，百辟卿士，至于天下四方之人，曾未有献一计、进一言，受陛下伏伽之赏者；左右前后、拾遗、补阙，亦未有奏一封、执一谏，受陛下激而进之之劝者；设谏鼓，置瓯函，曾未闻雪一冤、决一事，明陛下无幽不察之意者。若臣等备位谏列，名为供奉官，旷日弥年，不得召见，每就位，屏气鞠躬，不敢仰视，又安暇议得失献可否哉！供奉官尚尔，又况于疏远之臣庶，虽有特达不群之智，思欲自效，其路何阶？遂使凡今之人，以谏鼓、瓯函为虚器，谓拾遗、补阙为冗员。臣窃思之，以陛下之睿博宏深，励精求理，岂或入而不出，言而不用哉？盖群下因循，不能有所发明之罪也。

且臣思之，今之备召见承顾问者，独一二执政而已，每一对扬，不及俄顷之间，议天下之事。臣窃料之，恭承圣问仰谢宠光之不暇，又安暇陈理乱、议教化哉？其馀琐琐有司，或时一召见，言簿书之出入，计钱谷之登降不暇，又安足置牙齿间？臣窃惟陛下以景命惟新之初，何如贞观致理之后？当贞观致理之后，以房、杜、王、魏匡辅之智，而犹上封进计者荐至，献可替否者日闻；今陛下当致理之初，在四方多虞之日，然而言事进计者，终岁无一人，岂非群下因循窃位之罪乎？

若臣稹者，禀性驽钝，昧然无识。然以当陛下临御之始，首陛下策贤之科，擢授谏司，恩迈常品。若复默默与在位者处，则臣莫大之罪，亦迈于常品矣。辄敢冒昧殊死，件奏十事于后：一曰教太子以崇邦本，二曰封宗王以固磐石，三曰出宫人以消水旱，四曰嫁诸女以遂人伦，五曰无时召宰相以讲庶政，六曰序次对百辟以广聪明，七曰复正衙奏事以示躬亲，八曰许方幅纠弹以慑奸佞，九曰禁非时贡献以绝诛求，十曰省出入畋游以防衔蹶。凡此十者，设使言之而是，是而见用，非臣之福也，天下之福也。苟或言之而非，非而见罪，乃臣之分也，亦臣之愿也。①

---

① （唐）元稹著，冀勤点校：《元稹集》卷三二，中华书局 1982 年版，第 372—373 页。

这道上表以现实状况为立论根据，既尖锐鲜明，又循循善诱，希望宪宗能够有"容直言广视听"的宽阔胸怀，明白"顺从之利轻而危亡之祸大，无穷之业重而奉己之事微"的道理，"上法尧舜，近法太宗"，使百官能够有"陈理乱议教化"的机会，从而达到"致俗和平""为子孙垂不朽建永安之计"的目标。文章先说理，后举例，今昔对比，有鼓励，有劝告，在行文中自然流露出耿耿忠心，措辞温柔敦厚，从容不迫。《古文渊鉴》对其极为赞赏，评曰："意必恳到，辞必朗畅，反复委曲，至罄竭所怀而止，盖自贾长沙献策而已然矣，中间援引文皇而归过臣下，尤立言有体。"①所谓"立言有体"，就是合乎封建臣僚向皇帝进言的身份规范，既说出了意见，又绝不过分，绝无冒犯。至于行文，则通篇以散体为主，不事雕缋，与其所拟制诰风格一致。他的《论谏职表》则针对当时谏官"大不得备召见，次不得参时政，排行就列，累累而已"的现状，请求宪宗让自己"得尽愚恳之诚，备陈谏官之职"。②这篇文章也是一气贯注，"文笔清疏，而意独恳到"。③

元稹的表奏极善叙事，与其作诗的风格有近似处，其长庆二年（822）所做的《同州刺史谢上表》就相当有代表性。此表从其八岁丧父，母亲教读说起，讲到年十五明经及第，年二十四登吏部乙科授校书郎，年二十八制举首选，授左拾遗……可以视为其个人的一篇仕宦史。不止于此，文中又有不少细节描写，如将皇帝的恩奖拔擢与宰相的忌恨谗毁对照着写，突出了自己的耿介尤畏和艰难处境；如将自己与宰臣裴度的矛盾正面揭开，把被贬同州说成是穆宗的格外照顾和恩典，其下有非常动情地叙述与描写："所恨今月三日，尚蒙召对延英，此时不解泣血，仰辞天颜，便至今日窜逐。臣自离京国，目断魂销，每至五更朝谒之时，实制泪不已。臣若馀生未死，他时万一归还，不敢更望得见天颜，但得再闻京城钟鼓之音，臣虽黄土覆面，无恨九泉！"④这种满含感情的叙事使元稹的这道表章充满了文学意味，与其诗歌（如《连昌宫词》）实有异曲同工之妙。

除了满含感情地叙事，元稹的奏议也在议论中表现强烈的个人情感。如作于元和初年的《论讨贼表》就是典型。

---

① （清）圣祖玄烨选，徐乾学等编注：《御选古文渊鉴》卷三八，影印文渊阁《四库全书》本。

② （唐）元稹著，冀勤点校：《元稹集》卷三三，中华书局1982年版，第378页。

③ 同①

④ （唐）元稹著，冀勤点校：《元稹集》卷三三，中华书局1982年版，第383—385页。

臣伏见贼阆有不庭之罪，陛下尚覆露以待之，此诚陛下罪己泣辜之仁也，微臣何足以识之哉。然臣闻之，天之所以为天者，以其能化物也，物之性不一，故天之道有和煦、震曜之异焉。始其生也，动之以幽伏，被之以春阳，扇之以仁风，润之以膏雨，则百果草木之柔者顺者，油然而生矣。及夫勾曲角䂥，坚本顽心，凝者、滞者、幽者、蛰者，扇之以和煦而不出，润之以膏雨而不滋，则必迅之以雷震，曜之以威赫，然后顽滞之心改，幽蛰之气宣。岂天之道，仁于彼而厉于此乎，化与不化之异也。是以蚩尤之乱作，黄帝铸五兵以杀绝之；共工之行恶，虞舜揭五刑以放死之。岂不欲梦华胥舞干羽，而跻之于仁寿哉，盖不可化也。及夫舞干而适至，因垒而来归，此又物之可化者也。岂黄帝、虞舜、文王之德有优劣哉，盖蚩尤、共工、苗人、崇人罪有深浅也。

今陛下法天之德，与物为春，凡在生成，孰不柔茂，而蕞尔微丑，天将弃之。置蟊贼于其心，假蝼蚁以为聚，忠臣孝子，思得食其肉快其心久矣。陛下犹耸之以名爵，导之以训诰，崇之以宠章而不至，假之以旄钺而益骄。戕贼我忠贞，损污我仁义。人人不胜其愤，有司不忍其威。是以违陛下匿瑕含诟之仁，顺皇天震曜杀戮之用，此诚天下人人快愤激忠之日也。陛下犹思困垒以降之，舞干以化之，善则善矣，其如天下之愤何！其如天下之愤何！①

前段辞采高古，引经据典地论有德之君必诛顽固之罪臣，通达事理，其语气尚缓和。后段将朝廷之宽容优待与刘阆之骄横跋扈对照，措辞一下子尖锐起来，所谓"忠臣孝子，思得食其肉快其心久矣"，憎恨之情溢于言表。说到刘阆不思悔改，变本加厉以致举兵反叛，则更是满腔激愤不可掩抑。"其如天下之愤何！其如天下之愤何！"全文骈散交错，节奏由舒缓到急促，而两个反复的感叹句，让不断累积的情绪达到高潮却戛然而止。可见中唐的公文写作笔法之灵活，叙事议论之外，抒发情怀也占据相当分量。

白居易的奏议在情感表达方面，同样具有个性化色彩。即便是礼节性的致谢，也真情流露，见其深厚。如《初授拾遗献书》是"居易自以逢好文之主，

---

① （唐）元稹著，冀勤点校：《元稹集》卷三三，中华书局1982年版，第379—380页。

非次拔擢，欲以生平所贮，仰酬恩造。拜命之日，献疏言事"，[1] 即向皇帝表献忠忱的：

> 五月八日，翰林学士将仕郎守左拾遗臣白居易顿首顿首谨昧死奉书于旒扆之下：臣伏奉前月二十八日恩制，除授臣左拾遗依前充翰林院学士者。臣与崔群同状陈谢，但言忝冒，未吐衷诚。今者再黩宸严，伏惟重赐详览。
>
> 臣按《六典》，左右拾遗掌供奉讽谏，凡发令举事有不便于时、不合于道者，小则上封，大则廷诤。其选甚重，其秩甚卑，所以然者，抑有由也。大凡人之情，位高则惜其位，身贵则爱其身，惜位则偷合而不言，爱身则苟容而不谏，此必然之理也。故拾遗之置，所以卑其秩者，使位未足惜，身未足爱也；所以重其选者，使上不忍负恩，下不忍负心也。夫位不足惜，恩不忍负，然后能有阙必规，有违必谏，朝廷得失无不察，天下利病无不言，此国朝置拾遗之本意也。由是而言，岂小臣愚劣暗懦所宜居之哉？
>
> 况臣本乡里竖儒，府县走吏，委心泥滓，绝望烟霄。岂意圣慈，擢居近职，每宴饫无不先及，每庆赐无不先沾，中厩之马代其劳，内厨之膳给其食。朝惭夕惕，已逾半年，尘旷渐深，忧愧弥剧。未伸微效，又擢清班。臣所以授官已来，仅将十日，食不知味，寝不遑安，唯思粉身，以答殊宠，但未获粉身之所耳。
>
> 今陛下肇建皇极，初受鸿名，夙夜忧勤，以求致理，每施一政，举一事，无不合于道，便于时，故天下之心，颙颙然日有望于太平也。然今后万一事有不便于时者，陛下岂不欲闻之乎？万一政有不合于道者，陛下岂不欲革之乎？倘陛下言动之际，诏令之间，小有遗阙，稍关损益，臣必密陈所见，潜献所闻，但在圣心裁断而已。臣又职在中禁，不同外司，欲竭愚衷，合先陈露。伏希天鉴深察赤诚，无任感恩欲报恳款屏营之至。谨言。[2]

虽不免有非次拔擢而生的感戴之语，但其主旨却在于披肝沥胆、剖心示志以及君臣交流、气息先通。当然，这封奏状也能帮助我们理解为何白居易在官卑言

---

① （五代）刘昫等编：《旧唐书》卷一六六，中华书局1975年版，第4341页。

② （唐）白居易著，顾学颉校点：《白居易集》卷五八，中华书局1979年版，第1228—1229页。

轻的时候能不惮风险甚至不顾性命地屡屡上奏。^①最著名的例子就是元和十年（815）主张对藩镇强硬的宰相武元衡被淄青节度使李师道派刺客暗杀，朝野为之噤声，甚至不少人还认为武元衡是咎由自取。白居易"首上疏论其冤，急请捕贼，刷朝廷耻，以必得为期"。^②类似这样挺身而出、敢为人先的例子还很多。比如《请罢兵第三状》（请罢恒州兵马事宜）就是典型。

> 右，臣所请罢兵，前后已频陈奏。今日事势，又更不同，比来日月渐深，忧惶转甚，若不极虑，若不切言，是臣惧罪惜身，上负陛下。伏希圣鉴怜察血诚，知臣心如此，更详此状。
>
> ……
>
> 臣伏料陛下去年初锐意用兵之时，必谓讨承宗如讨刘辟、李锜，兵合之后，坐见诛擒，岂料迁延经年如此？然则始谋必克，犹不可知，后事转难，更何所望？至于竭府库以富河北诸将；虚中国以使戎狄生心，可为深忧，可为痛惜，已具前奏，不敢再陈。况今已前，所惜者威权财用，今日已后，所忧者治乱安危。国家有天下二百年，陛下承宗社十一叶，岂得以小忿而忘国家大计，岂得以小耻而忘宗社远图？伏愿圣心以此为虑。臣前后已献三状，不啻千言，词既繁多，语亦恳切。陛下若以臣所见非是，所言非忠，况以尘黩不休，臣即合便得罪；若以臣所见为是，所言为忠，则陛下何忍知是不从，知忠不纳。不然，则臣合得罪；不然，则陛下罢兵。伏望读臣此状一二十遍，断其可否，速赐处分。臣不胜负忧待罪恳迫兢惶之至，谨奏。^③

元和四年（809），以河北、镇州及恒州为根据地的藩镇王承宗叛乱。元和五年，宪宗遣宦官吐突承璀率军讨伐，试图一举灭之，然而战事不利。宰相裴垍、翰林学士李绛等人根据当时的形势，认为连年征战，国力不济，当务之急是尽早安定，所以应该暂缓用兵，先以绥靖后图平定。白居易赞同裴垍、李绛等人主张，连上两状，从多方面说明罢兵的必要，只是宪宗不应，所以白居易又冒尘

---

① 傅兴林：《白居易散文研究》，陕西师范大学 2006 年博士学位论文。
② （五代）刘昫等编：《旧唐书》卷一六六，中华书局 1975 年版，第 4344 页。
③ （唐）白居易著，顾学颉校点：《白居易集》卷五九，中华书局 1979 年版，第1252—1254 页。

黩圣听的风险，再次上奏。奏状从军事形势入手，说明战事取胜无望；希望宪宗为社稷安危着想，弃小图大，而不要顾虑颜面，做困兽之斗。文章连用排比与反诘，步步紧逼，情绪不断累积。到最后，更是直接向宪宗施压，逼迫其做出选择，要么纳谏罢兵，要么归罪惩处自己，甚至要宪宗细读奏状一二十遍，表现出不达目的誓不罢休的坚韧。这道奏状直抒衷怀，言词直露，感情激荡高昂，是典型的白氏风格。其《论请不用奸臣表》《论元稹第三状》《论行营状》也都体现出同样的特点。如《论请不用奸臣表》站在国家利益的立场，痛斥元稹依附藩镇与宦官，排斥、打压朝廷重臣裴度，毫不留情指出"元稹之愆，其事有实。矫诈乱邪，实元稹之过……今天下钦度者多，奉稹者少，陛下不念其功，何忍信其奸臣之论？……臣素与元稹至交，不欲发明。伏以大臣沈屈，不利于国。方断往日之交，以存国章之政"。[①] 对自己一生的好友只论是非，不徇私情，这可看出白氏正直的个性来。

元稹在《白氏长庆集序》中曾经这样评价白居易的文章："大凡人之文，各有所长，乐天之长，可以为多矣。夫讽谕之诗长于激，闲适之诗长于遣，感伤之诗长于切，五字律诗百言而上长于赡，五字七字百言而下长于情，赋赞箴诫之类长于当，碑记叙事制诰长于实，启奏表状长于直，书檄辞册剖判长于尽。总而言之，不亦多乎哉！"[②] 这是个全面而中肯的评价。仅就启奏表状而言，所谓"直"，从内容与情绪上说，也就是坦诚直露，一往无前。当然，"直"也可从文学表述的角度理解为平铺直叙，语调和缓，浅易自然。这确实也不失为白居易奏议在文章表达方面另一大特点。这类奏议一般是在平静心态下创作出来的，跟他的闲适诗相仿佛，通常沉着叙事，冷静析理，不做危言耸听之语，行文上也不事雕琢。如他的《论制科人状》《论姚文秀打杀妻状》《论和籴状》《论孙璹张奉国状》《奏所闻状》《谢恩赐茶果等状》等，都是如实陈述自己的见闻，或理智地分析时政，文章逐层推进，平铺直叙。试看其《论姚文秀打杀妻状》。

　　据刑部及大理寺所断："准律，非因斗争，无事而杀者，名为故杀。今

---

① 白居易的文集未收此文，但《文苑英华》《全唐文》有载录。至于文集不收的原因，《文苑英华》在此文后有注释："元白交分，始终不替。方元倾裴，白不应有此论列，集固无之。"见《文苑英华》卷六二五，中华书局1966年版，第3240页。

② （唐）元稹著，冀勤点校：《元稹集》卷五一，中华书局1982年版，第555页。

姚文秀有事而杀者，则非故杀。"据大理司直崔元式所执："准律，相争为斗，相击为殴，交斗致死，始名斗杀。今阿王被打狼籍，以至于死，姚文秀检验身上，一无损伤，则不得名为相击；阿王当夜已死，又何以名为相争？既非斗争，又蓄怨怒，即是故杀者。"

又按《律疏》云："不因争斗，无事而杀，名为故杀。"此言"事"者，谓争斗之事，非该他事。今大理、刑部所执，以姚文秀怒妻有过，即不是无事；既是有事，因而殴死，则非故杀者。此则唯用"无事"两字，不引争斗上文。如此是使天下之人，皆得因事杀人，杀人了，即曰"我有事而杀，非故杀也"，如此可乎？且天下之人，岂有无事而杀人者？足明"事"谓争斗之事，非他事也。又凡言"斗殴死"者，谓是素非憎嫌，偶相争斗，一殴一击，不意而死，如此则非故杀，以其本原无杀心。今姚文秀怒妻颇深，挟恨既久，殴打狼籍，当夜便死，察其情状，不是偶然，此非故杀，孰为故杀？若以先因争骂，不是故杀，即如有谋杀人者，先引相骂，便是交争，一争之后，以物殴杀了，则曰"我因有事而杀，非故杀也"，又如此可乎？设使因争，理犹不可，况阿王已死，无以辨明，姚文秀自云相争，有何凭据？

又大理寺所引刘士信及骆全儒等殴杀人事，承前寺断不为故杀，恐与姚文秀事，其间情状不同。假如略同，何妨误断，便将作例，未足为凭。伏以狱贵察情，法须可久，若崔元式所议不用，大理寺所执得行，实恐被殴死者自此长冤，故杀者从今得计。谨同参酌，件录如前。①

这篇奏状纯为议事，但它没有像柳宗元《驳复仇议》那样引经据典，慷慨激昂，而是在现有法令条文上字斟句酌，冷静缜密分析了姚文秀案判决的疏漏之处，说理清晰，结论明确。但是两者殊途同归，都达到了翻案的目的，并且都成为唐代律法完善的范例。全文随论说表意之需要，自作浅近质实之词，无一句藻饰丽句，体现出平易自然的行文风格。这种散体奏议，让文章完全施于实用，在艺术性或有所不足，但对于形式主义盛行的公牍领域来说，矫枉必须过正。

元白在长庆、元和年间所创作的朴素平易、真情实感的奏议，对于改变朝廷公牍文风起到了良好的作用。而且，如果通观元白的文学创作，我们很容易

① （唐）白居易著，顾学颉校点：《白居易集》卷六〇，中华书局1979年版，第1273—1274页。

发现在诗歌领域，他们所倡导的新乐府的主张及内容，与其奏议的风格具有高度一致性。所谓"文章合为时而著，歌诗合为事而作"，①二者遵循的是同一原则。所以，我们不妨将他们的新乐府看作是诗化的奏议，而奏议也几乎就是骈散相间的乐府诗，二者有着亲密的血缘关系。从这个角度来看，元白的奏议的文学价值则更不容忽视。《旧唐书》元稹、白居易本传对二人文学成就评价相当高，将他们与初盛唐的虞世南、许敬宗、苏味道、李峤相提并论："国初开文馆，高宗礼茂才，虞、许擅价于前，苏、李驰声于后。或位升台鼎，学际天人，润色之文，咸布编集。然而向古者伤于太僻，徇华者或至不经，醒醍者局于宫、商，放纵者流于郑、卫。若品调律度，扬榷古今，贤不肖皆赏其文，未如元、白之盛也。昔建安才子，始定霸于曹、刘；永明辞宗，先让功于沈、谢。元和主盟，微之、乐天而已。臣观元之制策，白之奏议，极文章之壶奥，尽治乱之根荄。非徒谣颂之片言，盘盂之小说。"②

从陈子昂开始，文体、文风改革一直是有识之士的奋斗目标。盛唐的燕许二公，虽没有明确喊出改革的口号，但在创作中力求将文章与政事和谐统一，已经付诸实际行动。而萧颖士、李华、元结、独孤及、梁肃等人，作为古文运动的先驱，虽然创作成绩尚不够卓越，但他们大力提倡儒学复兴、继承古文传统，于理论上已具开辟之功。到了韩愈、柳宗元，在充分继承前辈的基础上，从理论与实践两方面为文体文风改革做出重大贡献，将古文（散体文）推广到大部分个人应用写作领域。但韩柳的改革是自下而上的，尽管声势非常浩大，对于公牍写作影响力却很有限。元白则不同，他们都曾身处高位，手握朝廷文柄，又践行"文章合为时而著"的理念，主动对官方认同的骈体公文进行自上而下的革新，以朴素、真切的文字为公文领域带来一股平易自然之风，同样取得巨大成绩。两者在复兴儒学、改革文体方面，可以说是遥相呼应，各有胜场。我们赞赏韩柳在古文上推陈出新的同时，也应该留意元白在公文领域的引领潮流。陈寅恪先生在《元白诗笺证稿》"附读莺莺传"中对此做了全面、中肯地论述，他说："当时致力古文而思有所变革者，并不限于昌黎一派。元白二公，亦当日主张复古之健者，不过宗尚稍不同，影响亦因之有别，后来遂湮没不显耳。……是以在当时一般人心目中，元和一代文章正宗，应推元白，而非韩柳。……唯就改革当时公式文字一端言，则昌黎失败，而微之成功，可无疑

---

① （唐）白居易撰，顾学颉点校：《白居易集》卷四五，中华书局 1979 年版，第 962 页。
② （五代）刘昫等编：《旧唐书》卷一六六，中华书局 1975 年版，第 4359—4360 页。

也。"①韩柳因为领导古文运动而在后世声名显著，但反观唐代文学的现场，元白的文章在当时文坛的号召力无疑更甚一筹。文到元和体变新，元白二人可谓居功甚伟。

第二节　晚唐的奏议

从文宗开始，唐代历史进入晚期，历文、武、宣、懿、僖、昭诸帝，至哀帝退位，朱温篡唐，总计八十年。这一时期政治非常混乱，牛李两派斗争剧烈，相互倾轧；宦官专权情况日益严重，以至于能左右皇帝的废立；而能与宦官力量相抗衡的藩镇，离心趋势却越来越严重。再加上农民起义此起彼伏，唐王朝日薄西山，无可挽回地走向崩溃。虽然这期间的宣宗号称一代明君，但以其察察之明根本也无力扭转衰颓的国势。在举国动乱、民生多艰的时代大背景下，晚唐文人的精神状态与生存方式都发生明显地转变，相应地，晚唐文学面貌也随之改观。

从精神状态来说，随着国家中兴希望的破灭与朝政的日益混乱，尤其是"甘露之变"以后，士人的改革锐气受到严重的打击。晚唐前期还有人关心朝政，也有相当抱负，只是对现实失望，内心充满矛盾，杜牧就是典型。而朝廷里，除了少数官员（如裴度、李德裕）还在为国家安危大计殚精竭虑，大多数都是随波逐流甚至尸位素餐。到晚唐后期，绝大多数士人都对朝政不抱期望了，有的转而激烈抨击（如皮日休、陆龟蒙、罗隐），有的则消极避世（如郑谷、司空图）。至于朝廷内部，早就分崩离析、人心涣散了。翻检晚唐的奏议，我们便能发现，党同伐异的言论很多，歌功颂德的谀辞也不少，但直言极谏的内容远不及中唐。这是一个很明显的变化。

从生存方式来说，因为科举制度变迁，晚唐文人通过科举而致显达之路越来越窄，再加上国力衰微，中央政府也无力供养大批官员，于是很多在朝廷找不到出路的人把目光投向实力雄厚的藩镇使府，纷纷入幕担任行军司马、判官、掌书记、支使、推官、参谋之类幕职，以此作为向上提升的跳板或者干脆寄身

---

① 陈寅恪著：《元白诗笺证稿》"附读莺莺传"，三联书店2001年版，第118—120页。

幕府讨生活。幕府在辟置僚佐方面也享有很大的自主权，可以于聘请之后再向朝廷奏请宪衔官职，号为"寄禄官"。而且幕职如判官常带宪衔（即授予御史台职），可纠弹使府辖境内地方官员，也有一定威权。① 吴宗国先生曾指出，元和年间（806—820）进士及第而在文、武、宣几朝做到高官乃至宰相者，大部分都是先受辟藩府而后才进入朝廷。"晚唐士大夫一般都要到地方担任幕职，因为文宗以后，这已经成为升迁的必由之路。"② 从藩镇的角度来看，广求名士、吸纳各类人才是增强自身实力有效办法，所以各镇节度使都乐此不疲。并且与极重资历的朝廷铨选不同，藩镇幕府辟置僚属往往不问出身只重才能，故多能礼贤下士。那些怀才不遇、屡试不第者，很多都能在幕府中得以施展才能，获得提拔任用。这在一定程度上起到笼络人心的作用，也提高了藩镇的声望，以至于很多游宦之士"以朝廷为闲地，谓幕府为要津"。③ 这样一来，幕府便聚集大量人才。晚唐的著名文人如令狐楚、刘禹锡、杜牧、李商隐、温庭筠等人，都曾供职幕府。到唐朝灭亡前夕，各藩镇人才之盛已经远远超过朝廷。《旧五代史·李袭吉传》末论曰："自广明大乱之后，诸侯割据方面，竞延名士，以掌书檄。是时梁有敬翔，燕有马郁，华州有李巨川，荆南有郑准，凤翔有王超，钱塘有罗隐，魏博有李山甫，皆有文称，与袭吉齐名于时。"④ 各主要藩镇都有名重一时的人物，而朝廷方面则鲜见知名者。

晚唐各藩镇为了能与各方面打好交道，对章表、笺启、牒移之类的公文非常重视，对善作公文的文士礼遇甚厚。不仅如此，长于章奏者，还能得到幕主乃至朝廷的器重提拔。如令狐楚才思俊丽，弱冠即登进士第，为数任太原节度使所器重，辟为从事，所撰章表为时所重。唐德宗好文，"每太原奏至，能辨楚之所为，颇称之。"⑤ 令狐楚之后能入朝为相，跟他工于章奏大有关系。又如

---

① 宣宗时刑部侍郎、御史大夫魏謩（魏徵五世孙）曾上《请令判官推劾诉事奏》："诸道州府百姓诣台诉事，多差御史推劾，臣恐烦劳州县，先请差度支、户部、盐铁院官带宪衔者推劾。又各得三司使申称，院官人数不多，例专掌院务，课绩不办。今诸道观察使幕中判官，少不下五六人，请于其中带宪衔者委令推劾。如累推有劳，能雪冤滞，御史台阙官，便令奏用。"（见《旧唐书》卷十八下，中华书局1975年版，第627页）这道上奏得到宣宗批准，其后幕府判官带宪职成为常态。

② 吴宗国著：《唐代科举制度研究》第十二章，河北教育出版社2001年版，第235—237页。

③ （宋）洪迈撰：《容斋续笔》卷一，《四部丛刊》续编本。

④ （宋）薛居正编撰：《旧五代史》卷六〇，中华书局1976年版，第805页。

⑤ （五代）刘昫等编撰：《旧唐书》卷一七二，中华书局1975年版，第4459页。

刘三复初为金坛尉，李德裕镇浙西，三复代草的表章中有云："山名北固，常怀恋阙之心；地接东溟，却慕朝宗之路。"很好地表达了德裕心向朝廷的态度，李德裕为之叹服，于是辟其为宾佐。① 宣宗之舅郑光镇河中，宣宗封其妾为夫人，郑光不受，上表辞曰："白日同愁，已失凤鸣之侣；朱门自乐，难容乌合之人。""上大喜，问左右曰：'谁教阿舅作此好语！'对曰：'光多任一判官田绚者掌书记。'上曰：'表语尤佳，便好作翰林官。'论者以不由进士，又无引援，遂止。"② 田绚虽没能进入朝廷，但从此名声大噪。罗隐广明中遇乱归乡里，投钱镠为掌书记。"镠初授镇命沈崧草表谢，盛言浙西富庶，隐曰：'今浙西焚荡之余，朝臣方切贿赂，表奏，当鹰犬我矣。'请隐更之。有云：'天寒而麋鹿曾游，日暮而牛羊不下。'又为《贺昭宗改名表》云：'左则姬昌之半字，右为虞舜之全文。'作者称赏。"③ 罗隐后得到钱镠的重用，终老钱塘。由此可见章奏人才得到了上下各方面的重视。

　　文学与国家政治的良窳兴衰有着密切的关系。当社会动荡的时候，往往思想控制放松，伦理道德和功利意识相应地减弱，而审美意识反而较为活跃。在这种情形下，晚唐文学在艺术上发生了一些新的变化，比如骈体文的再度繁荣。特别是在公文领域，不仅表、奏、笺、启、牒、辞等上行文字一律以骈体行文，就是政府各部门之间、各藩镇之间的平行文，如关、刺、移、檄之类，也以骈文为主、为高，更不必说制、敕、册、令、教、符这些下行公文。这类骈体公文，四六格式固定，讲究隶事敷藻，注重对偶声律，在章表奏记的写作中被重视。由于这类文章本身所具有的特殊性，其写作遂逐渐形成一种专门之学。有学者称之为"章奏之学"或者"笺表文学"，这也成为晚唐文学的一道特殊景观。④ 令狐楚与李商隐就是章奏之学的代表人物。但晚唐的奏议也不尽是骈体，少数公文大家，如李德裕尽管精于骈文，但只在制诰诏册中频繁运用，章奏之作，则多为散体之文。

---

① （宋）王谠撰、周勋初校证：《唐语林校证》卷三，中华书局1987年版，第279页。

② 《唐语林校证》卷三，中华书局1987年版，第282页。

③ （元）辛文房撰：《唐才子传》卷九，古典文学出版社1957年版，第156页。

④ 翟景运：《晚唐政局与幕府公文的演变》，《古代文明》，2007年第01期。"笺表文学"一词首见于吴丽娱先生的《唐礼摭遗——中古书仪研究》，商务印书馆2002年版，第109页。

一、骈体的复归：彭阳章表

令狐楚（766—837），字殻士，家世儒素，弱冠进士及第，辗转于幕府，后仕宦显达至宰相，封为彭阳郡公。严格意义上讲，令狐楚属于中晚唐过渡的人物。但考虑到他的作品风格及与李商隐的师承关系，放在晚唐段来论述更方便些。

令狐楚能文工诗，尤其善于奏表，有一件史事颇能说明之。据《旧唐书》令狐楚本传载："郑儋在镇暴卒，不及处分后事，军中喧哗，将有急变。中夜十数骑持刃迫楚至军门，诸将环之，令草遗表。楚在白刃之中，搦管即成，读示三军，无不感泣，军情乃安。自是声名益重。"①危急时刻能保持镇定已属不易，还能在胁迫之下写出感人肺腑的遗表，这充分说明其文笔出众。孙梅在《四六丛话》评此文曰："必如此始为有用之文，四六所由与古文并垂天壤也。若以堆垛为之，固属轮辕虚饰，纯以清空取胜，亦无非臭腐陈言。一言以断之曰，惟情深而文明，沛然从肺腑流出，到至极处，自能动人，作之者非关文与不文，感之者亦不论解与不解，手舞足蹈，有知其然而然者。"②这是极恰当地点评。总体而言，令狐楚的奏议，简洁雅致，情感真挚。如《进张祜诗册表》，评述张祜诗作的特点，介绍其生平与创作，语虽不多，却颇中肯綮：

> 凡制五言，苞含六义，近多放诞，靡有宗师。前件人（指张祜）久在江湖，早工篇什，研几甚苦，搜象颇深，辈流所推，风格罕及。云云。谨令录新旧诗三百首，自光顺门进献，望请宣付中书门下。

又如其《奉慰过山陵表》描述穆宗对宪宗的哀思和自己作为一个臣子的心情：

> 伏惟陛下孝思天至，只事荐诚，精贯昊穹，礼备园寝，攀号冈极，圣情难居。臣谬列藩条，限于守职，不获奔走陪慰内庭，无任感惕兢越之至。③

这两篇表文都言简意赅、言辞恳切。

---

① （五代）刘昫等编：《旧唐书》卷一七二，中华书局 1975 年版，第 4459—4460 页。

② （清）孙梅撰：《四六丛话》卷十，《万有文库》本。

③ （清）董诰等编：《全唐文》卷五三九，中华书局 1983 年版，第 5477、5488 页。

令狐楚的奏议叙事与抒情简单明了，得益于他不用或者少用典故，这样行文既有整饬之美，又不显得拖沓。不用典故的如《奏排比第二般差拨兵马状》：

> 右，臣伏以逆贼吴少诚，孤负圣明，作为奸乱，尚延晷刻之命，未即雷霆之诛。天下人臣，皆同愤激。况臣任当旄钺，誓扫烟尘。割肌肉以资军，亦无所苦；执干戈而卫国，惟恐不堪。况将士等忠义居心，坚刚挺质，勇于战阵，乐此征行。臣谨差前件兵马如前，其资装器械，一事已上，并无所阙，续具发日闻奏。仗其忠顺，兵气自雄；谕以功名，众心皆励。剋兹穷寇，非足劳师。伏望天恩，不至忧轸。①

句式不脱四六，但去典事为白描，流畅通达。文章少用典故的如代人所做的《为人作谢防秋回赐将士等物状》：

> 右，件将士，中使朱孝诚监领，某月日平安到太原，其赏物并敕给付讫。臣伏以受命以行，人臣之节斯著；及期而代，君父之仁已深。陛下爱育武夫，绥怀猛士。采薇遣戍，既霈挟纩之恩；出车劳旋，又有分缣之泽。才识家而兢入，俄拜赐以嵩呼。尽忘征役之劳，固感生成之德。况臣叨居将帅，获沐恩波。所守有限，不获陈谢。②

"采薇""挟纩""分缣"之类，都是常典，前后又有铺垫，这使全文流动不滞，将皇帝赏赐将士之事表述得简洁而雅致。其他如《代李仆射谢子恩赐第四状》，亦系代笔，也是隶事生动，工巧而自然。

> 右，臣得进奏院状报，前月二十九日，中使某至，奉宣进旨，赐臣男公敏岁料羊酒面等。臣自领北藩，于今五稔，曾无明略，以奉大猷。孤直愚忠，未足报陛下万分之一。男公敏伏缘医疗，勒赴京都，尚未平除，爰逢岁节。岂意翩蜎微物，飞舞于东风；霡霂轻生，沾濡于春雨。降少牢而颁赐，迁中使以宣传。面起玉尘，酒含琼液。鼹鼠饮河之腹，闻以满盈；老牛舐犊之心，喜无终极。深恩似海，宏覆如天。宁唯感激一门，实亦光

---

① （清）董诰等编：《全唐文》卷五四二，中华书局1983年版，第5504页。
② （清）董诰等编：《全唐文》卷五四一，中华书局1983年版，第5490—5491页。

明九族。何阶报答，终日惭惶。空将许国之身，誓竭在边之力。所守有限，不获陈谢。无任感恩抃跃之至。①

其中"鼹鼠饮河""老牛舐犊"两联，对仗工巧，用典贴切，感激涕零之情表露得可谓充分而恰切。

骈文最基本的修辞手段是对仗，对仗有言对与事对两类。两者相同点是都要求上下句词语相对，区别在于是否用典。令狐楚的骈体章奏在这方面很见功力。言对的情况如上述所引《奏排比第二般差拨兵马状》中"割肌肉以资军，亦无所苦；执干戈而卫国，惟恐不堪"，"仗其忠顺，兵气自雄；谕以功名，众心皆励"。事对如《代李仆射谢子恩赐第四状》里"鼹鼠饮河之腹，闻以满盈；老牛舐犊之心，喜无终极"，《为人作谢防秋回赐将士等物状》中"采薇遣戍，既需挟纩之恩；出车劳旋，又有分缬之泽"。对仗的工整与否决定了骈文的优劣，上述例子不管从句式上看还是从对象上都非常标准。从抽对的难度上讲，言对不如事对，令狐楚的奏议因为较少用典，所以言对多于事对。李商隐的骈体奏议，在对仗方面学习令狐楚，但较多使用事对，故有青出于蓝而胜于蓝之誉。

令狐楚的奏议在声律方面也有独到之处。他的奏议很少用韵，但对句子的平仄和粘对却十分讲究，读起来有一种抑扬顿挫的音律感。如上文中数句："降少牢而颁赐，迁中使以宣传。面起玉尘，酒含琼液。鼹鼠饮河之腹，闻以满盈；老牛舐犊之心，喜无终极。深恩似海，宏覆如天。"单句结尾均是仄起平收，上下句之间又平仄相扣。又《为人谢赐口脂等并历日状》："颁日月于历上，奋龙鸾于笔端；星分九天之使，云布一日之泽。此诚无私之殊造，均养之深仁。臣空抱愚忠，曾无方略；一居藩镇，三度受恩。"②也是仄起平收，平仄相间。反过来，结尾平起仄收，上下句之间仄平互用的例子也不少。如《为人谢赐行营将士袄子及弓弩状》："衣絮八蚕之绵，暖如狐腋；弓缠九牛之角，劲若乌号。颁及连营，来从内府。遥知被服，皆不惮于兵锋；缅想操张，悉将穿于虏骨。欢声感动，勇气蒸腾。信山岳之可移，岂妖氛之足灭！"③又如《谢赐春衣牙尺状》："每及新春，皆颁上赏。其或才堪国用，智代天工。福至而惊，名成犹惧。

---

① （清）董诰等编：《全唐文》卷五四一，中华书局1983年版，第5490页。
② 《全唐文》卷五四一，中华书局1983年版，第5494页。
③ 《全唐文》卷五四一，中华书局1983年版，第5491页。

循省涯分，比数艺能，臣实无任，累承斯宠。曳紫光于腰下，称佩黄金；操素质于掌中，如持白璧。窥看耀日，举止生风。诚圣主全覆育之仁，顾微臣无秉持之力。蒙恩过厚，忍愧逾深。终申一寸之功，用答九重之赐。欣荣感惕，不胜自任。"①这种平仄处理使句子的节奏能够起伏跌宕，回环往复，让文章整体显得音韵和谐，气势流动。

令狐楚的骈体奏章在当时的影响很大。李商隐曾在自己的《樊南甲集序》中说："十年京师寒且饿，人或目曰：韩文、杜诗、彭阳章檄、樊南穷冻，人或知之。"②所言不无自嘲之意，但也说明令狐楚的奏议表檄类文章享有与韩文、杜诗并称的盛誉。后世对他的奏议评价也相当高。比如孙梅就说："详观文公（令狐楚谥曰文）之作，以意为骨，以气为用，以笔力驰骋出入，殆脱尽裁对隶事之迹，文之深于情者也。滔滔矗矗，一往清婉，而又非宋时一种空腐之谈，尽失骈俪真面目者所可借口，由其万卷填胸，超然不滞，此玉溪生所以毕生服膺，欲从末由者也。吾于有唐作家集成者得三家焉：于燕公（张说）极其厚，于柳公（柳宗元）致其精，于文公仰其高。"③他奏章的主要贡献就是能在工整密丽的句式中，传达抑扬婉转之情思，因而极大保留了骈体公文的艺术生命力。

二、章奏之玉律：樊南四六

李商隐（811—858）在少年的时候本擅长写古文，《樊南甲集序》中有"樊南生十六能著《才论》《圣论》，以古文出诸公间"的记述。④其后，李商隐的才华被令狐楚发现，"楚以其少俊，深礼之，令与诸子游。楚镇天平、汴州，从为巡官，岁给资装，令随计上都"，并教授李商隐骈体章奏写作，使"能为古文，不喜偶对"的李商隐"自是始为今体章奏，博学强记，下笔不能休"，一变而为骈体之名家。⑤李商隐自编的《樊南甲集》《樊南乙集》四十卷，收录的基本都

---

① （清）董诰等编：《全唐文》卷五四一，中华书局1983年版，第5495页。

② （唐）李商隐撰，（清）冯浩详注，钱振伦、钱振常笺注：《樊南甲集序》，《樊南文集》卷七，上海古籍出版社1988年版，第426页。

③ （清）孙梅撰：《四六丛话》卷三二，《万有文库》本。

④ 《樊南甲集序》，《樊南文集》卷七，上海古籍出版社1988年版，第426页。

⑤ （五代）刘昫等编：《旧唐书》卷一九〇，中华书局1975年版，第5077—5078页。

是骈文章奏，故自命文集为《樊南四六》。

比起令狐楚奏议的简洁雅致来，李商隐的作品则显得"使事精博，色彩浓丽"。也就是说大量用典且对仗工整，辞藻华丽而句式繁缛，"不论是什么复杂的事情，无论是怎样难言的曲衷，一到他的手里便拿古事古语来比拟，十分妥帖，曲尽事情，而且又文采清丽，生动鲜明。"① 在这点上，他可以说是继承了六朝徐庾骈文之长处。作于早年的《代安平公遗表》就是一篇使事精博的典范之作。

　　臣某言：臣闻风叶露华，荣落之姿何定；夏朝冬日，短长之数难移。臣幸属昌期，谬登贵仕，行年五十五，历官二十三。念犬马之常期，死亦非夭；奈君亲之厚施，生以无酬。是以时及含珠，命馀属纩，心犹向阙，手尚封章。抚躬而气息奄然，恋主而方寸乱矣。臣某中谢。

　　臣少而羁屑，长乃遭逢。常将直道而行，实以明经入仕。王畿作吏，非州府之职徒劳；侯国从知，愧军旅之事未学。宪宗皇帝谓臣刚决，擢以宪司；穆宗皇帝谓臣才能，登之郎选。悉霜威而无所摧拉，历星纪而有纂次躔。旋属皇帝陛下，大明御宇，至道承乾。澄汰之初，臣不居有过；超擢之际，臣独出常伦。高选掖垣，箴规未效。入居琐闼，论驳无闻。自去年秋，来典河关，兼临句服，惟当静而阜俗，清以绳奸，粗致丰穰，幸逃逋责。岂意陛下谓臣奄有三县，未称其能；谓臣出以一麾，未足为贵。爰降纶綍，移之藩方，锡以海隅，与之岳镇。将吾君之骁果万计，使得总齐；联吾君之牧伯三人，以居巡属。时虽相羡，臣实深忧，既属圣恩，果遭鬼瞰。况臣素无微恙，未及大年，方思高挂馈鱼，不然官烛，成陛下比屋可封之化，分陛下一夫不获之忧。志愿未伸，大期俄迫。忽至今月十日夜，暴染霍乱，并两肋气注。当时检验方书，煎和药物，百计疗理，一无痊除，至十一日辰时，转加困剧，渐不支持。想彼孤魂，已游岱岳；念兹二竖，徒访秦医。对印执符，碎心殒首，人之判此，命也如何！恋深而乏力以言，泣尽而无血可继。臣某诚哀诚恋，顿首顿首。

　　臣当道三军将士，准前使李文悦例，差监军使元顺通勾当讫。臣与顺通，近同王事，备见公才，假之统临，必能和协。其团练、观察两使事，差都团练巡官卢泾勾当讫。臣亦授之方略，示以规模。伏惟圣明，不致忧

---

① 于景祥著：《唐宋骈文史》，辽宁人民出版社1991年版，第128页。

> 轸。臣精神危促，言词失错，行当穷尘埋骨，枯木容身，蝼蚁卜邻，乌鸢食祭。黄河两曲，长安几千。生入旧关，望绝班超之请；力封遗奏，痛深来歙之辞。回望昭代，不胜荒惙眷恋之至。谨差某奉表代辞以闻。[①]

这道遗表以崔戎向皇帝自陈的口吻，叙述崔戎一生宦历，从少年科举、做官，经过宪宗、穆宗、敬宗三朝，步步升迁，得到信任，直到病危，叙述得十分详尽。其中涉及用典的句子如“非州府之职徒劳”出自《后汉书·梁竦传》：“闲居可以养志，诗书足以自娱，州郡之职徒劳人耳。”[②]本来，言崔戎做蓝田主簿之事，有“王畿作吏”四字即可，加上“非州府之职徒劳”，用上后汉梁竦之典，就增添了做州县小吏亦心甘情愿的意思，语言的表达更典雅了。与此类似，“侯国从知”已可说明入幕经历，加上“愧军旅之事未学”，就增添了谨慎谦逊的口吻。[③]其他如“郎选”“宪司”“藩方”“海隅”“岳镇”也都类似。而“鬼瞰”“大年”“馈鱼”“官烛”“秦医”“执符”“泣血”等用词也都句句有来历。总之，李商隐代崔戎所做的叙述不是对事件的直叙，而是用典实或别词来代替，且仍做到准确贴切、让人明白。这样，李商隐代笔的这篇遗表，实用性无碍而艺术性大增。此文与其他普通的应用文字有着很大差别，犹如一件装饰繁多的华衮礼服与普通家常便服之间的区别一样。公文写作达到如此艺术境界，实乃一个民族、一种语言文字发展到高级阶段的标志，是一件绝不可小觑的事。

李商隐的奏表把精美的艺术形式与叙事说理很好地结合起来，既突出了骈文的典雅之美，也兼备应用文的实用功能，[④]不但在唐代，而且在整个古代都达到了一个难以企及的高度。无怪乎孙梅《四六丛话》盛赞道：“惟樊南甲乙则今体之金绳，章奏之玉律也。循讽终篇，其声切无一字之聱屈，其抽对无一语之偏枯。才敛而不肆，体超而不空，学者舍是何从入乎？”[⑤]就连对骈文持

---

① （唐）李商隐撰，（清）冯浩详注，钱振伦、钱振常笺注：《樊南文集》卷一，上海古籍出版社 1988 年版，第 19—23 页。

② （南朝宋）范晔编撰，（唐）李贤等注：《后汉书》卷三四，中华书局 1965 年版，第 1172 页。

③ 出自《论语·卫灵公》：“卫灵公问阵于孔子，孔子对曰：‘俎豆之事，则尝闻之矣；军旅之事，未之学也。’”见（清）刘宝楠撰，高流水点校：《论语正义》卷一八，中华书局 1990 年版，第 609 页。

④ 余新：《论李商隐的骈文理论及骈文创作》，华中科技大学 2006 年硕士学位论文。

⑤ （清）孙梅撰：《四六丛话》卷三二，《万有文库》本。

严厉批判态度的马克思主义历史学家范文澜，对李商隐的骈体章表也网开一面，在艺术上加以肯定。①

李商隐命运坎坷，后半生辗转幕府，个人在政治上没有什么建树。所以他的奏议，绝大部分都是代作。但他在行文的时候善于揣度被代者的心理，并一定程度地将自身的体验融入进去，设身处地为之考虑，又能恰如其分地传达出来，所以尽管是代作，但却相当真实感人，做到了所谓"代人哀则哀，代人谀则谀"。② 上述《代安平公遗表》就是如此。如文中言"方思高挂馈鱼，不然官烛，成陛下比屋可封之化，分陛下一夫不获之忧。志愿未伸，大期俄迫"，就将崔戎遗憾、无奈之情表达得淋漓尽致。另外代王茂元、令狐楚所上的两篇《遗表》，也是婉转妥帖、典雅得体。如写王茂元："臣素窥长者，曾慕达人，省知变化之端，粗识死生之理。岂其有贪富贵，敢冀长延？但以未报国恩，未诛贼党，视胄长免，对弓莫弯，思犬马以自悲，悼钟漏之先迫。志有所在，伤如之何！抚节而乏泪可流，伏弢而无血可略。"用工整华赡而又一气流转的骈偶文字将"出师未捷身先死，长使英雄泪满襟"的情怀表现得淋漓尽致，很符合王茂元国之大将的身份。又写令狐楚："然臣从心之年已至，致政之礼宜遵，寻欲拜章，以求归老。……特缘行李，忍过秋冬。而江山之气候难常，蒲柳之萧衰易见。自夏则膝胫无力，入冬则肠胃不调。对冠冕而始讶倘来，指墓坟而已知息处。"将自知不久于人世但达观平静的心境表露无遗，非常贴近一个宦海几度沉浮，垂暮之年又持节出镇老臣形象。③ 而代笔者李商隐本人对幕主知遇之恩的感激，也于笔端渗透了出来。

李商隐奏议同样善于议论说理，旁征博引之下，能将叙事、议论有机的融合，让行文缜密而富有说服力。如《为濮阳公论皇太子表》就是这样一篇佳作。

臣某言：今月某日，得本道进奏院状报，今月六日，宰臣郑某等率三省官属入论皇太子事者。褫魄疆场，驰魂辇毂，莫知本末，伏用惊惶。臣

---

① 范文澜认为："唐朝四六文作者，能摆脱拘束，自由发挥政论，只有陆贽一人。此外，李商隐善作章表。李商隐四六文的特长，就在'好对切事'一语。四六文如果作为一种不切实用，但形式美丽不妨当作艺术品予以保存的话，李商隐的四六文是唯一值得保存的。"见范文澜、蔡美彪等编《中国通史》（第4册）第三编第七章第六节，人民文学出版社1994年版，第332页。

② 王志坚《四六法海》卷五引陈明卿语，影印文渊阁《四库全书》本。

③ 董乃斌著：《李商隐的心灵世界》（增订本），上海古籍出版社2012年版，第391页。

某中谢。臣闻《礼》赞元良，《易》标明两，是司匕邕，以奉宗祧。华夏式瞻，邦家大本。自昔质文或异，步骤虽殊，既立之以贤，则辅之有道，北宫养德，东序承荣，务近正人，用光继体。周则周公为太傅，太公为太师；汉则疏氏二贤，商山四老。内扬孝道，外尽忠规，犹在去彼嫌猜，辨其疑似，不由微细，轻致动摇，乃得守十三代之丕图，延四百年之景祚，著于史册，焕若丹青。

伏惟皇帝陛下，道冠百王，功高三古，事窥化本，谋洞几先。皇太子自正位春坊，传辉望苑，陛下旁延隽乂，以赞温文。并学探泉源，气压浮竞，嗜鱼不进，求玦莫从。有王褒之献箴，无卞兰之奏赋。今纵粗乖睿旨，微嫌圣心，当以犹属妙龄，未加元服，或携徒御，时纵逸游。乐野夏储，亦常观舞，南皮魏副，屡见飞觞。陛下睿发慈仁，殷勤指教，稍逾规戒，即震威灵。虽伐木析薪，必循其理；而逝梁发笱，亦有可虞。抑臣又闻：父之于子也，有严训而无责善，君之于臣也，有掩恶而复录功。故得各务日新，并从夕改。同置于道，不伤其慈。傥犯在斯须，便遗天性；过当造次，遽抵国章。则以古以今，孰为令子？在朝在野，谁曰全臣？虚牵复之微言，失不贰之深旨。

伏惟陛下俸覆育于天地，霆赫怒于雷霆，复许省励宫闱，卑谢师傅，蹈殊休于列圣，慰钦瞩于兆人。臣才则荒凉，志惟朴駮，因缘代业，蒙被官荣，窃诸侯之土田，领大将之旗鼓。当车折槛，合首他人，沥胆刺心，正当今日。而名非朝籍，务切军机，道阻且修，伫立以泣。龙楼献直，戴逵之词翰莫闻；凤阙拜章，张俨之精诚未泯。干冒宸极，无任陨涕祈恩之至。谨遣某官某奉表陈论以闻。[①]

此表作于开成三年（838），是为皇太子李永申辩所作。永为唐文宗长子，因生母王德妃失宠，而受宠的杨贤妃又日加诬谮，文宗对其越发不喜。《旧唐书·文宗纪》载："上以皇太子慢游败度，欲废之。中丞狄兼谟垂涕切谏。是夜，移太子于少阳院，杀太子宫人左右数十人。"[②]文宗此举引起朝野震动，文武百官普遍都同情太子。李商隐代泾原节度使王茂元撰此文，也是想回护太子。文章先

---

① （唐）李商隐撰，（清）冯浩详注，钱振伦、钱振常笺注：《樊南文集》卷一，上海古籍出版社1988年版，第33—37页。

② （五代）刘昫等编：《旧唐书》卷一七，中华书局1975年版，第575页。

叙听闻欲废太子消息的震惊。然后述周、汉史实以证太子之位关乎国祚传承，不可轻移。接着从育子之法与伦理的角度说明不必对太子求全责备，而应该允许改过自新。所谓"父之于子也，有严训而无责善，君之于臣也，有掩恶而复录功。故得各务日新，并从夕改。同置于道，不伤其慈。"这是经验之谈。"傥犯在斯须，便遗天性；过当造次，遽抵国章。则以古以今，孰为令子？在朝在野，谁曰全臣？虚牵复之微言，失不贰之深旨。"这实在是至理名言，同时也是在暗暗驳斥杨贤妃等人为达废太子目的而罔顾事理，小题大做。全文逻辑严密，义正而辞严，可谓剀切敷陈，悉归睿鉴，可惜文宗不悟。

李商隐的奏议在技巧上学习令狐楚，严格遵守骈文文体的要求，形式工整；又将史事排比与现实叙述结合，增强叙事效果，同时也让典故为议论说理提供理论与事实依据。所以瞿兑之在《中国骈文概论》中称赞李商隐"能融合他们（徐陵、陆贽）之长，一个善于叙事，一个善于说理，都被他兼收并蓄了。"[1] 于景祥先生也给予高度评价："他继承陆贽等人以古杂今、骈散结合的手法，又把叙述、议论、抒情三者熔为一炉，文笔轻松自然，没有骈体的板滞之病。"[2]

骈体奏议在中唐虽受到古文运动的冲击有所改变，开始吸取散体的某些长处，但总体来看，其创作仍比较活跃，到晚唐更是生机勃发。在艺术上，晚唐奏议既保持和深化了骈文精工藻绘的特点，抒情内涵更趋丰富，在议论说理上也形成了自身特点。晚唐骈体奏议复盛，后世多认为是散体文一度中衰所造成，但如果不以骈散形式而是以内容来衡量，则令狐楚、李商隐等人的奏议与韩柳并无太大区别，尤其是在情感的抒发上，两者是相通的。如果说韩柳完成了散体文的文学化，那么，李商隐等人则是在新的历史条件下强化了骈体文的抒情特征。[3] 换言之，晚唐骈体奏议意味着韩柳文体革新的深化而不是衰落。

三、以文章治天下：会昌之策

晚唐的奏议写作大家还有李德裕。李德裕精通骈文，但他的奏议却主要用散体，这与令狐楚、李商隐善写古文而又惯用骈体写作形成鲜明对比，在骈俪

① 瞿兑之著：《中国骈文概论》，世界书局 1934 年版，第 100 页。

② 于景祥著：《唐宋骈文史》，辽宁人民出版社 1991 年版，第 134 页。

③ 刘真伦：《唐文三变》，《山东师范大学学报》（人文社会科学版），2006 年第 03 期。

之风弥漫的晚唐多少显得有些异类。

李德裕（787—849）历仕宪宗至宣宗六朝，两度为相，他抑制藩镇，经略边疆，打击佛教，削弱宦官，改革科举，兴利除弊，在内政外交方面颇有作为。李德裕也是晚唐文章大家，尤长于制诰，有"大手笔"之誉。《新唐书》评其人其文曰："明辨有风采，善为文章，虽至大位，犹不去书。其谋议援古为质，衮衮可喜。"①

李德裕的奏议论事精到，说理严密，旁征博引，滔滔不绝。《旧唐书》李德裕本传选载其奏议多篇，如长庆四年的《奏银妆具状》《奏缭绫状》，谏阻朝廷对地方的过分索取；宝历二年的《谏敬宗搜访道士疏》，批评敬宗的道教迷信；会昌三年的《谏安西北庭出师疏》《论维州悉怛谋事疏》等，其余奏言还不在其数（《旧唐书·武宗纪》也摘录了李德裕奏疏多篇）。

李德裕在会昌年间独得武宗专任，外讨回鹘，内平泽潞，功业达到顶点。这一时期李德裕章奏都关乎国家的大政方针，以讨回鹘为例，李德裕认为御戎之道无非两条："一是厚加抚慰，二是以力驱除。"（《请赐嗢没斯等物状》）②他对于回鹘两部，即以此策略分而制之：对嗢没斯部是怀柔招抚，使之亲唐归唐；对乌介部，则打击征讨，最终剿灭之。因此，在涉及两部落事务的奏状里，李德裕很注意用语的斟酌与处理手段的拿捏。如《论田牟请许党项雠复回鹘嗢没斯部落事状》：

> 右，臣等虽不习兵钤，昧于边事，然酌其物理，情实可知，伏希圣慈，特赐详览。比者陛下常虑回鹘国中离散，未是实情。今据我阿尼伊难殊合等书云"此间更无活处"，即是实耗。又回鹘安孝顺云赤心宰相问"汉国中看你回鹘好无"，足知依倚大国，意甚勤恳。今若许田牟徇党项贪利之心，不自量力，犯必死之虑，绝归款之诚，事捷亦损耗甲兵，大亏恩信，不成则永为边患，取笑四夷。况穷鸟入怀，尚须矜悯，远人慕义，曾未犯边。自六月至今，未尝捉烽戍一人，夺党项一物，披诚款塞，望阙哀鸣。昨者所献表章，词恩意顺，弃而不纳，先务诛夷，此不可一也。
>
> 若回鹘国中无衅，种落皆安，嗢没斯叛逆而来，即须拒绝。可汗既自失国，牙帐已无，携挈伤残，寄命他所，嗢没斯等迫于饥困，各欲求生。

① （宋）欧阳修、宋祁等编撰：《新唐书》卷一八〇，中华书局1975年版，第5342页。
② （唐）李德裕撰：《李文饶文集》卷一〇，《四部丛刊》初编本。

田牟执称背国亡命，是去年为恶徒党，都似与德彝雪屈，为党项报仇，察其用情，殊非体国。此不可二也。

汉宣帝五凤中，匈奴大乱，议者多曰："匈奴为害日久，可因其坏乱，举兵灭之。"萧望之对曰："宜遣使吊问，救其灾患。四夷闻之，咸贵中国之仁义。"其后南单于果是臣服，六十年边境无事。今纵不能扶其微弱，岂宜因此幸灾？此不可三也。

伏望具诏太原、振武，排比骑兵于边上，严防侵轶。待犯国家城镇，然后以武力驱除。若只党项、退浑小有劫夺，任部落自相仇报，亦未可助以甲兵。常令大信不渝，怀柔得所，彼虽戎狄，必合感恩。待张贾使回，足知情实。仍望诏田牟不得擅出诡计，妄邀奇功。兼诏仲武不得纳将吏惑词，为国生事。如蒙允许，伏望付翰林酌此意处分。①

李德裕从政治伦理、现状到历史同类事件，周密地分析了不应拒绝嗢没斯部归降的三个理由，并要求边境将领提防回鹘其他部落（主要是乌介部）的劫掠。其后，为招抚嗢没斯部，李德裕又先后呈上《论嗢没斯特勒等状》《请于太原添兵备状》《论嗢没斯下将士二千六百一十八人赐号状》《请赐嗢没斯枪旗状》《论嗢没斯家口状》，有计划按步骤地接受了嗢没斯部的归降并对其做了妥善安置。在这个基础上，李德裕对不断在边境骚扰的回鹘乌介部由绥靖转为转为征讨，于会昌三年春一举消灭了乌介部众，并夺回太和公主，回鹘从此不再成为唐朝边患。值得注意的是此奏既是向皇帝汇报回鹘嗢没斯部情况，提出处理意见；同时，又是指导边防外交的文件，是对下级的命令和指示。②所以奏状的预期读者，除了皇帝，还有相关部门与官员。这也不难理解为什么李德裕在奏状中既有与皇帝商议的口吻又声色俱厉批评田牟"不得擅出诡计，妄邀奇功"，语气不容置疑。这是李德裕奏状异于其他大臣奏议的地方。

与元和年间裴度亲临前线平淮蔡不同，会昌时期李德裕是坐镇后方完成了平泽潞的伟业。"自开成五年冬回纥至天德，至会昌四年八月平泽潞，首尾五年，其筹度机宜，选用将帅，军中书诏，奏请云合，起草指踪，皆独决于德裕，

① （唐）李德裕撰：《李文饶文集》卷一〇，《四部丛刊》初编本。
② 对于李德裕有关军国大事的安排，武宗基本上言听计从，很多时候都是在奏状后署上"敕旨依奏"直接下发。

诸相无预焉。"① 这一时期李德裕以文章治天下，运筹帷幄之中，决胜千里之外，将奏议的实用功用发挥到极致。如会昌元年（841）卢龙军乱，陈行泰、张绛相继发动兵变。李德裕上《论幽州事宜状》建议武宗不要迁就叛将，不授予他们节度使职，静观其变。武宗首肯，不发诏书，结果两人先后因名不正言不顺而被诛杀。会昌二年，李德裕让善于治军的张仲武为卢龙节度使。经过张仲武的整顿，卢龙军战斗力大增，成为一支忠于朝廷劲旅。这相当于在河朔之北设置了一个军事据点，迫使成德、魏博军也归顺朝廷，河北三镇不再对关中构成威胁，从而免去了后顾之忧。会昌三年，刘从谏病卒，其侄刘稹受昭义兵马使郭谊蛊惑，秘不发丧，自领军务。李德裕上《论昭义三军请刘稹勾当军务状》，认为刘从谏"因父殁，自总兵权，属宝历中政务因循，事归苟且"，何况其"罔思臣节，又令纪纲旧校，诱动军情，树置驵童，再图兵柄"，更是不可原谅。② 所以刘稹的请求不仅不能答应而且应该果断讨伐。会昌四年，李德裕统辖成德、魏博、河中等镇兵力进攻泽潞，在战事不利情况下上《论河阳事宜状》分析局势，驳斥朝中罢兵之议并提出应对之策。

> 右，缘河阳奏事官高从真到，称十八日陈后遍山遍谷，尽是贼军，茂元兵力寡少，颇似危急。若贼势更甚，便要退守怀州，非惟损挫威声，必恐惊动东洛。皆由魏博未有陈战，陈彦佐又隔深山，所以并力南攻，不得不虑。自元和以来，贼中用众，皆取军寡弱处，即并兵用力，一处不敢后，即移向他处。计王宰排比，已有次第，倘遣全军便发，救援河阳，不止捍蔽洛京，足以临制魏博，如恐全军费损馈运，计王宰必见先锋。望今日降中使赐诏令，宜发先锋五千人，便赴河阳，所冀免落奸计。事机至切，不可更迟。如蒙允许，望赐茂元、王宰、行敏诏处分。③

这道奏状很短，但指挥若定，让犹豫不决的武宗恢复平叛信心。李德裕还奏请武宗从其他地方调拨军士增援河阳，并及时补充军事装备，很快就使河阳军稳住了阵脚，转守为攻，扭转不利形势。李德裕又力荐猛将石雄统兵，任其为晋绛行营节度使，并增益其兵，结果石雄大破昭义军五寨，随后邢州、洺州、磁

---

① （五代）刘昫等编：《旧唐书》卷一七四，中华书局 1975 年版，第 4527 页。
② （唐）李德裕撰：《李文饶文集》卷一五，《四部丛刊》初编本。
③ 同上。

州相继倒戈，接着刘稹被部下所杀，石雄攻入潞州，泽潞之乱遂平。纵观整个过程，李德裕沉着冷静，化被动为主动，知人善任，四两拨千斤，以很小的代价取得了极大的胜利。而他的《会昌一品制集》中一系列奏状完整记录了这一过程，堪称前无古人，后无来者。

李德裕政治生涯始终贯穿朋党之争，所以在奏议里也屡屡涉及此项内容。如会昌五年的《论朝廷事体状》：

> 右，臣等每蒙延英殿召对，获闻圣言，常欲朝廷尊，臣下肃，此则是陛下深究为理之本。伏以管仲古之大贤，明于理国，其言可以为百代之法。管仲云："凡军国之重器，莫重于令。令重则君尊，君尊则国安。故安国在乎尊君，尊君在乎行令。明君察于理人之本，莫要于令。故曰亏令者死，益令者死，不行令者死，留令者死，不从令者死，五者死而无赦。"又曰："令虽在上，而论可与不可者在下，是上失其威，下系于人也。"自太和以来，风俗大坏，令出于上，非之者在下，此弊不除，无以理国。韦弘质所论宰相不合兼领钱谷，臣等敢以事体闻奏。昔匡衡云："所以为大臣者，国家之股肱，万姓所瞻仰，明王所慎择也。"《传》曰："下轻其上爵，贱人图柄臣，则国家动摇而人不静矣。"今韦弘质受人教导，辄献封章，则是贱人图柄臣矣。……又贞观中，监察御史陈师合上书云："人之思虑有限，一人不可兼总数职。"太宗云："此人妄有毁谤，止欲离间我君臣。"流师合于岭表。又贾谊云："人主之尊譬如堂，群臣如陛，众庶如地。"故陛九级，上廉远地则堂高，陛无级，廉近地则堂卑，亦由将相重则君尊，其势然也。如宰相有奸媒隐慝，则人人皆得上论，至于制置职业，固是人主之柄，非小人所得干议。古者朝廷之士，各守其官，思不出位，况韦弘质贱人，岂得以非所宜言，上黩明主，此是轻宰相矣。后汉太学诸生，颇干时政，其时谓之处士横议，皆是乱风，深要惩绝。伏望陛下知其邪计从朋党而来，每事明察，遏绝将来之渐，则朝廷安静，邪党自销。臣等不胜感愤，辄具闻奏，伏望特赐省览。谨录奏闻。①

谏官韦弘质受牛党要员白敏中等人暗中唆使，建言宰相不可兼治钱谷，目的是限制李德裕等人的权力。李德裕上奏状指出韦氏表面是议论宰相兼职，实为干

---

① （唐）李德裕撰：《李文饶文集》卷一〇，《四部丛刊》初编本。

涉君主决断。此状主旨是尊君权，一号令，肃臣下，从而使法令贯彻、政策推行。全文不厌其烦征引古今史实来论证"贱人图柄臣，则国家动摇而人不静矣"，"人主之柄，非小人所得干议"。话说得有些偏激，甚至有独断专行之嫌，但其本意并不是要阻止群臣议论进谏，而是针对当时朋党以利益相交，处处非议朝廷法令所采取的一种果断措施。文章先把道理说透，再将事实真相揭露，最后请皇帝明察以遏绝，可谓意切而理周。明代宰相张居正经历与李德裕类似，他曾在《陈事六疏》中云："天下之事，虑之贵详，行之贵力；谋之在众，断之在独。"① 这可谓是隔代知音。

李德裕对朋党的抨击，集中体现在《论侍讲奏孔子门徒事状》。该文就历史上和现实中的"朋党"问题申明看法，指出历史上的孔子与颜回、子贡更相称誉，禹、稷和皋陶转相汲引，赵宣子与随会、司马侯与叔向、房玄龄与杜如晦等人之间的相互配合，都不是"朋党"，因为他们是"同心图国"，而"忠于国则同心，闻于义则同志，退而各自行己，不可交以私"。那何谓"朋党"呢？文章又列举了历代的实例，然后针对现实明确指出："以臣观之，今所谓党者，进则诬善蔽忠，附下罔上，歔歔相是，态不可容；退则车马驰驱，唯务权势，聚于私室，朝夜合谋。清美之官，尽须其党；华要之选，不在他人。阴阿者羽翼自生，中立者抑压不进。"② 应该说，这个认识是相当深刻的，也是李德裕的切肤之痛。文章援古为质，论事透彻，内容饱满，气势充盈。

李德裕的奏议在体例上也很有讲究，一篇奏议通常只议一件事务，"简严中能尽事理"。③ 如其《论修史体例状》：

> 右，臣等伏见近日实录，多云禁中言者。伏以君上与宰臣及公卿言事，皆须众所闻见，方合书于史策，禁中之语，向外何由得知？或得于传闻，多出邪妄，便载史笔，实累鸿猷。向后实录中如有此类，并请刊削，更不得以此纪述。又宰臣及公卿论事，行与不行，须有明据。或奏议允惬，必见褒称；或所论乖僻，固有惩责；在藩镇献表者，必有答诏；居要官启事者，自合著明。并当昭然在人耳目，或取舍存于堂案，或与夺形于诏敕。前代史书所载奏议，无不由此。近见实录，多载密疏，言不彰于朝听，事

① （明）贺复征编：《文章辨体汇选》卷一一五，《四库全书》本。
② （唐）李德裕撰：《李文饶文集》卷一〇，《四部丛刊》初编本。
③ （清）陈鸿墀编撰：《全唐文纪事》卷首，中华书局1959年版，第30页。

> 不显于当时，得自其家，实难取信。向后所载群臣奏议，其可否得失，须
> 朝廷共知者，方可纪述，密疏并请不载，如此则书必可法，人皆守公，爱
> 憎之志不行，褒贬之言必信矣。①

对于李德裕之奏改"（宪宗）实录"，《旧唐书》认为是欲掩其父李吉甫不善之迹
而刻意为之，并云郑亚希旨削之，"缙绅谤议，武宗颇知之"。②这些其实是采信
了白敏中、令狐绹等人的诽谤之词，"党人口气，不足为据"。③因为如果李吉甫
有不善之迹，身为宰臣，其所施行也必是众目睽睽之下无可隐藏，绝非李德裕
二三人所能掩盖。实际上，有唐一代，改修实录的情况并不鲜见（如许敬宗就
篡改过《太宗实录》）。奏状强调实录所载奏议须是"众所闻见"，"须有明据"，
并"昭然在人耳"，目的在于防止朋党无原则地增删材料，杜绝个人挟私报怨。
李德裕不惑于流俗，不畏惧流言，力主忠实修史，这是值得肯定的。在一系列
的革故除弊的奏状中，此篇所涉事务并非重大紧迫者，不过由小窥大，也能见
出李德裕的行事风格来。从文章本身来说，直陈其事，简述其理，结构谨严有
法，语句明白如话，是典型的经世致用之文。

　　傅璇琮先生曾总结中晚唐文学特征："初盛唐时期的作家，尽管在他们的作
品中也表达了他们的政治理想……但那时的作家，真正卷入当时政治斗争的却
很少；中晚唐不同，不少作家本身就往往是政治斗争中的一员，也有些则是在
不同程度上受到现实政治的波涉，他们的作品直接反映了这些斗争，或者带上
了他那一时代所特有的政治斗争的色彩。"④傅先生的论断是很有道理的。从李
德裕的奏议中，我们能比较清晰看出晚唐牛李两党的尖锐对立。作为李党首领，
李德裕的一些做法固然不无可议，但从其表现来看，仍不失为特立独行的坦荡
君子。文如其人，他的《会昌一品集》不事雕琢，简严深刻，有疏直之风。

---

① （唐）李德裕撰：《李文饶文集》卷一一，《四部丛刊》初编本。

② （五代）刘昫等编：《旧唐书》卷一八，中华书局1975年版，第589页。

③ 傅璇琮著：《李德裕年谱》，河北教育出版社2001年版，第305页。

④ 《李德裕年谱》序言，河北教育出版社2001年版，第1页。有关中晚唐的政治斗争
与文学的情况，可参看方坚铭《牛李党争与中晚唐文学》，中国社会科学出版社2009年版。

第五章　唐代奏议的文学史意义

在唐代文学史中，奏议扮演着不可或缺的角色。作为一种独立文体，它是唐代文章的重要组成部分，具有鲜明的文学特征与风格。在中国文学传统中，唐代奏议融合了中国文学抒情、叙事两大传统，陈事实，审利害，明义理，顺人情，达到了繁约得当、华实相胜的理想文章境界。此外，唐代奏议写作融实用性与艺术性为一体，在中国古代应用文写作发展历程中，堪称历史典范。

第一节　唐代奏议的文学特色

奏议是唐代文章的重要部分，它在内容上涵盖社会生活方方面面，也与君臣的个人生活密切相关。宋代姚铉所编《唐文粹》收录"表奏书疏"七卷，并按照内容对其进行了归类，主要涉及尊号、贺赦、政事、献事、配祭、教化、削爵、抑外戚、传道、崇儒、大葬、庙号、进贡、佛寺（寺观）、边事、学校、巡按、罢兵、关市、亢旱、去滥刑（赏）、弹奏、诛戮、兵机、论功等事宜。[①]明代黄淮、杨士奇等人编撰的《历代名臣奏议》分君德、圣学、孝亲、敬天、郊庙、治道、法祖、储嗣、内治、宗室、经国、守成、都邑、封建、仁民、务农、田制、学校、风俗、礼乐、用人、求贤、知人、建官、选举、考课、去邪、赏罚、节俭、戒佚欲、慎微、识名器、求言、听言、法令、慎刑、赦宥、兵制、

---

① （宋）姚铉编：《唐文粹》卷二五到卷二九，《四部丛刊》初编本。

宿卫、征伐、任将、马政、荒政、水利、赋役、屯田、漕运、理财、崇儒、经籍、国史、律历、谥号、褒赠、礼臣、巡幸、外戚、宠幸、近习、封禅、灾祥、营缮、弭盗、御边、夷狄等六十四门，绝大多数门类下都有唐代作品。① 由此可见唐代奏议内容之丰富，它可以像诏令那样涉及宪章制度、国计民生、边防外交、朝政舆情、皇帝言行，也能如书信、传序、碑铭那样涉及个人生活，如遗表有对后事的安排，自叙表能讲述个人经历，陈情表之传达个人情感。也就是说，唐代奏议能兼顾公文与私书的表现内容。这一点，是唐代其他文体难以做到的。以下略举数例加以佐证。

比如白居易的乐府诗揭露时弊，与现实政治联系紧密，但在表现力度上，同样的内容，诗歌就难以如奏议那样全面深刻。其《重赋》诗曰："厚地植桑麻，所要济生民。生民理布帛，所求活一身。身外充征赋，上以奉君亲。国家定两税，本意在爱人。厥初防其淫，明敕内外臣：税外加一物，皆以枉法论。奈何岁月久，贪吏得因循。浚我以求宠，敛索无冬春。织绢未成匹，缫丝未盈斤。里胥迫我纳，不许暂逡巡。岁暮天地闭，阴风生破村。夜深烟火尽，霰雪白纷纷。幼者形不蔽，老者体无温。悲喘与寒气，并入鼻中辛。昨日输残税，因窥官库门。缯帛如山积，丝絮似云屯。号为羡余物，随月献至尊。夺我身上衣，买尔眼前恩；进入琼林库，岁久化为尘。"② 这首诗对中唐两税法弊端进行了抨击，对于正税之外的各种巧立名目征收的"羡余"，痛恨之情溢于言表。但两税法的来龙去脉及"羡余"的巨大危害不是三言两语就能说清楚的，而只要看一看前面提及的白氏的《论和籴状》与陆贽的《奉天请罢琼林大盈二库状》则一切了然于心。再如《新丰折臂翁》固然反映了不义之战给百姓带来的不幸，读之让人戚然，而论详细、深刻，则很难达到白氏所上《请罢兵第三状》的水平。这样说绝不是贬低诗歌反映现实的作用，而只是表明诗文各有胜场，诗歌容易展现情感，而文章便于叙事与议论，奏议更是拥有天然的优势。

对于唐代一些重大历史事件，奏议能够及时、全面、真实地予以反映。比如安史之乱的爆发与平定、永贞革新、甘露事变、牛李党争，相关的奏议往往是第一手的资料。这些历史事件在两《唐书》及相关史述著作中固然有介绍，但在时效性上不可同日而语，而且史料一般要经过裁剪，跟原始面貌多少有些差异。以永贞革新为例，韩愈的《顺宗实录》所载是现存最早的记述。从对王

---

① （明）黄淮、杨士奇等编：《历代名臣奏议》，上海古籍出版社1989年版。

② （唐）白居易撰，顾学颉校点：《白居易集》卷二，中华书局1979年版，第31页。

叔文等人的评价来看，韩愈对永贞革新的评价就有失公允。如言"叔文诡谲多计""任事自许，微知文意，好言事"，又斥"二王八司马"是"群小用事"。①两《唐书》及《资治通鉴》关于永贞革新记录，基本照抄《顺宗实录》，也就难以公正。岑仲勉先生在《通鉴隋唐纪比事质疑·叙王叔文事抉择不善》中批评司马光取材不当："一方面极写叔文等之丑态，一方面又历叙罢进奉、禁宫市、追谪戍种种善政，直使读者无从分辨当日秉权人物之是非，难乎其为信史矣。"②王叔文等人有关永贞革新的奏议现在已经看不到了，不过从元稹的《献事表》与李商隐代令狐楚所作《遗表》，我们不难发现他们其实对王叔文集团的努力革新之举是抱以同情的（表面上还是要批判），这种同情应该是有识之士的共同心理。

再比如牛李党争的是非曲直历来争论很大，维州事件就是一个典型事例。据《新唐书》记载，大和五年（831），"维州守将悉怛谋挈城以降，剑南西川节度使李德裕受之，收符章仗铠，更遣将虞藏俭据之。州南抵江阳岷山，西北望陇山，一面崖，三涯江，虏号无忧城，为西南要捍。会牛僧孺当国，议还悉怛谋，归其城。吐蕃夷诛无遗种，以怖诸戎"。③这种叙述看不出李德裕与牛僧孺的具体主张及其合理性。而只要将李德裕《论太和五年八月将故维州城归降准诏却执送本蕃就傪人吐蕃城副使悉怛谋状》《谢赠故蕃维州城副使悉怛谋官状》及牛僧孺《奏议吐蕃维州降将状》一比较，则维州城的得失利害与李、牛的人品高下立判。④

此外，唐代奏议还涉及一般文人无法了解的宫廷生活与皇室权力纷争。如唐代有上巳日春游宴乐的习俗，皇室也不例外。白居易的《三月三日谢恩赐曲

---

① （唐）韩愈撰，马其昶校注，马茂元整理：《顺宗实录》，《韩昌黎文集校注》外集下卷，上海古籍出版社1986年版，第696、721页。

② 岑仲勉著：《通鉴隋唐纪比事质疑》，中华书局1964年版，第256页。

③ （宋）欧阳修、宋祁等编撰：《新唐书》卷二一六，中华书局1975年版，第6104页。

④ 牛僧孺的奏状曰："吐蕃疆土，四面万里，失一维州，无损其势。况论董勃才还，刘元鼎未到，比来修好，约罢戍兵。中国御戎，守信为上，应敌次之。今一朝失信，戎丑得以为词。闻赞普牧马茹川，俯于秦陇，若东袭陇坂，径走回中，不三日抵咸阳桥，而发兵枝梧，骇动京国。事或及此，虽得百维州，亦何补也？"（《全唐文》卷六八二，中华书局1983年版，第6969页）牛僧孺以所谓信义为理由反对纳降悉怛谋是不成立的，因为吐蕃早就屡次背信；发兵侵入长安也经不起推敲，因为其时吐蕃内部分裂，实力大损，长途奔袭关中无异于自寻死路。牛僧孺极力反对收复维州，其实并非真的站在国家利益角度考虑问题，而是嫉妒心作怪，害怕李德裕由此夺得大功而重返朝廷，影响自己与牛党的地位。

江宴会状》对此有描述:"今日伏奉圣恩,赐臣等于曲江宴乐,并赐茶果者。伏以暮春良月,上巳嘉辰,获侍宴于内庭,又赐欢于曲水,蹈舞踯地,欢呼动天。况妓乐选于内坊,茶果出于中库,荣降天上,宠惊人间。臣等谬列近司,狼承殊泽,捧输知感,终宴怀惭。肉食无谋,未展涓埃之效,素餐有愧,难胜醉饱之恩,以此棘惶,未知所报。谨奉状陈谢以闻,谨奏。"①皇家的春游活动不是普通臣民可以参与的,白居易的谢状则比较详细地记述了皇家曲江春游宴乐的内容和场面。再如前述武后时朱敬则上奏批评武后男宠太多,点名道姓,事实清楚,跟小说家的虚构演绎大不相同。②张九龄的《进千秋金镜录表》也从一个侧面反映皇帝生日群臣入宫献贺的热闹景象。中宗时,韦后弄权,宗室子弟大加迫害,将谯王李重福流放到均州。景龙三年(709)大赦天下,却不允许李重福返回京城。李重福不得不上表自陈:"臣闻功同赏异,则劳臣疑;罪均刑殊,则百姓惑。伏惟陛下德侔造化,明齐日月,恩及飞鸟,惠加走兽。近者焚柴展礼,郊祀上玄,万物沾恺悌之仁,六合承旷荡之泽,事无轻重,咸赦除之。苍生并得赦除,赤子偏加摈弃,皇天平分之道,固若此乎?天下之人闻者,为臣流涕。况陛下慈念,岂不愍臣恓惶?伏望舍臣罪愆,许臣朝谒,傥得一仰云陛,再睹圣颜,虽没九泉,实为万足,重投荒徼,亦所甘心。"③这种苦苦哀求,反映了皇室子弟在权力斗争中受到排斥时难言的痛楚。至于李商隐代泾原节度使王茂元所撰《为濮阳公论皇太子表》就涉及文宗朝立储之争,对于太子李永暴毙也是一个注解。这些内容都扩大了唐代文章的表现领域。

与内容的丰富多彩相对应,唐代奏议的形式也复杂多样,富有变化。奏议的写作不是为了抒情言志,也跟审美需求相距甚远,它有着明确的实用目的。事情、场合、身份不同,则采用的形式也必须有所区别。唐代奏议文体本身有奏、议、表、状、疏、上书、对策的分类,就是适应不同需要而做的划分:奏主要用于言事;议用于提出意见;表用于陈请或陈情;状面向一般性政务;上书能兼顾朝臣与一般平民发表政见的需要,主要用于讽谏;对策是特定的应诏陈对。同样是表,其口吻各有不同:陈情表是推心置腹,感人肺腑;贺表是歌功颂德,欢欣鼓舞;谢表是肝脑涂地,感激涕零;遗表是人之将死,其言也

---

① (唐)白居易撰,顾学颉校点:《白居易集》卷五九,中华书局1979年版,第1259页。
② 如明代署名"吴门徐昌龄"的《如意君传》、嘉禾餐花主人编次的《浓情快史》之类,写武则天淫乱之事,极尽夸张之能事,情节多有虚构。
③ (五代)刘昫等编:《旧唐书》卷八六,中华书局1975年版,第2835页。

善；让表是愧不敢当，谦虚谨慎。群臣在上奏的时候，会根据实际的需要，采用合适的文体。

　　唐代奏议在形式上还有骈散之分。骈文与散文各有所长，骈文句式齐整，音韵和谐，富有辞采，但它格式固定，难以尽情挥洒；散文句式参差错落，长短随意，文气通达，然而不易记诵，缺乏匀称之美。若将骈散结合起来，能兼顾文章的表现力与艺术品位。正如刘开所说："夫文辞一术，体虽百变，道本同源。经纬错以成文，玄黄合而为采。故骈之与散，并派而争流，殊途而合辙。千枝竞秀，乃独木之荣；九子异形，本一龙之产。故骈中无散，则气壅而难疏；散中无骈，则辞孤而易瘠；两者但可相成，不能偏废。"①唐人没有这样明确的看法，但他们将骈散融合付诸于实际写作之中，其首选文体就是奏议。因为奏议是一种运用广泛的实用性公文，六朝之前，奏议一直都是散体，六朝以后，才通行骈体，而通过比较，唐人对骈散的利弊有清楚的认识。在尚文的风气下，唐代奏议写作以骈体文为主，但又根据实际需要对其进行了改造，骈散结合的情况比较普遍。如"燕许"的奏议，就以散行之气运骈俪之辞，舒卷自如，有汉魏之风。陆贽则对骈体奏议加以改造，散句双行，运单成复，介乎骈散之间，所以能"反复曲畅，不复见排偶之迹"，②又不事辞藻，使骈体奏议平易自然，在表达上更为自由，更能满足实用性的要求。

　　唐代奏议不仅内容丰富多彩，形式灵活多样，而且其写作还注重笔法，即如何落笔为文，出手成章，以获得满意的表达效果。唐代奏议在语言方面也非常注重规范，具有典雅之美，而且大家之作往往还带有鲜明个人风格。

一、文章笔法

　　唐代奏议的笔法大致可分为三类：修辞手法、篇章结构及语调。唐代奏议常见的修辞手法包括比喻（比拟）、夸张、排比、对比、顶针等。篇章结构指的是文章开头、结尾的安排以及段落之间转接的处理。语调则涉及契合身份的语气与笔调。

---

　　① （清）刘开撰：《与王子卿太守论骈体书》，《刘孟涂集·骈体文》卷二，清道光六年檗山草堂刻本。

　　② （清）永瑢等编撰：《四库全书简明目录》卷一五，古典文学出版社1957年版，第593页。

1. 修辞技巧

比喻也叫譬喻，比喻能够让奏议化深奥为浅易，使论证深入浅出，更能被接受和采信。如岑文本《大水上封事极言得失》将治国比之种树："年祀绵远，则枝叶扶疏；若种之日浅，根本未固，虽壅之以黑坟，暖之以春日，一人摇之，必致枯槁。"这种比喻说理形象而贴切，易于理解。在唐代奏议中，陆贽的奏议论事详尽，妙喻迭出，很有代表性。例如《奉天请数对群臣兼许令论事状》以"上行之则下从之，上施之则下报之，若响应声，若影从表，表枉则影曲，声淫则响邪"为喻来说明诚信之道必须以身作则，十分形象。又以"如权衡之悬，不作其轻重，故轻重自辨，无从而诈也；如水镜之设，无意于妍蚩，而妍蚩自彰，莫得而怨也"来比喻虚怀若谷方能纳谏，非常贴切。在《论裴延龄奸蠹书》中用一连串的比喻把小人"蔽明害理"的危害说得深入浅出："小人于蔽明害理，如目之有眯，耳之有充，嘉谷之有螟，梁木之有蠹。眯离娄之目，则天地四方之位不分矣；充子野之耳，则雷霆蝇蚋之声莫辨矣；虽后稷之稿，禾易长亩，而螟伤其本，则零瘁而不植矣；虽公输之巧，台成九层，而蠹空其中，则圮折而不支矣。"又《论君子小人疏》曰："小人非无小善，君子非无小过。君子小过，盖白玉之微瑕；小人小善，乃铅刀之一割。铅刀一割，良工之所不重，小善不足以掩众恶也；白玉微瑕，善贾之所不弃，小疵不足以妨大美也。"以白玉微瑕喻君子小过，以铅刀一割比小人小善，如何辨别的重要性就凸显出来了。

排比一般用以说理，它有利于将论点阐述得充分、透彻，也增加了文章的气势。如魏徵的《陈十思疏》开篇："臣闻求木之长者，必固其根本；欲流之远者，必浚其泉源；思国之安者，必积其德义。源不深而望流之远，根不固而求木之长，德不厚而望国之治，虽在下愚，知其不可，而况于明哲乎？"通过排比，将治国之道的根本所在揭示出来。篇末则详细说明"十思"的重要性："君人者，诚能见可欲，则思知足以自戒；将有作，则思知止以安人；念高危，则思谦冲而自牧；惧满溢，则思江海下百川；乐盘游，则思三驱以为度；忧懈怠，则思慎始而敬终；虑壅蔽，则思虚心以纳下；惧谗邪，则思正身以黜恶；恩所加，则思无因喜以谬赏；罚所及，则思无以怒而滥刑。"这种铺陈排比，使文章气势恢宏，论证更为深入细致。再如马周的《谏公主昼婚疏》："臣闻朝谒以朝，思相见也；讲习以昼，思相成也；燕饮以昃，思相欢也；婚合以夜，思相亲也。是以上下有威，内外有规，动息有时，吉凶有仪。

先王之教，不可黩也。"① 将类似的道理并排列出，触类旁通，更有说服力。再如朱敬则《请除滥刑疏》结尾："伏愿改法制，立章程，下恬愉之词，流旷荡之泽，去萋菲之牙角，顿奸险之锋芒，窒罗织之源，扫朋党之迹。使天下苍生坦然大悦，岂不乐哉！"② 这样的排比，既对全文进行了总结，也将前文积蓄的气势全部倾吐，非常具有感染力。

排比也能用来叙事。如陈子昂《谏灵驾入京书》叙睿宗西迁高宗灵柩的不明智："陛下不思瀍洛之壮观，关陇之荒芜，遂欲弃太山之安，履焦原之险，忘神器之大宝，循曾闵之小节。愚臣暗昧，以为甚也。"元稹的《论讨贼表》描述天道之和煦曰："物之性不一，故天之有和煦震曜之异焉。始其生也，动之以幽伏，被之以春阳，扇之以仁风，润之以膏雨，则百果草木之柔者顺者，油然而生矣。"引物连类，事与理皆清晰明了。陆贽的《奉天请数对群臣兼许令论事状》追述太宗的丰功伟绩："太宗有经纬天地之文，有底定祸乱之武，有躬行仁义之德，有致理太平之功，其为休烈耿光，可谓盛极矣。"裴守真的《请重耕织表》叙述官府机构的职能的废弛："夫太府积天下之财，而国用有缺；少府聚天下之伎，而造作不息；司农治天下之粟，而仓桌不充；太仆掌天下之马，而中厩不足。"③ 这些排比使奏议的叙事具体而生动。

对比能够增强议论说理的效果，一般有两类，即正反对比与今昔对比（古今对比）。正反对比如陆贽的《兴元论续从贼中赴行在官等状》："项籍纳秦降卒二十万，虑其怀诈复叛，一举而尽坑之，其于防虞，亦已甚矣。汉高豁达大度，天下之士至者，纳用不疑，其于备虑，可谓疏矣。然而项氏以灭，刘氏以昌，蓄疑之与推诚，其效固不同也。"项羽猜忌与刘邦的大度形成鲜明的比照，结果也大相径庭，则取法于谁不言而喻。今昔对比容易形成一种历史的纵向比较，便于看出区别（反差）来。如马周《陈时政疏》："往者贞观之初，率土荒俭，一匹绢才得一斗米，而天下帖然。百姓知陛下甚忧怜之，故人人自安，曾无谤讟。自五六年来，频岁丰稔，一匹绢得粟十余石，而百姓皆以陛下不忧怜之，咸有怨言，以今所营为者，颇多不急之务故也。"两下比较，昔是而今非，令人不得不反思其因。至于魏徵的《十渐不克终疏》则罗列太宗在贞观之初十件善政，然后对应地分条陈述"顷年以来""至于今日""今则不然"的情况，

① （清）董诰等编：《全唐文》卷一五五，中华书局1983年版，第1588页。
② （五代）刘昫等编：《旧唐书》卷九〇，中华书局1975年版，第2914页。
③ （清）董诰等编：《全唐文》卷一六八，中华书局1983年版，第1717页。

这种对比，事实详尽，孰是孰非更为分明。

顶针是指两个句子首尾相连，前后承接。如魏徵《论时政疏》："夫事无可观则人怨，人怨则神怒，神怒则灾害必生，灾害既生，则祸乱必作，祸乱既作，而能以身名全者鲜矣。"由"事无可观"到"身名全者鲜"，其危害层层递进。岑文本《大水上封事极言得失》："今之百姓，颇类于此。常加含养则日就滋息，暂有征役则随日凋耗，凋耗既甚则人不聊生，人不聊生则怨气充塞，怨气充塞则离叛之心生矣。"这段话步步推演，结论的得出是水到渠成。陈子昂《谏政理书》："万物之灵，莫大乎黔首；王政之贵，莫大乎安人。故人安则阴阳和，阴阳和则天地平，天地平则元气正矣。"①从"人安"到"元气正"，其效应环环相扣。苏晋的《应贤良方正科对策》亦复如此："夫赏刑中则庶人安，庶人安则财用足，财用足则百志成，百志成则天人和，天人和则神灵滋液矣。"②顶针的运用，不仅使奏议的结构整齐，语气贯通，而且能突出事物之间的有机联系。

唐代奏议主要为骈文，它除了采用以上常规的文章修辞手法，还有一些特定的修辞手法，如对仗、用典、声韵、藻饰之类。唐代奏议在用典、声韵方面的特点，在前面第三、四章已有涉及，这里只就对仗与藻饰的情况稍加总结。

对仗是骈体文最基本的修辞形态。在骈文中，对仗与对偶意义略同，故有"骈偶"的说法。关于对仗的方式，《文心雕龙·丽辞》总结为四种："丽辞之体，凡有四对：言对为易，事对为难，反对为优，正对为劣。言对者，双比空辞者也；事对者，并举人验者也；反对者，理殊趣合者也；正对者，事异义同者也。"③言对是字面上相对，事对则以典故史实相对，所以事对要难一些；反对上下句词意相反，从正反两方面表达意思，正对则上下句内容不同，意思接近，所以反对比正对要巧妙，更见功力。 以上几种对仗形式在唐代奏议中都属常见。言对如"北假胡宛之利，南资巴蜀之饶；东压江淮，食湖海之利；西驰崤渑，据关河之宝"（陈子昂《谏灵驾入京书》）、"誓将沥血，未足竭诚，徒欲杀身，岂能报德"（张说《谢京城东亭子宴送表》）、"恋深而乏力以言，泣尽而无血可继"（李商隐《代安平公遗表》）。事对如"秦皇严肃雄猜，而荆轲奋其阴计；光武宽容博厚，而马援输其款诚"（陆贽《兴元论续从贼中赴行在官等

---

① （唐）陈子昂撰，徐鹏点校：《陈子昂集》卷九，中华书局1960年版，第229页。

② （清）董诰等编：《全唐文》卷三〇〇，中华书局1983年版，第3046页。

③ （南朝梁）刘勰撰，詹锳义证：《文心雕龙义证》卷七，上海古籍出版社1989版，第1304页。

状》）、"采薇遣戍，既霈挟纩之恩；出车劳旋，又有分襜之泽"（令狐楚《为人作谢防秋回赐将士等物状》）、"生入旧关，望绝班超之请；力封遗奏，痛深来歙之辞"（李商隐《代安平公遗表》）。反对如"庙堂未闻有骨鲠之谋，朝廷多见有顺从之议""山陵寝庙，不在东京；宗社坟茔，并居西土"（陈子昂《谏灵驾入京书》）、"乏锺会五字之敏，多王蒙四年之任"（苏颋《谢弟诜除给事中自求改职表》）、"堪征税者无几，已破败者实多"（元结《谢上表》）、"忝霜威而无所摧拉，历星纪而有荄次躔"（李商隐《代安平公遗表》）。正对如"配厚德于天地，齐高明于日月"（魏徵《论时政疏》）、"物有穷者，必诉于昊天；人有痛者，必呼于父母"（张九龄《荆州谢上表》）、"宁惟感激一门，实亦光明九族"（令狐楚《代李仆射谢子恩赐第四状》），等等。还有一种流水对仗，如"虽无十旬之役，或过三驱之礼""侵晨而出，入夜方还"（魏徵《十渐不克终疏》）、"朝称凶悖，夕谓忠纯；始为寇雠，终作卿相"（陆贽《兴元请抚循李楚林状》），这种对仗上下句语意连贯，一气呵成，使行文流畅。对仗的使用，使骈文句式工整，上下句之间互补、协调，整饬而不失流动之美。对仗精工也能体现作者对语言技巧的纯熟把握，显示作者的文采，所以唐人对此非常重视。

在唐代奏议中，藻饰的表现非常灵活，不仅有柳宗元所说的"抽黄对白"（《乞巧文》）的色彩藻饰与描摹人物外貌、形态与物体形状的形态藻饰，还有夸饰性的数量藻饰和拟人方物的比拟藻饰。[①]

唐代奏议中色彩藻饰的例子很多，如"昔宋克鲜卑，苍鹅入幕，今圣威远振，白鼠投营"（陈子昂《奏白鼠表》）、"绿叶绥舒，葱芒璧秀"（张说《为留守奏嘉禾表》）、"仲将虚为白首，羲之枉在墨池"（王维《谢集贤学士表》）、"红牙为尺，白金为寸"（白居易《中和日谢恩赐尺状》）、"薙青芜以疏微道，扫红腐而净藩园"（令狐楚《贺修八陵毕表》）、"每念下农艰苦，赈红粟而流衍；知贪贾滞财，禁青蚨之飞走"（令狐楚《贺德音表》）等。这些色彩藻饰或浓艳或素雅，使奏议行文色彩斑斓，有视觉之美。

形态藻饰包含人的外貌、行为与物体的形态的修饰。如"焚顶烧指，百十为群，解衣散钱，自朝至暮"（韩愈《伦佛骨表》）、"将从天落，兵若山行"（令

---

① 莫道才先生认为骈文的藻饰有六种，分别是色彩藻饰、形态藻饰、数量藻饰、比拟藻饰、摹状藻饰、铺排藻饰（见莫道才《骈文通论》，齐鲁书社 2010 年版，第 138—143 页）。形态藻饰与摹状藻饰都是描摹人与物的外貌、形状的，可以合并为一种。敷陈物象的铺排藻饰与史事典故的铺陈密切相关，应该属于用典的方式而不是藻饰。

狐楚《贺行营破贼状二》）、"抱日增丽，浮空不收，既变化而无穷，亦卷舒而莫定"（韩愈《贺庆云表》）、"城池井邑，但生荒草；登高极望，不见人烟"（元结《谢上表》）、"翩蛨微物，飞舞于东风；灵靡轻生，沾濡于春雨"（令狐楚《代李仆射谢子恩赐第四状》），等等。形态藻饰让人物形象活泼，使描写对象跃然纸上，在相对枯燥的政治内容里增添了生动的气息。

数量藻饰是以数量来修饰文句。这种藻饰在奏议中使用非常普遍。数量有实有虚，有具体数目为实，泛言者为虚。实者如"扫万里之高昌，平千载之突厥"（魏徵《谏亲征高丽疏》）、"廓千载之疑议，为百王之懿范"（魏徵《明堂议》）、"无私之覆，弥大于九元；至公之途，永隆于万国"（李峤《为张令让麟台监封国公表》）、"天子以四海为家，圣人包六合为宇"（陈子昂《谏灵驾入京书》）、"峰高八百，协周室之隆基；地得万年，祈皇灵之资始"（张说《为留守作贺崛山表》）、"救万人之命，解四海之悬"（李邕《谢恩慰谕表》）、"保亿兆之元后，登千万之永年"（李邕《贺新殿钟鸣表》）、"中使才出于九门，阴云已垂于四野"（韩愈《贺雨表》）、"岂德泽之私于一物，俾恩波之重若三山"（令狐楚《为人谢赐男岁节料并口脂腊脂等状》）。虚者有"周巡绵峤，品盈尺之珍；楚望长澜，搜径寸之宝"（李善《进〈文选〉表》）、"统承千载，光被六幽；蟊贼尽除，福应皆集"（柳宗元《礼部贺册尊号表》），等等。数量修饰一般有夸张的成分，所以能够扩大语句的张力，增加语句的气势。

比拟藻饰不是简单的比喻或拟人，必须要有一定的美化夸饰作用。如"烂若朝霞之初起，粲如春花之竞发"（李峤《为武攸暨谢赐锦表》）、"蚁力负山，不胜其重，萤火向日，徒失其晶"（李邕《谢恩慰谕表》）、"蒸黎咏德，知必自于圣心；草木欣荣，如有感于皇化"（柳宗元《为王京兆贺雨第四表》）、"昆虫贱命，不可以戴天；葵藿微心，空知其向日"（令狐楚《为崔仲孙弟谢手诏状》），等等。比拟藻饰既可以描述、说明事物，也能让奏议行文流丽晓畅。

藻饰可以单独使用一种，也可以数种并用。如"俾其户户披云，皆瞻白日。人人弃管，尽睹青天。覃四时不宰之功，救五郡倒悬之苦"（王镕《荐王师范表》）"户户""人人""四时""五郡"是数量藻饰，"白日""青天"是颜色藻饰。又如"为楼为阁，图阊阖之九重，非锦非绣，状衣裳之五色……日晚澄廓，天景淑清，拖黄气而重围，舒红光而四溢"（吕温《为成魏州贺瑞雪庆云抱戴表》）这是将比拟藻饰、颜色藻饰、数量藻饰、形态藻饰融为一体，修饰更为精巧。

作为骈文的主要修饰手段，唐代奏议中的各种藻饰不是出于实用的目的，而是单纯的审美要求。骈体的运用、辞藻的讲究让唐代奏议展现出流光溢彩的一面，"或文词壮丽，或择言雅畅"。[①]它让奏议脱离了一般性公文的朴陋而取得了文艺性美文的华彩，是唐代奏议文学性的一大体现。

2. 篇章结构

唐代奏议在篇章的起承转合方面比较讲究。唐代奏议一般在开头简述上奏的原因、目的，提出议事话题或需讨论的问题；其后或说明情况，或展开议论，或陈请恳求，内容与过程的叙述要求完整，论证尽量严密，段落间应过渡自然；文章结尾或归纳主旨，或提出建议，或表明态度，或表达一定情感。篇章的结构安排是语言组织的艺术，很能考验作者的文章写作功力。

唐代奏议开头一般是开门见山，直接切入主题，不过相当讲究文眼，即用警策的语句点明题旨，提要钩玄。所谓"立片言而居要，乃一篇之警策。虽众辞之有条，必待兹而效绩"，[②]说的就是这种篇章安排的技巧。当然，使用以警策句作为文眼是写好文章的共同要求，不过因为奏议的阅读者比较特殊，所以对这一点尤其注意。唐代奏议一般将警策之句放在首段或每一段的开头（如果分层次议论的话），或引用圣贤之言，或据经典之语，或自行概括，这样可以一开始就抓住皇帝的心思，让其有兴趣阅读。比如李德裕的《论朝廷事体状》开头引管仲的名言："凡军国之重器，莫重于令。令重则君尊，君尊则国安。故安国在乎尊君，尊君在乎行令。"唐武宗对君主权威看得很重，李德裕对于削弱藩镇不遗余力，君臣两人在维护朝廷尊严上高度一致。管仲是"尊王攘夷"的倡导者，又深得齐桓公信任，其主张与身份与李德裕本人相契合。以管仲治国的精辟之论作为全文的发端，有极强的说服力。又如陆贽的《奉天请罢琼林大盈二库状》开头就引《左传·昭公四年》浑罕语"作法于凉，其弊犹贪；作法于贪，弊将安救"（原话是："君子作法于凉，其弊犹贪；作法于贪，弊将若之何？"意思是作法厚道，官吏们尚且贪婪成性，要是不厚道，谁知道结果会如何。[③]）来警示德宗不可放纵臣下聚敛。《奉天论赦书事条状》在首段以"履

---

① 刘师培撰，程千帆、曹虹导读：《中国中古文学史讲义》，上海古籍出版社 2000 年版，第 67 页。

② （西晋）陆机撰：《文赋》。见《文选》卷十七，中华书局 1977 年版，第 241 页。

③ （晋）杜预注，（唐）孔颖达等正义：《春秋左传正义》卷四二，上海古籍出版社 1990 年版，第 732 页。

非常之危者，不可以常道安；解非常之纷者，不可以常语谕"来概括自己的主张，提醒德宗在即将颁布的罪己诏中"悔过之意，不得不深，引咎之辞，不得不尽"。① 德宗本想例行公事，但在非常时刻（因朱泚之乱被困奉天，藩镇持观望态度，按兵不动）急需人心归附，所以也不得不痛下决心引咎自责，同意由陆贽重拟诏书，这就是历史上著名的《奉天改元大赦制》。这篇制诏本身也是精警异常，如说德宗"长于深宫之中，暗于经国之务，积习易溺，居安忘危，不知稼穑之艰难，不察征戍之劳苦"，② 可以说是将德宗的幼稚暗昧的原因一语点破。

唐代奏议在正文部分的论述中比较重视段落安排，特别是篇幅比较长的论事疏书和奏状，往往数千言，没有恰当的段落安排，一味平铺直叙，会让皇帝丧失阅读兴趣；拉杂堆砌，很容易让皇帝不得要领；前后缺乏衔接、照应，就会让皇帝不明所以。所以，一般奏议名篇，都极有章法。魏徵的《十渐不克终疏》与陈子昂的《谏灵驾入京书》均收放自如，陆贽的一系列长篇奏状对此尤其在行。其《奉天请罢琼林大盈二库状》《论裴延龄奸蠹书》《奉天论赦书事条状》《兴元论解姜公辅状》《兴元论续从贼中赴行在官等状》等都是洋洋洒洒，严密剀切。如《奉天请罢琼林大盈二库状》在开篇点明"务散发而收其亿兆之心"的重要性后，下一段随即就叙述琼林、大盈二库的历史，指出它们是"贵臣贪权，饰巧求媚"的产物，否认其存在的合理性。接着一段追述德宗即位之初的节俭并称颂之，提醒德宗目前动乱未平，"宜增儆励之诚"，欲抑先扬，然后话语一转，提及自己发现二库的经过及所听到的百姓抱怨，指出二库设立不合时宜。再下面一段结合当前形势，对比说明散财货收人心的好处与设置二库的恶劣影响，请德宗权衡利弊。余下的两段进一步分析废除二库是"散其小储"而"固其大宝"，"能则安，否则危，能则成德，否则失道"，即关乎民心的得失与帝位的稳定，最后敦促德宗当机立断，迅速废罢二库。德宗好利，这六段就围绕利害关系，层层深入，将废除二库的必要性与必然性揭示的一清二楚，德宗再怎么贪财，也不得不舍小顾大。该文紧扣主旨，叙议结合，要言不烦，又引经据典，正反对比，将事与理都说透讲明。

讲究为文的章法，注重起承转合的自然衔接，这让唐代奏议条理清晰，层次分明，具有结构之美，也是其文学性的重要表现之一。

---

① （唐）陆贽撰，王素点校：《陆贽集》卷一二，中华书局2006年版，第413页。

② 《陆贽集》卷一，中华书局2006年版，第2页。

3. 语调

刘熙载《艺概·文概》说："文有仰视，有俯视，有平视。仰视者，其言恭。俯视者，其言慈。平视者，其言直。"①奏议是写给最高统治者看的，自然是仰视，要特别注意行文的态度、口气和措辞。上奏者要言辞恭敬，诚恳坦率，有礼有节，要顾忌皇帝的面子，不能触忌讳，更不能有不逊之词，不然就可能引起皇帝不满甚至愤怒。如贞观八年中牟丞皇甫德参上奏言："洛阳宫劳人，收地租厚敛，俗好高髻，盖宫中所化。"太宗很生气，对房玄龄等人说："德参欲国家不役一人，不收斗租，宫人皆无发，乃可其意邪？"于是要治皇甫德"谤讪之罪"。魏徵谏曰："贾谊当汉文帝时，上书云'可为痛哭者一，可为流涕者二'。自古上书不激切，不能动人主之心，所谓狂夫之言，圣人择焉。唯陛下裁察。"②太宗醒悟，遂赦免了皇甫德。连一向有纳谏雅量的太宗都觉得心里不舒服，认为是诽谤，可见皇甫德的上奏语气过于激切，相当不恭。虽然不激切，不足以动人主之心，但从实际效果上看，激切之言容易出现"诞妄之说，激怒之辞"，造成"以卑凌尊，以下干上"印象，伤害皇帝的自尊心，导致"谏杀人者杀人愈多，谏畋猎者畋猎愈甚，谏治宫室者宫室愈崇，谏任小人者小人愈宠"的后果，③有时候甚至有性命之虞。比如韩愈上《论佛骨表》反对宪宗引接佛骨，极言历代奉佛之君，乱亡相继，很有嘲讽的意味，而宪宗恰恰崇信佛法，这让宪宗非常愤怒，认为韩愈是在诅咒他早死，简直是大逆不道，以致欲置其于死地，在群臣劝阻下才作罢，最后仍将韩愈发配到潮州，至于佛骨，照迎不误。韩愈的上表虽然在文学史上影响很大，但因为态度强硬，言辞激切，效果适得其反，还给自己招致大祸。

李德裕曾将忠谏的方式总结为两条："欲道行于君，可使身安国理者，其辞婉；欲名高后世，不顾身危国倾者，其辞讦。"④显然，他是赞成辞婉多讽的净谏之道的。当然，在某些的时候说一些比较激烈、尖锐的言辞，给予皇帝当头

① （清）刘熙载撰，徐中玉、萧华荣点校：《艺概》卷一，《刘熙载论艺六种》，巴蜀书社1990年版，第48页。
② （宋）司马光等编撰：《资治通鉴》卷一九四，中华书局1956年版，第6109页。
③ （唐）杜牧撰，陈允吉点校：《与人论谏书》，《樊川文集》卷一二，上海古籍出版社2007年版，第184页。
④ （唐）李德裕撰，傅璇琮、周建国校笺：《忠谏论》，《李德裕文集校笺》卷二，河北教育出版社2000年版，第653页。

棒喝也是必要的，但这只能是偶尔为之，因为再开明的皇帝也无法忍受臣子的反复讯诮、批评。所以恰当的进谏语调应该是汉代刘向所倡导的"度君权时，调其缓急而处其宜"。^①

除了要言辞恭敬，上奏的情境、事务不同，奏议采用的语调也应有所差别。王夫之《读通鉴论》卷十五说："有顺而导之者，有徐而导之者，有正而折之者，有曲而匡之者。"^②他说的是规劝君主的办法，但很大程度上也涉及语调问题。因为"顺耳导之"需要投其所好，循循善诱；"徐而导之者"需要心平气和，耐心细致；"正而折之"需要直言不讳而又留有余地；"曲而匡之"要刻意淡化一些问题但也不能文过饰非。这些都要针对具体的人与事情，根据自己的身份，采用不同的口吻，必要的时候还需阿谀奉承，歌功颂德，粉饰太平。

此外，不同的奏议文类，语调也有差异。如奏疏论事析理，要尽量平和理智；贺谢之表，要足够谦卑，又不能丧失自己人格；进谏的表状，既要提出意见，又要说得委婉动听，让皇帝愿意接受；驳议申述之类，则要据理力争，又要避免语出偏激。要做到这些不是一件容易的事情，有很多成功的案例，如魏徵、马周等人上书讽谏太宗善始善终，立足实际，虽然问题提得很尖锐，但语气很和缓，而且善于从太宗的角度考虑问题，所以太宗基本上都能接受。张说被贬相州，满腹委屈，却没有怨言，其《谢京城东亭子宴送表》通篇都是感恩与不舍，语调凄怆。这让玄宗从心底有所愧疚，他大权在握之后，立即召回张说并重用之。李德裕在削弱藩镇与抑制佛教问题上态度坚决，与武宗保持高度一致，再加上措施得力，所以武宗对其上奏言听计从。

二、语言特色

唐代奏议的语言雅正而平实。雅正是就规范而言，平实指的是行文风貌。就雅正来说，要使用正式、雅驯的书面语，尽量避免口语、方言、俚语。因为奏议从秦汉以后就书面化了，口头的奏言虽然在日常中也使用，如想保留也必须经过书面加工、记录。而且，奏议的受文对象是最高统治者，只有采用典雅的语言才能显示奏议的正式与庄重，语言鄙陋或者粗俗的话，不仅对皇帝大

---

① （汉）刘向撰：《正谏》，《说苑》卷九，《四部丛刊》初编本。
② （清）王夫之撰：《读通鉴论》卷一五，中华书局 1975 年版，第 513—514 页。

不敬，也极有可能产生歧义引起误会，不能引起足够的重视。所谓"奏议宜雅"①"奏平彻以闲雅"②"章表奏议，则准的乎典雅"③，雅正既是奏议的整体风格，也是奏议的语言特色。

为了保持语言的雅正，一般会引用儒家经典之句、史传名言、成语或者凝练的谚语。如魏徵《陈十思疏》中有"居安思危""载舟覆舟，所宜深慎"（引《荀子·王制》），《十渐不克终疏》中"受图定鼎""求贤若渴""孜孜不怠""民惟邦本，本固邦宁"（引《尚书·五子之歌》），"傲不可长，欲不可纵，乐不可极，志不可满"（引《礼记·曲礼上》）。陆贽《奉天罢请琼林大盈二库状》中有"见善必迁""易如转规""天子不问有无，诸侯不言多少"（引《荀子·大略》）。陆贽《均节赋税恤百姓六条疏》中"不患寡而患不均，不患贫而患不安"（引《论语·季氏》），"无轻人事惟难，无安厥位惟危"（尚书·太甲》），"厥后嗣王生则逸，不知稼穑之艰难"（引《尚书·无逸》）。

唐人重文，不过唐代奏议的语言一般比较平实、典重，很少精雕细琢。普通官员如此，文才出众者亦然。这一点与诗赋的创作显然不一样，跟其他散文也有差别。这反映出奏议实用性为主的特点。

唐代奏议中有很多套话，多为对皇帝的歌功颂德、阿谀奉承之语。这些话没有实质的意义，但属于有用的废话。一般来说，上奏者如果议论比较激切，都会有意无意多说一些套话，一则缓和语气，二来也是为了保护自己。这方面，陈子昂的《谏灵驾入京书》可谓代表之作。文章一再说自己"得非常之时，遇非常之主"，"生圣日，沐皇风"，"所以不顾万死，乞献一言，愿蒙听览，甘就鼎镬"云云，无非是希望自己进言不被怪罪。在必要的时候，上奏者还要说点反话。如韩愈《论佛骨表》言故意说宪宗不信佛："臣虽至愚，必知陛下不惑于佛，作此崇奉，以祈福祥也。直以年丰人乐，徇人之心，为京都士庶设诡异之观、戏玩之具耳。安有圣明若此，而肯信此等事哉！"这不过是为宪宗种种崇佛的荒唐之举找台阶下而已。

---

① （魏）曹丕撰：《典论·论文》。见（南朝梁）萧统编、（唐）李善注《文选》卷五二，中华书局 1977 年版，第 720 页。

② （晋）陆机撰：《文赋》。见《文选》卷十七，中华书局 1977 年版，第 241 页。

③ （南朝梁）刘勰撰，范文澜注：《文心雕龙注》，人民文学出版社 1962 年版，第 406 页。

三、情感表达

奏议作为应用文体，下情上达是其基本功能。《文心雕龙·章表》云："原夫章表之为用也，所以对扬王庭，昭明心曲。"① 五代牛希济的《表章论》云："人君尊严，臣下之言，不可达于九重，表章之用，下情可以上达，得不重乎？"② 下情上达一方面指的是反映情况，另一方面就是表情达意。

从汉代开始，奏议就有情感化特征。且不说各种陈情之表章，即使说理性书疏也很少掩饰主观情绪。贾谊在《陈政事书》中痛哭流涕长叹息就是显例。六朝奏议情感特征更为突出。诸葛亮的《出师表》在表达"鞠躬尽瘁死而后已"的衷情时也寄寓了对蜀国命运的深沉忧虑。李密的《陈情表》倾诉自己忠孝不能两全的苦衷，字字哀痛，声泪俱下。陆机的《谢平原内史表》对自身遭受排挤而愤恨不平，对蒙受皇帝知遇之恩则感激涕零。刘琨的《为并州刺史到壶关上表》"叙丧乱，多感恨之词"。③ 情感的抒发，让君臣之间容易产生共鸣。

唐代奏议中也蕴含着丰富的情感，表类作品尤其突出。唐代的表作，有一半以上为贺表、谢表、遗表、让表，这些作品基本上都是陈情之作。贺表、谢表是例行文字，无非是表示欣欣鼓舞与感恩戴德。遗表的内容则要丰富一些。有至死不忘国事的，如魏徵的临终之言："天下之事，有善有恶，任善人则国安，用恶人则国乱。公卿之内，情有爱憎，憎者唯见其恶，爱者唯见其善。爱憎之间，所宜详慎，若爱而知其恶，憎而知其善，去邪勿疑，任贤勿贰，可以兴矣。"④ 这是魏徵留给唐太宗的最后诤谏，语重心长。有交代后事、表白心迹的，如李商隐代崔戎、令狐楚、王茂元所拟的遗表，或遗憾、无奈，或痛心疾首，读后都让人动容。还有直接以"陈情表"命名的作品，更是缘情而发了。这样的作品在《全唐文》中有二十多篇。如贠半千的《陈情表》先说自己"贫穷孤露"，"立身三十有余，志怀松柏之操"而"未蒙一任"，很是自伤；接着将自己与历史上的稷、契、李广、左思等人对比，自认相形见绌，有些羞愧；然后自夸"七步成文，一定无改，臣不愧子建"，"飞书走檄，授笔立成，臣不愧枚皋"，相当得意；最后请求高宗："请陛下召天下才子三五千人，与臣同试诗、

---

① （南朝梁）刘勰撰，詹锳义证：《文心雕龙义证》卷五，上海古籍出版社 1989 年版，第 843 页。

② （清）董诰等编：《全唐文》卷八四五，中华书局 1983 年版，第 8878 页。

③ （南朝梁）钟嵘撰，曹旭集注：《诗品集注》卷中，上海古籍出版社 1996 年版，第 241 页。

④ （五代）刘昫等编：《旧唐书》卷七一，中华书局 1975 年版，第 2561 页。

策、判、笺、表、论，勒字数，定一人在臣先者，陛下斩臣头，粉臣骨，悬于都市，以谢天下才子。望陛下收臣才，与臣官，如用臣刍尧之言，一辞一句，敢陈于玉阶之前。如弃臣微见，即烧诗书，焚笔砚，独坐幽岩，看陛下召得何人？举得何士？无任郁结之至！"①同样是《陈情表》，西晋的李密之作哀婉动人，而负半千的则情绪激昂、意气飞扬，都有浓厚的抒情色彩。

其实除了表，其他奏议文类如奏、疏、议也不乏抒情成分。如张说的《论幽州边事疏》、韩愈的《论天旱人饥状》、柳宗元的《驳复仇议》都是论事之作，却流露出强烈的个人情感。陆贽的《论裴延龄奸蠹书》《均节赋税恤百姓六条》《论叙迁幸之由状》《奉天论赦书事条状》均展现坦荡的情怀，言语上真诚恳切。

总之，情感的表达是文学的主要内容之一，唐代奏议蕴含着丰富的情感，这是其文学性的重要体现。

四、个人风格

文学作品的个人风格，是作者人格的映现。它是一切文学作品应具的必要素，也是一种文章是否具有文学性的最高表现（要求）。

文如其人，从奏议中一般可以看出作者的为人。如虞世南为人忠谨，故其奏议总是对太宗进行耐心细致的规谏，多有补益。贞观八年（公元 634 年）"陇右山崩，大蛇屡见，山东及江淮多大水"，太宗忧虑，虞世南以"妖不胜德，唯修德可以销变"来讽谏太宗，让其"赈恤饥馁，申理狱讼"。后来又出现彗星，唐太宗为之不安，虞世南奏曰："臣闻'天时不如地利，地利不如人和'。若德义不修，虽获麟凤终是无补；但政事无阙，虽有灾星何损于时。然愿隆下勿以功高古人以自矜伐，勿以太平渐久而自骄怠，慎终如始。"唐太宗听后敛容反省。②他还一再劝阻太宗筑陵厚葬，使唐太宗有所收敛。太宗有一段时间恣于游猎而疏于政事，虞世南也及时上疏劝止。这些奏议都是恳诚所至，有犯无隐，都对当时的"贞观之治"起着积极的作用。唐太宗曾感慨说："群臣皆若世南，天下何忧不治？"③

应该指出的是，个人风格不是一成不变的，不同的人，奏议风格固然不一

---

① （清）董诰等编：《全唐文》卷一六五，中华书局 1983 年版，第 1682 页。

② （五代）刘昫等编：《旧唐书》卷七二，中华书局 1975 年版，第 2567 页。

③ （唐）吴兢撰：《贞观政要》卷二，上海古籍出版社 1978 年版，第 40 页。

样，同一个人，在不同时期、不同情况下，奏议风格也可能大不相同。简言之，唐代奏议的个人风格是复杂多样的。

陈子昂才学出众，用世之心很强。所以刚中进士尚未得官之际便屡屡上书，指斥时弊，言辞之间，对当政者（武后）极尽阿谀，对百官则一批到底，比较偏激。如《谏灵驾入京书》一方面说“庙堂未闻有骨鲠之谋，朝廷多见有顺从之议”，一方面又云“陛下不深察始终，独违群议”，自相矛盾。对于一个初入仕途的年轻人来说，行政经验的缺乏是必然的，陈子昂竟能大谈“宗庙之大机”与“国之利器”，这也有露才扬己之嫌。《旧唐书》对陈子昂的评价是“褊躁无威仪，然文辞宏丽”。[①] 所谓“褊”，意即狭小、狭隘；所谓“躁”，指的是性急。“褊躁”与“文辞宏丽”统一在陈子昂的奏议中，就形成了一种独特的个人风格，一方面偏执激切，另一方面晘晔可观。这种风格在其《复仇议状》体现得十分明显。则天时期的徐元庆为父报仇，杀死御史大夫赵师韫，这件事情在当时轰动一时。时议多认为徐元庆是孝子，杀人动机高尚，应该被赦免。陈子昂却力排众议，上了这篇《复仇议状》，“谓宜正国之法，置之以刑，然后旌其闾墓，嘉其徽烈”，并且请求“编之于令，永为国典。”[②] 陈子昂的这篇奏状，跟《谏灵驾入京书》一样，意气扬扬，不同凡响。但既诛且旌的主张，实际是双重标准，让礼与法相互冲突，所以后来柳宗元才写了《驳复仇议》进行批判。

韩愈的为人也复杂。他一向高自期许，以继承孔孟之道为己任，实际生活中又汲汲于功利；有时候正直刚强，敢冒天下之大不韪，顶天立地，义形于色；有时候又懦弱卑微，拜倒在权势之下，溜须拍马，丧失气节。这种多面的人格也影响到其文章的风格。以其奏议为例，他不愿迎合流俗，倡导古文，所以除少数贺表外，一般都是散体行文。在骈体公文盛行的时代，这样标新立异，很能表现其特立独行的。在《论佛骨表》中，韩愈对宪宗崇佛的荒唐之举很是不屑，要求将佛骨“付之水火，永绝根本”，并豪言“佛如有灵，能作祸祟，凡有殃咎，宜加臣身，上天鉴临，臣不怨悔”。可一旦被贬潮州，马上就写《潮州刺史谢上表》，对宪宗大唱赞歌，极写自己“忧惶惭悸，死亡无日”，请求宪宗“哀而怜之”。比较前后上表，韩愈的表现可谓判若两人，文章本身的风格也迥异，前者慷慨激昂，刚健有力，后者悲凉失意，哀婉凄迷。

---

① （五代）刘昫等编：《旧唐书》卷一九〇，中华书局 1975 年版，第 5024 页。

② （唐）陈子昂撰，徐鹏点校：《陈子昂集》卷九，中华书局 1960 年版，第 153 页。

第二节　唐代奏议在中国文学叙事传统中的位置

　　"传统"一词在中国古代是指帝业、家族血统或学说的世代相传。比如范晔的《后汉书·东夷传》曰："自武帝灭朝鲜，使驿通于汉者三十许国，国皆称王，世世传统。"①沈约《立太子赦诏》："王公卿士，咸以为树元立嫡，有邦所先，守器传统，于斯为重。"②胡应麟《少室山房笔丛》："儒主传统翼教，而硕士名贤之训附之。"③而现代意义上的"传统"则是英文"Tradition"一词的汉译，其词源是拉丁文"Trade"，意思是手工艺，因其具有世代沿袭的特点，后遂演变成抽象名词，泛指历史流传的思想、道德、风俗、文学、艺术、制度等文化现象，也可规定为人类创造的不同形态的特质经由历史凝聚沿传下来的诸文化因素的复合体。④从民族学、文化学角度来讲，"传统乃是某一地区或民族由其历史延续积淀下来的具有一定特色的文化观念、思维方式、伦理道德、情感方式、心理特征、语言文字以及风俗习惯等的总和"。⑤

　　根据古今"传统"的含义，我们可缩小讨论范围，从更具体的文学角度来考察之。在中国文学发展过程中，存在一些世代相传，长期积淀、一以贯之的因素。这些因素可以从多个角度、不同层面进行阐释与解读。比如古人一向重视文学的教化功能，所以创作中力求表现政教内容，诸如君臣遇合、民生苦乐、宦海浮沉、国家兴亡、纲常序乱、伦理向背等，一直是中国文学的主旋律，无论是诗歌、散文，还是戏曲、小说，概莫能外。对作品的解读也十分关注道德价值，于是便有了"温柔敦厚"的诗教与"文以载道"（或"文以贯道"）的诉求。再比如从人与人性的角度来看，文学即人学，文学的演进跟人的生活变迁与人性的发展密切相关，所以人性的展示也能成为文学传统的内涵之一。⑥另外，古人总结《诗经》的表现手法有赋、比、兴三种。赋与叙事有很深关系，

---

①　（南朝宋）范晔编撰，（唐）李贤等注：《后汉书》卷八五，中华书局1965年版，第2820页。

②　（清）严可均校辑：《全上古三代秦汉三国六朝文·全梁文》卷二六，中华书局1958年版，第3102页。

③　（明）胡应麟撰：《九流绪论》卷上，《少室山房笔丛》，中华书局1958年版，第345页。

④　张立文：《传统学导论》，《上海社会科学院学术季刊》，1989年第01期。

⑤　李秀林、李淮春主编：《中国现代化之哲学探讨》，人民出版社1990年版，第323页。

⑥　董乃斌主编：《中国文学叙事传统研究》，中华书局2012年版，第13页。

但是又不能完全等同。比兴需借助一定外物叙述，其目的还在于情志，大体可划入抒情范畴，但完全说是抒情也很勉强；实际上，比兴自身有一定独立性，屈原以香草、美人寄托身世的手法，就是比兴运用的经典，对后世文学产生了巨大影响。柳宗元认为："文有二道，辞令褒贬，本乎著述者也；导扬讽谕，本乎比兴者也。"[①] 俨然将比兴视为文章的本源之一。这样的话，比兴既能作为一种悠久的文学表现手法，其本身又可成为文学表现内容的一部分，将其看作是中国文学固有的传统也未尝不可。

一、中国文学叙事传统

从文学表达的基本手段来考察中国文学传统，是目前比较通行的办法。文学表达的基本手段有抒情、叙事两种，它们也是文学的基本功能。[②] 叙事指的是对客观事物、事象、事态或事件（故事）的描绘讲述，"无论这描绘讲述是片段的还是完整的，零碎的还是系统的"。而抒情指的是"作者对自身心灵感受、情绪波动的直接诉说。这种表达无论是用感性（具象）语言还是用理性（抽象）语言，无论是直白无隐的还是含蓄曲折的，都是以主观性为根本特征。前者往往就是古代文论中所说的'比兴'，而后者则是议论。"[③] 文学作品不论如何复杂，具体表现手法不管怎样变化，其大体不离主观倾述与客观描述，也就是说不是抒情就是叙事。抒情与叙事的概括性与包容性极强，而且贯穿文学史始终，所以能够成为中国文学两大传统。

两大传统各自拥有自己的主要载体。

中国古代诗歌的抒情特性非常明显，这就决定了中国文学的抒情传统，主要由诗歌来承载。诗歌形式多样，有句式整齐的四言、五言、七言诗，也有句式长短不一的词与曲，不过它们都有押韵的要求与平仄的讲究。笼统地说，它们都属于韵文，抒情言志是其主要功能。屈原的"发愤以抒情"，[④] 就是强调

---

① （唐）柳宗元撰：《柳宗元集》卷二一《杨评事文集后序》，中华书局1979年版，第579页。

② 对于抒情、叙事的内涵，不同学者有不同的表述，因此各自所理解的抒情传统、叙事传统也不尽相同。

③ 李秀林、李淮春主编：《中国现代化之哲学探讨》，人民出版社1990年版，第323页。

④ （宋）洪兴祖撰，白化文、许德楠等点校：《楚辞补注》卷四，中华书局1983年版，第121页。

诗的情感抒发与宣泄作用。陆机说"诗缘情而绮靡",①也是对诗歌的抒情功能充分肯定。诗歌的黄金时代在唐代,唐诗中那些意境浑融、脍炙人口的名篇绝大部分都是抒情诗。词的句式、声韵比诗更复杂多变,其抒情也更加细致深入、曲折。冯延巳和李煜把自己的身世之感写进词中,晏殊、欧阳修、柳永等人也在词中融入了自己的人生体验,苏轼能在词中任意抒写自己的性情和个性,李清照则把自己生活中的喜怒哀乐完整展现于词作中。元代散曲以直露显豁见长,不过同样达到了表情达意的效果。明代袁宏道主张"独抒性灵,不拘格套,非从自己胸臆流出,不肯下笔","任性而发,尚能宣于人之喜怒哀乐、嗜好情欲",②不管是抒写性灵还是宣泄情欲,都是在抒情。清代王士禛提倡"神韵说",强调冲淡超逸和含蓄蕴藉的艺术风格,也是针对诗的抒情特点而言。总而言之,"中国古代诗歌以抒情诗为主体,重抒情是一个牢不可破的传统,这是一个毋庸赘述十分清楚的事实"。③古代小说是叙事文学,但抒情色彩也相当浓厚。小说中经常引入诗词曲赋,在语言层面上即能滋生诗意;场景尤其是对景物的描写,更是创造抒情氛围的沃土;此外,描写人物内心世界的感受和其言论所反映出来的精神需求,也能打断叙事进程而产生抒情意味。④古典四大名著在这些方面都可圈可点。古代戏曲虽然也叙述故事,但它不以模仿生活为宗旨,而是通过表现生活来抒情的。戏曲作品中借景抒情、咏物言志或直抒胸臆极为普遍,明显地吸收了诗词的抒情的手法,可见抒情传统对它的深刻影响。

叙事传统的主要载体是文(或曰散文)。甲骨卜辞、钟鼎铭文,在叙事内容上已初具规模。《春秋》及其三传是中国叙事文学的第一次重要创获,在叙事方法上有所谓"春秋笔法"这样干预性写作指导原则。至于《史记》《汉书》《后汉书》《三国志》,则是成熟的叙事散文,它们一起构建了光炳千秋的史传文学。史传以纪事为主,即便是因人立传的纪传体,其叙述的重点也落在事件上,总是通过叙事来展现人物形象,并揭示事件的历史意义。史传叙事影响巨大,唐宋时期的古文,其继承先秦两汉历史散文叙事传统又自有特色。即便是到了元明清三代,小说、戏剧等叙事文学繁荣起来,历史著述的影响也还是无处不

---

① (晋)陆机撰,张少康集释:《文赋集释》,上海古籍出版社1984年版,第71页。

② (明)袁宏道撰,钱伯城笺校:《袁宏道集笺校》,上海古籍出版社1981年版,第188页。

③ 许金榜:《中国古代文学的抒情写意传统》,《东岳论丛》,1999年第06期。

④ 叶岗:《论中国古代小说文体特征的民族性》,《社会科学战线》,2004年第04期。

在。且不说小说、戏曲中包含不计其数的历史题材，大量借鉴史传的体例以及叙事手法，也是小说、戏曲写作常规。所以，历史叙事称得上中国叙事传统的基础与源头。历史叙事衍生开来，中国文学的叙事传统也便得以建立，并逐渐渗入到以抒情见长的诗词之中。当然，抒情见长的体裁也不乏叙事的因素。比如《诗经》中就有《生民》《公刘》这类记述先祖功绩的史诗，也出现了《氓》这样记述曲折故事的叙事诗。汉乐府叙事内容之丰富，表现手法之娴熟，在诗歌体裁中是非常突出的。唐代杜甫、白居易等人在长篇叙事诗创作上功绩显著，为我们带来了"三吏""三别"、《琵琶行》《长恨歌》这样的传诵千古的名篇。唐代以后，叙事诗的创作持续不断，一直到清代，钱谦益、吴伟业、黄遵宪等人依然有佳作问世。

在散文体系中，论说文占据重要地位。中国传统史学发达，在史述中发表议论是极为正常的一件事情。在百家争鸣、处士横议的春秋战国时代，各派为发挥己说，相互攻难，不断著书，论说体散文尤其发达。两汉以来，议论时事的政论文大量出现，各式各样议论文体也层出不穷。刘勰曾分"论"为四品（陈政、释经、辩史、诠文）八名（议、说、传、注、赞、评、叙、引）。《文选》则有设论、史论与论三类。与"论"异名而同实者还有解、辩、原、议、释。可以说议论是中国古代文学的一大特色。除了论说文本身以外，其他文体也不乏议论成分。如诗歌中有玄言诗一类，中唐的新乐府诗歌里也有大段议论，更不用说宋代以议论为诗。至于小说，唐传奇文备众体，其大略者，史才，诗笔，议论。议论在唐传奇中是普遍且经典的存在。明清的小说常发议论则不必赘言。不过，因为议论说理主要体现于散文中，普遍性不够，而且，议论说理是对人或事进行分析与评论，如陈述客观事理（如本末源流），可归为叙事，若表达主观看法（如是非曲直），可以划入抒情的范围。后者虽使用理性的语言，但主观性很强。所以，论说文本身可划入抒情传统中理性的一类（与感性的诗词曲赋相对）。而诗歌、小说中的议论，往往蕴含有一定的情感，有时候就是在抒情；或者是一种叙事干预，即在叙述中直接发言或者寓论断于叙事。这种手法来源于史传文学中史臣的论赞，特别是《史记》中的"太史公曰"。

总之，中国文学贯穿抒情与叙事两大传统，而且两大传统共生并存，互动互益。中国文学不是简单的抒情、叙事一线贯穿，而是双线并进，它们可以分散，亦可以交叉，在诗文领域，各自的线索比较清晰，在文体综合性较强的小说、戏曲领域，则双线缠绕。

二、唐代奏议中的叙事特征

奏议在功能上主应用，其主要内容是向皇帝汇报情况，条议是非，对政务提出建议与批评，对君主的言行进行讽谏。所以奏议必须有很强的针对性，要围绕具体的事务进行。对此，古人有不少总结。刘勰《文心雕龙·奏启》曰："夫奏之为笔，固以明允笃诚为本，辨析疏通为首，强志足以成务，博见足以穷理，酌古御今，治繁总要，此其体也。"① 又《议对》曰："夫驳议偏辨，各执异见；对策揄扬，大明治道。使事深于政术，理密于时务，酌三五以熔世，而非迂缓之高谈；驭权变以拯俗，而非刻薄之伪论；风恢恢而能远，流洋洋而不溢，王庭之美对也。"② 清人孙梅总结奏议体制特点："盖奏疏一体，下系民瘼，上关政本，必反复以申其说，切磋以究其端。"③ 这些都是针对奏议类文体的概说，不必拘泥于具体的名目。不难看出，奏议主要功能就是奏事、议事，不管是汇报、辨析（批驳），还是申说（申诉）、应对，都离不开事。而且这些事一般还非常重要，关系到国计民生。

一切奏议均因事而发，为事而作，奏议绝不能无病呻吟，一定是有目的、为解决某件事、某些事而作。可以说，奏议大然地与事有关。有时候，议就是一种叙。正如朱庭珍《筱园诗话》所说："叙事即伏议论之根，论议必顾叙事之母。或叙事而含议论，议论而兼叙事，或以议论为叙事，叙事为议论，错综变幻，使奇正相生，疏密相闲，开合抑扬，各极其妙，斯能事矣。"④ 另外，在议论过程中，为了让观点得到支持，奏议写作中经常大量铺排史事，其写法类似于赋。如李百药的《奏论驳世封事》为了说明分封制的危害，详细列举前代封建之失，凡数千言。许同莘摘录其中一段，认为"精要语不过如是"，"以今观之，直六朝人一篇史论耳"。⑤ 他的意思是奏议论事需精辟，叙述枝蔓容易导致文章篇幅冗长，不利于把握主旨。这种看法在古代比较普遍，它与古代文章崇尚简约风格有关。但是，许氏绝不是否认叙事在奏议中的作用，而是要求叙事得法。要知道奏议中如果没有事实（历史、现状）的

---

① （南朝梁）刘勰撰，詹锳义证：《文心雕龙义证》卷五，上海古籍出版社 1989 年版，第 862 页。

② 《文心雕龙义证》卷五，上海古籍出版社 1989 年版，第 913 页。

③ （清）孙梅撰：《四六丛话》卷一三，《万有文库》本。

④ （清）朱庭珍撰：《筱园诗话》卷一，光绪十年王氏务本堂初刊本。

⑤ 许同莘撰，王毓、孔德兴校点：《公牍学史》卷四，档案出版社 1989 年版，第 84 页。

陈述或者回顾，议论就缺乏根据，空疏迂阔，阅者也不知所云。而议论则让叙事的意义得以揭示，即"治繁总要"，"以究其端"。刘熙载《艺概》云："文法虽千变万化，总不外于叙、议二者求之。"[①] 对于奏议文体来说，议论与叙事更是密不可分。

任何叙事（叙述）、议论都带有感情色彩，奏议也是如此。奏议是上呈皇帝的文章，要想晓之以理，必须动之以情，否则，很难真正打动皇帝。因而不少奏议都富于感情（从选材到口吻均有），甚至是激情澎湃，特别是各类表作，往往会倾诉衷情。宋人赵与时曾说："读诸葛孔明《出师表》而不堕泪者，其人必不忠。读李令伯《陈情表》而不堕泪者，其人必不孝。"[②] 可见表作蕴含着巨大的情感力量。不过奏议毕竟不是抒情文，抒情并非奏议的必要条件。因为奏议抒情的目的是为了下情上达，而不是单纯地宣泄、释放个人的情感。而且奏议中的抒情同样离不开叙事。因为情感的流露与展现也是缘事而发，感激涕零、诚惶诚恐也罢，痛心疾首、忍气吞声也罢，都是针对一定的人与事，离不开或曲或直、或详或略的原委陈述。

所以，就功能而言，叙事是奏议的主要内容，就表现手法来论，叙事也是奏议的基本要素，表达形式上多采用夹叙夹议。优秀的奏议作品，大抵都能将叙事、议论结合，融事、理为一体。

唐代的奏议大都运用骈体进行创作，因为形式上的限制，难以像散体文那样随心所欲地进行叙事和议论，而奏议的公文性质又要求其行文必须有必要的叙述描写及议论说理。缘此，唐人对骈体进行了大胆改造，或融散入骈，或骈散结合，或破骈为散，并不为形式所限。所以唐代的奏议不仅能够自如地叙事，又可以剀切畅达地议论、陈情。而将叙事、议论、抒情结合起来实际已成为奏议创作的基本要求，其融合的程度也成为判断一篇奏议工拙优劣的重要标准。本书的第三、四章已经将唐代各时期奏议的艺术成就与风格进行详细论述，在具体的作品解读中已经涉及叙事、议论、抒情的分析。这里只对叙事手法加以小结。

清人李绂在《秋山论文》中说："文章惟叙事最难。"这是因为客观事物千变万化，丰富多彩，如想叙述得头头是道，确实困难。所以古人对叙事之法十

---

① （清）刘熙载撰，徐中玉、萧华荣点校：《刘熙载论艺六种·艺概》，巴蜀书社1990年版，第200页。

② （宋）赵与时撰，齐治平校点：《宾退录》卷九，上海古籍出版社1983年版，第116页。

分关注。元代的陈绎曾的《文筌》将叙事笔法总结为十一种：正叙、总叙、间叙、引叙、铺叙、略叙、别叙、直叙、婉叙、意叙、平叙，并且对这些笔法逐一进行解释："正叙，叙事得文质详略之中。总叙，总事之繁者，略言之。间叙，以叙事为经，而纬以他辞，相间成文。引叙，首篇或篇中用叙事以引起他辞。铺叙，详叙事语，极意铺陈。略叙，语见事略，备见首尾。别叙，排别事物，因而备陈之。直叙，依事直叙，不施曲折。婉叙，设辞深婉，事寓于情理之中。意叙，略睹事迹，度其必然，以意叙之。平叙，在直婉之间。"①这些叙事之法是就文章整体而论的。奏议中的叙事手法没有这么复杂，但有些也可以参考。

唐代奏议的叙事手法大致有以下几种情况。

第一，对所论之事进行概括性描述。如柳泽的《上睿宗书》在论述贵宠太过容易招祸时，以韦后、安乐公主、武延秀三人为反面例证，只说"权侔人主，威震天下，然怙侈灭德，神怒人弃"，②并没有罗列具体事实，因为睿宗对之非常了解，以三人的倒行逆施，其结果也不难想象。这相当于是略叙与意叙。权德舆《论裴延龄不应复判度支疏》称裴延龄"不称之声，日甚于初；群情众口，喧于朝市"，然后用三句话"略举所闻"："多云以租赋正额支用未尽者，便谓之剩利，以为己功。又云破官钱买常平先所收市杂物，遂以再给估价，用充别贮利钱。又云边上诸军，皆至悬缺，自今秋以来，并不支粮。"如此简短，一则是表明这些是"道路云云"，自己不过是转述，二来也有陆贽等人已经将裴氏奸蠹历数在前，不必再重复。李商隐的《为濮阳公论皇太子表》开头简单交代听闻"论皇太子事"经过，然后就东宫之位的重要性与教子之法发表看法。这种情况就跟引叙类似。

第二，对所奏之事做较详细的描述，以事明理，以理领事，其作用与正叙或铺叙相近。如魏徵的《十渐不克终疏》将太宗的顷年以来的言行与贞观之初进行对比，叙事十分详尽。李翰的《进张巡中丞传表》首段叙述张巡的事迹，展现其"虽古忠烈无以加焉"的英雄形象，从而为张巡的"生死不遇"鸣不平。③陆贽的《论裴延龄奸蠹书》历数裴延龄诈伪乱邦之七条罪状，《论叙迁幸

---

① （元）陈绎曾撰：《文筌》，文渊阁《四库全书》本。

② （五代）刘昫等编：《旧唐书》卷七七，中华书局1975年版，第2686页。

③ （宋）欧阳修、宋祁等编撰：《新唐书》卷二〇三，中华书局1975年版，第5777—5778页。

之由状》详叙三年征讨叛逆之艰辛及民不聊生的惨状，这些都有利于将事件来龙去脉交代清楚，可以视为直叙。

第三，以典故叙事。典故叙事是骈体奏议的一大特色。因为骈文惯用典故，而典故很多本身就是史事，可用于举例或者代替部分叙述。如刘洎《谏诘难臣寮上言书》叙述"齐侯读书，轮扁窃笑；汉皇慕古，长孺陈讥"，就凝练而委婉地将自己反对皇帝掉书袋的意见传达出来。虞世南《谏山陵厚葬书》叙汉成帝造延、昌二陵而刘向上书之事，并将刘向上书的内容节录。随后又举汉武帝茂陵被掘的反面例证。接着又引魏文帝的临终颁布薄葬的遗诏。刘向的上书与魏文帝的遗诏将薄葬的必要性阐释得很清楚，是为历史所证明的睿智之言，直接引用可省文字。李商隐《代安平公遗表》回顾崔戎一生的经历，几乎句句用典，将史事与现实完美融合，也将崔氏难以言说的哀痛渗透于文字中。这跟婉叙作用类似。典故叙事还可以引古人言论，称为语典。这在前面多次论及，兹不赘述。

第四，状物叙事。描摹事物的形态是叙事的内容之一。状物叙事在贺谢之表中用的比较多。如张说的《为留守奏庆山醴泉表》《为留守奏嘉禾表》，韩愈的《贺雨表》《贺庆云表》《贺太阳不亏状》之类，除了文末照例表示诚欢诚喜，主要内容都是描摹大自然祥瑞景象，或白描，或烘托，或动静结合，或虚实相生。还有对服饰、器物的描摹，如令狐楚的《谢赐春衣牙尺状》《为人谢赐行营将士袄子及弓弩状》《谢赐腊日口脂红雪紫雪历日等状》《进金花银樱桃笼等状》之类，对器物都有细致生动的描绘。

三、唐代奏议对叙事传统的贡献

唐代的历史叙事很发达，唐初开史馆，编前代史书八部，其中引述了前代大量奏议文章。不仅如此，唐代的史学理论也很发达，唐初还出现《史通》这样的史学论著，对叙事问题做了在当时说来最精深的研究，即史学理论与实践结合得很好。《旧唐书》收录大量唐人奏议，这些与史实紧密结合的奏议，从各方面充实了中国文学叙事传统，在抒情传统大盛的唐代，尤有意义。

奏议除了本身能体现文学传统的融会贯通，也能跨出文体界限，在其他文学体裁中发挥作用。比如在唐传奇中，奏议就可作为文本的组成部分来承担叙事的功能。有学者统计，唐传奇中使用奏议有35篇，其中奏22篇，表9篇，奏状 4 篇，疏 2 篇。① 这些奏议有虚构的道士、神灵上书天帝的奏章，也有小说中人物给皇帝的上书。如王仁裕《王氏见闻录·王承休》写前蜀后主王衍受宦官王承休蛊惑意欲游幸秦川，前秦州节度使判官蒲禹卿叩马泣血，上表劝止：

臣闻尧有敢谏之鼓，舜有诽谤之木，汤有司过之士，周有诚慎之鞀。盖古者明君，克全帝道，欲知己过，要纳谠言，将引咎而责躬，庶理人而修德。

陛下自承祧秉录，正位当天，爰闻逆耳之忠言，每犯颜而直谏。先皇帝许昌发迹，阆苑起身，历艰辛于草昧之中，受危险于虎争之际。胼胝戈甲，寝痰风霜，申武力而拘诸原，立战功而平多垒。亡躯致命，事主勤王，方得成家，至于开国。今日鸿基霸盛，大业雄崇。地及雍凉，界连南北。德通吴越，威定蛮陬。郡府颇多，关河渐广。人物秀丽，土地繁华。当四海辐裂之秋，成万代龙兴之业。陛下生居富贵，坐得乾坤。但好欢娱，不思机变。臣欲望陛下，以名教而自节，以礼乐而自防。循道德之规，受师傅之训。知社稷之不易，想稼穑之最难。惜高祖之基局，似太宗之临御。贤贤易色，孜孜为心。无稽之言勿听，弗询之谋勿用。听五音而受谏，以三镜而照怀。少止息于诸处林亭，多观览于前王经史。别修上德，用卜远图。莫遣色荒，毋令酒惑。常亲政事，勿恣闲游。

……

今诸州虐理处多，百姓失业欲尽。荒田不少，盗贼成群。乞陛下广布腹心，特令闻见。且蜀国从来创业，多乏永谋。或德不及于两朝，或祚不延于七代。刘禅俄降于邓艾，李势遽归于桓温。皆为不取直言，不恤政事。不行王道，不念生灵。以至国人之心，无一可保。山河之险，不足可

---

① 使用奏的作品有《纪闻·李淳风》《玄怪录·李泌》《玄怪录·开元明皇幸广陵》《玄怪录·岑顺》《开元升平源》《唐遗史·李峤不富》《宣室志·鸡卵》《宣室志·贾笼》《博异志·李揆》《高力士外传》《虬髯客传》《定命录·宋恽》《剧谈录·裴晋公天津桥遇老人》《杜阳杂编·同昌公主》《杜阳杂编·伊祈玄解》《开河记》《迷楼记》《法书要录·兰亭记》《墉城集仙录·薛玄同》《录异记·九天使者》《神仙感遇传·王可交》《王氏见闻录·姜太师》等。使用表的作品有《柳氏传》《异闻集·南柯太守传》《纂异记·徐玄之》《耳目记·紫花梨》《灯下闲谈·掠剩大夫》《灯下闲谈·梦与神交》《纂异记·嵩岳嫁女》《仙传拾遗·唐若山》《王氏见闻录·王承休》。使用奏状的有《纂异记·徐玄之》《灯下闲谈·张翱轻傲》《神仙感遇传·陈简》等。使用疏的有《纂异记·徐玄之》《异闻集·枕中记》。见何亮《"文备众体"与唐五代小说的生成》，（台湾）花木兰文化出版社 2013 年版，第 112—113 页。

凭。……臣伏闻自古帝王，省方巡狩，吊民伐罪，展义观风，然后便归九重，别安万姓。今陛下累曾游历，未闻一件教条。止于跋涉山川，驱驰人马。秦苑则舟船几溺，青城则嫔采将沈。自取惊忧，为何切事？却还京辇，不悦军民，但郁众情，莫彰帝德。……陛下或全无忖度，须向边陲。遗圣母以忧心，令庶寮以怀虑。全迷得失，自取疲劳。事有不虞，悔将何在。臣愿陛下，稍开谏路，微纳臣言。勿违圣后之情，且允国人之望。俯存大计，勿出远边。①

这道奏表回顾开国之艰辛，分析了蜀国内忧外患的形势，揭露了蜀后主游幸扰民的荒淫行径，且罗列反面例证，力谏后主放弃东巡，展示了一个臣子的忧国忧民情怀。小说不过4300余字，蒲禹卿的表文就占据了一半以上的篇幅，故事结局也在蒲氏的奏表的预料之中。所以，这道奏表实际上串起了整个故事的情节主线。

李玫《纂异记·徐玄之》则围绕三道奏议来叙述故事。小说写蚍蜉国王子夜游于儒生徐玄之宅，徐无意中冲撞了王子导致王子受惊吓而得病。蚍蜉王不辨是非，下令对徐玄之处以肉刑，引发群臣争议。太史令马知玄呈奏状为徐玄之叫屈并对王子的胡作非为进行批评："伏以王子日不遵典法，游观失度，视险如砥，自贻震惊。徐玄之性气不回，博识非浅，况修天爵，难以妖诬。今大王不能度己，返恣胸臆，信彼多士，欲害哲人。窃见云物频兴，渗怪屡作，市言讹谶，众情惊疑。昔者秦射巨鱼而衰，殷格猛兽而灭。今大王欲害非类，是蹑殷秦，但恐季世之端，自此而起。"②批评王子实际也是暗讽国王纵容包庇王子，所以国王恼羞成怒，下令将马知玄斩杀。随后大雨暴至，草民蝎飞认为是冤情所致，上疏批评王子自作自受，痛责国王斩杀忠臣：

臣闻纵盘游、恣渔猎者，位必亡；罪贤臣、戮忠谠者，国必丧。伏以王子猎患于绝境，钓祸于幽泉，信任幻徒，荧惑儒士，丧履之戚，所谓自贻。今大王不究游务之非，反听诡随之议。况知玄是一国之元老，实大朝之世臣，是宜采其谋猷，匡此颠仆。全身或止于三谏，犯上未伤于一言。

---

① 李时人主编，何满子审订：《全唐五代小说》，陕西人民出版社1998年版，第3504—3505页。

② 《全唐五代小说》，陕西人民出版社1998年版，第1402页。

肝胆方期于毕呈，身首俄惊于异处。臣窃见兵书云'无云而雨者天泣'。今直臣就戮，而天为泣焉。伏恐比干不恨死于当时，知玄恨死于今日。大王又不贷玄之峻法，欲正名于肉刑，是抉吾眼而观越兵，又在今日。昔者虞以宫之奇言为谬，卒并于晋公；吴以伍子胥见为非，果灭于句践。非敢自周秦悉数，累黩聪明，窃敢以尘埃之卑，少益嵩岳。①

蟗飞的奏疏义正词严，蚍蜉王迫于形势，只好下令厚赏蟗飞，追封马知玄为大将军，以他的儿子蚍为太史令。按常理，故事到此结束。但作者笔锋突转，写蚍上表辞官："伏以臣先父臣知玄，学究天人，艺穷历数，因玄鉴得居圣朝。当大王采刍荛之晨，是臣父展嘉谟之日。逆耳之言难听，惊心之说易诛。今蒙圣哲旁临，照此非罪。鸿恩沾洒，犹惊已散之精魂；好爵弥缝，难续不全之腰领。臣岂可因亡父之诛戮，要国家之宠荣。报平王而不能，效伯禹而安忍。况今天图将变，历数堪忧，伏乞斥臣遐方，免逢丧乱。"②故事的结局是蚍不幸而言中，蚍蜉国随即便遭到灭顶之灾。整篇小说以奏议为线索来串联，以奏议中的议论来代替人物对事件进行评述，又体现人物的爱憎分明的感情，虽为虚构故事，实能比附现实。

唐传奇本身就文备众体，融史才、诗笔、议论为一身，是中国文学叙事、抒情传统交汇互动的产物。奏议也具有这样的文体特征。奏议文本的插入，让唐传奇叙事、抒情的手法上更加灵活，也增强了表达效果。

第三节　唐代奏议在古代应用写作史上的意义

从秦汉确立到隋唐趋向于繁盛，奏议一直都是古代文章的重要组成部分。汉代文史不分，实用性的文章与艺术性文章很难严格区别开来。刘开在《与阮芸台宫保论文书》中说："文莫盛于西汉，而汉人所谓文者，但有奏对、封事，

---

① 李时人主编，何满子审订：《全唐五代小说》，陕西人民出版社 1998 年版，第 1402 页。

② 《全唐五代小说》，陕西人民出版社 1998 年版，第 402—403 页。

皆告君之体耳。"① 话说得有些绝对，但是汉代文章的主体为奏议也是客观事实。到了六朝，文学与史学、儒学、玄学并立，与广义的文化学术区别开来，文章虽然有文笔之分，但两者的区别在形式（如是否用韵或有辞采）而不是内容，奏议属文章范畴，而且采用铺采摛文的骈体，对其审美要求也便凸显出来。换言之，六朝时期，应用写作与文学写作开始有所区别，奏议是应用之文（即为笔），但它属于文学写作，在艺术要求上与其他文体并无二致。钟涛先生在《六朝骈文形式及其文化意蕴》中说："六朝骈文中，应用文占多数，无论反映的是军国大事，还是屑屑琐事。也就是说，六朝骈文的写作，本是从功利性出发的。但六朝骈文的表现方式，与当时非功利性纯文学诗、赋的表达方式一样，都完全是审美的。用最不经济、最不功利的方式，表达最直接、最功利的目的。"② 这个见解是非常深刻的。唐代的文章大致有骈散两类，奏议以骈文为主，是"今文"（与"古文"相对）重要组成部分。唐代奏议被视为应用写作，不过，因为唐人非常重视文采，以文入笔，以笔为文，遂将应用写作文学化。宋代延续唐代以笔为文的习惯，然而应用写作与文学写作分流初见端倪。元明以后，应用写作与文学写作分流是大势所趋，这一过程很长，持续了六七百年。

一、应用写作与文学写作的统一

文章的写作源于实用。上古三代的作品无一不是以实用为目的。甲骨文、钟鼎铭文的记录，也都是为记事而存。《尚书》实际上是一部公文总集。历史著述《春秋》及其三传，则一字寓褒贬，注重微言大义。即便春秋战国时期的文章，不管是说理之文还是游说之辞，都不是为审美欣赏而作。直到六朝时期，出现文笔之分的讨论，文章的审美要求才被提出来，如萧绎在《金楼子·立言》中说："不便为诗如阎纂，善为章奏如伯松，若此之流，泛谓之笔。吟咏风谣，流连哀思者，谓之文。""至如文者，惟须绮縠纷披，宫徵靡曼，唇吻遒会，情灵摇荡。"③ 他以章奏之类应用文字归之于"笔"，而将无实用功能的美文称之为"文"。此时的文章写作，才开始具有审美欣赏目的，也就是说出现有意识的文学写作。不过这种写作只是少数人的需要，大部分人虽然重视文章审美价值，

---

① （清）刘开撰：《刘孟涂集·文集》卷四，清道光六年姚氏檗山草堂刻本。

② 钟涛著：《六朝骈文形式及其文化意蕴》，东方出版社 1997 年版，第 188 页。

③ （南朝梁）萧绎撰：《金楼子》卷四，丛书集成初编本。

但写作还是有明确的实用性目的。隋唐时期，文与笔由分到合，文学写作与应用写作界限又模糊了。

文学写作与应用写作纠结不清，根本原因在于从先秦到六朝，杂文学的性质始终不变，特别是在儒家政教传统的影响下，各类文体写作是殊途同归，审美性作品强调社会实用价值，实用类文章讲究艺术品位，这是古代文学写作的大势。正如曹丕所言："夫文章，经国之大业，不朽之盛事。"① 他强调文章的写作要与经世致用相关。刘勰总结"文章之用"是"五礼资之以成，六典因之致用，群臣所以炳焕，军国所以昭明""摛文必在纬军国，负重必在任栋梁，穷则独善以垂文，达则奉时以骋绩。若此文人，应梓材之士矣"；而书、记等实用文体"虽艺文之末品，而政事之先务也。"② 他对文章写作的看法还是以实用为先，应用写作是发挥"文章之用"最好的形式，且也有利于实现个人社会价值。

到了唐代，文学与政治的结合依然紧密。白居易曾言："国家以文德应天、以文教牧人、以文行选贤、以文学取士二百余年，焕乎文章。故士无贤不肖率注意于文矣。"③ 可见文学是唐代政治的基本内容，也是治国的必备工具。诚如陈飞先生所指出的那样："唐人的'文学'实质上与其'政治'是相互统一，相互支持，甚至是相互重合的。"④ 在这种情况下，唐代的文学写作与以实用为主的政治写作难解难分，尤其是在唐代奏议中表现得淋漓尽致。缘此，唐人在文学创作中，实用性（主要是政治功能）与艺术性的结合非常自觉。"文章合为时而著，歌诗合为事而作"⑤ 是最精辟的写作指导原则。换句话说，唐人的创作追求文学写作与应用写作的高度统一。再加上唐代创作者往往是文人、学者、官员多重身份，他们有足够的才能将应用性的文章写得文质兼备、美不胜收。另外，唐代帝王很多具有相当高的文学修养，能创作，会鉴赏，对文学出众，尤其是擅长公文写作的臣子往往青眼有加。创作者与阅读者都追求文章的审美价值，这在很大程度上提高了应用写作的艺术水平。无怪乎宋代的姚铉会认为

---

① （魏）曹丕：《典论·论文》。见（南朝梁）萧统编《文选》卷五二，中华书局 1977 版，第 720 页。

② （南朝梁）刘勰撰，詹锳义证：《文心雕龙义证》卷十、卷五，上海古籍出版社 1989 版，第 1909、1895、942 页。

③ （唐）白居易撰，顾学颉校点：《策林四·议文章》，见《白居易集》卷六五，中华书局 1979 年版，第 1369 页。

④ 陈飞著：《唐代试策考述》，中华书局 2002 年版，第 32 页。

⑤ （唐）白居易撰，顾学颉校点：《白居易集》卷四五，中华书局 1979 年版，第 962 页。

"唐三百年，用文治天下"。①姚氏曾编撰《唐文粹》，通览过唐代的文章，他对唐代文学特征把握得十分精准。所以他选录的唐代文章，基本都是应用写作大家的作品，也以实用类作品为主。

唐代的文学创作与应用写作高度繁荣，但是写作实践与理论不平衡，较之六朝时期成体系的写作理论，唐代的写作理论比较散乱，更多的是一种散点式的突破与深入。"它在诸如主体的道德修养、写作与生活的关系、内容与形式的创新、文章形神与写作技法等许多方面拓宽和发展了魏晋南北朝的写作理论，但在理论的系统研究上显得不足。它缺少魏晋南北朝时期陆机《文赋》那样对写作过程的系统集中的专论，更缺乏刘勰《文心雕龙》那样的体大思精的巨著。这时期的理论研究主要体现在诗话、词话、诗歌、书信、序跋、评点等自由灵活的形式中，它们给人的总体印象是繁杂有余而系统不足。"②尽管如此，从唐人对前代文学的总结来看，他们对文章的实用性与艺术性是等量齐观的。如魏徵曾曰："江左宫商发越，贵乎清绮；河朔词义贞刚，重乎气质。气质则理胜其词，清绮则文过其意。理深者便于时用，文华者宜于咏歌。此其南北词人得失之大较也。若能掇彼清音，简兹累句，各去所短，合其两长，则文质彬彬，尽善尽美矣。"③魏徵是从南北风格融合的角度来谈论创作理想状态，从"理深者便于时用，文华者宜于咏歌"的论断里，不难体会出他对实用性与艺术性合二为一的推崇。他的谏疏的写作，也贯穿了自己的理论主张，以功用为主，不废文采。柳宗元则说："殷周以前，其文简而野。魏晋以降，侧荡而靡。得其中者汉氏。汉氏之东，则既衰矣。当文帝时始得贾生明儒术，武帝尤好焉，而公孙弘、董仲舒、司马迁、相如之徒作，风雅益盛，敷施天下，自天子至公卿大夫士庶人，咸通焉。于是宣于诏策，达于奏议，讽于辞赋，传于歌谣。由高帝以讫于哀平王莽之诛，四方文章，盖烂然矣。"④他高度评价汉代文章的中和之美，将诏策、奏议、辞赋、歌谣相提并论，所谓"风雅益盛，敷施天下"，审美与实用并重的意思很明显。他说的是汉代的情况，实际有汉唐对比之意，因为中唐

---

① （宋）姚铉编撰：《唐文粹》序言，《四部丛刊》初编本。"用文治天下"与"文治"不是一个概念，前者突出的是文章参与治国的过程，而后者是对文教礼乐治国的概括（与"武功"相对）。

② 李道荣著：《中国古代写作学概论》，文心出版社1994年版，第118页。

③ （唐）魏徵等编：《隋书》卷七六《文学传序》，中华书局1974年版，第1730页。

④ （唐）柳宗元撰：《柳宗直西汉文类序》，《柳宗元集》卷二一，中华书局1979年版，第577页。

的文学的一个重要特征是恢复了两汉的散文写作传统。

钱穆先生在《杂论唐代古文运动》中评论韩柳的散文创作："二公者，实乃站于纯文学之立场，求取融化后起诗赋纯文学之情趣风神以纳于短篇散文之中，而使短篇散文亦得侵入纯文学之阃域而确占一席之地。"钱先生所说的短篇散文乃"别有其应用之途"，"其最著者为诏令和奏议，是为应用于政治方面者。又为论辩和序跋，则为应用于学术方面者。而人情之重视诏令与奏议则尤甚。复有在社会上普遍流行之应酬文字，则为碑记与书牍"。① 也就是说韩柳的古文创作主要还是应用文写作，只不过韩柳能够取法百家，并将古典散文的艺术精神灌注于应用写作之中，所以将应用性文字写得斐然成章。胡元德先生曾指出中国古代有"政教艺术化，艺术政治化"的文化传统，它决定了古代公文的文学品格。② 这种品格在唐代奏议中体现得尤为明显。

从具体的写作来看，唐代的奏议从内容到表现形式都能将实用性与艺术性结合。从内容上说，唐代奏议是就朝政上书进言、议论陈情，政治性内容与生俱来，不管是实用写作还是文学写作，它都是最为重要的部分。就表现形式而言，唐代奏议主要用骈体，延续了六朝应用写作的审美性表达方式。这让它们脱离了一般性公文的朴陋而取得了文艺性美文的华彩。

所以，唐代奏议是应用写作与文学写作的完美结合，其成就空前绝后。

二、大手笔的示范意义

"大手笔"一称谓最早见于《晋书·王珣传》："珣梦人以大笔如椽与之，既觉，语人曰：'此当有大手笔事。'俄而帝崩，哀册谥议，皆珣所草。"③ 故"大手笔"本意是指记录国家政治生活的高文典册。隋唐时期，大手笔含义有两层：一是指涉及朝廷大事的重要文章。比如《大唐新语·匡赞》称赞张说："为文思精，老而益壮，尤工大手笔。"④ 而张说以撰拟制诏和碑志闻名。《旧唐书》对"大手笔"也有记载，如《李峤传》："则天深加接待，朝廷每有大手笔，皆特令

① 钱穆著：《中国学术思想史论丛》（第四册），东大图书公司1983年版，第60页。
② 胡元德：《古代公文文学品性的发生机制》，《河南师范大学学报》（哲社版），2009年第06期。
③ （唐）房玄龄等编：《晋书》卷六五，中华书局1974年版，第1756—1757页。
④ （唐）刘肃撰，许德楠、李鼎霞点校：《大唐新语》卷一，中华书局1984年版，第10页。

峤为之。"① 又《崔融传》："则天幸嵩岳，见融所撰《启母庙碑》，深加叹美，及封禅毕，乃命融撰朝觐碑文。……融为文典丽，当时罕有其比，朝廷所须《洛出宝图颂》《则天哀册文》及诸大手笔，并手敕书付融。"② 李峤、崔融见称于世的文章，主要是为朝廷所做的碑铭哀祭之类。这些"大手笔"，都是针对作品而论的。"大手笔"的另一层含义则是指为朝廷撰写公文并成就非凡的大家。如白居易《冯宿除兵部郎中知制诰制》说："武德暨开元中，有颜师古、陈叔达、苏颋称大手笔，掌书王命，故一朝言语，焕成文章。"③ 这里的"大手笔"的指向明显已经由作品转向作家了。另《新唐书》记载张说和苏颋"以文章显，称望略等"，故时称"燕许大手笔"。④ 这是明确地指人了。当然，"大手笔"的作品仍以制诏、赞颂、碑铭为主，也包括一部分有关国计民生的奏议。总之，所谓"大手笔"，不仅要文才出众，而且能立足于朝廷，纪述事业，润色王言，实现经世致用与文采斐然的和谐统一。后世沿用"大手笔"称号，主要是从第二层意义上来讲的。

唐代被称为"大手笔"的作家，有明确文献记载的有太宗时的岑文本、颜师古，高宗时的崔行功、李怀俨，武后朝的李峤、崔融，玄宗时期的张说、苏颋，穆宗到武宗时期李德裕，个个都是当时政坛上有名的人物。虽说"古者世称大手笔，此事不系于职司"（李商隐《韩碑》），⑤ 但没有一定政治地位并为朝廷服务（如担任翰林学士、中书舍人），是没有资格称之为"大手笔"的。除了上述诸人，就实际影响而论，魏徵、马周、张九龄、贾至、陆贽、韩愈、柳宗元、元稹、白居易、刘禹锡、令狐楚等人，也可以称之为"大手笔"。⑥

对于唐代的"大手笔"的考察，学界一般是从有限的几个作家入手进行简单的作品分析，概括他们对唐代文学发展的作用与影响。如对"燕许大手笔"的讨论就是典型。这样的研究很有意义，但还很不够。唐代"大手笔"的文

---

① （五代）刘昫等编：《旧唐书》卷九四，中华书局 1975 年版，第 2993 页。

② （五代）刘昫等编：《旧唐书》卷九四，中华书局 1975 年版，第 2996 页。

③ （唐）白居易撰，朱金城笺校：《白居易集笺校》卷四八，上海古籍出版社 1988 年版，第 2877 页。

④ （宋）欧阳修、宋祁等编撰：《新唐书》卷一二五，中华书局 197 年版，第 4402 页。

⑤ 刘学锴、余恕诚著：《李商隐诗歌集解》，中华书局 2004 年版，第 908 页。

⑥ 如宋人就认为元稹是唐代大手笔之一。刘麟《元氏长庆集原序》曰："元微之有盛名于元和、长庆间，观其所论奏，莫不切当时务，诏诰、歌词自成一家，非大手笔曷臻是哉！"见冀勤点校《元稹集》附录二，中华书局 1982 年版，第 733 页。

学史意义，可以更全面、深入一些。这里只从应用公文发展的示范意义上稍加总结。

唐代公文创作繁荣，无论是思想价值还是艺术水准都达到了历史的高峰。唐代公文的成就取得固然离不开科举考试的推动作用，也跟数量庞大的作者队伍及大量名篇佳作有莫大关系，不过各个时期的"大手笔"的示范作用也不容忽视。因为这些"大手笔"都有比较高的政治地位，能够比较容易地以自己的创作实绩来影响公文写作风气。

以奏议为例，唐初的公文沿袭六朝靡丽之风，但魏徵、马周、岑文本等人以辞理切直的极谏之文为贞观公文写作树立了良好的榜样，所以太宗时期的奏议，尽管是骈体居多，但举要删芜，论事透辟，并无繁缛之弊。到了玄宗时期，张说、苏颋的奏议黜浮艳而趋典则，又在规整的四六句中杂以散句，化整饬为错落，以流畅破艰涩，有效地释放了骈体公文的表达空间。燕、许二人努力将奏议的实用性与文学性融为一体，并着力表现出盛唐气象，是以在当时的文坛上影响很大。玄宗曾对苏颋说："朕每见卿文章，与诸人尤异，当令后代作法，岂惟独称朕心！"①他还下令将苏颋所撰制诏、奏议重新抄录一份呈上以便细读。上有所好下必行之，很多人便沿着燕许的路子进行创作，努力追求文质彬彬的文章境界。随后的陆贽的奏议，就是延续"燕许"骈散互用、以古杂今的办法，散句双行，运单成复，创造出一种新式骈体奏议，让骈体的形式能彻底为内容服务，为同时代的公文树立不朽的典范。可以说，如果没有陆贽的积极引导，中唐的骈体公文会遭遇发展瓶颈，有可能会因古文运动冲击，退缩至特定领域，影响力大减，更谈不上在晚唐复兴。

陆贽的奏议除了在文体上极具创新意义，在讽谏艺术上也堪为榜样。众所周知，奏议是写给皇帝的，让皇帝信服才能达到行文的目的。所以上奏者既要对时局有清醒的认识，又要顾忌各种错综复杂的关系；既要提出可行性方案，又不能违逆皇帝的想法；既要能揣测圣意，又不能显示出比皇帝更高明；既要直言极谏，又不能显暴君过；既要讲明道理，还要委婉动听。陆贽的奏议在讽谏方面就表现出极高的技巧。这一点在前文中已提及，此不赘述。

至于元稹与白居易在公文改革领域中的重要作用前文已经详述。这里还可以再补充一点，就是"元白"不仅是大手笔，而且有意识地总结自己的公文写

---

① （唐）韩休《唐金紫光禄大夫礼部尚书上柱国赠尚书右丞相许国文宪公苏颋文集序》，见《全唐文》卷二九五，中华书局1983年版，第2987页。

作风格并积极对外推广。所谓"制从长庆词高古，诗到元和体变新"，① 这是一种高度的文学自信。在奏议方面，元白同样有但开风气亦为师的胆略。他们在元和元年（806）参加制举前，闭户累月，揣摩当代之事，构成策目七十五门，命名为《策林》。《策林》的内容在白居易的文集有详载。②

虽然《策林》的创制具有明显的虚拟性，但其中所思考的问题完全切合中唐的社会现实。诸如为君为圣之道、施政化民之略、求贤选能之方、整肃吏治之法、省刑慎罚之术、治军御兵之要、矜民恤情之核、礼乐文教之功等问题，无论哪一条，都是奏议所要阐述的重要内容。元白用策问的形式，将这些内容清晰、完整地分条展现出来。在"以策取士"的唐代，这可谓是为广大举子提供了绝佳的学习范文。③ 即便是实际上奏论政，《策林》也具有极大的参考价值。从文体文风上讲，元白的奏议以散体为主，风格简朴自然，对引导公文写作的风气起到了不可替代的示范作用。

令狐楚在中晚唐公文写作领域也堪称一代大手笔，在朝廷上下都有影响。唐德宗对令狐楚的章奏就十分欣赏，"每太原奏至，能辨楚之所为，颇称之"。④ 可以想象，在皇帝的赞誉之下，令狐楚文章的身价自然水涨船高，为人所倾力模仿自不在话下。令狐楚由供职藩镇幕府到最后官至宰相并封彭阳郡开国公，个人经历堪称完美，这在中晚唐的士人心中也具有典范意义。特别是在晚唐科举之路日窄，士人上升之道受阻的情况下，令狐楚以自己的显赫经历向士人们指明了一条奋斗的道路。所以刘禹锡说他："世上功名兼将相，人间身价是文章。"⑤ 至于李商隐的章奏技法传自于令狐楚，这已是众所周知的事实。李商隐才秀人微，没有在中央朝廷服务的机会，所以没能如其师那样成为大手笔，不过李商隐的四六表奏，在晚唐和北宋还是很有影响力的。

---

① （唐）白居易撰，顾学颉校点：《白居易集》卷二三，中华书局1979年版，第503页。

② 详见（唐）白居易撰，顾学颉校点《白居易集》卷六二到六五，中华书局1979年版。

③ 此处借用了陈飞的说法。陈飞认为："唐代科举作为一个考试选材的制度体系，其试项并不限于文学，更不限于诗，诗甚至不是其长期稳定实行的主要试项。在唐代科举考试诸试项中，试策才是最重要的试项；科举取士各科目几乎无不试策；在各科目考试中，几乎都把试策置于最重要的位置；有很多科目、在很多时候试策甚至是唯一的试项；在考试办法及朝廷的礼重程度等方面，往往也优于其他试项；因而试策也是承担唐代科举精神实质及其职责功能最为得力的试项。因此，与其说唐代科举是'以诗取士'，倒不如说是'以策取士'更符合实际情况。"见陈飞《唐代试策考述》，中华书局2002年版，第3页。

④ （五代）刘昫等编：《旧唐书》卷一七二，中华书局1975年版，第4459页。

⑤ （唐）刘禹锡撰，卞孝萱校订：《刘禹锡集》卷三二，中华书局1990年版，第433页。

三、后世奏议缺乏文采的原因

唐代奏议华实相扶、文质兼胜，在奏议发展史上具有典范意义。不过宋元以后，奏议逐渐远离文学，滑向纯应用写作。宋代的奏议特别是北宋前期的作品虽然富有文采，但公文的特征也比较明显，与一般文章神韵不太一样。而元代奏议用散文，接近口语，甚至有俚俗之言，除了汉族官僚的奏议尚能辞达，绝大多数都是质木无文。明代奏议日益形式化、专门化，开始远离日常文章写作畛域。到了清代，绝大多数的奏议纯为应用文字，实际已经脱离文学的范围了。到20世纪初，随着封建帝制的瓦解，奏议的历史使命宣告完成。同时，公文也从长期的杂文学体系中剥离出来，成为独立的学科。至此，广义上文章便一分为二：以审美为目的文学作品和以实用为目的应用文。

文学作品与应用文各自独立的原因，从文学自身来讲，是传统杂文学深入发展的必然结果，它突出表现在文章的实用性（功能）与艺术性（审美）的逐渐分离。奏议作为文章的一类，其演变也遵循文学一般发展规律，具体来说，与骈文的盛衰密切相关。

骈文经过了唐宋两代的演化，已失去了六朝时的灵动和活力。宋代在骈文改造上取得突出的成就，但同时也不可避免地让骈文的使用范围狭隘化了，骈文几乎完全退缩到制、诏、表、启、奏等少数应用文中。以审美为追求的骈文最终和以实用为目的公文绑定在一起，看似矛盾，其实正体现出骈文衰落的必然性。因为骈文产生之初，就是以形式取胜。徐陵、庾信、张说、苏颋、陆贽、令狐楚、李商隐、欧阳修、苏轼等骈文大家，比较容易将充实的内容和饱满的情绪灌注于美的形式之中。但在一般人手中，却难以兼顾内容与形式。骈文发展在南宋以后，程序化日益明显，逐渐蜕化为官样文章和私人应酬之作，大多以华丽的辞藻装点门面，套话连篇，所以宋以后的骈体应用文难以为继，即便用骈体写成，也鲜有佳作。[①]骈文在清代一度复兴，不过成就还难以跟六朝、唐宋相媲美。而且不论是在创作实践还是理论探索上，清人都将骈文视为纯文学写作了。虽然用散体文来写作不影响奏议的基本功能，但散文（古文）适用范围非常广，特色不够鲜明，而适宜文学写作的应用文基本都与私人写作相关（如书序、信函之类）。更重要的是，宋代以后文学写作的重心逐渐由雅文学转向俗文学，戏曲、小说的创作方兴未艾，而传统的诗文写作则盛况不再。宋代

---

① 何庄：《文体骈散的分合对古代公文发展的影响分析》，《档案学通讯》，2004年第06期。

的王铚曾说"诗赋胜则刀笔胜，而其衰亦然"，^①从古代应用写作发展的大势来看，的确如此。

从奏议内在属性来讲，它与政治有着密不可分的关系，其演变很大程度受政治因素的影响。这种影响有正面的，也有负面的。隋唐及以前，正面的居多，宋元以后，则多属于负面的。

首先是君主专制的强化导致奏议的应用从公开转向私密，其写作也由个性化过渡到制度化。宋代中央集权空前，皇权也从多方面压制相权（如设枢密院以分宰相军权，设三司使以分宰相财政权，设参知政事以牵制宰相），到明代干脆废置中书省，罢黜了宰相，六部尚书直接对皇帝负责，一切政务都集中到皇帝手里。官员所上奏议无须经过文书机构审核，直接面向皇帝本人，类似于递交个人报告。皇帝阅读奏议，看重的是上奏者的识见才干而不是文字功夫。上奏者只需要言简意赅反映情况、表述观点、提供建议即可，冗长的奏议会影响皇帝阅读效率，轻者受斥，重则影响仕途。明太祖时大臣茹太素"陈时务累万言"，太祖读到一半还不知道他想说什么，所以非常愤怒，"召太素面诘，杖于朝"。"次夕，复于宫中令人诵之，得其可行者四事。慨然曰：'为君难，为臣不易。朕所以求直言，欲其切于情事。文辞太多，便至荧听。太素所陈，五百余言可尽耳。'"^②五百字能说清楚的文章却写成万言书，皇帝自然没有耐心读下去。同时，为了便于皇帝阅读，奏议要尽量简洁，一事一议。这一点在南宋有明文规定："奏陈公事，皆直述事状。若名件不同应分送所属，而非一宗一事者，不得同为一状。"^③罗大经《鹤林玉露》也曾有所总结："奏疏不必繁多，为文但取其明白，足以尽事理感悟人主而已。此论极好。如《伊训》《说命》《无逸》《立政》所未论，只如诸葛孔明前、后《出师表》何尝费词。"^④明太祖在责罚了茹太素之后，也令"中书定奏对式，俾陈得失者无繁文"。^⑤若有些奏议因为客观需要不得不详述细论，就采用"贴黄"的办法处理，即摘取奏议要点黏附在文末，一般不超过百字，以便省览。如清顺治帝时就严格规定："凡内外官

---

① （宋）王铚撰：《四六话》序言，文渊阁《四库全书》本。

② （清）张廷玉等编：《明史》卷一三九，中华书局 1974 年版，第 3987 页。

③ （宋）谢深甫撰，戴建国点校：《庆元条法事类》卷一六，黑龙江人民出版社 2002 年版，第 344 页。

④ （宋）罗大经撰，王瑞来点校：《鹤林玉露》（乙编）卷一，中华书局 1983 年版，第 133 页。

⑤ 《明史》卷一三九，中华书局 1974 年版，第 3987 页。

员题奏本章，不得过三百字，虽刑名钱谷等本，难拘字数，亦不许重复冗长。仍将本中大意，撮为贴黄，以便阅览，其贴黄不许过一百字。如有字数溢额及多开条款，或贴黄与原本参差异同者，该衙门不得封进，仍以违式纠参。"① 在这样的规定之下，奏议写作连必要修饰都显得多余，艺术性的追求更不得不放弃。

其次是统治者崇尚实用，不喜繁缛文采。唐代诸帝一般都有很高的文学素养，也非常重视文学之士。刘禹锡在《唐故相国李公集纪》对此曾有描述："惟唐以神武定天下，群慝既耆，骤示以文。韶英之音与铤鼓相袭。故起文章为大臣者，魏文贞以谏诤显，马高唐以智略奋，岑江陵以润色闻，无草昧汗马之劳，而任遇在功臣上。唐之贵文至矣哉！后王纂承，多以国柄付文士。元和初，宪宗遵圣祖故事，视有宰相器者，贮之内庭。繇是释笔砚而操化权者十八九。"② 尚文成为唐代政治的重要特点。不过，这种情况在宋以后就比较少见了。皇帝多乏文采，不喜雕琢之文。这种苗头在五代就已经显露。五代的统治者都是武夫出身，识字不多，对于奏议的文采不甚讲究。后周太祖郭威就曾下诏："朕生长军旅，不亲学问，未知治天下之道，文武官有益国利民之术，各具封事以闻，咸宜直书，勿事辞藻。"③ 同时代的牛希济总结奏议的写作要旨时也特别提到"聪明睿哲之主，非能一一奥学深文，研穷古训"，"况人君以表疏为急者，窃以为稀。况览之茫然，又不亲近儒臣，必使旁询左右。小人之宠，用是为幸。傥或改易文意，以是为非，逆鳞发怒，略不为难"。所以他主张"复师于古，但置于理"，不以"幽僻文烦为能"。④ 明太祖朱元璋不仅不喜欢冗长的奏议，也厌恶浮靡的骈体文风，曾多次下诏革除弊习，"近代制诰表章之类，仍蹈旧习，朕常厌其雕琢，殊异古体，且使事实为浮文所蔽。其自今凡告谕之词，务从简古，以革敝习，尔中书宜告中外臣民凡表笺奏疏，毋用四六对偶，悉从典雅"。⑤ 所谓"典雅"，不过是要求用散文而已，是形式上的要求而非文辞之讲究。

总之，唐宋以后，奏议的文学色彩因为实用性与艺术性的分离而逐渐淡漠，又在政治因素的影响下日趋式微，最终沦为纯应用写作。

① （清）昆冈、李鸿章等编：《大清会典事例》卷一零四二，光绪二十五年八月石印本。
② （唐）刘禹锡撰，卞孝萱校订：《刘禹锡集》卷十九，中华书局1990年版，第224页。
③ （宋）司马光编撰，（元）胡三省音注：《资治通鉴》卷二九〇，中华书局1956年版，第9455页。
④ （清）董诰等编：《全唐文》卷八四五，中华书局1983年版，第8878页。
⑤ （明）余继登撰，顾思点校：《典故纪闻》卷三，中华书局1981年版，第49页。

结　语

　　奏议是中国古代一种应用广泛的上行公文，它的产生源于国家的建立与君主专政的需要，是文书行政体系的主要载体之一。

　　奏议不仅是决策治国的重要工具之一，也是古代文章的大宗。奏议的文学发展历经两千多年，从先秦两汉的尚实用到六朝时期的重文采，从唐代的文质兼备到宋以后的质木少文，其风格是不断变化的。

　　在唐代文学史上，奏议地位重要，特色鲜明，成就巨大。作为独立之文体，它是唐代文章的重要组成部分，涌现许多大手笔，也是唐代文体文风改革见证者；作为经国之枢机，它务实际，重思辨，融情理于事；作为抒情言志的另一种方式，它寄托着唐人宏伟的政治抱负与社会理想；作为科举考试的重要科目与幕府谋生的手段，它是士人必备基本技能，号为章奏之学。

　　概括地说，唐代奏议有以下几个特点：

　　（一）文采华美。唐代奏议以骈体为主，间杂散句，句式匀称而有错落之美。唐代奏议中大量采用典故、声韵、偶对、藻饰的文学修辞手法，行文有修饰之美。唐代奏议名家众多，风格多样，有个性之美。

　　（二）立言有体。唐代奏议注重谏君之道，辞婉意如，在分寸与身份的把握上比较到位；在表示致谢辞让时，纡徐委备，巧妙贴切；在具体的行文之间，语多卑辞，以示诚惶诚恐。这些特点让唐代奏议形成一种特殊的文章语调。

　　（三）笔带感情。唐代奏议情感丰富，不论是上书言事，还是议论陈请，都带有深厚的个人情感色彩，或慷慨激昂，或平心静气，或欢呼雀跃，或哀婉感伤，这使得唐代奏议情意满篇，气势充沛。

　　（四）崇实尚用。唐代奏议不废辞采，但根本上还是以实用为目的，跟政教联系紧密，它下系民瘼，上关政本，审利害、明义理、顺人情，充分发挥了经世致用的实用功能。

（五）剀切详明。唐代奏议善于议论说理，它条议是非、针砭时弊，剀切透辟；它权衡轻重，斟酌古今，对于治国安邦之策、移风易俗之法、兴亡成败之由皆有深刻理解；在辩驳反诘之时，条理清晰，层次分明，多警策之言。

总之，唐代奏议继承了前代奏议的优长，叙述简要，论析透辟，情感浓烈，文质因其宜，繁约适其变，功能与审美并行不悖，具有独特的风采。它融合了中国文学抒情、叙事两大传统，达到了繁约得当、华实相胜的理想文章境界，是公文写作的历史典范。

本书首次对唐代奏议的发展情况与文学风格特色进行了论述，对其文学史意义进行了阐发。其创新之处在于专注唐代奏议的考察，承前启后，填补学术界有关奏议文学断代研究的空白；避开历史学、政治学、文书学、档案学分析，以文学、文学史的视角观照唐代奏议，弥补以往奏议研究中文学性考察的不足；重新审视中国古代文学传统，尝试将奏议这类应用文体纳入中国文学叙事与抒情两大传统的考察范围之中，拓展古代文学的研究领域。

不过囿于个人能力与精力，本书存在明显的不足：一是鉴赏能力不够，对一部分奏议作品的理解比较肤浅，分析有待深入；二是对唐前奏议的梳理简洁明晰，而对唐代奏议的发展流变情况的勾勒则不甚明了，代表作家及作品的选取也不尽合理；三是叙述过多，论证不够，对唐代奏议的文体分析过于简略，侧重在叙事的讨论，而对其议论的特征语焉不详，对议论与叙事的互动关系没有进行很好地总结，对唐代奏议的文学史价值的挖掘也有待进一步深入。这些不足之处，需要在今后的研究中加以改进。

附　录

唐代奏议篇目整理

清代嘉庆年间董诰领衔主编的《全唐文》，收文两万余篇，有唐一代文章，大体汇集。《全唐文》疏漏之处颇多。光绪年间，陆心源编《唐文拾遗》七十二卷、《唐文续拾》十六卷，补录唐文三千三百余篇。《全唐文》及陆氏的补编由中华书局在 1983 年合并出版，为唐代文史研究必备的文献。此外，陈尚君先生辑校的《全唐文补编》对存世典籍和新见文献进行全面整理，从四部群书、敦煌遗书、石刻文献、海外汉籍、佛道两藏中又辑得唐文约七千篇，2005 年由中华书局出版，是清代以来唐文辑佚的最重要成果。

本书所引唐代奏议作品，其内容主要根据旧《唐书》或经过整理的唐人别集，但篇目基本上参照《全唐文》（含《唐文拾遗》）。内容依据《旧唐书》及唐人别集，主要是因为它们多是第一手材料，准确性更高。但《旧唐书》中很多奏议只有正文（或节选文字）而无篇名，根据《全唐文》可比较方便地查找。引文不据《新唐书》的原因在于列传部分由宋祁编写，他为了文字简省，曾将唐代诏令、奏议进行大量删改。"因为这些诏令、奏议在唐代是习惯用骈体文写的，宋祁不喜欢这种骈体文而提倡古文，于是见到就删，即使损失了有价值的史料也在所不惜。也有些实在太重要了不便删就改，把人家的骈体文硬改窜成古文。幸好《旧唐书》还没有失传，可以让我们看到这些文字的本来面目，否则只看《新唐书》岂不是要认为当时人真都用古文来写诏令、奏议了。"①

---

① 见黄永年《〈旧唐书〉与〈新唐书〉》，人民文学出版社 1985 年版，第 53—54 页。以裴度的传记为例，《旧唐书》穿插引用奏疏文字两千余字，在《新唐书》里，不到八百字。所以就文本价值而言，《旧唐书》要超过《新唐书》。

　　需要指出的是，此奏议篇目只涉及创作年代可靠的唐代作品。篇目表在备注中对一些明显错收、重收的篇目进行注释。这些注释，综合了学界的相关考订成果以及本人在阅读、整理过程中的发现，不一一交代出处。①

　　另外，囿于时间、精力，本表也没有对《全唐文补编》（简称《补》）中收录奏议篇目进行梳理，仅将其与《全唐文》重出情况予以简单地说明。②所以，这个篇目表有待进一步补充、完善。

全唐文			
卷 次	作 者	篇 名	备 注
九四	徐贤妃	谏太宗息兵罢役疏	
九七	武 后	请亲祭地祇表	
		请父在为母终三年服表	
九九	李博乂	服制议	
	李远景	请封禅表	
	李 宏	谏逃军配没家口疏	
		请树孔子庙碑疏	
	李重福	在均州自陈表	
	李 宪	让兼领太常卿表	
	李守礼	贺驯雉见斋宫表	
	李 祎	请宣示御制华岳碑文表	
	李 瑛	请宣付耕藉祥瑞奏	
	李 璬	请改修龙池圣德颂表	
	金城公主	谢恩赐锦帛器物表	
		乞许赞普请和表	
		请置府表	
	裴 寂	劝进疏	

---

　　① 主要有清人劳格的《读全唐文札记》、岑仲勉先生的《续劳格〈读全唐文札记〉》、陈尚君先生的《再续劳格〈读全唐文札记〉》以及韩理洲先生的《唐文考辩》等。

　　② 孟彦弘先生在《〈全唐文补编〉杂议——兼议断代诗文的分别总集》一文中对陈尚君先生《全唐文补编》编纂不足之处特别是与《全唐文》篇目重出问题有所批评，并有一些例证。见黄正建主编《隋唐辽宋金元史论丛》（第2辑），上海古籍出版社2012年版。根据孟先生提示，附录对这一问题予以特别关注。

卷 次	作 者	篇 名	备 注
一三三	李 纲	论时事表	
		谏以舞人安叱奴为散骑常侍疏	
	姜 謩	将赴陇右上高祖奏	
	李大亮	请停招慰突厥疏	
	傅仁均	陈修历七事表①	
		对王孝通驳历法议	
	傅 奕	请废佛法表	
		请革隋制疏	
		请除释教疏	
一三四	王孝通	上缉古算经表	
		驳傅仁均戊寅历议	
	张公谨	条突厥可取状	
	韦云起	谏征王世充表	
	高士廉	请诛元昌奏	①据《旧唐书》，表文中"七月，诏颁新历"应为"九月"
一三五	孙伏伽	谏大赦后迁配王世充窦建德党与表	
		谏马射表	
		陈三事疏	
	朱子奢	请封禅表	
		谏将杀栎阳尉魏礼臣表	
		谏欲观起居纪录表	
		立庙议	
	崔仁师	驳反逆兄弟从死议	
	高 冯	上太宗封事	
一三六	长孙无忌	辞功臣袭封刺史表	
		贺河清表	
		请封禅表	
		进《五经正义》表	
		进《律疏议》表	
		谢敕秘书省写新翻经论奏	

卷　次	作　者	篇　　名	备　　注
一三六	长孙无忌	太宗皇帝配天议	
		冕服议	
		先代帝王及先圣先师议①	
		昊天上帝及五帝异同议②	
		请废白帢从素服议	
		甥舅服制议	
		庶母服制议	
一三七	房玄龄	谏伐高丽表③	①《旧唐书》卷二四作许敬宗文
		公平正直对	②《旧唐书》卷二一作许敬宗文
		缓讨高丽对	③《补》卷五为《表》，系节选
		请尊孔子为先圣议	④本篇与卷一四七颜师古《封禅议》前十一句重
		山陵制度议	
		蜡祭议	
		封禅议	
		封禅昊天上帝坛议④	
		请禅社首议	
		玉牒议	
		玉策议	
		金匮议	
		方石再累议	
		泰山上圜坛议	
		圜丘上土封议	
		玉玺议	
		立碑议	
		设告至坛议	
		废石阙及大小距石议	
		兄弟缘坐配流议	
	杜如晦	虞世基罪当死论	
	温彦博	安置突厥议	

全唐文

续表

		全唐文	
卷　次	作　者	篇　名	备　注
一三七	令狐德棻	请修近史奏	
		议沙门不应拜俗状①	
一三八	虞世南	上山陵封事	
		论山陵疏	
		谏猎疏	
一三九	魏　徵	请陪送葬建成元吉表	
		谏格猛兽表	
		遗表②	
		论时政疏③	
		韦弘质妄议宰相疏④	
		论治道疏	
		论御臣之术	
一四〇	魏　徵	谏遣使市马疏	①凡两篇
		谏止聘充华疏	②仅存数行
		十渐疏	③凡四篇
		论君子小人疏	④误收，实为卷七〇六李德裕
		论处突厥所宜疏	《论朝廷事体状》，卷九六七又
		谏诏免租赋又令输纳疏	为阙名《论韦弘质奏》，亦误
		豫章公主薨素服逾制疏	
		辨权万纪劾房玄龄王珪考官不平疏	
		谏西行诸将不得上考疏	
		答太宗手诏疏	
		理狱听谏疏	
		谏魏王移居武德殿疏	
一四一	魏　徵	明堂议	
		朝臣被推勋期以上亲不宜停侍卫入内议	
		嫂叔舅服议	
		象古建侯未可议	
		赏旧左右议	

卷　次	作　者	篇　名	备　注
一四二	李百药	劝封禅表	
		请放宫人封事	
		安置突厥议	
一四三	李百药	封建论	
一四四	于志宁	让赐地奏	
		论李宏泰疏	
		谏衡山公主出降疏	
一四六	李安期	对高宗用才当忘亲雠论①	
	孔颖达	明堂议	
		对论语问	
一四七	褚亮	圣制故司空魏徵挽歌词表	①实节录《旧唐书》卷七二李安期廷对之语的后半段
		谏猎表	
	颜师古	为留守群官谢恩诏表	②《补》卷四为《禘祫议》，系节选
		论薛子云等表	③《文苑英华》题为《请省自披读表》
		论封建表	④《补编》卷七为《议捉钱令史疏》，系节选并有改写
		议明堂制度表	
		请撰王会图奏	
		封禅议	
		定宗庙乐议	
		太原寝庙议	
		明堂议	
		功臣配飨议②	
		嫂叔舅服议	
		安置突厥议	
一四八	张元素	谏修洛阳乾阳殿书	
		陈正道对	
一四九	褚遂良	请节劳表③	
		请废在官诸司捉钱表④	
		请千牛不简嫡庶表	

全唐文

续表

	全唐文		
卷 次	作 者	篇 名	备 注
一四九	褚遂良	请不穷逐窦智纯表	①误收,《旧唐书》卷二五《礼仪志》载此文,作者乃张齐贤,《新唐书》卷一三《礼乐志》亦然
		谏夜饮表	
		谏五品以上妻犯奸没官表	
		请宫中眼花浪见不得辄奏表	
		谏魏王泰物料逾东宫疏	
		谏以皇子任刺史疏	
		谏讨高丽疏	
		谏戍高昌疏	
		谏寝殿侧置太子院疏	
		谏亲征高丽疏	
		谏纳莫离支贡疏	
		论房玄龄不宜斥逐疏	
		谏与薛延陀绝婚疏	
		谏穷问张元素出身疏	
一五〇	杜正伦	请慎言疏	
	岑文本	论摄养表	
		劝封禅表	
		理侯君集等疏	
		大水上封事极言得失	
		定宗庙议	
		七庙议①	
		钱不行对	
一五一	刘洎	论左右丞须得人表	
		论太子初立请尊贤讲学表	
		谏诘难臣寮上言书	
	许敬宗	劝封禅表	
		贺洪州庆云见表	

续表

全唐文			
卷 次	作 者	篇 名	备 注
一五一	许敬宗	贺杭州等龙见并庆云朱草表	①《补编》卷一二为李淳风《论戊寅历表》，系改写 ②《补编》卷一三为许敬宗《请国学释奠奏》 ③误收，实为卷二〇九陈子昂《为河内王论军功表》 ④误收，实为卷一五三许敬宗《藏宏农府君神主于夹室议》后半篇
		贺隰州等龙见表	
		贺常州龙见表	
		贺富平县龙见表	
		百官贺朔旦冬至表①	
		谢敕书表	
		为工部尚书段纶请致仕表	
		请收叙废黜宫僚表	
		请定释奠主祭奏②	
		封禅用玉牒奏	
一五三	许敬宗	请立皇太子疏	
		笾豆数议	
		郊祀燔柴先焚后祭议	
		定宗庙乐议	
		藏宏农府君神主于夹室议	
	刘思立	谏农时出使表	
		为河南王武懿宗论功表③	
		劾韦万石奏	
	尉迟敬德	谏亲征高丽疏	
	李 靖	天老神光经表	
		乞解职表	
	李 勣	请高祖太宗俱配昊天上帝表	
		谏留神主于内寝表	
		请迁主祔庙表④	
	阎立本	僧道拜君亲议	
	戴 胄	谏修洛阳宫表	
		请建义仓疏	

全唐文			
卷　次	作　者	篇　名	备　注
一五三	李延寿	上南北史表	
一五四	韦　挺	风俗失礼表	
		驳功臣配享议	
	敬　播	驳刑部谋反大逆兄弟改从重法议	
一五五	上官仪	劝封禅表	①《补编》卷五作《论宗室群臣袭封刺史疏》，系节选
		为朝臣贺凉州瑞石表	
		为于侍中请赴山陵表	
		为太仆卿刘基请致仕表	
		为卢岐州请致仕表	
		为殿中监赵元楷请致仕表	
		为房州刺史请朝觐表	
		为李秘书上祖集表	
		对求贤策	
		对用刑宽猛策	
	马　周	上太宗疏①	
		陈时政疏	
		请劝赏疏	
		谏公主昼婚疏	
		请简择县令疏	
一五六	窦　静	论颉利部众不便处南河封事	
	张行成	谏太宗书	
		请太子监国疏	
	高若思	劝封禅表	
一五八	韦安仁	驳封禅旧仪降神乐歌并用郊祀之辞议	
	刘仁轨	陈破百济军事表	
		谏幸同州校猎表	
		吏兵部选人议	
一五九	李君球	谏高宗将伐高丽疏	

续表

卷　次	作　者	篇　名	备　注
一五九	薛元超	请停春杀高敦礼表	
		谏蕃官仗内射生疏	
	薛仁贵	请释泥熟家口疏	
	韩　瑗	理褚遂良疏	
	李淳风	上灵台候仪奏	
		议佺道不应拜俗状	
一六〇	吕　才	进大义婚书表	
		进白雪歌奏	
		议僧道不应拜俗状	
	李乾祐	外属不得通婚奏	
一六一	王福畤	许敬宗谥议	
	张昌龄	对刑狱用舍策	
		对高洁之士策	
	王义方	劾李义府疏①	①《补》卷一二同，少四十余字
		请重勘李义府致死毕正义奏	
一六二	刘祥道	请以三公备亚献奏	
		陈铨选六事疏	
		僧道拜君亲议状	
	赦处俊	郊祀议	
		僧道拜君亲议状	
	裴行俭	讨西突厥兵事疏	
	张文瓘	谏造蓬莱上阳宫疏	
	唐　临	劾封德彝奏	
		劾杜如晦奏	
		议萧龄之罪状奏	
	裴宏献	除断趾法议	
	邢文伟	减膳上书	
一六三	徐有功	论天官秋官及理匦愆失表	
		驳郭奉一论苏践言等处绞奏	

卷 次	作 者	篇 名	备 注
一六三	徐有功	驳论徐余庆处斩奏	
		驳论邱神鼎处斩议	
		再驳论邱神鼎罪议	
		论李思顺罪议	
		驳皇甫怀节李思微处斩议	
		赵推之唐子产诬告长孙仲宣议	
		驳韩纯孝家口籍没议	
		驳李仁里等处斩议	
	逢行珪	进鸑子表	
	刘藏器	对恤刑策	
		对刑法得失策	
		对往代为刑是非策	
一六四	陈元光	请建州县表	据《唐会要》卷四一，①②实为一文分拆两篇
		漳州刺史谢表	
	李嗣真	上武后疏①	
		上谏来俊臣构陷无罪书②	
一六五	颜扬庭	上匡谬正俗表	
	吴扬昊	不毁化胡经议	
	张思道	不毁化胡经议	
	刘如璿	不毁化胡经议	
	贠半千	陈情表	
	张太元	不毁化胡经议	
一六八	魏玄同	请吏部各择寮属疏	
	元万顷	郊丘明堂等严配议	
		明堂大飨议	
	郭正一	对廊肆策	
	裴守真	请重耕织表	
		封禅射牲议	
		论立对破阵善庆二舞议	
	徐齐聃	请修齐献公庙奏	

卷 次	作 者	篇 名	备 注
一六八	徐齐聃	谏突厥酋长子弟给事东宫疏	
	薛景宣	上修筑罗郭及杨正道诈死封事	
	孙处约	请改服制奏	
	杨德裔	劾奏郑仁泰薛仁贵逗留失机状	
	苏 瑰	与宋璟同谏玄宗疏	
	李 宽	僧道拜君亲议状	
一六九	张延师	议不废二氏状	
	狄仁杰	奏从越王举兵违误免死表	
		请拔安东表	
		请罢百姓西戍疏勒等四镇疏	
		请曲赦河北诸州疏	
		谏造大像疏	
		谏杀误斫昭陵柏者疏	
		乞免民租疏	
	王 綝	献俘用军乐奏	
		有丧不得朝会燕乐奏	
		请改东宫门殿名疏	
		谏孟春讲武疏	
		明堂告朔议	
	姚 璹	请却大石国献狮子疏	
	豆卢钦望	请谅暗进膳表	
一七〇	朱敬则	请择史官表	
		请除滥刑疏	
一七二	张 鷟	陈情表	
一七五	桓彦范	论时政表	
		请穷治张昌宗疏	
	张柬之	请罢姚州屯戍表	
		对贤良方正策①	①凡两道
一七六	魏元忠	请解职表	

全唐文

续表

全唐文			
卷　次	作　者	篇　名	备　注
一七六	魏元忠	上高宗封事	
一七九	王　勃	上拜南郊颂表	
		上九成宫颂表	
		为原州赵长史请为亡父度人表	
一八六	杜君绰	议沙门不应拜俗状	
	权善才	议释道不应拜俗状	
	孔志约	议释道不应拜俗状	
	韦仁约	劾张叡册回护褚遂良断判不当奏	
	骆宏义	请急攻金岭城疏	
	窦德元	议释道不应拜俗状	
	李敬贞	请以阴燧取明水奏	
	韦万石	请定乐舞奏	①《补》卷二六为祝钦明《先农坛改帝社坛奏》
		定乐舞奏	
		请仍奏破阵乐舞奏	
		请定明堂大享乐章奏	
一八七	李　善	进文选表	
	陆　遵	北郊用十月致祭议	
	程元素	请改升阶仪注奏	
	谢　祐	沙门应拜君亲议状	
一八八	韦承庆	明堂灾极谏疏	
	刘审礼	议释道不应拜俗状	
	贾大隐	驳周悰立崇先七庙议	
一八九	韦叔夏	建太社议	
		改先农坛为帝社坛奏①	
		太社用石主议	
		社主制度议	
		太社议	
		明堂大飨议	
	唐　璿	乞解职待罪表	

全唐文			
卷　次	作　者	篇　名	备　注
一八九	源直心	议释道不应拜俗状	
	袁思古	许敬宗谥议	
一九〇	杨　炯	为刘少傅等谢敕书慰劳表	
		公卿以下冕服议	
一九七	骆宾王	为齐州父老请陪封禅表	
		对策文①	
二〇〇	聿　凑	谏征安西疏	
		论谥节愍太子疏	
		请改义宗庙号疏	
		谏造寺观疏	
	辛崇敏	对恤刑策	
	卫宏敏	对议漕运策	
	沈成福	议移睦州治所疏略	
	豆卢瑓	释道拜君亲议状	
二〇一	薛孤吴仁	僧道拜君亲议状	①凡三道
	苗神客	祥妖对	
	苏知机	请改定章服奏	
二〇二	冯神德	上释在道前表	
	程士禺	上沙门应不拜亲表	
二〇三	刘承庆	明堂灾后求直言疏	
		请贡举人列方物前疏	
		七庙议	
	李义范	议沙门不应拜俗状	
	李行敏	议沙门不应拜俗状	
	斛斯敬则	议沙门不应拜俗状	
	熊元逸	议沙门不应拜俗状	
	杨思俭	议沙门不应拜俗状	
	韩处元	议沙门不应拜俗状	
	柳元贞	议沙门不应拜俗状	

全唐文			
卷 次	作 者	篇 名	备 注
二〇三	李仁方	议沙门不应拜俗状	
	张 约	议沙门不应拜俗状	
	杨思元	议沙门不应拜俗状	
	马大师	议沙门不应拜俗状	
二〇四	崔崇业	议沙门不应拜俗状	
	窦尚义	议沙门不应拜俗状	
	蒋真胄	议沙门不应拜俗状	
	李 洽	议沙门不应拜俗状	
	邱神静	议沙门不应拜俗状	
	韦怀敬	议沙门不应拜俗状	
	赵崇素	议沙门不应拜俗状	
	王思九	议沙门不应拜俗状	
	刘仁叡	议沙门不应拜俗状	
	崔道默	议沙门不应拜俗状	
	崔安都	议沙门不应拜俗状	
	张松寿	议沙门不应拜俗状	
	李 晦	议沙门不应拜俗状	
	辛宏亮	议沙门不应拜俗状	
	崔修业	议沙门不应拜俗状	
	王玄策	议沙门不应拜俗状	
	徐 庆	议沙门不应拜俗状	
	韦思齐	议沙门不应拜俗状	
	高药尚	议沙门不应拜俗状	
	王 思	议沙门不应拜俗状	
	皇甫公义	议沙门不应拜俗状	
	梁孝仁	议沙门不应拜俗状	
	元大士	议沙门不应拜俗状	
二〇五	谢 寿	议沙门不应拜俗状	
	王千石	议沙门不应拜俗状	

		全唐文	
卷　次	作　者	篇　名	备　注
二〇五	刘庆道	议沙门不应拜俗状	
	郑钦泰	议沙门不应拜俗状	
	王　泉	议沙门不应拜俗状	
	源诚心	议沙门不应拜俗状	
	王隐客	议沙门不应拜俗状	
	郭元振	劾赵彦昭韦嗣立韦安石奏	
		论去四镇兵疏	
		离间钦陵疏	
		论阙啜忠节疏	
		上安置降吐谷浑状	
二〇六	姚　崇	请褒赏刘子元吴兢奏	
		请东都别立义宗庙奏	
		请宣示豫州鼎铭符瑞奏	
		对太庙屋坏奏	
		谏造寺度僧奏	
		答捕蝗奏	
		对问冤狱疏	
		请遣捕蝗疏	
		东幸疏	
		十事要说	
二〇七	宋　璟	三月三日为百官谢赐宴表	
		谢观内宴表	
		请停东宫上礼表	
		贺雨表	
		乞休表	
		定诸王公主封邑名号奏	
		请恤卢怀慎家口奏	
		请停仗内音乐奏	
		请罢悲田奏	

全唐文			
卷 次	作 者	篇 名	备 注
二〇七	宋 璟	论颁示兴庆符命奏	
		请停广州立遗爱碑奏	
		请缓令王惠充使往车鼻施奏	
		论修德刑疏	
		谏筑坟逾制疏	
	皇甫琼	对词标文苑科策	
	孔玄义	郊丘明堂严配议	
二〇八	沈伯仪	郊丘明堂严配议	
	李昭德	请建皇嗣疏	
	张齐贤	明堂告朔议	
		七庙议	
	冯万石	对文词雅丽策	
		对求贤策	
		对历数策	
		对议边塞事策	
	吴扬吾	明堂告朔议	
	魏 靖	理冤滥疏	
二〇九	陈子昂	上大周受命颂表	
		为丰国夫人庆皇太子诞表	
		为乔补阙庆武成殿表	
		为程处弼应拜洛表	
		为朝官及岳牧贺慈竹再生表	
		为建安王贺契贼表	
		奏白鼠表	
		为陈御史上奉和秋景观竞渡诗表	
		为建安王献食表	
		为河内王等论军功表	
		为乔补阙论突厥表	
二一〇	陈子昂	为人陈情表	

全唐文			
卷 次	作 者	篇 名	备 注
二一〇	陈子昂	为程处弼辞放流表	①有第二、第三表 ②凡三条
		为将军程处弼谢放流表	
		为赤县父老劝封禅表	
		为永昌父老劝追尊中山王表	
		为人请子弟出家表	
		为义兴公求拜扫表	
		为义兴公陈请终丧表①	
		为副大总管屯管大将军苏宏晖谢表	
		为副大总管苏将军谢罪表	
		谢衣表	
		谢赐冬衣表	
		为建安王谢借马表	
		谢药表	
		为宗舍人谢赙赠表	
		初七谢恩表	
		迁祔谢恩表	
		为僧谢讲表	
		谢免罪表	
		为张著作谢父官表	
		为王美畅谢兄官表	
		为武奉御谢官表	
		为百官谢追尊魏国大王表	
		为司农李卿让本官表	
		为陈舍人让官表	
		为司刑袁卿让官表	
		为资州郑使君让官表	
		为金吾将军陈令英请免官表	
二一一	陈子昂	上蜀川安危事②	
		上蜀川军事	

全唐文			
卷 次	作 者	篇 名	备 注
二一一	陈子昂	上益国事	
		上军国机要事	
		上军国利害事①	
		上西蕃边州安危事②	
二一二	陈子昂	答制问事③	
		谏灵驾入京书	
		谏雅州讨生羌书	
二一三	陈子昂	谏刑书	
		谏政理书	
		谏用刑书	
		申宗人冤狱书	
		谏曹仁师出军书	
		复雠义状	
二一七	崔 融	代宰相上尊号表	①凡三条
		代百官请上尊号第二表	②凡三条
		进洛图颂表	③凡八条
		为朝集使于思言等请封中岳表	
		贺封禅表	
		代皇太子请停幸东都表	
		代皇太子上食表	
		代皇太子请复膳表	
		代皇太子请起居表	
		代皇太子请修书表	
		为皇太子贺甘露表	
		代皇太子贺白龙见表	
二一八	崔 融	代皇太子贺嘉麦表	
		为皇太子贺瑞木表	
		代皇太子贺芝草表	
		代皇太子贺石龟负图表	

卷　次	作　者	篇　名	备　注
二一八	崔　融	代皇太子贺天后芝草表	①②据《新唐书·五行志》记载，秦州河清在贞观十四年，怀州河清在贞观十六年，距离崔融出生尚有十余年，两文应为贞观时期同名人所作 ③《补》卷一二八为阙名《贺明堂成表》
		代皇太子请放罪囚表	
		代皇太子请家令寺地给贫人表	
		代皇太子请给庶人衣服表	
		为百官贺雨请复膳表	
		为西京百官贺老君见表	
		驾敕表	
		为泾州李刺史贺庆云见表	
		为百官贺断狱甘露降表	
		为许智仁奏怀州黄河清表①	
		贺秦州河清表②	
		为泾州李使君贺庆山表	
		为百官贺千叶瑞莲表	
		为魏州成使君贺白狼表	
		代家奉御贺明堂成表	
		代百官贺明堂成上礼表③	
		为韦右相贺平贼表	
二一九	崔　融	为裴裳书慰山陵事毕上表	
		为韦将军请上礼食表	
		请停读时令表	
		为宗监请停政事表	
		为温给事请致仕归侍表	
		为王起避讳辞洋阳县令表	
		谏税关市疏	
		吏部兵部选人议	
		断屠议	
		拔四镇议	
二二一	张　说	谏内宴至夜表	
		并州论边事表	

全唐文			
卷 次	作 者	篇 名	备 注
二二一	张 说	为留守奏庆山醴泉表	①凡三道 ②凡二道 ③《补》卷三〇为宋璟《请以八月五日为千秋节表》，仅两句，此表应为张、宋二人联名上奏
		为留守奏瑞禾杏表	
		为留守作贺崛山表	
		为留守奏羊乳獐表	
		为留守奏嘉禾表	
		为清边道大总管建安王奏失利表	
		让起复黄门侍郎表①	
		让兵部尚书平章事表	
		让中书侍郎表	
		让右丞相表②	
		让平章事表	
		让中书令表	
二二三	张 说	让封燕国公表	
		为建安王让羽林卫大将军兼检校司宾卿表	
		为薛稷让官表	
		为郭振让官表	
		为僧普润辞公封表	
		进浑仪表	
		进佛像表	
		进巂州斗羊表	
		举陈寡尤等表	
		举陈光乘等表	
		贺祈雨感应表	
		贺示历书表	
		贺大衍历表	
		集贤院贺太阳不亏表	
		礼仪使贺五陵祥瑞表	
		请许王公百官封太山表	
		请八月五日为千秋节表③	

卷　次	作　者	篇　名	备　注
二二三	张　说	请置屯田表	①《补》卷三五为贺知章《参定南郊大礼奏》 ②凡三道
		驳行用魏徵注类礼表	
		为建安王谢赐衣及药表	
		谢观唐昌公主花烛表	
		荆州谢上表	
		岳州刺史谢上表	
		谢修史表	
		谢赐碑额表	
		谢问表	
		谢赐药表	
		谢赐钟馗及历日表	
		谢京城东亭子宴送表	
		郊祀燔柴先后奏	
		谏避暑三阳宫疏	
		谏泼寒胡戏疏	
二二四	张　说	论幽州边事书	
		论神兵军大总管功状	
		贺彩云见状	
		贺破吐蕃状	
		谢赐撰郑国夫人碑罗绢状	
		集贤院谢示道经状	
		谢赐御书大通禅师碑额状	
		谢赐药状	
		祭天不得以妇人外坛议	
		重定南郊星辰位次议①	
		神龙享庙习乐议	
		改撰礼记议	
		对词摽文苑科策②	
二三四	崔神庆	请定宣召太子仪注表	

卷 次	作 者	篇 名	备 注
二三五	俞文俊	上则天书	
	柳 冲	请修谱牒表	
	席 豫	请耕耤田书	
	富嘉谟	为建安王贺赦表	
		为并州长史张仁亶谢赐长男官表	
		驾幸长安起居表	
	沈佺期	安兴公主谥议文	
	吴少微	代张仁亶贺中宗登极表	
		为桓彦范谢男授官表	
		为任虚白陈情表	
		为并州长史张仁亶进九鼎铭表	
二三六	韦嗣立	省刑罚疏	①②据《旧唐书》卷八八，此二文实为一篇分拆 ③凡两道
		请崇学校疏	
		谏滥官疏	
		请减滥食封邑疏	
	房 晋	对词摽文苑科策	
	李朝隐	执奏裴景仙狱二表①	
		让扬州长史起复三表②	
二三七	苏安恒	请复位皇太子疏	
		理魏元忠疏	
	魏知古	谏造金仙玉真观疏③	
		又谏营道观疏	
		报吐番宰相坌达延书	
	祝钦明	皇后南郊助祭议	
		详定博士等七庙议	
		建太社议	
		社稷议	
	贾虚己	谏封后族疏	
二三八	卢藏用	为姚大夫请致仕归侍表	

卷 次	作 者	篇 名	备 注
		全唐文	
二三八	卢藏用	谏营兴泰宫疏	
二三九	武三思	贺老人星见表	
	贺兰敏之	僧道拜君亲议	
二四〇	宋之问	为杨许州让右羽林将军表	
		为皇甫怀州让官表	
		为田归道让殿中监表	
		为梁王武三思妃让封表	
		为定王武攸暨请降王位表①	
		为东都僧等请留驾表	
		为洛下诸僧请法事迎秀禅师表	
		为文武百寮等请造神武颂碑表	
		为长安马明府亡母请邑号状	
二四三	李 峤	代百寮请立周七庙表	①凡两道
		为朝集使等上尊号表	
		为杭州崔使君贺加尊号表	
		为百寮贺雪表	
		为武攸暨贺雪表	
		为纳言姚璹等贺雪表	
		为百寮贺日抱戴庆云见表	
		为百寮贺庆云见表	
		为纳言姚璹等贺瑞桃表	
		为百寮贺瑞笋表	
		为纳言姚璹等贺瑞石龟表	
		为纳言姚璹等贺石表	
		为百寮贺瑞石表	
		贺天尊瑞石及雨表	
		贺麟迹表	
		为纳言姚璹等贺破契丹表	
		为雍州父老贺銮驾停幸洛邑表	

卷 次	作 者	篇 名	备 注
二四三	李 峤	为何舍人贺御书杂文表	
		为韦右相贺拜洛表	
		为秋官员外郎李敬仁贺圣躬新牙更生表①	
		为武承嗣等贺贼平后新殿成上礼食表	
		为百寮贺恩制表	
		为武承嗣让知政事第二表	
		为王及善让内史第二表	
二四四	李 峤	为王方庆让凤阁侍郎二表	
		为杨执柔让同凤阁鸾台平章事表	
		让知政事表	
		让鸾台侍郎表	
		为张令让麟台监封国公表	
		为第二舅让江州刺史表	
		为武嗣宗让陕州刺史表	
		为窦孝谌让润州刺史表	①《补》卷二一为李近仁《贺
		为李景谌让天官尚书表	武后新牙更生表》，系节选
		让地官尚书表	
		为欧阳通让夏官尚书表	
		为杨执柔让夏官尚书表	
		为欧阳通让司礼卿第二表	
		为武重规让司礼卿表	
		为崔神基让司宾卿表	
		为宗楚客让营缮大监第三表	
		为王遗恕让殿中少监表	
		为第十舅让殿中监兼仗内闲厩表	
		让麟台少监表	
		让成均祭酒表	
		自内史再让成均祭酒表	
		为武攸暨让官封表	
		为武攸暨让兼知司礼寺事表	

		全唐文	
卷 次	作 者	篇 名	备 注
二四五	李 峤	为武嗣宗让千牛将军表	①《补》卷一二八为阙名《为安平王让扬州都督府长史表》②据《新唐书》卷七二，"元将"为"元奖"
		为武攸宜让扬州都督府长史表①	
		为道士冯道力让官表	
		代公主让起新宅表	
		为公主辞家人畜产官给料表	
		为裴驸马让官与父表	
		为朝集使绛州刺史孔祯等进大酺诗表	
		为凤阁侍郎王主庆进书法表	
		为凤阁侍郎王方庆进南齐临轩图表	
		为杭州刺史崔元将献绿毛龟表②	
		为司农卿宗晋卿进赤觜山鹊表	
		为凤阁李侍郎进瑞牛蒙赐马表	
		为凤阁侍郎李元素进冬椹表	
		为绛州刺史孔祯等上献食表	
		为纳言姚璹等上礼食表	
		为武攸暨上礼食表	
		为武攸宁辞夺礼表	
		百官请不从灵驾表	
		请车贺还洛表	
		为王及善请致仕表	
		为皇太子请加相王封邑表	
		为太平公主请住山陵转一切经表	
		为魏国北寺西寺请迎寺额表	
		为独孤氏请陪昭陵合葬母表	
		为某官等请预陪告庙献捷表	
二四六	李 峤	为汴州司马唐授衣请预斋会表	
		为百寮请加王慈徵等罪罚表	
		请令御史检校户口表	

卷 次	作 者	篇 名	备 注
全唐文			
二四六	李 峤	为左丞宗楚客谢知政事表	①《补》卷二六为《代群官谢恩表》
		谢加授通议大夫表	
		谢赐优诏矜全表①	
		为武承嗣谢男授官表	
		为王华畅谢兄授官表	
		谢撰懿德太子哀册文降敕褒扬表	
		谢撰攀龙台碑蒙赐物表	
		为纳言姚璹等谢敕赐飞白书表	
		谢加赐防合品子课及全禄表	
		为第五舅谢加赐防合品子课及全禄表	
		为御史大夫娄师德谢赐杂彩表	
		为武攸暨谢赐锦表	
		谢端午赐物表	
		谢端午赐衣表	
		谢腊日赐腊脂口脂表	
		谢许致仕表	
		为水潦灾异陈情表	
		自叙表	
二四七	李 峤	论巡察风俗疏	
		请减员外官疏	
		请辍近侍典大州疏	
		谏建白马坂大像疏	
		上中宗书	
		谢谴让状	
二五五	苏 颋	贺封禅表	
		为群宫请公除表	
		为群官固请公除二表	
		将加神龙尊号群官请公除表	
		为群官请虞卒哭表	

		全唐文	
卷次	作者	篇名	备注
二五五	苏颋	代家君让左仆射表	
		代家君让侍中表	
		为王尚书让宰相表	
		为岐王让太常卿表	
		让起复表	
		太阳亏为宰臣乞退表	
		为宋尚书谢加三品表	
		谢弟诜除给事中自求改职表	
		谢兄除太常丞表	
		陈情表	
		初至益州上讫陈情表	
		进东岳朝觐颂表	
		谏銮驾亲征吐蕃二表	
二五六	苏颋	贺太阳不亏状	①凡三道 ②凡五道
		为政事贺雨状	
		为政事贺苗稼状	
		为政事进白雀状	
		为政事请公除状①	
		论清舜庙状	
		为宰相论月应蚀状	
		为卢监被盗衣物谢赐御衣物状	
二六〇	周矩	谏制狱酷刑疏	
	杨齐哲	谏幸西京疏	
	刘志素	按邱神鼎奏	
		徐有功论邱神鼎罪议	
		再驳徐有功论邱神鼎罪议	
	邱愔	陈李昭德罪状疏	
	吴师道	对贤良方正策②	
	郝连梵	对刑狱用舍策	

全唐文			
卷　次	作　者	篇　　名	备　　注
二六〇	张不耀	请代父死表	
二六一	李　邕	贺章仇兼琼克捷表	
		贺加天宝尊号表	
		贺新殿钟鸣表	
		贺感梦圣祖表	
		辞官归滑州表	
		为濠州刺史王弼谢上表	
		淄州刺史谢上表	
		谢入朝表	
		谢元宗书上考表	
		谢敕书及彩缬表①	
		谢赐游曲江宴表	
		谢恩慰谕表	
		进喜雪诗表	①凡两道
		进文马表	②卷二二三为张说《谢京城东亭子宴送表》，以张作为是
		谏郑普思以方技得幸疏	
		谢恩命遣高将军出钱状②	
		又驳韦巨源谥议	
二六六	李　乂	谏遣使江南以官物充直赎生疏	
	严善思	论则天不宜合葬乾陵表	
		公除后请习乐表	
二六七	崔　琬	劾宗楚客等疏	
	岑　羲	为敬晖等论武氏宜削去王爵表	
	卢　俌	论突厥疏	
		置都督不便议	
	辟间仁	明堂告朔议	
二六八	武平一	请抑损外戚权宠并乞佐外郡表	
		请追赠杜审言官表	
		谏大酺用倡优媟狎书	

卷　次	作　者	篇　名	备　注
二六八	武平一	处亲权猜闲对	
	郑国忠	谢尚方监表	
	许景先	奏停赐射疏	
	权若讷	请复天后所造诸字疏	
	靳　恒	请勤政事疏	
	宋务光	谏开拓圣善寺表	
		洛水涨应诏上直言疏	
		请减滑州封户疏	
二六九	王　珪	谏李多祚参乘疏	①凡两道 ②凡两道 ③《补》卷三三为源乾曜《请封泰山第二表》 ④为《请封泰山第二表》
	张廷珪	请河北遭旱涝州准式折免表	
		请宽宥与张易之往积纤表	
		谏停市犬马表	
		谏白司马坂营大像表①	
		论别宅妇女人宫表②	
		论置监牧登莱和市牛羊奴婢疏	
		因旱上直言疏	
二七〇	吕元泰	陈时政疏	
		谏广修佛寺疏	
	裴子余	废隐太子等四庙议	
		嗣濮王犯赃请免死议	
	张景源	请改中兴寺为龙兴疏	
	蒋钦绪	朝集使等上尊号表	
		代宰相请封禅表③	
		再请封禅表④	
		驳祝钦明请南郊皇后充亚献议	
二七一	唐　绍	请停四季节日起居诸陵奏	
		论妇人葬礼用鼓吹疏	
		禁奢侈疏	

全唐文			
卷　次	作　者	篇　名	备　注
二七一	唐　绍	请量减武氏韦氏诸陵守户疏	
		请以正冬至日祀圆丘议	
	卢　粲	驳奏安乐公主请为武崇训造陵疏	
		复奏驸马墓无称陵之典疏	
		驳奏皇太子服用疏①	
	韩思复	谏捕蝗疏	
		驳严善思绞刑奏议	
		又驳严善思绞刑奏议	
	彭景直	请停诸陵每日奠祭疏	
	袁从之	请收长宁公主奴仆奏	
二七二	元行冲	父在为母及舅姨嫂叔服议	①《补》卷二二为卢棨《论皇太子食封物奏》，卢棨乃卢粲之误，《补》少二十余字 ②《补》卷三二为张说《祭礼燔柴议》，仅前两句文字不同 ③《补》卷三三为《服制议》，系节选 ④凡三道
	辛替否	陈时政疏	
		谏造金仙玉真雨观疏	
	徐　坚	论刑狱表	
		请祔中宗表	
		请停募关西户口疏	
		先祭后燔议②	
	韦见素	王去荣不宜赦罪议	
二七三	崔　沔	为安国相王让东宫第三表	
		为崔日知谢洛州长史表	
		代河南裴尹谢墨敕赐衣物表	
		加笾豆增服纪议③	
		禁私铸议	
		请勿废仙州议	
		应封神岳举对贤良方正策④	
		对重试一道	
二七四	刘知几	应制表陈四事	
		衣冠乘马议	
		孝经老子注易传议	

卷　次	作　者	篇　名	备　注
二七四	刘知几	重论孝经老子注议	
二七五	卢怀慎	谏十日一朝西宫表	
		遗表	
		请毁河桥奏	
		请按王仙童奏	
		驳诏赠崔湜父官奏	
		陈时政得失疏①	
		夏州加兵议	
	薛　稷	临难不顾徇节宁邦科策②	
二七六	袁守一	弹魏元忠表	
	迦叶志忠	进桑条歌表	
二七七	贾　曾	论郊祭合设皇地祇表	
	张敬忠	准敕勘复蜀州青城山常道观奏	
		新津县佛殿成老君圣像状	①凡三道
	倪若水	谏江南采捕诸鸟表	②凡三道
		劾奏祝钦明郭山恽疏	③凡五道
	柳　泽	谏复斜封疏	
		上睿宗书	
		谏进用奇器书	
二七八	崔　莅	弹百僚班秩不肃奏	
		谏为金仙玉真二公主造观疏	
	甯原悌	论时政疏③	
二七九	杨虚受	请禁恶钱疏	
	源乾曜	请举行射礼疏	
		请出二子为外官疏	
	潘好礼	谏立武惠妃为皇后疏	
	萧　嵩	请宣示祥瑞表	
		请封嵩华二岳表	
		谢移家庙疏	

卷 次	作 者	篇 名	备 注
二七九	裴 漼	请封东岳表	
		谏春旱造寺观疏	
二八〇	萧至忠	陈时政疏	
	严挺之	谏安福门酺宴疏	
二八一	陈贞节	请除则天帝号表①	①《补》卷三〇为姜皎《则天皇后升祔不称圣帝奏》
		请罢隐章怀懿德节愍四太子陵庙疏	②《补》卷二九为冯宗《请复乾元殿奏》（出《通典》卷四四），系节选
		诸太子庙不合守供祀享疏	③《补》为《大理官员多不奉法奏》，实为该论之序
		明堂议②	
		太庙迁祔议	
		论肃明皇后请别立庙议	
		驳孙平子请祔孝和皇帝议	
	薛 登	论选举疏	
		请止四夷入侍疏	
二八二	晁良贞	应文可经邦科对策	
	王志愔	应正论③	
二八八	张九龄	让起复中书侍郎同平章事表	
		进千秋节金镜录表	
		荆州谢上表	
		贺赦表	
		贺册皇太子表	
		洪州进白鹿表	
		为兵部尚书王晙谢平章事表	
		为信安王献圣真图表	
		为何给事进亡父所著书表	
		谢赐香药面脂表	
		谏废黜三王奏	
		上封事书	
		薛王有疾上忧变容发请宣付史馆状	
		薛王薨上损膳请复膳状	

表头：全唐文

卷　次	作　者	篇　名	备　注
二八八	张九龄	请御注道德经及疏施行状	
		贺雨状	
		论教皇太子状	
		论内勘别宅妇女事状	
		论东北军未可轻动状	
		请东北将吏刊石纪功德状	
		请御注经内外传授状	
		西幸改期请宣付史馆状	
		上为宁王写一切经请宣付史馆状	
		贺张待宾奏克捷状	
二八九	张九龄	贺诛贼状	
		贺奚契丹并自离贰廓清有期状	
		贺诛奚贼可突于状	
		贺破突厥状	
		贺东北累捷状	
		贺依圣料赤山北无贼及突厥要重人死请宣付史馆状	
		贺突厥小可汗必是伤死状	
		贺圣料突厥必有亡征其兆今见状	
		贺苌嘉运破贼状	
		贺贼苏禄遁走状	
		贺雪状	
		谢侍讲遍赐衣物状	
		贺雨晴状	
		贺雨状	
		贺雪状	
		贺祈雨有应状	
		贺太阳不亏状	
		贺祥云见状	
		贺麦登状	

全唐文			
卷 次	作 者	篇 名	备 注
二八九	张九龄	贺衢州进古铜器状	
		贺御制开元文字音义状	
		贺论三教状	
		贺御注金刚经状	
		贺皇太子制碑状	
		贺上仙公主灵应状	
		贺昭陵征应状	
		谢加章绂状	
		谢工部侍郎集贤院学士状	
		谢知制诰状	
		谢两弟移官就养状	
		谢中书侍郎状	
		谢敕赐大麦曲状	
		谢赐食状	
		谢赐药状	
		谢赐尺诗状	
		谢蒙太子书颂状	
		谢两弟授官状	
		谢赐衣物状	
		让赐蕃口状	
		观御制喜雪篇陈诚状	
		谢赐御书喜雪篇状	
		让赐宅状	
		让两弟起复授官状	
		谢赴祥除状	
		进龙池圣德颂状	
		谢弟授官状	
		谢赐诗及衣服绢状	
		谢赐马状	

全唐文			
卷　次	作　者	篇　名	备　注
二九〇	张九龄	请郊见上帝议	
		驳宋庆礼谥议	
		应道侔伊吕科对策①	
二九四	褚无量	太庙屋坏请修德疏	
		请定嗣王朝班疏	
		车驾东幸上书	
		皇后不合祭南郊议	
二九六	马怀素	请编录典籍疏	
	韩覃	谏营建中都表	
	赵冬曦	请明律例奏	
二九七	间邱均	为公卿请复常膳第二表	①凡三道 ②《补》卷一二五为阙名《甥舅服制奏》，仅多数字 ③《补》卷三五为《对诏问救人之术》
		贺连理树表	
		为益州刺史贺赦表	
		为益州父老请留博陵王表	
		为益州父老请摄司马邓某为真表	
		为益州父老请留史司马表	
		为蜀州刺史第八息进云母粉表	
		为僧履空进图书古器物等表	
	裴耀卿	论夷州刺史杨濬决杖表	
		请行礼乐化导三事表	
		贺平奚契丹表	
		贺献长春酒方表	
		请以讲读尚书周易道德庄列宣付史官奏	
		请减宁王圹内食味奏	
		复手敕论外族服制奏②	
		定舅母堂姨舅服制奏	
		论盖嘉运疏	
		请置武牢洛口等仓疏	
		请缘河置仓纳运疏③	
		京师饥请广漕运疏	

续表

卷 次	作 者	篇 名	备 注
二九七	裴耀卿	皇太子衣服称谓议	
二九八	王晙	贺拜南郊表①	①凡两道 ②凡三道 ③凡三道 ④凡二道
		贺飨太庙拜南郊表	
		谢追赴大礼表	
		请移突厥降人于南中安置疏	
	吴兢	乞典郡表	
		让夺礼表②	
		为桓侍郎让侍中表	
		谏畋猎表	
		谏十铨试人表	
		上贞观政要表	
		请总成国史奏	
		上中宗皇帝疏	
		上玄宗皇帝纳谏疏	
		大风陈得失疏	
		谏东封不宜射猎疏	
	杨玚	请定帖经奏	
		谏限约明经进士疏	
	柳涣	请还葬伯祖奭表	
	冯绍正	贺雨表	
二九九	裴光庭	宰相等上尊号表③	
		贺雨表④	
		贺幽州执奚寿斤表	
		请修续春秋奏	
		请以三殿讲道德经编入史策奏	
		请以加老子策诏编入国史奏	
		断死囚二十四人请宣付史馆奏	
		金城公主请赐书籍议	
	杨若虚	应知合孙吴运筹决胜科对策	

卷 次	作 者	篇 名	备 注
		全唐文	
二九九	张嘉贞	奏宥反坐罪	
三〇〇	贺知章	上封禅仪注奏	
	李 元	请令张说吴兢就史馆修史奏	
		废职田议	
	牛仙客	请宣付玄元皇帝灵应奏	
		贺紫宸殿乌巢表	
		贺宣政殿乌巢表	
		章仇兼琼奏吐蕃安戎城得泉贺表	
		贺迎玄元皇帝真容有庆云见表	
		皇帝梦玄元皇帝真容见请宣示中外奏	
	吕延祚	进集注文选表	
	崇宗之	昭成皇后谥议	
	苏 晋	应贤良方正科对策	
		又应贤良方正科对策	
三〇一	吕 向	谏令突厥入仗驰射疏	①凡三道
	刘 彤	谏拜陵寝早表	
		论盐铁表	
		河南府奏论驿马表	
	邢 巨	应文辞雅丽科对策	
	拓跋兴宗	请致仕侍亲表①	
	韩朝宗	谏作乞寒胡戏表	
三〇二	施敬本	唐昌公主婚礼当移别殿疏	
		驳奏旧封禅礼八条	
	韦 述	请优恤苏颋疏	
		宗庙加笾豆议	
		服制议	
	崔 向	谏玄宗畋猎疏	
三〇三	孙 翃	应文辞雅丽科对策	
	杨相如	陈便宜疏	

\	\	全唐文	
卷 次	作 者	篇 名	备 注
三〇三	田再思	服母齐衰三年议	
	宇文融	定户口疏	
	段同泰	驳陈贞节废隐太子等四庙议	
三〇四	韩 琬	上睿宗论时政疏	
	元承微	上符瑞封事	
	崔 涵	议州县官月料钱状	
	李适之	祭岳渎得雨贺表	
		请宣付太子诸王词翰表	
		禁朝官称惨改乘服式奏	
	赵慎言	论郊庙用乐表①	
		郊庙舞人宜依古制疏②	
	李元瓘	颜子当设坐像并升四哲奏	
		请令贡举人习周礼等经疏	
	蔡 孚	请宣付御制春雪台望诗编入国史奏	
三〇五	库狄履温	让起复表	据《通典》卷一四七，①②二篇应为一文
三〇六	王利文	上瑞麦表	
	杨仲昌	加笾豆增服纪议	
	张 楚	应文辞雅丽科对策	
三〇七	彭殷贤	应文辞雅丽科对策	
	韦 绍	祠龙池祭仪奏	
		姨舅服制奏	
		禘祫年数议	
		请以今年夏禘为殷祭之源并停今年冬祫奏	
三一一	孙 逖	为宰相贺雪表	
		为宰相贺雨表	
		为宰相贺雨表	
		为宰相贺平原郡铸尊容炉上有紫云等瑞表	
		为宰相贺开元观铸圣容庆云见表	
		为宰相贺会昌山庆云见表	

卷　次	作　者	篇　名	备　注
三一一	孙　逖	为宰相贺赛龙潭有瑞云表	①《补》卷一二五为阙名《请突厥降事宣传史官奏》，少二十余字
		为宰相贺中岳合炼药自成兼有瑞云见表	
		为宰相贺太原府圣容样至有庆云见表	
		为宰相贺李树凌冬结实表	
		为宰相贺合炼院产芝草表	
		为宰相贺武威郡石化为面表	
		为宰相贺檀州界破奚贼表	
		为宰相贺破吐蕃并庆云见表	
		为宰相贺九姓斩送突厥首表①	
		为宰相贺突厥来降表	
		为宰相贺陇右破吐蕃表	
		为宰相贺赵郡铸天尊及佛有诸瑞表	
		为宰相贺开元寺释迦牟尼佛白光等瑞表	
		为宰相贺宫人梦玄元皇帝应见表	
		为宰相谢至尊为苍生祈福表	
		为李右相谢上上考表	
		为宰相谢赐竹扇表	
		为宰相谢赐果实等表	
		为宰相谢赐永穆公主池亭游宴表	
		为宰相请不停千秋宴会表	
		陈情表	
		应贤良方正科对策	
三二二	萧颖士	为扬州李长史贺立皇太子表	
		为李北海作进芝草表	
		为陈正卿进续尚书表	
		为扬州李长史作千秋节进毛龟表	
		为从叔鸿胪少卿论旱请掩骼埋胔表	
		为李中丞贺赦表	
三二四	王　维	代陈司徒谢敕赐麟德殿宴百僚诗序表	

卷　次	作　者	篇　名	备　注
三二四	王　维	贺古乐器表	
		贺玄元皇帝见真容表	
		贺神兵助取石堡城表	
		门下起赦书表	
		谢除太子中允表	
		谢集贤学士表	
		谢御书集贤院额表	
		为薛使君谢婺州刺史表	
		为崔常侍谢赐物表	
		为画人谢赐表	
		为曹将军谢写真表	
		为惠干和尚进注仁王经表	
		为舜阇黎谢御题大通大照和尚塔额表	
		为僧等请上佛殿梁表	
		责躬荐弟表	①凡两道
		请施庄为寺表	
		奉敕详帝皇龟镜图状	
		请回前任司职田粟施贫人粥状	
		谢弟缙新授左散骑常侍状	
三二八	崔　翘	上玄宗尊号表	
		请封西岳纪荣号表	
		请封西岳表	
	李彭年	论刑法不便表①	
三三〇	封常清	遗表	
	李　暠	祭北岳报雨状	
三三一	阳伯成	驳太常燕国公张说谥议	
	李玄成	应贤良方正科对策	
	崔　器	将军王去荣杀人议	
	杨　绾	条奏贡举疏	

卷　次	作　者	篇　名	备　注
三三一	杨　绾	上贡举条目疏	
三三二	郭子仪	请宣示俭德表	
		请改元立号表	
		上尊号表	
		上章敬皇后谥表	
		让加太尉表①	
		让加尚书令表②	
		进赐前后诏敕自陈表	
		请车驾还京奏	
		上黑禾奏	
		论吐蕃书	
三三三	苑　咸	为李林甫让中书令表	
		谢兄除补阙表	
		为李卿谢三品状	
		为李林甫谢克林宗为太仆卿状	①凡两道
		为李林甫谢赐兄衣服状	②凡两道
		为李林甫让男五品官状	
		为李林甫谢腊日赐药等状	
		谢赐药金盏等状	
		谢赐药金状	
		为李林甫谢赐鹿肉状	
		为李林甫谢赐鱼状	
		为李林甫谢赐蟹状	
		为李林甫谢赐车螯蛤蜊等状	
		为李林甫谢赐食物状	
三三四	刘知古	进日月玄枢论表	
三三五	卢履冰	请复父在为母服期表	
		再请父在为母服期疏	
		三请父在为母服期疏	

卷 次	作 者	篇 名	备 注
		全唐文	
三三五	孙平子	请祔孝和皇帝封事	
	王仲邱	请祀五方帝议	
三三六	颜真卿	皇帝即位贺上皇表	
		让宪部尚书表	
		谢兼御史大夫表	
		谢吏部侍郎表	
		同州刺史谢上表	
		蒲州刺史谢上表	
		乞御书天下放生池碑额表	
		谢浙西节度使表	
		谢户部侍郎表	
		谢荆南节度使表	
		谢赠官表	
		请除禫服奏	
		请除素练听政奏	
		论百官论事疏	
		请复七圣谥号状	
		论玄皇帝祧迁状	
		庙享议	
		朝会有故去乐议	
		驳吏部尚书韦陟谥忠孝议	
三四五	张 巡	谢金吾将军表	
	李光弼	辞疾让官表	
	陈希烈	道士萧从一见玄元皇帝奏	
		请以南华真经宣付史官奏	
	李林甫	进御刊定礼记月令表	
		贺克吐蕃安戎城请宣示百寮表	
		请宣示御制仁孝诗奏	
三四六	杨国忠	破吐蕃献俘表	

卷　次	作　者	篇　名	备　注
三四六	王　鉷	让起复表①	
		请舍宅为观表	
	贺兰进明	论房琯不堪为宰相对	
三四八	李　白	为宋中丞请都金陵表	
		为宋中丞自荐表	
		为吴王谢责赴行在迟滞表	
三五一	康子元	南郊先燔后祭议	
	袁　映	神岳举贤良方正策	
三五二	樊　衡	为宇文户部荐隐沦表	
三五三	齐　汗	请禁鞭挞僧道奏	
		请开伊娄河奏	
	苗晋卿	上肃宗辞摄冢宰表	
		上代宗辞摄冢宰表	
		皇帝奉迎上皇请编史册表	
		对文词雅丽策	①凡二道
三五四	源　涓	上云气图奏	
	钱嘉会	睿宗配九月雩坛享礼议	
三五五	赵　匡	举选议	
三五七	高　适	谢封邱县尉表	
		谢上彭州刺史表	
		谢上剑南节度使表	
		谢上淮南节度使表	
		贺安禄山死表	
		贺收城表	
		贺斩逆贼徐知道表	
		请入奏表	
		为东平薛太守进王氏瑞诗表	
		陈潼关败亡形势疏	
		请罢东川节度使疏	

		全唐文	
卷 次	作 者	篇 名	备 注
三五七	高 适	后汉贼臣董卓庙议	
	皇甫惟明	上龙马奏	
三五九	杜 甫	进三大礼赋表	
		进封西岳赋表	
		进雕赋表	
		为夔府柏都督谢上表	
		为阆州王使君进论巴蜀安危表	
三六〇	杜 甫	奉谢口敕放三司推问状	
		为遗补荐岑参状	
		为华州郭使君进灭残寇形势图状	
三六三	王忠嗣	平定诸蕃奏	
	裴 铉	进延寿赤书表	
	王 璵	请禁百官祭日无故请假奏	
三六四	杜鸿渐	乞解职表	①凡三道
		请定配享奏	②凡三道
	麻 察	弹郑远就魏元忠求离书状	
三六五	于休烈	请停命妇入朝奏	
		张良不合配飨太公奏	
		请搜访国史奏	
		请不赐吐蕃书籍疏	
三六七	贾 至	汝州刺史谢上表	
		论王去荣打杀本部县令表	
		为韦相让豳国公表	
三六八	贾 至	议杨绾条奏贡举疏	
三六九	元 载	城原州议	
		建中都议	
	王 昂	对沈谋秘略科策①	
三七〇	王 缙	让侍中及进封郡公表②	
		进王维集表	

全唐文			
卷　次	作　者	篇　名	备　注
三七〇	萧　华	谢试秘书少监陈情表	
	李栖筠	定常参官不到罚钱奏	
	刘　晏	奏禁隔断练湖状	
	包　佶	公卿朝拜诸陵奏	
三七一	李　揆	谢赐光宅坊宅表	
		请罢选羽林骑士备巡检疏	
	裴　谞	谏不宜置司决庶狱疏	
	彭构云	谢遣中使送乡表	
三七二	严　郢	奏五城旧屯兵募仓储等数疏①	
		驳太常拟故相国江陵尹谥议	
		驳论自徒已下罪人并徒边州议	
	刘　秩	货泉议	
	李　岘	请宥陷贼官寮奏	
三七三	苏源明	自举表	①凡两道 ②《补》卷三六为夫蒙灵察《安西道进婆罗枝状》，系节选
		谏幸东京疏	
三七四	张　倚	对长才广度沈迷下僚策	
三七五	张　谓	进宝应长宁乐表	
		为封大夫谢敕赐衣及绫彩表	
		进婆罗树枝状②	
		进白鹰状	
	孔　璋	理李邕疏	
三七七	柳　浑	请禁田季羔货宅奏	
	柳　识	为润州太守贺赦表	
	李齐古	进御注孝经表	
	杨　谭	扶风郡贺庆云见表	
		进孝乌颂表	
三七八	裴　冕	贺佛见光相表	
		请以来岁上尊号奏	
	李　泌	对肃宗破贼疏	

全唐文			
卷 次	作 者	篇 名	备 注
三七八	李 泌	议复府兵	
	段秀实	禁兵寡弱疏	
三七九	归崇敬	请定皇太子释奠仪注奏	
		东都太庙不合置木主疏	
		驳巨彭祖请四季郊祀天地议	
		辟雍议①	
	李抱玉	让副元帅及山南节度使表	
三八〇	元 结	贺广德二年大赦表	①《补》卷五六为《国子司业改左右师奏》,系选录
		贺永泰改元大赦表	
		辞监察御史表	
		请节度使表	
		乞免官归养表	
		让容州表	
		再让容州表	
		谢上表	
		再谢上表	
		为董江夏自陈表	
		为吕荆南谢病表	
三八一	元 结	举吕著作状	
		奏免科率状	
		奏免科率等状	
		论舜庙状	
		举处士张季秀状	
		请省官状	
		请收养孤弱状	
		请给将士父母粮状	
		时议三篇(并表)	
三八四	独孤及	对洞晓玄经策	
		代文武百官贺芝草表	

卷 次	作 者	篇　名	备　注
三八四	独孤及	贺擒周智光表	
		贺袁参破贼表	
		请降诞日置天兴节表	
		贺栎阳县醴泉表	
		贺太阳当亏不亏表	
		贺潞州芝草嘉禾表	
		直谏表	
		为李给事让起复尚书左丞兼御史大夫表①	
		为谯郡唐太守贺赦表	
三八五	独孤及	为张濠州谢上表	①凡六道 ②凡两道
		为江淮都统使贺田神功平刘展表	
		为杭州李使君论李藏用守杭州有功表	
		为江淮都统使奏破刘展兵捷书表	
		为江淮节度使奏破余姚草贼龚厉捷书表	
		为张洪州谢上表	
		为独孤中丞天长节进镜表	
		为独孤中丞让官爵表	
		为独孤中丞谢赐紫衣银盘碗等表	
		谢濠州刺史表	
		谢舒州刺史兼加朝散大夫表	
		谢加司封郎中赐紫金鱼袋表	
		谢常州刺史表	
		常州奏甘露降松树表	
		贺赦表②	
		代独孤将军让魏州刺史表	
		为崔使君让润州表	
		代于京兆请停官侍亲表	
		谢敕书兼赐冬衣表	
		为郭令公请停亲征表	

全唐文

		全唐文	
卷　次	作　者	篇　　名	备　　注
三八五	独孤及	上陕州刺史裴积谥状	
三八六	独孤及	景皇帝配昊天上帝议	
		故太保赠太师韩国苗公谥议	
		故御史中丞卢奕谥议	
		故左武卫大将军持节陇右节度郭知运谥议	
		驳太常停谥陇右节度使郭知运议	
		故江陵尹兼御史大夫吕𬤇谥议	
		驳太常拟故相国江陵尹谥议	
三九四	李叔明	请删汰僧道疏	
		路嗣恭	
		请旌表张球奏	
	贾　耽	进九州图并别录通录表	
		进海内华夷图及古今郡国县道四夷述表	
	令狐彰	遗表	
	令狐峘	谏厚奉元陵疏	
三九五	刘太真	为陈大夫谢上淮南节镇表	
	李　纾	享武成王不当视文宣庙奏	
	唐若山	登仙遗表	
	沈　谅	对贤良方正策	
三九六	郑少微	对文可以经邦策	
	夏侯铦	安定公主不得合葬王同皎墓驳议	
三九七	张　星	赠工部尚书宋庆礼谥议	
	皇甫璟	谏置劝农判官疏	
三九九	尹　畅	对贤良方正策	
四○二	司马贞	孝经老子注易传议	
	李成裕	请刻梦真容敕旨奏	
四○三	敬　让	请致仕侍亲表	
四○四	李　丹	为崔中丞进白鼠表	
四○六	哥舒翰	奏苏毗王子悉诺逻降附状	

卷　次	作　者	篇　名	备　注
全唐文			
四〇六	李　彻	请封西岳表	
四〇七	张仲宣	对知合孙吴可以运筹决胜策	
四〇九	崔祐甫	请召对待制官奏	
		奏猫鼠议	
		广丧朋友议	
四一五	常　衮	贺册皇太后表	①凡三道
		中书门下请册贵妃表	
		代宗让皇太子表	
		中书门下贺雪表	
		中书门下贺雨表①	
		中书门下贺日当蚀不蚀表	
		贺岁除日太阳不亏表	
		中书门下贺庆云见表	
		中书门下贺碛原紫云见表	
四一六	常　衮	贺收泾州表	
		贺纳谏表	
		为宰相贺连理木表	
		中书门下贺芝草嘉禾表	
		中书门下贺芝草表	
		中书门下贺醴泉表	
		中书门下贺文丹国献白象表	
		贺白鼠表	
		李采访贺收西京表	
		贺剑南破西蕃表	
		贺破山南贼表	
		为崔中丞贺讨田承嗣表	
		贺张献恭破贼表	
		贺圣躬痊复表	
		百官贺佛放光表	

卷　次	作者	篇　名	备　注
全唐文			
四一六	常衮	中书门下贺抑情复膳表	
		李采访请驾停金牛一日表	
		为宗正卿请复常膳表	
		中书门下请进膳表	
		请入汤表	
		为代宗告谢九庙表	
四一七	常衮	久旱陈让相表	
		代裴相公让河南等道副元帅表	
		谢让加银青福建观察使表	
		代杜相公让剑南元帅表	
		代杜相公让河南等道副元帅表①	①凡两道
		代拟宰相谢加银青并郡公表	②凡两道
		代裴相公让将相封爵表②	③凡两道
		代王尚书让官表③	④凡两道
		谢除考功郎中知制诰表	
		让门下侍郎平章事表④	
		代严大夫谢黄门侍郎表	
		为福州刺史谢上表	
		潮州刺史谢上表	
四一八	常衮	谢银青光禄大夫河内郡开国公第二表	
		为李大夫谢恩表	
		谢兄授太子仆表	
		谢兄授秘书省著作郎表	
		谢赠官表	
		谢妻封宏农郡夫人表	
		为李大夫谢御制诗表	
		谢赐绯表	
		谢进橙子赐茶表	
		谢内宴赐锦彩器物等表	

卷　次	作　者	篇　名	备　注
四一八	常　衮	谢端午赐衣及器物等表	①凡两道 ②凡三道 ③凡三道
		谢端午赐衣及器物等表	
		谢社日赐羊酒等表	
		谢冬至赐羊酒等表	
		谢赐宴表	
		谢敕书赐腊日口脂等表	
		为河南魏尹谢官陈情表	
		代崔公授秘书监致仕谢表	
		谢米面羊酒等状	
		谢敕书手诏状	
		社日谢赐羊酒海味及茶等状	
		重九谢赐糕酒等状	
		谢每日赐食状	
		谢赐鹿状	
		谢赐甘蔗芋等状	
		谢恩赐春衣状	
		谢赐马状	
		进贞懿皇后哀册文状	
四二一	杨　炎	请行两税法奏	
		请留崔宁以收蜀奏	
		言天下公赋奏	
四二三	于　邵	中书门下请上尊号四表	
		请册皇太子表①	
		中书门下请听政表②	
		劝释服听政表③	
四二四	于　邵	为京兆和五尹请车驾回西京表	
		贺郭子仪破吐蕃表	
		贺破贼表	
		谢恩写真表	

全唐文

续表

		全唐文	
卷 次	作 者	篇 名	备 注
四二四	于 邵	谢赐银器及匹帛等表	
		谢恩赐春衣表	
		为福建李中丞谢上表	
		为柳州郑郎中谢上表	
		武州刺史谢上表	
		为张监谢天长节答赐表	
		为许卿谢堂弟叔冀授青州节度使表	
		为崔邺公谢除凤翔节度使表	
		为崔邺公谢敕追赴京表	
		为崔仆射谢恩赐表	
		为崔仆射谢许弟宽宣慰表	
		为崔仆射谢弟除给事中表	
		为西川崔仆射谢却赴剑南表	
		谢赠亡妻郑国夫人表	
		为商州吴仲儒中丞让起复表①	① "仲儒"应为"仲孺"
		为杨相求退表	
		为田仆射蒇谢制使问表	
		谢赠姊陇西郡夫人表	
四二五	于 邵	进画松竹园表	
		为崔仆射遗高正平论边事表	
		论潘炎表	
		为崔仆射陈情表	
		代高尚书陈情表	
		为赵侍御陈情表	
		为卫尉许卿请留男表	
		为人请合袝表	
		为崔仆射请弟宽当元载累表	
		为剑南西川崔仆射再请入朝表	
		为吴王请罪表	

卷　次	作　者	篇　名	备　注
四二五	于　邵	代谢赐人粮马料状	
		谢恩赐柑子状	
		谢借马状	
		为薛岌谢赐宅状	
		代谢赐永崇宅并赐酒食锦彩器物等状	
		谢内园果栽并令府县供花药状	
		代人作昭应猎谢赐弓箭状	
		贺破渭北党项状	
		贺斩逆贼仆固瑒状	
		贺生擒高玉状	
		贺破高玉贼状	
		进打猎口味状	
		降诞日进马及织成红锦地衣状	
		奉投降回鹘大首领大将军安达干等状	
		奉诛逆人等状	
		代郭子仪请孙守亮代男行营事状	
四三〇	李　翰	进张巡中丞传表	①误收，应为卷三六七贾至《论王去荣打杀本部县令表》
四三二	张　镐	谏招抚史思明奏	
		谏内置道场奏	
		请追谥常王傅吴兢奏	
	张　镒	论奴仆告主疏	
	李　至	谏贷死以流人使自效疏①	
	郑叔清	鬻爵条格奏	
	韩　颍	请定五官正朝冠奏	
	刘　源	请置银川监牧奏	
	刘　宽	谏中官打人表	
	仆固怀恩	陈情书	
四三三	卢　贾	请仿古举士奏	
	李　遵	奏限官职田状	

续表

		全唐文	
卷 次	作 者	篇 名	备 注
四三三	刘 峣	取士先德行而后才艺疏	
四三四	张献诚	让户部尚书疏	
	韦元甫	谢恩表①	
		为百官谢放朝表	
		为京兆尹捉贼既获谢恩表	
		谢加银青光禄大夫表	
	韩 滉	进解县安邑两池生乳盐表	
		请伐吐蕃疏	
四三五	苏 端	驳司徒杨绾谥议	
	姚南仲	谏近城为陵墓疏	
四三七	王 纬	代路尚书贺登极表	①凡两道
		代路冀公谢旌节等表	②《补》卷一二五为阙名《请
		代陈司徒谢敕赐麟德殿宴百僚诗序表	定决杖数奏》
		谢赐中和节御制诗序表	
		请停征浙西杂罚钱疏	
	卢正己	请定杖法奏②	
	史玄璨	禘祫议	
四三八	徐承嗣	奏岁星太白同躔不犯状	
	卢 迈	议元旦不受誓诫状	
	甯龄先	合浦珠还状	
	赵宗儒	请权罢应制奏	
	冯 伉	科处应解补学生	
四三九	王 谏	为郭令公出上都赴奉天行营敕赐锦战袍并口脂等谢表	
		为刘相请女婿潘炎罢元帅判官陈情表	
		为郭令公请授亲王四节度大使及五府大都督表	
		安西请赐衣表	

卷　次	作　者	篇　名	备　注
四四〇	王　绰	代路冀公贺改元赦表	
	程　皓	驳颜真卿论韦陟不得谥忠孝议	
四四二	韩　洄	请诸司于刑部检事奏①	
		请裁江淮七监奏	
四四三	李　晟	谏赦李怀光疏	
		诛田希鉴献状	
	于　颀	尊祀武成王议	
	李　舟	谢赦书赐腊日口脂等表	
		谢赦书赐历日口脂等表	
		为崔大夫陈情表	
		为崔大夫请入奏表②	
四四四	梁　镇	谏罢违典左道吕祠表	①《补》卷五〇为德宗《诸曹置律令格式敕》 ②凡二道
	韩　翃	为田神玉谢茶表	
		谢追赠父表	
		谢追赠母表	
		谢追赠父官表	
		谢赦书赐腊日口脂等表	
		为田神玉谢诏葬兄神功毕表	
		为田神玉谢不许赴上都护丧表	
		为田神玉谢兄神功于京兆府界择葬地表	
		为田神玉母太夫人谢男神功葬赐钱及神玉领节度	
		为田神玉谢赐钱供兄葬事表	
		为李希烈谢留后表	
		为凤翔李尚书请使人拜扫表	
		代人至渭南县降服请罪表	
		代人奉御批不许请罪谢恩表	
四四五	张光晟	请诛回纥表	
	王行先	为李尚书谢恩表	
		为王大夫奏元谊防秋表	

全唐文

		全唐文	
卷 次	作 者	篇 名	备 注
四四五	王行先	为赵侍郎论兵表	
	彭 偃	删汰僧道议	
四四六	吴 颂	代郭令公谢男尚公主表①	
	黎 干	十诘十难	
	姜公辅	对直言极谏策	
	王 绍	请禁私藏钱奏	
四四八	王 涯	辞免起复太宰表②	
		请开采铜铁奏	
		准敕详度诸司制度条件奏	
		论讨吐蕃事宜疏	
		上论用兵书	
四四九	高 郢	谢太常卿并举官自代表	①据《文苑英华》卷五九一，吴颂应为吕颂，可并入卷四八〇吕颂名下
		谢再除太常卿充礼仪使表	②凡两道
		谢恩赐锦彩绫银器等表	③凡三道
		请致仕表③	④凡三道
		为卢相公谢恩并请罢官养疾表	
		为萧少师谢致仕表	
		谏造章敬寺书	
		再上谏造章敬寺书	
四五〇	齐 映	贺破吐蕃表	
		请修义仓表	
		论御史台诬谤表	
		河南府论被谤表	
		进封章表	
		出官后自序表	
		为萧复让宰相表④	
		处州请随例行香状	
		为赵相公谢马状	
		恩赐马一匹并鞍辔及告身衣两副等状	

续表

全唐文			
卷　次	作　者	篇　名	备　注
四五一	皇甫冉	谢赐冬表①	
四五二	邵　说	为郭令公贺南郊大礼表	
		让吏部侍郎表②	
		为郭子仪让华州及奉天县请立生词堂及碑表③	
		代郭子仪谢副元帅河中节度使表	
		代郭子仪谢兼河工节度使表	
		代侯中妆谢封表	
		为王仲昇谢加兵马使表	
		为郭令公谢一子三品官表	
		为文武百僚谢示周易镜图表	
		为郭令公谢腊日赐香药表	
		谢赐新历日及口脂面药等表	
		谢墨诏赐历日口脂表	①凡三道
		为田神玉谢端午物表	②凡两道
		代郭令公请雪裴仆射表	③凡四道
		代郭令公请雪安思顺表	④误收，应为卷三八四独孤及同题之作
		上代宗书	
四五三	韦　皋	谢政刑箴表	
		谢赐御制纪功碑铭表	
		请皇太子监国表	
四五五	张　荐	请赎还颜真卿疏	
		祧献懿二祖议	
	程　异	请勒停置茶盐店奏	
	关　播	请删去武成王庙十哲奏	
	赵　憬	上审官六议表	
		遗表	
四五六	独孤授	贺擒周智光表④	
	齐　抗	元日朝班仪注奏	
		更定祭日奏	

全唐文			
卷　次	作　者	篇　名	备　注
四五七	裴　清	进金沙泉表	
	柳　伉	请诛程元振疏	
四五八	韩　章	请停新任官复赴集疏	
四六五	陆　贽	均节赋税恤百姓六条	
四六六	陆　贽	论裴延龄奸蠹书	
四六七	陆　贽	论两河及淮西利害状	
		论关中事宜状	
		论叙迁幸之由状	
四六八	陆　贽	奉天论奏当今所切务状	
		奉天论前所答奏未施行状	
		奉天请数对群臣兼许令论事状	
四六九	陆　贽	奉天论尊号加字状	
		重论尊号状	
		奏天论赦书事条状	
		奉天论拟与翰林学士改转状	
		奉天请罢琼林大盈二库状	
		奉天论解萧复状	
		奉天荐袁高等状	
		奉天论李晟所管兵马状	
		奉天奉李建徽杨惠元两节度兵马状	
		驾幸梁州论进献瓜果人拟官状	
		又论进瓜果人拟官状	
四七〇	陆　贽	兴元论解姜公辅状	
		又答论姜公辅状	
		兴元论请优奖曲环所领将士状	
		兴元论解萧复状	
		又答论萧复状	
		兴元论续从贼中赴行在官等状	
		兴元贺吐蕃尚结赞抽军回归状	

全唐文			
卷　次	作　者	篇　名	备　注
四七一	陆　贽	兴元论赐浑瑊诏书为取散失内人等议状	
		兴元奏请许浑瑊李晟等诸军兵马自取机便状	
		兴元请抚循李楚琳状	
		兴元论中官及朝官赐名定难功臣状	
		銮驾将还宫阙论发日状	
		请释赵贵先罪状	
		论替换李楚琳状	
四七二	陆　贽	收河中后请罢兵状	
		请许台省长官举荐属吏状	
四七三	陆　贽	请遣使臣宣抚诸道遭水州县状	
		论淮西管内水损处请同诸道遣宣慰使状	
		谢密旨因论所宣事状	
		论岭南请于安南置市舶中使状	
		论宣令除裴延龄度支使状	
		论齐映齐抗官状	
		请减京东水运收脚价于缘边州镇储蓄军粮事宜状	
四七四	陆　贽	论缘边守备事宜状	
		商量处置宝参事体状	
		奏议窦参等官状	
四七五	陆　贽	请不簿录窦参庄宅状	
		请还田绪所寄撰碑文马绢状	
		请依京兆所请折纳事状	
		议汴州逐刘士宁事状	
		请不与李万荣汴州节度使状	
		论度支令京兆府折税市草事状	
		论左降官准赦合量移事状	
		再奏量移官状	
		三奏量移官状	

卷　次	作　者	篇　名	备　注
		全唐文	
四七五	陆　贽	请边城贮备米粟等状	
		论朝官阙员及刺史等改转伦序状	
四七六	沈既济	论增待制官疏	
四七七	杜　佑	进《通典》表	
		论边将请系党项及吐蕃疏	
		三朝行礼乐制议	
		三朝上寿有乐议	
		彻食宜有乐议	
		读时令议	
		省官议	
		尚书省官议	
		仆射议	
四七八	崔　纵	请诸王母封号奏	
		停减吏员奏议	
	杜黄裳	请制内遇祭辍乐制外用乐奏	
		请迁高宗神主于西夹室议	
	卢　徵	请赴任官以到任日起支课料奏	
	杨　凭	贺老人星见表	
	郑余庆	请抽京外官俸料修孔子庙堂奏	
		请定五六品官祭服奏	
四七九	郑余庆	封还授孔戡卫尉寺丞分司东都诏奏	
	郑云逵	奏弟方逵不孝状	
	裴　堪	请祀岳渎亲申拜礼奏	
	许孟容	停齐总为衢州刺史敕命表	
		请再令宪官验祖好畤奏	
		夏旱上疏	
		德宗神武孝文皇帝谥议	
		顺宗至德大圣大安孝皇帝谥议	
四八〇	高　参	汉高祖伪游云梦议	

		全唐文		
卷　次	作　者	篇　名	备　注
四八〇	吕　颂	贺南郊大赦表	
		黔州刺史谢上表	
		谢赐春衣及牙尺表	
		谢赐冬衣表①	
		谢端午赐衣及器物等表	
		谢敕书赐腊日口脂等表	
		谢敕书赐腊日香药口脂等表	
		谢赐口脂表②	
		为张侍郎乞入觐表	
		再请入觐表	
		降诞日进光明砂等状	
		降诞日进光明砂丹等状	
四八一	马　总	为戴中丞谢赐中和节诗序表	①凡两道 ②凡两道
		代郑滑李仆射乞朝觐表	
		南海举给事中穆质自代状	
	崔　衍	请减虢州赋钱疏	
四八二	路　随	上宪宗实录表	
		修定顺宗实录错误奏	
		不载元韶事迹议	
	韦宏景	封还刘士泾授太仆卿诏疏	
四八四	权德舆	中书门下贺南诏异牟寻授册礼毕表	
		中书门下贺云南军破吐蕃剑山保定城表	
		中书门下贺幽州卢龙军节度使检校尚书右仆射刘济去四月十七日于室韦川等三处大破奚虏六万余众状	
		中书门下贺汴州擒送李乃表	
		中书门下贺灵武大破吐蕃表	
		中书门下贺蔡州破贼表	

全唐文			
卷　次	作　者	篇　名	备　注
四八四	权德舆	中书门下贺剑南西川节度使去八月十八日于雍州灵关路大破蕃寇，拔木破城并破通霍鹤军天宝城应擒生斩级焚烧仓库楼阁收获羊马器械等状	①凡两道 ②凡三道
		中书门下贺元谊李文通出洺州城表	
		中书门下贺德音减放夏麦并赈给表	
		中书门下贺对躬减膳降雨表	
		中书门下贺雪表①	
		中书门下贺雨表	
		中书门下贺雨表②	
		中书门下贺元和殿甘露降表	
		中书门下贺许州连理棠树表	
		中书门下轴恒州华州嘉禾合穗表	
		中书门下贺滑州黄河清表	
		中书门下贺醴泉获白鹿表	
		中书门下贺河阳获白兔表	
		中书门下贺邢州获白雀白山鹊表	
		中书门下贺兴庆池白鸬鹚表	
		中书门下贺神龙寺渠中瑞莲表	
		中书门下贺八陵修复毕表	
		中书门下贺建康郡王双诞皇曾孙状	
		中书门下奉韦皋奏南诏奉圣乐章状	
		中书门下贺降诞日麟德殿三教论议状	
		贺除于頔太子宾客表	
		谢端午赐衣及器物等表	
		谢赐冬衣表	
		谢停赐口脂等表	
		谢每年赐钱三千贯文表	
		恩赐马一疋并鞍辔及告身衣两副等谢状	
四八五	权德舆	为郑相公让中书侍郎平章事表	

卷　次	作　者	篇　名	备　注
		全唐文	
四八五	权德舆	为赵庶子谢平章事表	
		为崔相公谢门下侍郎表	
		齐宾客相公进所赐马表	
		为齐相公让修国史表	
		卢相公谢授宾客表	
		为卢相公谢除中书侍郎表	
		代卢相公谢赐方药并陈乞六表	
		代贾相公谢赐马及银器锦彩等表	
		代贾相公乞退表	
		代贾相公陈乞六表	
		为赵相公谢赐金石凌表	
		进诗状	
		谢权知门下省过官状	
		谢借飞龙马状	
		中书门下谢御制九日言怀赐中书门下及百寮诗状	
		中书门下奉和圣制九日言怀诗赐中书门下及百官诗进状	
		中书门下谢御制重阳日中外同欢以诗言怀因示群官一首状	
		中书门下进奉和圣制重阳日中外同欢以诗言志因示群官状	
		中书门下谢御制九月十八日赐百官追赏因示所怀诗状	
		中书门下进奉和御制九月十八日赐百官追赏因示所怀诗状	
		中书门下贺新制中和乐状	
		中书门下进奉和圣制中春麟德殿会百寮观新乐诗状	
		中书门下谢御制中和节赐百官宴集因示所怀诗状	

全唐文			
卷　次	作　者	篇　名	备　注
四八五	权德舆	中书门下进奉和圣制中和节赐百官宴集因示所怀诗状	
		中书门下谢圣制重阳日即事六韵诗状	
		中书门下进奉和圣制重阳日即事六韵诗状	
四八六	权德舆	论江淮水灾上疏	①《补》卷五○为德宗《阴雨朝谒不得走马敕》
		上陈阙政	
		请置两省官表	
		论度支疏	
		论裴延龄不应复判度支疏	
		奏于、董所犯当明刑正罪疏	
		奏孝子刘敦儒状	
		中书门下谢雨雪量放朝参表①	
		谢除太常卿表	
		东都留守谢上表	
		谢批答表	
		谢追赠表	
		谢赠先祖尚书礼部郎中表	
		请追赠先祖故羽林军录事参军状	
		谢手诏不听回官秩表	
		请祔庙状	
		请迁祔先父准一品仪式状	
		缘迁祔请令子弟营护状	
		谢许迁祔并令子弟营护诏表	
		请迁举假内差官勾当状	
		迁举假满勾当公事状	
		遗表	
四八七	权德舆	贺给事中许孟容论齐腼授官事状	
		论吴少阳起复状	
		太常博士举人自代状	
		右补阙举人自代状	

续表

全唐文			
卷　次	作　者	篇　名	备　注
四八七	权德舆	起居舍人举人自代状	
		起居舍人举人自代状	
		驾部员外郎举人自代状	
		司勋郎中举人自代状	
		中书舍人举人自代状	
		礼部侍郎举人自代状	
		户部侍郎举人自代状	
		兵部侍郎举人自代状①	
		吏部侍郎举人自代状	
		太子宾客举人自代状	
		太常卿举人自代状	
		平章事举人自代状	
		礼部尚书举人自代状	
		东都留守举人自代状	
		请加置留镇兵二千人状	①凡二道
		留镇将士加置二千人状	
		请加置兵衣粮状	
		谢河南尹裴次元充东都副留守状	
		谨移义成军一千五百人镇阳翟状	
		请置防御军状	
四八八	权德舆	徐州事宜奏	
		淮西招讨事宜状	
		论旱灾表	
		昭义军事宜状	
		恒州招讨事宜状	
		山东行管事宜状	
		迁庙议	
		昭陵寝宫议	
		祭岳镇海渎等奏议	

		全唐文	
卷 次	作 者	篇 名	备 注
四八八	权德舆	故朝散大夫使持节常州诸军事守常州刺史充本州团练守捉使赐紫金鱼袋独孤公谥议	
		赠司空李揆谥议	
五一〇	戴叔伦	贺平贼赦表	
五一一	郑细	太微宫神主祔太庙奏	
		谢赐神刀食金等状	
		谢借飞龙马二匹状	
		为易定张令公进鹰笼状	
		腊日谢赐口脂历日状	
		朝觐遇节进奉状	
	裴晃	举杭州刺史韦皋自代状	
	李吉甫	贺赦六表	①凡两道 ②柳州应为郴州 ③凡两道
		让平章事表①	
		忠州刺史谢上表	
		柳州刺史谢上表②	
		饶州刺史谢上表	
		谏畋猎表	
		请录用令狐通奏	
		请汰冗吏疏	
		请罢永昌公主祠堂疏	
		对素服救日蚀仪疏	
		右龙武统军张伯仪谥议	
		上元和郡县图志序	
五一三	于公异	代崔冀公贺登极表	
		贺圣躬痊复表③	
		为崔冀公请赴山陵表	
		代李令公谢手诏为制东渭桥碑文表	
		代李令公乞朝觐南郊表	
		皇帝违和请朝觐表	

续表

卷 次	作 者	篇 名	备 注
五一三	于公异	代人行在起居表	
		奏投降吐蕃表	
		为王尚书奏洛州事宜并进翻城副将李澄表	
		代李令公进岁节口味一十事状	
		端午进马状	
		进贡扶风县平地穿得金盏二枚并瓮子一枚状	
		李晟收复西京露布	
五一四	崔 从	请定举放官私钱事宜状	
	顾少连	请以口问经义录于纸上以便依经疏对奏	
	赵 昌	蒙异牟寻请降奏状	
五一五	陈 京	请为献祖懿祖立别庙疏	①与卷五二七柳冕《皇太子服纪议》重,《补》卷五六同
		祧献懿二祖议	
		请定禘祭庙位奏	
	王虔休	修进继天诞圣乐表	
		进岭南王馆市舶使院图表	
	韦 彤	谏张茂宗借吉尚主疏	
		太庙朔望进食议	
	仲子陵	献懿二祖迁祔于德明兴圣庙议	
五一六	李 嵘	献懿二祖宜藏夹室议	
	王 权	请以献懿二主祔兴圣庙议	
	畅 当	丧服议	
		除服议①	
五一七	梁 肃	代太常答苏端驳杨绾谥议	
五二三	杨于陵	贺册皇太后表	
		为崔冀公贺登极赦表	
		贺枭贼叛将杨惠琳表	
		贺收剑门表	
		谢藩侍郎到宣慰表	

全唐文

续表

		全唐文	
卷 次	作 者	篇 名	备 注
五二三	杨于陵	谢恩宣慰并赐手诏表	
		谢手诏许受吐蕃信物表	
		谢敕书宣慰表	
		为判官郭彦郎中谢手诏表	
		请修写铨选簿书奏	
	韦贞伯	劾吏部铨选不实奏	
	崔元翰	为河东副元帅马司徒请罢节度表①	
		为河东副元帅马司徒谢实封表	
		为文武百官请复尊号表②	
		为百官贺舒州甘露表	
五二四	雍维良	对文可以经邦策	
	穆 质	论丧服疏	①凡两道
		论服墨衰疏	②凡六道
		对贤良方正能直言极谏策	③凡两道
五二五	罗 让	对才识兼茂明于体用策	④与卷五一六畅当《除服议》重,《补》卷五六同
五二六	严 况	武成王祀典议	
	李 巽	请于郴州铸钱奏	
		驳尚书右仆射郑珣瑜谥议③	
	窦 泰	泥雨停朝参奏	
	尚 华	上高中丞状	
	赵 赞	请以箴表等代诗赋奏	
		常平仓议	
	薛 珏	请禁淹留馆驿奏	
	胡 坚	得盐井水土表	
五二七	柳 冕	青帅乞朝觐表	
		皇太子服纪议④	
		请筑别庙居献懿二祖议	
		请定公主母称号状	
五二八	顾 况	上高祖受命造唐赋表	

续表

卷　次	作　者	篇　名	备　注
五二八	顾　况	太尉晋国公韩滉谥议	
五三一	武元衡	贺甘露表	
		贺连理棠树合欢瓜白兔表	
		寒食谢赐新火及春衣表	
		谢赐新火及新茶表	
		议朝参官班序奏	
		请选举限内仍朝参奏①	①《补》卷六一为《论三部官员举选限内不奉朝参奏》 ②为《议正衙待制官奏》 ①②《全唐文》所录语句更完整，当属原文 ③凡两道 ④凡四道 ⑤凡四道 ⑥凡两道
		请待制官于延英候对疏②	
	赵　需	谏复用卢杞为饶州刺史疏	
		重论复用卢杞疏	
	王仲周	代杜司徒谢妻封邑表	
		代王尚书谢一子官状③	
		端午进银器衣服状④	
		降诞日进器物状⑤	
		奏度女道士无名尼等状	
		奏姚季立妻充女道士状	
五三二	李　观	请修太学书	
五三六	韦　武	祧献懿二祖议	
	王　栩	请停执刀资粮奏	
五三七	裴　度	让平章事表	
		代李大夫请朝觐表	
		恳辞册礼表	
		却赐玉带表	
		论元稹魏宏简奸状疏⑥	
		论田宏正讨李师道疏	
		请罢知政事疏	
		谏晏朝疏	
		谏坐朝稀少疏	
五三八	裴　度	请释王赏状	

全唐文

卷　次	作　者	篇　名	备　注
五三八	裴　度	不置冢宰议	
五三九	令狐楚	代郑尚书贺登极表	
		贺南郊表	
		为桂府王拱中丞贺南郊表	
		郑尚书贺册皇太后表	
		贺皇太子知军国表	
		贺赦表	
		为郑尚书贺登极赦表	
		贺册太子赦表	
		为监军贺赦表	
		中书门下贺赦表	
		贺德音表	
		代郑尚书贺册太后礼毕赦表	
		贺老人星见表	
		贺白鹿表	
		中书门下贺白野鸡表	
		为百官贺白乌表	
		进张祜诗册表	
		贺剑南奏破吐蕃表	
		贺灵武破吐蕃表	
		贺修八陵毕表	
		奉慰过山陵表	
五四〇	令狐楚	为福建阎常侍奉慰德宗山陵表	
		代太原李仆射慰义章公主薨表	
		贺顺宗谥议表	
		让中书侍郎表	
		为郑儋尚书谢河东节度使表	
		河阳节度使谢上表	
		谢除宣歙观察使表	

		全唐文	
卷　次	作　者	篇　名	备　注
五四〇	令狐楚	为昭义王大夫谢知节度观察等留后表	
		为道州许使君谢上表	
		衡州刺史谢上表	
		为石州刺史谢上表	
		为桂府王中丞谢加朝议大夫表	
		为太原郑尚书谢赐旌节等表	
		为太原李少尹谢上表	
		代李仆射谢男赐绯鱼袋表	
		谢敕书赐春衣并尺表	
		谢春衣并端午衣物表	
		谢春衣表	
		谢赐衣甲及药物等表	
		谢赐冬衣表	
		谢敕书赐腊日口脂等表	
		代李仆射谢赐男绢等物并赠亡妻晋国夫人表	①凡三道 ②凡六道
		为楼烦监杨大夫请朝觐表①	
		代河南裴尹请拜埽表	
		为羽林李景略将军进射雁歌表	
		进异马驹表	
五四一	令狐楚	请罢榷茶使奏	
		遗疏	
		代李仆射谢子恩赐状②	
		为人作谢防秋回赐将士等物状	
		为人作谢赐行营将士迁段并设料等物状	
		为人谢赐行营将士袄子及弓弩状	
		为人谢赐天德防秋将士绝绢状	
		为人谢赐将军官告状	
		为人谢宣慰状	
		谢敕书手诏慰问状	

卷 次	作 者	篇 名	备 注
五四一	令狐楚	谢口敕慰问状	
		谢宣慰状	
		谢敕书手诏慰问状	
		谢宣慰诸州军镇等状	
		为崔仲孙弟谢手诏状	
		为人谢问疾兼赐医药等状	
		为人谢诏书问疾兼赐药方等状	
		为人谢问疾状	
		为人谢端午赐物等状	
		为人谢赐口脂等并历日状	
		谢赐腊日口脂红雪紫雪历日等状	
		为人谢赐男岁节料并口脂腊脂等状	
		谢赐春衣牙尺状①	①凡两道
		谢赐冬衣状②	②凡三道
		谢赐毯价绢状	③凡两道
		谢宣行哀册文状	④凡两道
		谢赐僧尼告身并华严院额状	⑤凡两道
		为五台山僧谢赐袈裟状③	⑥凡三道
五四二	令狐楚	为郑尚书贺册皇太子状	⑦凡两道
		贺韩仆射充招讨使状	
		贺破贼兼优恤将士状	
		贺行营破贼状④	
		为人作荐昭州刺史张懋状	
		为人作荐刘孟修状	
		为人作奏薛芳充支使状	
		元日进马并鞍辔状⑤	
		端午进鞍马等状⑥	
		又进银器物并行鞋等状	
		贺冬至进鞍马弓剑香囊状⑦	

全唐文			
卷　次	作　者	篇　名	备　注
五四二	令狐楚	又进鞍马器械等状	
		又进银器唾盂等状	
		降诞日进银器物及零陵香等状	
		降诞日进鞍马状①	
		降诞日为杨大夫奏修功德并进马状	
		进宪宗哀册文状	
		进金花银樱桃笼等状	
		进白蕉状	
		进异马驹状	
		为太原李说尚书进白兔状②	
		进异鹰状	
		奏太原府资望及官吏选数状	
		奏教习长枪及弓弩状	
		奏排比第二般差拨兵马状	①凡四道
		奏教当道兵马状	②凡两道
		奏差兵马赴许州救援并谢宣慰状	
		奏百姓王士昊割股状	
		奏榆次县冯秀诚割股奉母状	
		为人作奏贬晋阳县主簿姜鈇状	
		为人作请行军司马及少尹状	
		奏节度使等带器仗就尚书省参辞状	
五四四	卢　坦	请放河中盐入兴元府等州奏	
		请和籴奏	
		请不毁李锜祖父庙墓奏	
	柳公绰	请禁奸人得牒免差奏	
		定吏人犯罪坐长官等奏	
		请定敕使驿马限约	
	于　頔	让授子方太常丞表	
	崔　备	驳太常拟赠工部尚书马畅谥议	

卷 次	作 者	篇 名	备 注
五四五	萧 俛	请放免当司诸色本利钱奏	
		辞撰王承宗先铭奏	
		对穆宗问兵法有必胜疏	
	崔 位	为李尚书让兼左仆射二表	
		代李仆射谢加营田使表	
		为李仆射贺圣制政刑箴表	
	王仲舒	湖南观察使谢上表	
		为荆南节度使谢恩表	
		昭陵寝宫议	
	王 颜	进黄帝玉佩表	
		请厘肃朝班状	
五四六	裴 肃	请进士兼习尔雅老子奏	
	乌重允	请德棣景三州归刺史收管奏	
	崔 韶	重定赠工部尚书马畅谥议	
五四七	韩 愈	为韦相公让官表	①凡两道
		为宰相贺雪表	
		进顺宗皇帝实录表状①	
五四八	韩 愈	为裴相公让官表	
		进撰平淮西碑文表	
		论捕贼行赏表	
		论佛骨表	
		潮州刺史谢上表	
		贺册尊号表	
		袁州刺史谢上表	
		贺皇帝即位表	
		贺赦表	
		贺册皇太后表	
		贺庆云表	
		慰国哀表	

全唐文			
卷　次	作　者	篇　名	备　注
五四八	韩　愈	请上尊号表	
		贺雨表	
五四九	韩　愈	论今年权停举选状	
		御史台上论天旱人饥状	
		请复国子监生徒状	
		复仇状	
		钱重物轻状	
		为宰相贺白龟状	
		冬荐官殷侑状	
		进王用碑文状	
		谢许受王用男人事物状	
		荐樊宗师状	
		举钱徽自代状	
		奏韩宏人事物状	
		谢许受韩宏物状	
		举张惟素自代状	
		举韩泰自代状	
		举荐张籍状	
		举韦颛自代状	
		论孔戡致仕状	
		举马揔自代状	
		贺太阳不亏状	
		举张正甫自代状	
		袁州申使状	
		黄家贼事宜状	
		应所在典贴良人男女等状	
五五〇	韩　愈	奏汴州得嘉禾嘉瓜状	
		论淮西事宜状	
		论变盐法事宜状	

续表

全唐文			
卷 次	作 者	篇 名	备 注
五五〇	韩 愈	皇帝即位贺诸道状	
		皇帝即位降赦贺观察使状	
		潮州谢孔大夫状	
		改葬服议	
		省试学生代斋郎议	
		禘祫议	
		请迁玄宗庙议	
五七〇	柳宗元	礼部为百官上尊号表①	①凡两道 ②凡三道 ③凡三道
		礼部贺册尊号表	
		为京兆府请复尊号表②	
		代京兆府耆老请复尊号表	
		礼部为文武百寮请听政表③	
		贺践祚表	
		礼部贺改永贞元年表	
		礼部太上皇诰宜令皇帝即位贺表	
		礼部贺立皇太子表	
		礼部贺皇太子册礼华德音表	
		为王京兆皇帝即位礼毕贺表	
		代韦中丞贺元和大赦表	
		礼部贺册太上皇后及德妃表	
		礼部贺太上皇后册毕贺	
		御史台贺嘉禾表	
		礼部贺嘉禾及芝草表	
		京兆府贺嘉瓜白兔连理棠树等表	
		礼部贺甘露表	
		礼部贺白龙并青莲花合戏莲子黄瓜等表	
		礼部贺白鹊表	
		礼部贺嘉瓜表	
		为王京兆贺嘉莲表	

卷 次	作 者	篇 名	备 注
		全唐文	
五七一	柳宗元	为王京兆贺雨表①	①凡四道 ②误收，应为卷五一二为李吉甫《郴州刺史谢上表》
		贺亲自祈雨有应表	
		为裴中丞贺克东平赦表	
		柳州贺破东平表	
		代裴中丞贺分淄青为三道节度表	
		为韦侍郎贺布衣窦群除左拾遗表	
		为樊左丞让官表	
		为王户部荐李谅表	
		为户部王叔文陈情表	
		代裴中丞谢讨黄少卿贼表	
		为裴中丞举人自代伐黄贼表	
		为崔中丞请朝观表	
		代柳公绰谢上任表	
		代李愬襄州谢上任表	
		代节使谢迁镇表	
		为刘同州谢上表	
		代裴行立谢移镇表	
		代韦永州谢上表	
		谢除柳州刺史表	
		柳州谢上表②	
		代广南节度使举裴中丞自代表	
		奏荐从事表	
		代广南节度使谢出镇表	
		为杨湖南谢赐设表	
		为武中丞谢赐樱桃表	
		谢赐时服表	
		谢赐端午绫帛衣服表	
		为崔中丞贺平李怀光表	
		为武中丞谢赐新茶表	
		为裴中丞贺破东平表	

续表

全唐文			
卷次	作者	篇名	备注
五七一	柳宗元	献平淮夷雅表	
		上铙歌鼓吹曲表	
		贺赦表	
五七二	柳宗元	为广南郑相公奏百姓产三男状	
		为薛中丞浙东奏五色云状	
		为裴中丞奏邕管黄家贼事宜状	
		让监察御史状	
		为京兆府昭应等九县诉夏苗旱损状	
		为南承嗣请从军状	
		进农书状	
		代人进瓷器状	
		柳州举监察御史柳汉自代状	
		贺诛淄青逆贼李师道状	
		贺平淄青后肆赦状	
		贺分淄青诸州为三道节度状	
		代裴中丞上裴相贺破东平状	
		上户部状	
		柳州上本府状	
		为裴中丞上裴相乞讨黄贼状	
		为桂州崔中丞上中书门下乞朝觐状	
		为南承嗣上中书门下乞两河效用状	
		柳州上中书门下举柳汉自代状	
		为长安等县耆寿诣相府乞奏复尊号状	
		为京畿父老上府尹乞奏复尊号状	
		驳复仇议	
		谥议	
五九四	徐复	驳李巽拟相国赠尚书右仆射郑珣瑜谥议	
六〇〇	刘禹锡	贺册太皇太后表	
		贺册皇太后表	

卷 次	作 者	篇 名	备 注
六〇〇	刘禹锡	贺登极表	①凡二表,《补》卷七四为王起《代李相贺登极表》
		代李相公贺登极二表①	
		贺册皇太子表	
		苏州贺册皇太子表	
		为裴相公贺册鲁王表	
		苏州贺皇帝疾愈表	
		贺改元赦表	
		贺赦表	
		贺德音表	
		连州贺赦表	
		贺赦表	
		贺收蔡州表	
		代京兆李尹贺迁献懿二祖表	
		为京兆李尹贺雨表	
		为京兆韦尹贺元日祥雪表	
		为京兆韦尹贺春雪表	
		为京兆韦尹贺雨止表	
		为京兆韦尹贺祈晴获应表	
		为杜相公贺复吴少诚官爵表	
		为杜相公贺除虔王表	
		贺雪镇州表	
		贺平淄青表	
		贺枭斩郑注表	
		慰国哀表	
		慰淄王薨表	

全唐文			
卷 次	作 者	篇 名	备 注
六〇一	刘禹锡	为杜相公慰王太尉薨表	①《补》卷一二八为阙名《让平章事表》 ②凡三道 ③凡两道 ④凡两道
		为杜司徒慰义阳公主薨表	
		为杜司徒让度支盐铁等使表	
		为杜司徒让淮南立去思碑表	
		为杜相公让同平章事表①	
		为裴相公让官表②	
		为容州窦中丞谢上表	
		夔州刺史谢上表	
		连州刺史谢上表	
		和州刺史谢上表	
		苏州刺史谢上表	
		汝州刺史谢上表	
		同州刺史谢上表	
		代杜司徒谢平章事表	
		为淮南杜相公谢兵马使朱郑等官表	
		为淮南杜相公谢贷钱物表	
		苏州谢恩赐加章服表	
		谢差中使送上表	
		代杜司徒谢男授官表	
六〇二	刘禹锡	为武中丞谢赐春衣表	
		为武中丞谢赐冬衣表	
		为淮南杜相公谢赐春衣表	
		谢赐冬衣表③	
		为淮南杜相公谢赐冬衣表	
		谢恩赐粟麦表	
		谢恩放先贷斛斗表	
		苏州谢赈赐表	
		代武中丞谢新茶表④	
		谢赐广利方表	

卷　次	作　者	篇　名	备　注
六〇二	刘禹锡	代武中丞谢赐新橘表	①凡两道 ②凡两道 ③凡两道
		代武中丞谢赐新柑表	
		谢端午赐衣及器物等表①	
		谢敕书赐腊日口脂等表	
		为淮南杜相公谢赐历日面脂口脂表	
		为李中丞谢赐紫雪面脂等表	
		为李中丞谢赐锺馗历日表	
		为淮南杜相公谢赐锺馗历日表	
		为杜司徒谢赐追赠表	
		为杜相公谢赐门戟表	
		为韦尹谢许折伞表	
		为淮南杜相公谢诏许濠泗两州割属淮南表	
		谢手诏慰抚表	
		谢恩存问表	
		为淮南杜相公谢赐墨诏表②	
		为淮南杜相公谢赐手诏表	
		谢授分司表	
		代杜司徒乞朝觐表	
		为淮南杜相公请赴行营表	
		为淮南杜相公论西戎表	
		为淮南杜相公论废楚州营田表	
		夔州论利害表③	
六〇三	刘禹锡	奏记丞相府论学事	
		为京兆李尹降诞日进衣状	
		为京兆韦尹降诞日进衣状	
		为京兆韦尹进野猪状	
		为裴相公进东封图状	
		为杜相公自淮南追入长安至长乐驿谢赐酒食状	
		代杜相公谢就宅赐食状	

续表

卷　次	作者	篇　名	备　注
六〇三	刘禹锡	代淮南杜司徒奏新罗请广利方状	
		为东都韦留守谢赐食状	
		举崔监察群自代状	
		举开州柳使君公绰自代状	
		举姜补阙伦自代状	
		苏州举韦中丞自代状	
		苏州上后谢宰相状	
		苏州加章服谢宰相状	
		汝州上后谢宰相状	
		汝州举裴大夫自代状	
		汝州进鹰状	
		同州举萧谏议自代状	
		上宰相贺德音状	
		上宰相贺改元赦书状	
		荐处士严毖状	
		荐处士王龟状	
六一一	裴次元	奏广州结好使事由奉诏书谢恩状	
		贺正进物状	
		端午进物状	
		贺冬进物状	
		降诞日进物状	
		奏准诏令子弟主办迁奉事状	
	杨嗣复	不覆奏决刘楚才等奏	
		请令史馆纪时政疏	
		论庞骥赃罪议	
六一二	崔　群	请废宿州奏	
		论开元天宝讽止皇甫镈疏	
	张　滂	请税茶奏	
		请禁铸铜器杂物奏	

全唐文

全唐文			
卷 次	作 者	篇 名	备 注
六一三	羊士谔	贺册皇太后表	
		代阎中丞谢银青光禄大夫表	
		代人行在起居表	
六一四	元 明	为宁王谢亡兄赠太子太师表	
六一五	王 播	禁带兵器牧放奏	
		定馆驿就厅先后奏	
		请放还配流人奏	
		分别配流人罪奏	
		请令程异出巡江淮奏	
		请换贮东渭桥米石奏①	
六一六	裴 垍	上德宗实录表	
六一八	陆 淳	祀武成王议	
		定桃献懿二祖议	
六一九	张正甫	代路中丞谢先人赠官表	①《补》卷六八为王璠《请东渭桥北仓米三岁一换奏》
	姚庭筠	请奉行律令不得随事辄奏疏	
六二〇	李 复	收复琼州表	
	崔行先	为昭义王大夫谢赐改名表	
		为王大夫谢中使招抚状	
		为昭义李相公谢赐腊日口脂状	
		腊日谢赐口脂红雪等状	
		为王大夫谢恩赐口脂历日状	
		谢恩赐春秋状	
		谢恩赐春衣状	
		谢赐贞元寺额状	
		为昭义李相公贺云南蛮归附状	
		奏差赴唐州行营军马状	
	窦克构	请取前衔赴选奏	
六二一	罗好心	沙门般刺若翻译经成进上表	
六二二	元 固	为郑相请朝觐表	

全唐文			
卷 次	作 者	篇 名	备 注
六二二	周行先	为陕州卢中丞请朝觐表①	
	李 冉	举前池州刺史张严自代表	
六二四	浩虚舟	为崔大夫贺破吐蕃表	
	冯 宿	为裴相公谢淮西节度使表	
		为马总尚书谢除彰义军节度使表	
		禁版印时宪书奏	
六二五	吕 温	代孔侍郎蕃中贺顺宗登极表	
		代百官请上尊号第三表	
		贺册皇太子表	
		代杜司徒贺大赦表	
		代李侍郎贺收成都表	
		代李尚书贺生擒李锜表	
六二六	吕 温	代武相公谢赐枪旗器甲鞍马表	①凡二道
		代李侍郎贺德政表	
		代贺瑞雪表	
		代齐贾二相贺迁献懿二祖表	
		代杜司徒让平章事表	
		代百寮贺放浙西租赋表	
		代武相公谢借飞龙马表	
		道州刺史谢上表	
		衡州刺史谢上表	
		代郑南海谢上表	
		谢授右拾遗表	
		代李侍郎谢用内库钱充军资表	
		代伊仆射谢男宥授安州刺史表	
		代百寮谢许游宴表	
		代文武百寮谢宣示元和观象历表	
		谢章服表	
		代张侍郎起居表	

卷　次	作　者	篇　名	备　注
六二六	吕　温	代国子陆博士进集注春秋表	
		为成魏州贺瑞雪庆云日抱戴表	
		代李侍郎论兵表	
		代百寮进农书表	
六二七	吕　温	简获隐户奏	
		代郑相公谢赐门戟状	
		代伊仆射奏请女正度状	
		代郑相公请删定施行六典开元礼状	
		代都监使奏吐蕃事宜状	
		代李中丞荐道州刺史吕温状①	
		功臣恕死议	
		复汉以粟为赏罚议	
		请立舜庙奏	
六三三	苏　冕	谢加正议大夫表	①吕温自作
	冯　审	谢奖谕表	
		谢追赴阙庭表	
		请琢去孔子庙堂碑篆额中大周字奏	
	王　计	代王仆射谏伐淮西表	
六三四	李　翱	百官行状奏	
		论事疏表	
		疏用忠正	
		疏屏奸佞	
		疏改税法	
		疏绝进献	
		疏厚边兵	
		代李尚书进画马屏风状	
		陵庙日时朔祭议	
六四三	王　起	请禁皇城南六坊内朱雀门至明德门夹街两面坊及曲江侧近不得置私庙奏	
		覆废罢让皇帝庙奏	

全唐文			
卷　次	作者	篇　名	备　注
六四三	王　起	请进士覆试后再行放榜奏	
		覆奏祔怀懿太子神主状	
六四四	张仲素	贺嘉禾表	
		贺西内嘉莲表	
		贺东川麟见表	
		贺蔡州破贼表	
		贺破贼表	
		贺捉获刘辟等表	
六四五	李　绛	对宪宗得贤兴化问	①《补》卷六七为《详定中丞见仆射事体奏》
		对宪宗论朋党	
		论谏臣	
		延英论兵制	
		延英论边事	
		请崇国学疏	
		奉命进录历代事宜疏	
		陈时务疏	
		论任贤疏	
		论任贤第二疏	
		请授乌重允河阳节度使疏	
		辨李吉甫密奏疏	
		辨裴武疏	
		论刘从谏求为留后疏	
		论仆射中丞相见仪制疏①	
		论不召对疏	
		请立储疏	
		请放宫女疏	
		论量放旱损百姓租税疏	
		论中尉不宜统兵出征疏	
		请散内库拯黎庶疏	

		全唐文		
卷　次	作　者	篇　名	备　注	
六四五	李　绛	论户部阙官斛斗疏		
		对宪宗问进羡余疏		
六四六	李　绛	论安国寺不合立圣德碑状		
		论泽潞事宜状		
		论河北三镇及淮西事宜状		
		论镇州事宜状		
		请以李锜财产代浙西百姓租税状		
		谢密赐宣劳状		
		学士谢状		
		谢宣慰状①		
		论裴均进银器状		
		论卢从史请用兵事状		
		论张茂昭事状		
		论简勘杨凭家产状		
		论德音事状	①凡三道	
		贺德音状		
		论许遂振进奉请驿递送至上都状		
		论延州事宜状		
		论易定事宜状		
六五〇	元　稹	论裴延龄表		
		又论裴延龄表		
		献事表		
		同州刺史谢上表		
		贺汴州诛李齐表		
		贺圣体平复御紫宸殿受朝贺表		
		代李中丞谢官表		
		为严司空谢招讨使表		
		贺诛吴元济表		
		为萧相公让官表		

全唐文			
卷　次	作　者	篇　名	备　注
六五〇	元　稹	为萧相谢追赠祖父祖妣亡父表	
		论追制表	
		论谏职表	
		论讨贼表	
		论西戎表	
		论教本书	
六五一	元　稹	两省供奉官谏驾幸温汤状	
		辨日旁瑞气状	
		谢准朱书撰田宏正碑文状	
		谢恩赐告身衣服并借马状	
		谢赐设状	
		谢御劄状	
		进田宏正碑文状	
		进诗状	
		进西北边图经状	
		进西北边图状	
		进双鸡等状	
		进马状	
		为萧相谢告身状	
		为令狐相国谢赐金石凌红雪状	
		为萧相国谢太夫人国号告身状	
		为令狐相国谢回一子官与弟状	
		贺降诞日德音状	
		中书省议赋税及铸钱等状	
		中书省议举县令状	
		弹奏剑南东川节度使状	
		弹奏山南西道两税外草状	
		论浙西观察使封杖决杀县令事	
		论转牒事	

续表

卷 次	作 者	篇 名	备 注
六五一	元 稹	为河南百姓诉车	
		同州奏均田状	
		浙东论罢进海味状	
		钱货议状	
六五二	元 稹	钱重物轻议	
		迁庙议	
		对才识兼茂明于体用策	
六六六	白居易	为宰相贺赦表①	①《补》卷一二八为阙名《为宰相贺赦表》 ②《补》卷一二八为阙名《贺上尊号后大赦表》 ③《补》卷六六为崔植《陈情表》，系节录 ④凡三道 ⑤为卷六六八《论承璀职名状》节文 ⑥为卷六六七《论罢兵第二状》节文
		为宰相请上尊号第二表	
		为宰相让官表	
		贺平淄青表	
		贺上尊号后大赦天下表②	
		为宰相贺雨表	
		为宰相贺杀贼表	
		贺云生不见日蚀表	
		为崔相陈情表③	
		忠州刺史谢上表	
		杭州刺史谢上表	
		为宰相谢官表	
		苏州刺史谢上表	
		元和南省请上尊号表④	
		论请不用奸臣表	
		谏诏吐突承璀率师出讨王承宗疏⑤	
		再言承璀疏⑥	
六六七	白居易	初授拾遗献书	
		论制科人状	
		论于頔裴均状	
		论和籴状	

卷　次	作　者	篇　　名	备　　注
六六七	白居易	论太原事状三件	
		奏请加德音中节目二件	
		论于頔所进歌舞人事宜状	
		论魏徵旧宅状	
		论王锷欲除官事宜状	
		论裴均进奉银器状	
		论孙璹张辅（一作奉）国状	
		论元稹第三状	
		请罢兵第二状	
		请罢兵第三状	
六六八	白居易	奏所闻状	
		论承璀职名状	
		奏阌乡禁囚状	
		论严绶状	
		论孟元阳状	
		谢官状	
		奏陈情状	
		谢官状	
		谢蒙恩赐设状	
		谢恩赐衣服状	
		三月三日谢恩赐曲江宴会状	
		九月九日谢恩赐曲江宴会状	
		腊日谢恩赐口蜡状	
		中和日谢恩赐尺状	
		谢清明日赐新火状	
		谢恩赐冰状	
		谢赐新历日状	
		谢恩赐茶果等状	
		社日谢赐酒饼状	

全唐文			
卷　次	作　者	篇　名	备　注
六六八	白居易	论重考科目人状	
		举人自代状	
		论重考试进士事宜状	
		让绢状	
		论左降独孤朗等状	
		论行营状	
		论姚文秀打杀妻状	
六六九	白居易	谢赐设及匹帛状	
		荐李晏韦楚状	
		为宰相谢恩赐酒脯饼果等状	
		为宰相谢恩赐吐蕃信物银器锦彩等状	
		为段相谢恩赐设及酒脯等状	
		为段相谢借飞龙马状	
		为段相谢手诏及金刀状	
		对才识兼茂明于体用策	①凡五道
		礼部试策①	②《补》卷一二五为阙名《请定宗子名衔》
六八二	牛僧孺	请仍禁诸道节度不得奏请任使奏	
		请祧迁玄宗庙主奏	
		请立决狱程限奏	
		奏黄州录事参军张绍弃妻状	
		奏议吐蕃维州降将状	
六八三	独孤郁	对才识兼茂明于体用策	
	王　真	道德经论兵要义述表	
		进道德经论兵要义述状	
六八四	裴　郁	禘祫配祭及昭穆位次议	
		请罢孝敬皇帝忌日废务议	
		宗子不得称皇某奏②	
	李　岩	谏为肃王造塔疏	
		妇为舅姑服期年议	

全唐文			
卷　次	作　者	篇　名	备　注
六八四	陈　谏	劝听政表①	
	张仲方	驳赠司徒李吉甫谥议	
	王茂元	奏吐蕃交马事宜状	
六八五	皇甫湜	对贤良方正直言极谏策	
		论进奉书	
六八八	符　载	为杜相公贺恩赐淮西粟帛表	
		请朝觐表	
		庐州进嘉禾表	
		谢赐冬衣表	
		谢赐药方表	
		谢手诏表②	
六九二	严　砺	奏崔河图状	
	田宏正	谢授节钺表	
	田　布	遗表	
六九三	孔　戣	谢致仕表	①凡三道
		谢赐手诏兼神刀药金状	②凡两道
		谢借马状	
		贺册尊号状	
		为崔大夫贺册皇太子状	
		奏加岭南州县官课料钱状	
		又谢赐药金状	
	元　锡	苏州刺史谢上表	
		福州刺史谢上表	
		衢州刺史谢上表	
		宣州刺史谢上表	
	薛　平	奏驺虞见状	
	王　泾	中宗庙主当迁议	
	李虞仲	重定房式谥议	
	杜周士	代孔大夫乞朝觐表	

卷 次	作 者	篇 名	备 注
		全唐文	
六九三	杜周士	代崔中丞请朝觐表	
六九四	高元裕	请外台御史振举旧章奏	
		请将贺兰进兴等重付台司覆勘疏	
	李夷简	请定应给食实封绢匹奏	
	李 绅	请定四品官制奏	
		请户部分判度支奏	
	王承宗	自陈表	
六九五	崔 植	请详定御史班位奏	
		对穆宗疏	
		论帝王宜俭疏	
	李行修	请置诗学博士书	
	李元素	请禁以降诞日为节假奏	
	裴简永	请置王府寮吏公署状	
七〇〇	李德裕	让官表	①原注：第一表舍人撰，不录。同日更进此表
		让太尉第二表①	②《补》卷一二五为阙名《定公主上表称例奏》，系节录
		让太尉第三表	
		让官表	
		贺废毁诸寺德音表	
		荐处士李源表	
七〇一	李德裕	请宣赐鹤林寺僧谥号奏	
		请罢榜奏	
		谏敬宗搜访道士疏	
		停进士宴会题名疏	
		论丧葬逾制疏	
		论公主上表状②	
		李思忠请进军于保太栅屯集状	
		论译语人状	
		请更发兵山外邀截回鹘状	
		殄灭回鹘事宜状	

卷 次	作 者	篇 名	备 注
		全唐文	
七〇一	李德裕	讨袭回鹘事宜状	
		论昭义三军请刘稹勾当军务状	
		李彦佐翼城驻军事宜状	
		请赐泽潞四面节度使状	
		幽州镇魏使状	
		请赐刘沔诏状	
		请赐回鹘嗢没斯等物诏状	
		请赐宏敬诏状	
		论彦佐刘沔下诸道各军状	
		论陈许兵马状	
		论河阳事宜状①	
		奉宣王宰欲令直抵磁州得否宜商量奏来状	
		请赐仲武诏状	
七〇二	李德裕	请授王宰兼行营诸军攻讨使状	①凡两道
		论石雄请添兵状	
		请问薄仲荣贼中事宜状	
		请问生口取贼计策状	
		请诸道进军状	
		论刘稹送款与李石状	
		请发河中马军五百骑赴振武状	
		请遣使至天井冀氏宣慰状	
		奏晋州刺史李丕状	
		李克勤请官军一千二百人自引路取涉县断贼山东三州道路状	
		魏城入贼路状	
		天井冀氏行营状	
		请准兵部依开元二年军功格置跳荡及第一第二功状	
		奏宣石雄所进文书欲勘问宜商量奏来状	

续表

全唐文			
卷　次	作　者	篇　名	备　注
七〇二	李德裕	论赤头赤心健儿等状	①凡三道 ②凡四道
		论尧山县状	
		奏磁邢州诸县兵马状	
		潞磁等四州县令录事参军状	
		论邢州状	
		巡边使刘濛状	
		昭义军事宜状	
		请先降使至党项屯集处状	
		论盐州屯集党项状	
		讨袭回鹘事宜状	
		论幽州事宜状	
		论田群状	
		论刘稹状	
		太原状	
		论镇州奏事官高迪陈意见二事状	
		论镇州奏事官高迪陈意见二事第二状	
七〇三	李德裕	任畹李丕与臣状①	
		续得高文端贼中事宜状②	
		天井冀氏事宜状	
		洺州事宜状	
		回鹘事宜状	
		振武节度使李忠顺与臣状一道	
		潞州事宜状	
		论昭义军事宜状	
		进上尊号玉册文状	
		进上尊号玉册文状	
		进真容赞状	
		进幽州纪圣功碑文状	
		进颉戛斯朝贡传图状	

卷 次	作 者	篇 名	备 注
		全唐文	
七〇三	李德裕	进侍宴诗一首状	
		进新旧文十卷状	
		进瑞橘赋状	
		进西南备边录状	
		论游幸状	
		请于太原添兵备状	
		请遣使访问太和公主状	
		论幽州事宜状	
		论仪凤以后大臣褒赠状	
		论故循州司马杜元颖状	
		论太和五年八月将故维州城归降准诏却执送本蕃就僇人吐蕃城副使悉怛谋状	
		论救杨嗣复李珏陈夷直状①	
七〇四	李德裕	张仲武寄回鹘生口驼马状	①凡三道
		前试宣州溧水县尉胡震状	
		论河东等道比远官加给俸料状	
		请淮南等五道置游奕船状	
		论两京及诸道悲田坊状	
		论田牟请许党项仇复回鹘嗢没斯部落事状	
		请密诏塞上事宜状	
		让司空后举太常卿王起自代状	
		加司徒请停册礼状	
		请改封卫国公状	
		为星变陈乞状	
		让张仲武寄信物状	
		再让仲武寄信物状	
		谢宣示嗢没斯等冠带讫图状	
		谢恩赐王元逵与臣赞皇县图及三祖碑文状	
		谢恩令进异域归忠传两卷序中改云奉敕撰状	

全唐文			
卷　次	作　者	篇　名	备　注
七〇四	李德裕	谢宣示进黠戛斯朝贡图深惬于怀状	①凡两道 ②《论》卷一二五为阙名《请宣慰嗢没斯奏》
		谢赠故蕃维州城副使悉怛谋官状	
		谢所进瑞橘赋宣付史馆状	
		谢赐让官批答状	
		谢恩不许让官表状①	
		谢恩加特进阶改封卫国公状	
		谢恩加特进阶状	
		会昌五年十二月三日宰相对后就宅宣示谢恩不许让官表状	
		谢赐锦彩银器状	
		谢恩赐锦彩银器状	
		会昌五年六月二十九日就宅宣并谢恩问疾表状	
		谢恩问疾状	
		论嗢没斯特勒等状②	
		论嗢没斯下将士二千六百一十八人赐号状	
		论天德军捉到回鹘生口等状	
七〇五	李德裕	请赐嗢没斯枪旗状	
		论嗢没斯家口等状	
		论太原及振武军镇及退浑党项等部落互市牛马骆驼等状	
		论嗢没斯所请落下马价绢赐与可汗状	
		论回鹘事宜状	
		请发陈许徐汝襄阳等兵状	
		论回鹘石诚直状	
		论振武以北事宜状	
		条疏边上事宜状	
		驱逐回鹘事宜状	
		请令符澈与幽州大将书状	
		条疏太原以北边备事宜状	

全唐文			
卷 次	作 者	篇 名	备 注
七〇五	李德裕	请发镇州马军状	
		请市蕃马状	
		请契通等分领沙陀退浑马军共六千人状	
		李思忠下蕃骑状	
		河东奏请留沙陀马军状	
		请何清朝等分领李思忠下蕃兵状	
		请改单于大都护状	
		驸马不许至要官私第状	
		代高平公进书画状	
		进玄宗马射图状	
		奏银妆具状	
		奏缭绫状	
七〇六	李德裕	亳州圣水状	①《补》卷一二五为阙名《上尊号奏》 ②凡三道
		王智兴度僧尼状	
		请尊宪宗章武孝皇帝为不迁庙状	
		宰相再议添徽号状①	
		请立昭武庙状	
		宣懿皇后祔陵庙状②	
		奉宣今日以后百官不得于京城置庙状	
		论侍进奏孔子门徒事状	
		论朝廷事体状	
		请增谏议大夫等品秩状	
		论时政记等状	
		论起居注状	
		论九宫贵神坛状	
		论九宫贵神合是大祠状	
		论冬至岁朝贺状	
		请复中书舍人故事状	
		进所撰黠戛斯书状	

全唐文			
卷　次	作者	篇　名	备　注
七〇六	李德裕	进所撰颉戛斯可汗书状	
		进所撰黠戛斯书状	
		论修史体例状	
		议礼法等大事状	
七一二	李　渤	上封事表	①《补》卷六四为李逊《论双日视事对群臣奏》 ②《补》卷六六为《上敬宗疏》，系节录 ③《补》卷六四为张平叔《上利害十八件奏》
		处理投匦人奏	
		论双日视事奏①	
		考校京官奏	
		谏晏朝	
		奏请停征久远逋悬疏	
		论中人击崔发疏	
		请免渭南摊征逃户赋税疏	
		桂州举前容管经略使严公素自代状	
		奏桂管常平义仓状	
七一三	李　听	修大海佛寺石像奏	
	韦公肃	请详定藉田仪注奏	
		忌月太常停习郊庙乐疏	
		郑余庆私庙配祔议	
	裴　潾	谏信用方士疏	
		请罢内官复充馆驿使疏	
		曲元衡擅杀议	
七一五	韦处厚	进六经法言表	
		代裴度论淮西事宜表	
		论裴度不宜摈弃疏	
		论左降官准旧例量移疏②	
		请明察李逢吉朋党疏	
		驳张平叔粜盐法议③	
		对才识兼茂明于体用策	

卷 次	作 者	篇 名	备 注
七一六	李中敏	太和六年大旱上言	
		论投匦进状奏	
	韦 奕	驳太常拟赠工部尚书马畅谥议	
七一七	陆行俭	代淄青谏伐淮西表	
	崔元略	论免课役人奏	
		自诉疏	
	张 述	代韩仆射辞官表①	
		为郑滑李仆射辞官表	
		代韩仆射谏伐淮西表	
		代魏博田仆射辞官表	
	杨虞卿	上穆宗疏	
七一八	崔 蠡	请停国忌行香奏②	①凡两道 ②《补》卷六六为崔植《请极真李听法奏》
		劾李听疏	
七一九	蒋 防	吏部议	
		兵部议	
七二〇	李 珏	谏穆宗合宴群臣疏	
		论王播增榷茶疏	
七二一	尉迟汾	赠太傅杜佑谥议	
	谢 楚	为同州颜中丞谢上表	
	张 权	代定州张令公贺老人星见表	
	郑 覃	谏穆宗疏	
七二二	武儒衡	请罢太庙望祭仍行朔祭议	
七二四	韦乾度	条制四馆学生补阙等奏	
		驳左散骑常侍房式谥议	
	杜元颖	请令沈傅师在外修实录奏	
		对茂才异等策	

全唐文

全唐文			
卷　次	作　者	篇　名	备　注
七二五	宇文鼎	论减张璹胡伯忠等奏	
		请延英进对于本日卯前进状奏	
		劾胡潜奏	
	陈　商	请定义安太后服制状	
		东都置太庙议	
		刘从谏妻裴氏应从重典议	
	高　钺	论于頔谥疏	
	高　锴	先进五人诗赋奏	
	狄兼谟	请编次建中以来制敕奏	
		请覆勘吴士矩罪状奏	
	崔　俊	请令本州定税额奏	
七二七	舒元舆	祭九宫祝版不称臣奏	
		献文阙下不得报上书	
		上论贡士书	
七二八	庞　严	对贤良方正能直言极谏策	
七二九	崔龟从	请定辍朝例奏	
		请定官驿水夫制奏	
		请降九宫坛为中祠议	
		大臣薨谢不于闻哀日辍朝议	
		祭敬宗庙祝板不宜称孝弟议	
	王彦威	仆射上事仪注奏	
		进供军图奏	
		请以太社为大祀奏	
		赠太保于頔谥议	
		论宪宗葬议	

续表

卷　次	作　者	篇　名	备　注
七二九	王彦威	东都庙主议	
		驳太常拟元载谥议	
		论于頔不当改谥议	
		宪宗不当称祖议	
	裴　通	定决罚当司官吏学生等奏	
七三〇	柳仲郢	请诛李材奏	
	李　石	请停江西湖南两道所进衣粮表	
	温　造	自请罚奏	
	郑　亚	东都神主议	
	路　群	劾韩愈斋宿违例奏	
七三一	贾　餗	敬宗谥议	
七三二	韦　长	请仍行鞭背奏	①②误收，应为卷六九五崔植所撰《对穆宗疏》《论帝王宜俭疏》
	张　皋	谏惑方士	③凡三道
	崔　杞	奏罢参酌院疏	④凡两道
	庾敬休	请停百官应给匹段以平米价奏	⑤凡七道
	杨　植	对治道奏①	
		对汉文从俭奏②	
	赵知微	请勤政诫逸疏	
七三三	刘从谏	奏论二萧真伪	
		请王涯等罪名表	
七三四	沈亚之	对省试策③	
		对贤良方正直言极谏策④	
七三九	白敏中	请追谥刑部尚书白居易赠太尉牛僧孺表	
	王敦史	论回授祖父母赠官奏	
七四〇	林　逢	宰臣等请听政表⑤	
	刘敦儒	覆四陵七庙礼例奏	
七四一	崔　珙	谢赐手诏表	
		周公祠灵泉奏状	
	李从易	请修备从祀功臣幕席奏	

（全唐文表头）

全唐文			
卷　次	作　者	篇　名	备　注
七四一	卢宏宣	驳还郭钊嫡男仲文袭封郡公奏	
	李　启	请定仆射中丞途遇仪式奏	
七四三	裴　休	请革横税私贩奏①	
七四四	萧　俶	请旌表郑神佐室女奏	
	李　汉	仆射不当受中丞侍郎拜议	
	李　欶	弹郑注奏	
	薛元赏	东都神主议	
	李　郶	乞旌刘蕡直言疏	
	崔　戎	请勒停杂税奏	
	柳　璟	郊庙告祭请准开元元和敕例差官奏	①《补》卷八〇为《请厘革横税奏》，系节录
		请续修图谱奏	②据《旧唐书》卷一三三李听传，应为卷七一八崔蠡《劾李听疏》
	周太玄	弹义成军节度使李听疏②	③卷六九五为裴简永同题之作，此处重出
七四五	舒元褒	论温造疏	
		对贤良方正直言极谏策	
	杨元凑	请京兆府扬州给守陵丁人奏	
	孙　革	减罪奏	
		请诸局郎勿用流外人疏	
		请置王府寮吏公署状③	
	陈夷行	条覆馆驿事宜疏	
七四六	刘　蕡	对贤良方正直言极谏策	
	夏侯孜	户部积欠奏	
	刘三复	请诛刘从谏妻裴氏疏	
七四七	归　融	劾卢周仁进羡余状	
		顺宗加谥至德宏道大圣大安孝皇帝议	
		宪宗加谥昭文章武大圣至神孝皇帝议	
	萧　仿	蕲州谢上表	
		驳还蓝田尉直宏文馆柳珪擢右拾遗奏	
		谏懿宗奉佛疏	
	刘　瞻	请释医官韩福省召康仲殷宗族疏	

续表

全唐文			
卷　次	作　者	篇　名	备　注
七五〇	杜　牧	黄州刺史谢上表	①《补》卷七〇为《论崔元武狱事疏》
		贺平党项表	
		进撰故江西韦大夫遗爱碑文表	
		为中书门下请追尊号表	
		贺生擒衡州草贼邓裴表	
		谢赐御札提举边将表	
		谢赐新丝表	
		代裴相公让平章事表	
		又代谢赐批答表	
		寿昌节宴谢赐音乐状	
		又谢赐茶酒状	
		又代裴相公谢告身鞍马状	
		论阁内延英奏对书时政记状	
		谢许受江西送撰韦丹碑彩绢等状	
		内宴请上寿酒	
		宴毕殿前谢辞	
		谢赐物状	
		代人举周敬复自代状	
		代人举蒋系自代状	
七五七	殷　侑	请禁度支盐铁等官收系罪人奏	
		请试史学奏	
		请试三传奏	
		论崔元武赃罪奏疏①	
	李　朋	平赃定估议	
	魏　扶	请委录事参军专判钱物斛斗文案奏	
	裴　恭	请赐草马奏	
	王直方	谏厚赏教坊疏	
七五九	黎　埴	出使官不得乘檐子奏	
	段　璟	举人自代状	

		全唐文	
卷 次	作 者	篇 名	备 注
七五九	段 瓌	东都不可立庙议	
	令狐绪	请停汝郡人碑颂奏	
	令狐绹	请诏男滈就试表	
		请申禁天门街左右置私庙并按品定庙室数奏	
		荐处士李韦玉状	
	杨 发	加谥追尊改主重题议	
	卢 商	请增加盐额奏	
	卢 钧	岭南官吏请停吏部注拟奏	
	唐玄度	九经字样序表	
		奏九经字样状	
七六〇	刘 约	请王叔泰归宗奏	①凡两道
	余知古	谢段公五色笔状	
	张次宗	谢赐端午衣物状	
		谢赐冬衣状①	
		荐前汉州刺史薛元赏状	
		荐前淮南节度掌书记殿中御史李蹕状	
		荐前沣州刺史崔芸状	
		荐观察判官陆畅请章服状	
		请立前节度使李德裕德政碑文状	
	韦 温	请治修葺太庙慢官并止委中使鸠工疏	
		请止上尊号疏	
七六一	郑 涯	武宗祔庙议	
		武宗祔庙合祧迁议	
	孙 简	请改定百官班位奏	
		奏置本钱状	
		李愬高崇文配享次序议	
		宪宗庙配享功臣议	
	曹 确	请令场监钱绢直纳延资库奏	
		谏用伶官李可及为威卫将军疏	

卷 次	作 者	篇 名	备 注
		全唐文	
七六一	崔 于	请御史大夫中丞在尚书左丞上奏	
七六二	任 畴	正献懿二祖昭穆疏①	
七六三	程 邈	请禁割股疏	
七六四	王 龟	陈情表	
	崔 立	庄宪皇后山陵奏	
七六五	杜宣猷	懿宗先太后谥议	
		大祀宜差重臣摄祭奏	
	顾德章	上中书门下及礼院详议东都太庙修废状	
		上中书门下及礼院议东都太庙修废第二状	
		东都神主议②	
	郑 路	东都神主奏	
	杨 收	乞贷弟严死罪疏	
七六六	魏 謩	请不取注记奏	①凡两道 ②《补》卷七三为任畴《东都立庙议》，系节录
		请令判官推劾诉事奏	
		谏纳李孝本女疏	
		论董昌龄量多硖州刺史疏	
		论吕令琮毁骂江陵县令疏	
		请将贺兰进兴等重付台司覆勘疏	
	李 蔚	谏禁中饭僧疏	
七六七	郑 畋	擢官自陈表	
		加知制诰自陈表	
		谢承旨自陈表	
七六八	卢 肇	进海潮赋状	
七七一	李商隐	为彭阳公兴元请寻医表	
		代彭阳公遗表	
		为安平公谢除兖海观察使表	
		为安平公兖州谢上表	
		代安平公华州贺圣躬痊复表	
		代安平公遗表	

全唐文			
卷　次	作　者	篇　名	备　注
七七一	李商隐	为汝南公华州贺赦表	
		为汝南公以妖星见贺德音表	
		为汝南公贺彗星不见表	
		为汝南公贺元日御正殿受朝贺表	
		为京兆公陕州贺南郊赦表	
		为濮阳公陈许谢上表	
		为濮阳公陈情表	
		为濮阳公论皇太子表	
		为尚书濮阳公泾原让加兵部尚书表	
		为濮阳公奉慰皇太子薨表	
		代仆射濮阳公遗表	
七七二	李商隐	为荥阳公贺老人星见表	
		为中丞荥阳公赴桂州至湖南敕书慰谕表	
		为荥阳公至湖南贺听政表	
		为荥阳公桂州谢上表	
		为荥阳公贺幽州破奚寇表	
		为荥阳公奉慰积庆太后上谥表	
		为令狐博士绪补阙绚谢宣祭表	
		为柳州郑郎中谢上表	
		为怀州李中丞谢上表	
		为河南卢尹贺上尊号表	
		为王侍御瓘谢宣吊并赙赠表	
		为安平公谢端午赐物状	
		为大夫安平公华州进贺皇躬痊复物状	
		为安平公兖州奏杜胜等四人充判官状	
		为安平公赴兖海在道进贺端午马状	
		为汝南公贺元日朝会上中书状	
		为侍郎汝南公华州谢加阶状	
		为京兆公乞留泸州刺史冼宗礼状	

续表

全唐文			
卷 次	作 者	篇 名	备 注
七七二	李商隐	为濮阳公附送官告申使回状	
		为濮阳公奏临泾平凉等镇准式十月一日起烧贼路野草状	
		为濮阳公泾原谢冬衣状	
		为濮阳公谢罚俸状	
		为濮阳公陈许举人自代状	
		为濮阳公陈许奏韩琮等四人充判官状	
		为荥阳公桂州举人自代状	
		为荥阳公谢除卢副使等官状	
		为荥阳公举王克明等充县令主簿状	
		为荥阳公论安南行营将士月粮状	
		为荥阳公奏请不叙录将士状	
七七三	李商隐	为荥阳公谢赐冬衣状	
		为中丞荥阳公谢借飞龙马送至府界状	
		为荥阳公端午谢赐物状	
		为中丞荥阳公赴桂州长乐驿谢敕设馔状	
		为荥阳公进贺正银状	
		为荥阳公赴桂州在道进贺端午银状	
		为荥阳公进贺寿昌节银零陵香鹿靴竹靴状	
		为荥阳公进贺冬银等状	
		为怀州刺史举人自代状	
		为尚书渤海公举人自代状	
		为盐州刺史奏举李孚判官状	
		为杨赞善奏请东都洒埽状	
		为闲厩使奏判官韩励改名状	
七八三	穆 员	为汝州刺史谢上表	
七八八	李 蟠	请自出律钱收赎善权寺事奏	
七八九	刘 蜕	论令狐滈不宜为左拾遗疏	
七九〇	苏 涤	宣宗谥议	

续表

卷　次	作　者	篇　名	备　注
七九一	郑　遂	东都神主议	
	刘　濛	请石刻准勘节目奏	
	李宏简	请磨勘宗子百官属籍奏	
	赵　璘	诸元正权御宣政殿疏	
	孔温裕	请修孔庙状	
	郑　朗	请停直馆增修撰奏	
七九二	李景俭	谏宣宗为郑光辍朝疏	
	卢　携	乞蠲租赈给疏	
七九三	王　徽	请车驾还京表	
		辞泽州节度表	
	李群玉	进诗表	
七九四	孙　樵	迎春奏	
		复佛寺奏	
八〇二	刘　邺	乞赠恤李德裕疏	
	高　骈	请筑罗城表	①敦煌遗书伯三六〇八作贾耽文
		筑罗城成表	
		请开本州海路表	
		请勒回长武鄜州河东兵士赴剑南奏	
	崔彦昭	请禁占留商人换牒奏	
八〇三	李　磎	伸理罚俸状	
八〇四	刘允章	直谏书①	
	孔　纬	请助修孔子庙奏	
八〇五	韦昭度	元中观瑞石贺表	
		又贺瑞石表	
		请复李克用官爵表	
	韦　蟾	请禁托故请假奏	
八〇六	崔　瑝	论令狐滈及第疏	
	潘　稠	请移真源县就太清宫奏	
	张　云	论令狐滈不宜为左拾遗疏	

全唐文

续表

全唐文			
卷 次	作 者	篇 名	备 注
八〇六	张 云	复论令狐滈疏	
八一二	高 濙	吕用之罪状疏	
	裴 枢	建石室以藏神主议	
八一五	顾 云	代高骈上僖宗奏	
八一六	殷盈孙	诛襄王煴不宜受贺奏	
		驳三后祔享太庙议	
		请废德明等四庙议	
		修宗庙议	
		论郊祀内臣朝服疏	
八一七	王景崇	诛苏祐奏	
八一八	郑延昌	奉修神主请参详典礼奏	
八一九	薛昭纬	废德明四庙议	
八二〇	吴 融	贺西内嘉莲表	
		代王大夫请追赐方干等及第疏	
	陈敬瑄	元中观瑞石表	
八二一	裴 贽	请祧顺宗奏	
	孟昭图	请对不召极谏疏	
	郭应图	请定国学明经额数状	
八二八	朱 朴	迁都议	
	罗 衮	请削夺王珙授赠官爵疏	
		请褒赠刘蕡疏	
		请置官买书疏	
八二九	张 恕	请放还伪廷贬降官奏	
	韩 偓	谏夺制还位疏	
		论宦官不必尽诛	
		御试缴状	
八三〇	柳 璨	移置玄元观奏	
		请黜司空图李敬义奏	
	钱 翊	为宰相贺雨表	

续表

全唐文			
卷　次	作　者	篇　名	备　注
八三〇	钱　珝	史馆王相公进和诗表	①凡三道 ②为卷四二四于邵同题文，重出 ③为卷二四〇宋之问同题文，重出 ④凡两道 ⑤凡三道 ⑥凡六道
		宰相谏罢讨伐请不幸奉天表	
		为集贤崔相公论京兆除授表	
		中书省请册皇后表	
		史馆王相公请册淑妃何氏为皇后表	
		荧惑退舍宰相请复常膳表	
		为宗正卿请复常膳表	
		代王相公谢加门下侍郎食邑表	
		代崔相公谢加中书侍郎食邑表	
		代史馆王相公谢加食邑实封表	
		代中书孙相公谢登庸表	
		代陆相公谢再入表	
		代史馆王相公谢监修国史盐铁使表	
八三五	钱　珝	代集贤崔相公谢赐官诰表①	
		代宰相谢示白野鹊表	
		代宰相宣示白鹊白鸲鸰表	
		代宰相谢赐布帛表	
		嘉会节宰相谢酒食表	
		代宰相谢降朱书御札表	
		代史馆王相公谢令枢密使宣谕奸邪表	
		为西川崔仆射谢却赴剑南表②	
		代户部孙相公谢授兄太常卿表	
		为宰相谢内宴表	
		为两省官谢内宴表	
		为皇甫怀州让官表③	
		兵部崔相公谢追赠三代表④	
		为集贤崔相公让大学士表⑤	
八三六	钱　珝	代史馆相公让官表⑥	
		为王相公让加司空表	

续表

		全唐文	
卷 次	作 者	篇 名	备 注
八三六	钱 珝	为徐相公让加食邑表	
		为中书崔相公让官五表	
		代史馆王相公让相位表①	
		论内臣朝服状	
		再论内臣朝服状	
八四三	李茂贞	请再降东川节度使顾彦晖制命表	
		请加赠郑畋表	
	王 镕	荐王师范表	
		荐幽州权兵马留后李全忠表	
九〇三	智 实	论道士处僧尼前表②	
九〇四	明 㮤	决对傅奕废佛僧事表	
	玄 琬	上遗封表	
九〇五	静 迈	上僧尼拜父母有损表	①凡两道
	道 会	上招抚巴蜀疏	②《补》卷三为法琳《上太宗皇帝表》
九〇六	玄 奘	还至于阗国进表	③凡两道
		进西域记表	
		进新译经论表	
		请入少林寺翻译表	
		辞积翠宫翻经表	
		奉敕翻经进表	
		请御制三藏圣教序表	
		重请御制三藏圣教序表	
		谢御制三藏圣教序表	
		谢御制大慈恩寺碑文表	
		请御书大慈恩寺碑文表③	
		请给假改葬父母表	
		谢御书大慈恩寺碑文表	
		谢敕送大慈恩寺碑文表	
		贺赤雀止御帐表	

卷 次	作 者	篇　名	备　注
九〇六	玄 奘	贺皇太子生表	
		皇太子生三日贺表	
		贺皇太子剃发表	
		庆皇太子弥月并进法服表	
		皇太子晬日进法衣表	
		谢赐袈裟剃刀表	
		谢遣供奉上医尚药视疾表	
		谢遣内医问疾表	
		谢遣给事王君德慰问表	
		谢敕停依俗法条表^①	
		上乡邑增贵表	
九〇八	威 秀	议拜君亲状	
		上请不拜父母表	
	玄 范	议拜君亲状	
	崇 拔	议拜父母状	
	宣 业	议拜君亲状	①凡两道
九一二	道 世	辨道经真伪表	
九一四	道 氤	上玄宗遗表	
	一 行	请与星官考校黄道游仪疏	
	嗣 安	谢赐天宝额状	
九一六	吉 藏	上玄宗遗表	
	不 空	进翻译佛经表	
	良 贲	奉敕造疏通经成进上表	
	乘 如	谢修戒坛表	
	潜 真	新译文殊师利菩萨佛刹庄严经疏奏	
	良 秀	奉敕造波罗蜜经疏进上表	
九二二	思 有	请宣示御注金刚经奏	
九二三	叶法善	乞归乡上表	
		乞归乡修祖茔表	
		乞回赠先父爵位表	

全唐文			
卷次	作者	篇名	备注
九二四	司马承祯	请五岳别立斋祠所疏	①温氏为李邕妻 ②郑氏为侯莫陈邈妻
九二五	吴筠	进元纲论表	
九二七	李含光	表奏十三通	
	杨砺俗	谢恩制表	
	丁政观	谢赐天师碑铭状	
	玄辨	谢亲教道士步虚声韵表	
九二八	孙智清	请重赐敕禁止樵苏状	
九四五	鲍君徽	乞归疏	
	温氏①	为夫谢罪表	
	李元真	请归葬祖父于越王茔次状	
	郑氏②	进《女孝经》表	
九五九	白宏侯	请以诸太子神主祔庄恪庙	
九六二	阙名	谢奉圣制隆国寺碑表	显庆元年三月
		老君降坛贺表	仪凤三年
		为王相公请改六书表	武后时
		请加开元神武尊号表	先天二年十一月
		为刘幽州请致仕表	开元时
		为卢从愿请替东都留守表	开元时
		西河大破吐蕃贺表	天宝元年十二月中书门下
		贺玄元皇帝灵应表	天宝四载二月中书门下《补》卷一二五为阙名《请神降事宣示中外奏》，同据《册府元龟》卷五四
		请加应道尊号表	天宝七载五月
		贺写道德五本表	天宝十载六月中书门下
		贺大同殿钟鸣表	天宝十载六月中书门下《补》卷一二五为阙名《请宣示大同殿钟自鸣事奏》，同据《册府元龟》卷五四
		贺宫内柑子结实表	天宝十载九月中书门下《补》卷一二八为阙名《宰臣贺宫内甘子结实表》

卷次	作者	篇　名	备　注
九六二	阙　名	谢许常参官追胜宴乐表	天宝十四载三月
		上老君瑞象表	天宝中
		河阳陕东破贼贺表	乾元三年正月
		贺万年县甘露表	宝应二年
		贺仆固怀恩死并诸道破贼表	永泰元年十月
		为裴令公举裴冕表	
		贺双鹊补天尊殿隙坏表	大历三年四月宰臣
		贺文单国进驯象表	大历六年十一月宰臣
		皇帝一发连二兔请付史官表	大历七年十月宰臣
		贺瑞禾成文表	大历十二年五月宰臣
		为李怀光让起复表	大历十二年
		为李怀光让起复第二表	
		代宣王诵让皇太子表	建中元年正月
		为吉州太守贺赦表	兴元元年正月
		谢敕书赐腊日口脂等表	贞元七年
		谢敕书赐腊日口脂等表	贞元八年
		谢敕书赐腊日口脂等表	贞元十四年
		为河东副元帅马司徒请刻御制篆铭碑表	德宗时
		为赵侍郎乞归河中侍兄表	
九六三	阙　名	上太上皇及皇帝尊号表	永贞元年十二月宰臣
		贺收剑门表	元和元年二月
		请加尊号表	元和十四年五月中书门下
		贺黄河清表	元和时
		苏州贺赦表	
		请上尊号表	长庆元年四月中书门下
		再上尊号表	太和六年正月中书门下
		上庆成节表	太和七年八月中书门下
		请上尊号表	太和七年十二月中书门下
		请仍以国忌日行香表	开成四年十月

续表

卷次	作者	篇名	备注
		全唐文	
九六三	阙名	贺殿前穿井得甘泉表	文德元年九月
		上嘉会节贺表	龙纪元年三月
		贺朱全忠进白兔表	天祐元年九月中书门下
		为王尚书遗表	
		代鄜州太守贺赦表	
		为李谏议贺赦表	
九六四	阙名	定朔请从李淳风议奏	贞观十四年
		请忌日仍理军务奏	贞观十九年五月
		升祔后请肄乐奏	永徽元年正月
		请停亲拜岳渎奏	证圣元年有司
		上刘子玄议孝经老子注易传奏	开元初中书门下
		上司马贞等议孝经老子注易传奏	开元初礼部
		请仍用冬至日受贺奏	开元八年九月中书门下
		长至祥瑞奏	开元十一年十一月太史局
		请移植三脊茅奏	开元十三年四月
		驳请移植三脊茅奏	开元十三年宰臣
		老人星见奏	开元二十一年八月太史局
		老人星见奏	开元二十四年八月太史局
		覆舅母服制奏	开元二十四年中书门下
		千秋节祥云见奏	开元二十五年八月太史局
		南北郊祥瑞奏	开元二十五年十月太史局
		上庆云奏	天宝元年正月太史局
		议加文列庚桑为真人奏	天宝元年三月中书门下
		请颁赐洞灵等三经奏	天宝元年五月中书门下
		请旌表董思宠奏	大历七年十一月京兆府
		请禁诸州借使度支钱物奏	建中元年五月度支
		请免田希鉴后嗣死罪奏	兴元元年十月中书门下
		定追葬沈太后仪注奏	贞元元年九月礼仪使
		请选人兼用两考奏	贞元二年三月吏部

续表

卷　次	作　者	篇　名	备　注
九六四	阙　名	请令浙东西依税限纳当钱奏	贞元三年闰五月度支
		澄清选例奏	贞元四年八月吏部
		公除赴祭奏	贞元六年正月吏部 《补》卷五四为刘滋《请许公除吉服赴宗庙之祭奏》
		请有罪夺实封奏	贞元七年三月户部
		请台司增置法直员额奏	贞元八年正月御史台
		定承袭食封奏	贞元八年八月
		请给六品已下左降官禄料奏	贞元十年二月刑部
		请三年一造职田文簿奏	贞元十一年八月屯田
		请收市铜物铸钱奏	贞元十五年中书门下
		请添借百司本钱奏	贞元二十一年七月中书门下
		请令纳课陪厨户等人归府县奏	元和二年六月中书门下
		请选儒臣赴学讲论奏	元和二年八月国子监
		请肃朝仪奏	元和二年十二月御史台
		请诗享月停荐食奏	元和三年四月太常礼院
		请停实估奏	元和四年二月度支
		处分盗罪奏	元和四年二月京兆府
		请准旧例分察尚书省奏	元和四年五月御史台
		禁额外徵钱奏	元和五年正月度支
		论避皇太子名讳奏	元和五年二月太常礼院
		请举馆驿旧制奏	元和五年四月御史台
九六五	阙　名	减冗员奏	元和六年六月中书门下
		请减比远州县选数奏	元和八年十二月吏部
		勾当食利本钱奏	元和十年三月京兆府
		酌定放免两税奏	元和十年三月京兆府
		请停散官叙封奏	元和十一年二月司封 《补》卷一二五为阙名《限封叙奏》，系年不同
		禁代纳匹段奏	元和十一年六月京兆府

续表

卷　次	作者	篇　名	备　注
九六五	阙　名		**全唐文**
		定皇太后称号奏	元和十一年七月礼仪使《补》卷六六为郑纲庄《宪皇太后称谥议》，同据《旧唐书》卷五二
		请裁减食利本钱奏	元和十一年九月东都御史台
		请申明举主事例奏	元和十一年九月中书门下
		请集百官读皇后谥议奏	元和十一年礼院
		请改定御史班位奏	元和十二年九月御史台
		请宣示申光蔡三州贡物奏	元和十二年十二月户部
		请定钱数出入条制奏	元和十三年十月中书门下
		议钱货轻重奏	元和十五年八月中书门下
		祀风师奏	元和十五年太常礼院
		请奖班肃奏	长庆元年正月宰臣
		平河北诸道请告庙奏	长庆元年四月中书门下
		请令诸道年终勾帐奏	长庆元年六月比部
		请盟吐番不告庙奏	长庆元年九月太常礼院
		定临刑称冤奏	长庆元年十月御史台《补》卷六四为穆宗《关犯罪断结敕》，内容相似，文字有重合
		请减回避例奏	长庆二年十月中书门下
		迁庙奏	长庆四年五月礼仪使
		修圣政纪奏	长庆四年中书门下
		请停奏补奏	宝历二年十二月吏部
		请严山陵诸减选例奏	太和元年正月山陵使
		量放宗子出身条例奏	太和元年四月宗正寺
		请减山陵挽郎选数奏	太和元年五月礼部
		请敬宗庙祝文罢称孝弟奏	太和元年七月太常礼院
		覆辍朝例奏	太和元年七月中书门下
		请定诸道奏补及致仕章服等例奏	太和元年九月中书门下
		请定科目选官事例奏	太和元年十月中书门下
		请令有司勿进祥瑞奏	太和元年十一月

卷 次	作 者	篇 名	备 注
九六六	阙 名	补宿卫官健名额奏	太和二年三月左右金吾
		请禁盗采水柏柴灰奏	太和二年三月度支
		请停废三卫子弟奏	太和三年三月兵部
		请禁自荐求迁奏	太和三年四月中书门下
		定纠告行铅锡钱赏例奏	太和三年六月中书门下
		进凯乐奏	太和三年八月太常礼院
		请限进士帖式字数奏	太和三年八月礼部
		请令孟琯兼往洪潭存恤奏	太和三年十月御史台
		请修书阁奏	太和四年正月秘书省
		请定诸道奏补事例奏	太和四年五月中书门下
		请减三铨令史奏	太和四年七月吏部
		请复东西铨厅事旧例奏	太和四年七月吏部
		请定仆射上仪奏	太和四年九月中书门下
		请定残欠羡余钱物条件奏	太和四年九月比部
		请应诸科目并就吏部考试奏	太和四年十月中书门下
		请申禁僧尼奏	太和四年祠部
		请量抽三铨注拟员阙奏	太和五年二月吏部
		请权停旧钱奏	太和五年二月盐铁使
		请诸亲注拟外官详具家状奏	太和五年六月吏部
		请杜将健官影占奏	太和五年十月中书门下
		请停节度等使子孙奏留本道奏	太和六年五月御史台
		请严禁杂榷奏	太和七年四月御史台《补》卷一二五为《停两税外科配奏》，系年一致，无月份
		请令举荐堪为县令录事参军奏	太和七年五月中书门下
		请量罚荐举不合例奏	太和七年七月中书门下
		请详核刺史理绩奏	太和七年七月中书门下
		请断狱依旧程限奏	太和七年七月大理寺
		定五经博士爵秩奏	太和七年八月国子监
		请定决狱日限奏	太和七年九月御史台
		请施行新编格后敕奏	太和七年十二月刑部

		全唐文	
卷 次	作 者	篇 名	备 注
九六六	阙 名	请更定礼部放榜事例奏	太和八年正月中书门下
		覆奏疏理诸色入仕奏	太和八年正月吏部
		请读时令奏	太和八年二月中书门下
		请禁断称冤越诉奏	太和八年二月中书门下
		先试帖经奏	太和八年十月礼部
		请更定三考奏改并及第人数奏	太和九年十二月中书门下
		申论爱州刺史张丹罪状奏	太和中刑部
九六七	阙 名	请命代官留任候除奏	开成元年二月中书门下
		请改知东西两推奏	开成元年御史台
		请贵籴便农奏	开成元年一月度支
		论郭仲文不合袭封奏	开成元年给事中 卷七四一卢宏宣《驳还郭钊嫡男仲文袭封郡公奏》与此大同小异
		请吏部选人颁行长榜奏	开成二年四月中书门
		请接济诸州闲散宗室奏	开成二年六月宗正寺
		请于五经字样后附九经字样奏	开成二年八月国子监
		请纪录时政奏	开成三年二月中书门下
		论韦筹进书史解表奏	开成三年八月史馆
		请准受代官赴阙奏	开成三年八月中书门下
		请常参官拜扫给公券奏	开成四年二月门下省
		请量留料钱奏	开成五年五月
		许常参等官有疾得乘檐子奏	开成五年六月中书门下
		请更瀍水名奏	开成五年七月河南尹
		禁园户盗卖私茶奏	开成五年十月盐铁司
		禁商人盗贩私茶奏	开成五年十月盐铁司
		请祧代宗奏	开成五年
		请停散试官摄州县事奏	会昌元年五月中书门下
		请定祀九宫仪注奏	会昌二年正月太常礼院 《补》卷一二五为阙名《请定祀九宫贵神礼料奏》
		定宰相两省官拜贺朝仪奏	会昌二年五月中书门下

全唐文			
卷 次	作 者	篇 名	备 注
九六七	阙 名	请禁伐桑奏	会昌二年五月天德军
		请改河阳等县为望州县奏	会昌三年九月中书门下
		请以罚公主封物宣付史馆奏	会昌三年中书门下
		请禁止奸欺奏	会昌四年七月京兆府
		请更定应举保人例奏	会昌四年十月中书门下
		毁佛像奏	会昌五年七月中书门下
		勒令僧人还俗奏	会昌五年七月中书门下
		请修缮东都太庙奏	会昌五年八月中书门下
		论韦弘质奏	会昌五年十二月宰臣 与卷六九七李德裕《论韦弘质奏》重
		请详定庙制升祔奏	会昌六年五月礼仪使 卷七六一郑涯为《武宗祔庙议》，重出
		请定祝文称号奏	会昌六年十月太常礼院
		增诸州刺史俸料奏	会昌六年十二月中书门下
九六八	阙 名	请令婚田诸讼先陈府县奏	大中元年四月御史台
		交替职田合计闰月奏	大中元年十月屯田
		请禁屠牛奏	大中二年二月刑部
		请宣示涌泉瑞应奏	大中二年十一月中书门下
		据三司推勘吴湘狱罪状奏	大中三年十一月御史台
		请定三院御史除授月限奏	大中三年十一月御史台
		神主改题不改造奏	大中三年十二月中书门下
		议罚朝参不到奏	大中四年二月御史台
		请禁断供应户奏	大中四年五月御史台
		请监决官先引问囚徒奏	大中四年九月御史台
		请严禁屠牛奏	大中五年正月中书门下
		请准崔龟从立私庙奏	大中五年四月太常礼院
		请依旧例放选奏	大中五年十月中书门下
		条陈考课事例奏	大中六年七月考功
		议平赃定估奏	大中六年十月中书门下
		请定去任官犯罪科条奏	大中六年十二月中书门下

全唐文			
卷　次	作　者	篇　名	备　注
九六八	阙　名	责成诸道观察使奏	大中六年十二月中书门下
		更定科目事例奏	大中十年五月中书门下
		准敕厘革中外奏请官额奏	咸通十二年七月中书门下
		议免摊配逃亡户口赋税差科奏	咸通十三年六月中书门下
		请以降诞日为乾和节奏	天祐元年八月中书门下
		上皇太后尊号奏	天祐元年九月中书门下
		避哀帝御名奏	天祐元年中书门下
		妖星不见奏	天祐二年五月司天台
		上积善宫名奏	天祐二年五月中书门下
		请改定乳母封号奏	天祐二年九月中书门下
		请修置武明王庙奏	天祐二年九月中书门下
		请增贡举额数奏	天祐三年二月礼部
		请诸道申送员阙奏	天祐三年四月吏部
		请禁夜行奏	天祐三年闰十二月皇城使
九七四	阙　名	请立皇太子疏	宝应二年五月宰臣
		请节哀亲政疏	大历元年五月宰臣《补》卷一二五为阙名《请听朝奏》
		请增添闻奏条令疏	长庆三年十一月御史台
		请罚到任迟延疏	宝历元年九月御史台
		请厘正托故不之任疏	宝历二年二月《补》卷一二五阙名《请察勾留不之任官奏》
		请置祗候屋宇疏	宝历二年三月御史台
		请推问临决称冤疏	太和元年十二月御史台
		请以寿星配社两京立万寿殿状	开元二十四年七月
		奏两监学生员额状	元和二年国子监
		请令常参官举人自代及县令犯罪坐举主状	元和六年十月中书门下
		奏得古釜状	元和九年八月中书门下
		奏姚中立高锴考试状	太和三年三月御史台
		奏邓琬等禁系状	太和五年十月度支
		奏酌量增减诸司食利钱状	会昌元年六月户部

续表

全唐文			
卷　次	作　者	篇　名	备　注
九七四	阙　名	条奏盐法状	大中元年闰三月盐铁使《补》卷七六为卢弘止《请依司空舆状请奏》
九七五	阙　名	请选良家女充后宫议	贞观十三年二月
		定乐议	贞观十四年
		舅甥服制议	贞观中实为卷一三六长孙无忌《甥舅服制议》，重出
		禘祫议	上元三年十月太常礼院
		李师道私庙议	元和二年六月太常礼院
		宪宗圣神章武孝皇帝谥议	元和十五年五月
		穆宗睿圣文惠孝皇帝谥议	长庆四年
		韩皋祔庙议	宝历二年七月太常礼院
		请复庚威等官议	太和元年三月都省
		修宗庙议	光启三年二月太常礼院
九九八	李辅国	皇帝奉迎上皇请编史册表	
	李顺融	成都得宝砖古篆贺表	
九九九	默棘连	谢婚表	突厥毗伽可汗
	芯伽骨咄禄	贺正表	突厥登利可汗
	薛延夷男	请击高昌表	西突厥薛延陀部真珠毗伽可汗
	处木毗匐延阙律啜	请内属表	西突厥十姓之一
	弃宗弄赞	贺平辽东表	吐蕃赞普
	弃隶蹜赞	请约和好书	吐蕃赞普
		请修好表	
		献皇帝书	
	宋鼎	请朝贡奏	东谢大酋长
	嵯颠	请诛杜元颖表	南诏弄栋节度王
	达摩	贡方物献表	乌苌国王
	周澄国王	请发兵取象表	

全唐文			
卷　次	作　者	篇　名	备　注
九九九	乌勒伽	请发兵救援表	康国王
	笃萨波提	论事表	东安国王
	哥逻仆罗	请内属表	西曹国王
	伊捺吐屯屈勒	请讨大食表	石国王
	支汗那	请助讨大食表	吐火罗叶护
		献解天文人表	
	失里忙迦罗	请赐个失蜜王敕书表	吐火罗叶护
	仆罗	诉授官不当上书	吐火罗叶护那都况利弟
	忽提婆	内附表	俱罗国王
	罗火拔	陈金城公主事宜奏	谢䫻国使臣
	那罗延	请处分大食国表	俱蜜王
一千	金兴光	遣使纳贡表	新罗王
		谢赐白鹦鹉及金银罗彩表	
		赐土地谢表	
	金彦升	分别还蕃及应留宿卫奏	新罗王
	金忠信	请充宁海军副使从讨靺鞨表	新罗王兴光从弟
	金士信	请充本国副使奏	新罗质子

唐文拾遗			
卷　次	作　者	篇　名	备　注
一二	李　慎①	外姻不为婚奏	
一四	于志宁	宏农府君当迁不讳奏	
一五	褚遂良	请厚诸弟奏	①太宗子，封纪王
		谏昭陵建造佛寺奏	
		论任杜淹奏	
一六	许敬宗	臣下丧服葬毕后除奏	
	李淳风	传仁均历有违古法奏	
	王　珪	驳皇甫无逸谥议	

		唐文拾遗	
卷次	作者	篇　名	备　注
一六	杜楚客	招抚议	
	苏　瑰	请省员以救时弊奏	
	桓彦范	谏除方术人为国子祭酒奏	
	卢　宽	明堂制度议	
	李安俨	谏处置皇太子诸王奏	
	韦叔夏	太社冒黄土奏	
	姚　崇	中书事状略言优劣奏	
	张　说	请以时乐鸟编国史奏	
	李朝隐	科钱不得令州县牵捉奏	
	韦嗣立	谏造佛寺奏	
	李　邕	驳韦巨源谥议	
一七	李　邕	请建都督议	①与《全》卷二二三张说之《请许王公百官封太山表》重，应属张说之作
		纠来俊臣五犯奏	
	张庭耻	请重选十道巡察使奏	
	徐　坚	救韦月将疏	
	崔　沔	谢恩慰喻表	
	刘知几	请节私恩奏	
		请节赦奏	
	卢怀慎	谏置景云翊圣寺奏	
	阎立德	请除元宫栈道奏	
		九室五室奏	
	薛昭讽	复斜封官奏	
	韦方质	御史不可监军奏	
一八	姚庭筠	请诛魏元忠奏	
	崔　莅	置都督有弊议	
	源乾曜	请封禅第三表①	
	赵冬曦	论左迁贬降未可革心奏	
	裴耀卿	营田奏	

唐文拾遗			
卷 次	作 者	篇 名	备 注
一八	杨 姚	谏博士弟子夺情奏	
	裴光庭	文武选人正月内团甲奏	
一九	韦 陟	考试掌举官亲族移送吏部奏	
	韦 縚	奉常主宗庙奏	
		请加广笾豆酒爵奏	
	李 良	荐蒙求表	
	李彭年	勘检出身奏	
	孟匡朝	请以漳水为渎奏	
	颜真卿	元陵每日供羊奏	
		更定婚礼奏	
		武成王庙用乐奏	
二一	李林甫	度支长行旨符奏	
		定天下赃估奏	
	吉 温	处分朝参不到奏	
	萧 谅	员外官不许知事奏	
	戴德永	请析置武源县奏	
	李 升	行从队仗送纳武库奏	
	郑 权	请置归化县奏	
	张 偲	赊粜加价折纳奏	
	李知柔	考满年不得给假奏	
	王 翼	孟月给禄奏	
	李 通	朱衣裤褶准式奏	
	崔 厚	驳郭知运谥议	
	杜鸿渐	停让帝等庙四时享献奏	
	张 孚	州县官三考一替奏	
	于休烈	当祭而日食奏	
二二	王 缙	大臣入朝见百寮奏	
	刘 晏	恳让吏部尚书表	

续表

卷 次	作 者	篇 名	备 注
二二	刘　晏	检点祭器奏	
	包　佶	请详定开元时令奏①	①出《唐会要》卷七七,《补》卷五四为《请刊正时令音疏奏》,出《册府元龟》卷六○八 ②据《南部新书》,《补》为《请改名奏》
		明立私钱赏罚奏	
		社稷改用太牢奏	
	李　丕	选人自觅保识官奏	
	柳　浑	请改名奏②	
	李　泌	学士去大字疏	
	归崇敬	上丁释奠讲论奏	
		请罢裤褶奏	
		御署祝版奏	
	严　武	御史给公乘奏	
	刘太真	诸道供纸张奏	
	臧希晏	街鼓减常式奏	
	王　淑	医术请同明法奏	
	第五琦	常平仓奏	
		请旌表窦升朝二女奏	
二三	韦光辅	改造铜斗尺秤奏	
	张延赏	请减官收俸料资西讨奏	
	韩　烟	同中书门下加俸奏	
	崔　造	进状先本司奏	
	鲍　防	停罢咸阳县令贾全奏	
	徐承嗣	日蚀退分请编史册奏	
	卢　迈	京兆河南两府不勾县案奏	
	徐　浩	谢赐书表	

卷 次	作 者	篇 名	备 注
二三	于 頔	别置推事文例奏	
		祀武成王议	
	卢 杞	置监考使奏①	①《补》卷五二为《请置监考使》，同据《唐会要》卷五五 ②《补》卷四一为代宗《禁坊市侵街打墙敕》，同据《唐会要》卷八六 ③《补》卷六〇重，同据《唐会要》卷六三
	黎 干	李勉勾当京城诸街奏②	
	董 晋	昭德王皇后祔庙奏	
		公主出嫁行册礼奏	
		册公主典故奏	
	王 绍	权设幕屋为献懿二祖行庙奏	
		陈设四室权安神主奏	
	王 涯	均摊南郑欠税奏	
	李 说	进甘露表	
二四	高 郢	勒停鼓吹四严奏	
	韦 皋	破吐蕃奏	
		请赐南诏金印奏	
	韦执谊	请令修撰官各撰日历奏③	
	李若初	请勿禁见钱出界奏	
	关 播	三省库官更置一人奏	
	王 础	请准东谢蛮朝贡奏	
	崔 纵	复祀灵星等坛奏	
	杜黄裳	前资官充夺知奏	
		中宗神主迁西夹室奏	
	裴 堪	请勿以太学生代斋郎奏	
		谏张茂宗借吉就婚奏	
	高 参	赐爵以五品为限奏	
	权德舆	请续修律令事类奏	
	李齐运	请收利以助公厨奏	
	皇甫政	请补进续坛奏	
	郑叔则	皇太子觐谒暂服墨裰议	
	萧 据	请详定妇为舅姑服状	

续表

卷 次	作 者	篇 名	备 注
二四	令狐建	议改武成王庙祝版署名奏	
	李 业	草马不许出界奏	
	李 兼	破贼神应请付史官奏	
	杨 頊	现任官不得离任奏	
	李吉甫	修元献皇后斋奏	
		旧制经略不隶灵武奏	
	韦 彤	瑶台寺侧置文皇寝园奏	
	杨于陵	辞全俸表	
		刺史见阙量材差择奏	
二五	严 浼	祀武成王议	
		比类累年枭盐钱数奏	
	窦 参	续差御史监祭奏	
	武元衡	更请厨料本钱疏	
		三院御史班序奏	
		三品官除谢奏	
	裴 度	废金扣等十六县为乡奏	
		乞留男让奏	
	卢 坦	劾柳晟阎济美进献奏	
	林 蕴	对贤良方正策	
	裴次元	京畿等县不置员外试官奏	
	崔 群	论谏议大夫张宿奏	
		遂王正位青宫奏	
	窦 群	请宥郭子仪子弟与张氏争财奏	
		常参五品官请假奏	
二六	武少仪	请明示何辣曹寿罪状奏	
	李 应	请许百姓自酤奏	

卷次	作者	篇　名	备　注
二六	王　播	榷盐利付度支奏	
		粜盐加价奏①	
		御史在任减月转准奏	
		盐户不许追扰奏②	
	孟　简	常平义会文州县得专奏	
	裴　翰	史馆修撰一人判馆奏	
	李逢吉	祭天地社稷用乐如旧奏	
	张　翔	具赐爵例奏	
	陵　淳	祀武成王议	
二七	李　逊	处分官徒奏	①据《旧唐书》卷四八、《册府元龟》卷四九三
	杜英策	举张舟政迹状	
	李　强	停高陵等四县烽子奏	
	崔　直	知弹御史被弹待罪奏	
	郑元修	命妇丧葬节制奏	①②实为一文分拆
	皇甫镈	权借外命妇院置官典院奏	
	窦易直	详议仆射答拜仪注奏	③《补》卷四一为武宗《定大夫品秩敕》
	刘遵古	太庙五享摄祭差三公奏	
	王源中	罪犯归有司奏	
	段平仲	厘革太常仪注奏	
	牛僧孺	升御史大夫为三品奏③	
	苏景胤	重罚朝参不到奏	
	刘栖楚	闭市门让诸阴奏	
	李　随	请铸造秘书阁图书印疏	
二八	薛存诚	御史推勘不限东西奏	
	薛　平	禁掠卖新罗人口奏	
	高玄裕	丞郎拜食先牒台司奏	
	李夷简	宪宗称祖奏	
		弹奏举选限内请朝参奏	
		访察诸道不法奏	

唐文拾遗

唐文拾遗			
卷　次	作　者	篇　名	备　注
二八	李德裕	奏回鹘事宜状	
		请发陈许军马状	
	李　渤	创置理匦使奏	
	李　听	募马备边奏	
	韦　辞	请停榷面奏	
	崔元略	军使追人令移文牒奏	
	李　珏	徐行周五代同居奏	
二九	郑　覃	请赐五经博士禄粟奏	①《补》为崔元略《请于归州置巡院所奏》
	杜元颖	劾李渤奏	
	封　敖	修斜谷路奏	
	崔龟从	宋昂殿两选奏	
	王彦威	进唐典表	
		上元和曲台新礼表	
	崔　杞	大理寺官犯赃加等奏	
	庾敬休	制置除陌等钱奏①	
	刘宽夫	论陈岵自引罪奏	
	崔　珙	祷雪终南广惠庙奏	
	李　汉	举人不试诗赋奏	
	周太玄	杂物结赃估断奏	
	杨归厚	郑州置驿路奏	
	马　植	升武陆县为州奏	
		请给杜存诚印奏	
	柳正元	放停宫苑使料钱奏	
	李固言	监仓御史五日一入仓奏	
		知弹御史专掌京城奏	
	张　讽	议亲议贵奏	
	李　衢	玉牒特创嘉名奏	
	崔　郸	旌陈斑五代同爨奏	
	滕　珦	乞给券奏	

卷次	作者	篇　名	备　注
三〇	李　玥	监察御史代监左藏库奏	
	裴　谊	详断刑狱取最后敕为定奏	
		请任百姓自酤奏	
		榷酒钱不配业户奏	
	崔元式	禁断次弱绫绢奏	
	哭汝纳	诉吴湘屈杀状	
	杨士端	光陵柏城不宜动土兴工奏	
	李　回	文武常参官准例置引马奏	
		常参官兼宪官序立依前遵守奏	
	纥千泉	五品以上犯赃赐死于家奏	
	陈夷行	仆射上仪依三公奏	
	归　融	皇帝降服以日易月奏	
	殷　侑	请给河北两州耕牛奏	
		州县留放五员奏	
		改建陵等四县名奏	
	李景让	请升代宗以下八庙奏	
		谏宣宗为郑光辍朝疏	
	魏　謩	权放一两月朝参奏	
	刘　翱	大理寺壁重写律令奏	
	王　铎	自请督师奏	
三一	康季荣	旌周小儿孝行奏	
	薛　逵	筑定戎关奏	
	郑　渥	文川谷路斜谷路置驿奏	
	韦　损	请立私庙奏	
	韦孺实	议韦损立三世庙奏	
三三	李景庄	应配流人就近奏	
	高　骈	寻访褚遂良后裔护丧归葬奏	
	白宏儒	请废诸太子庙祔庄恪庙奏	
	张　濬	太庙宫悬依古礼用二十架奏	

		唐文拾遗	
卷　次	作　者	篇　　名	备　注
三四	崔致远[①]	贺改年号表	①崔氏为新罗人，十二岁入唐，十八岁宾贡进士及第，其后在唐为官，二十八岁回国，有《桂苑笔耕集》传世，为韩国汉文学开山鼻祖
		贺通和南蛮表	
		贺建王除魏博表	
		贺封公主表	
		贺杀黄巢徒伴表	
		贺处斩草贼阡能表	
		贺收复京阙表	
		贺杀黄巢表	
		贺降德音表	
		贺回驾日不许进歌乐表	
		谢加太尉表	
		谢示南蛮通和事宜表	
		谢立西川筑城碑表	
		谢赐御制真赞表	
		谢御札衣襟并国信表	
		谢加侍中表	
		谢加侍中兼实封表	
		请巡幸江淮二表	
三五	崔致远	让官请致仕表	
		谢诏状	
		谢诏示权令郑相充都统状	
		谢宣慰状	
		谢诏奖饰进奏状	
		谢诏示徐州事宜状	
		谢诏上升地墨敕状	
		谢郄公甫充监军手诏状	
		谢除锺传充江西观察使状	
		谢就加侍中兼实封状	

卷　次	作　者	篇　名	备　注
		唐文拾遗	
三五	崔致远	谢秦彦等正授刺史状	
		奉请从事官状	
		奏请僧宏鼎驻管内僧正状	
		谢许宏鼎充僧正状	
		谢除侄琼官状	
		谢弟祝再除绵州刺史状	
		谢侄男宏约改名济除授杨州大都府左司马状	
		奏请侄男劬转官状	
		奏荐归顺军孙端状	
		奏李楷已下参军县尉等状	
		奏杨行敏知庐州军州事状	
		奏诱降成令环状	
		奏招降福建道草贼状	
		秦侄男劭华州失守请行军令状	
		奏请天征军任从海等衣粮状	
三六	崔致远	奏论抽发兵士状	
		奏请叛卒鹿晏宏授兴元节度使状	
		进金银器物状	
		进漆器状	
		进御衣段状	
		进绫绢锦绮等状	
		贺入蛮使回状	
		贺杀黄巢贼徒状	
		贺收复京城状	
		贺月蚀德音状	
		贺内宴仍给百官料钱状	
		请降诏旨指喻两浙状	
		谢加侍中兼实封状	
		谢落诸道盐铁使加侍中兼实封状	

续表

卷 次	作 者	篇 名	备 注
三六	崔致远	谢弟祝再除绵州状	
		请转官从事状	
四五	柳璨	请创阁图画梁王奏①	①《补》卷一二五为阙名《洛阳修建凌烟阁奏》，《拾遗》文字为优
四九	法琳	答太宗诏奏	
		诏问临刃不伤对	
	一 行	请造铜游仪奏	
		请与星官考校黄道游仪表	
	李国贞	请于昭应县南置天华上宫奏	
五一	胡 氏	请用姑荫补千牛奏	
五三	阙 名	大逆请改重法奏	贞观二十一年刑部
		昭陵上食请依故事奏	永徽二年七月有司
		明堂制度奏	永徽三年六月二十八日有司
		减马料饷饥户奏	开元二年宰臣
		岳渎祝牒称皇帝奏	开元九年六月五日太常
		处分道僧奏	开元二十四年七月中书门下
		东封乐舞奏	开元二十九年六月
		厘事二百日成考奏	天宝二年八月考功
		食封人两京给付殁后元孙直下一房许在分限奏	天宝六载三月六日户部
		景皇帝陵台加尊号奏	天宝十三载太常礼院
		详议狱成奏	乾元元年十二月刑部《补》卷一二五为《请定狱成奏》，系年异
		决有两种法开二门奏	乾元二年六月十四日刑部《补》卷一二五为《请划一降死重决奏》，文可互校。系年不同
		请复御正殿奏	上元元年八月中书门下
		州县三考一替奏	宝应元年十月吏部
		内外官授日计考奏	宝应元年闰月考功
		立京外按察司奏	宝应二年正月考功
		厘革诸道料钱奏	大历十二年五月中书门下
		停诸州团练守促使奏	大历十二年五月中书门下

唐文拾遗			
卷 次	作 者	篇 名	备 注
五三	阙 名	武德以来功臣约为三等奏	建中元年九月五日史馆
		甲库采择一人专押奏	建中二年十月十一中书门下
		量复具员改转旧制奏	建中三年闰正月十八中书门下
		诸司文状依限录奏奏	建中四年六月中书门下
		请二王入朝事毕还藩奏	建中□年有司上言
		公主出降乘金根车奏	贞元二年二月太常
		吏曹条例奏	贞元二年五月吏部
		阶高官卑准格处分奏	贞元六年六月吏部
		考课诸司比类格文定升降奏	贞元七年八月考功
		观察刺史等官考绩奏裁奏	贞元七年十二月校外官考使
		请停东都礼生奏	贞元八年四月太常寺
		贡举人谒先师请别择日奏	贞元九年九月太常
		挝鼓进状却付本司奏	贞元九年御史台
		内供奉御史班位奏	贞元十二年十月御史台
		旱损借贷奏	贞元十三年三月
		女子李妙法庐墓奏	贞元十三年深州
		改公主册礼奏	贞元十五年七月三日有司
		病死羊犊送还太仆奏	贞元十八年五月太仆
		三品官假满日正衙参见奏	贞元二十一年五月御史台
		升祔礼讫公私声乐复常奏	永贞元年十月太常
		改正昭成窦后忌日行香奏	永贞元年十二月中书门下
		曾太皇太后沈氏服制奏	永贞元年九月礼仪使
		废文敬恭懿太子庙奏	元和元年太常寺
		顺宗配享昊天上帝奏	元和元年八月太常礼院
五四	阙 名	致仕官身故非三品以上不辍朝奏	元和元年九月中书门下《补》卷一二五为《定致仕官辍朝品奏》，大和元年九月中书门下，同据《唐会要》二五，《拾遗》系年误
		请置具员簿奏	元和二年正月中书门下
		请停诸陵道使奏	元和二年九月中书门下

唐文拾遗			
卷　次	作　者	篇　名	备　注
五四	阙　名	依旧置校理官奏	元和二年七月集贤院
		中瑞下瑞申报有司奏	元和二年八月中书门下
		两京监生每馆定额奏	元和二年十二月国子监
		非时选集注拟奏	元和三年正月吏部
		三千里外县限十二月赴上奏	元和三年三月吏部
		举行乡贡举人奏	元和三年五月兵部
		荐举县令分入三铨注拟奏	元和四年正月中书门下
		知邮驿官书考奏	元和五年正月考功
		请谥行状须佐史撰录奏	元和五年二月考功
		减省官员请存旧例奏	元和六年八月中书门下
		县令犯赃殿罚举荐官奏	元和六年十月中书门下
		孙用祖荫准例收补奏	元和六年十一月礼部
		请定官俸规制奏	元和七年中书门下
		登科人据等第高下注官奏	元和八年四月吏部
		勘会诸司食利钱奏	元和九年十一月户部
		左降官考满量移奏	元和十二年九月刑部 《补》卷一二五为《左降官五考量移奏》，系年不同
		御史职事行立以敕文为先后奏	元和十三年御史台
		叙录将士准敕处分奏	元和十三年六月，中书省
		大傩仪服奏	元和十三年十二月
		请谥立限奏	元和十四年都省
		责授官任自参选奏	元和十四年十一月吏部
		考状不得有虚美闲言奏	元和十四年十二月考功
		奏报官吏善恶奏	同上
		诸道正员官依资改转奏	元和十五年二月中书门下 《补》卷一二五为《幕职官依资改转奏》，系年不同，《拾遗》文字为优
		丰陵合停日祭奏	元和十五年四月礼仪使
		飨景陵以香药代鱼肉奏	元和十五年五月殿中省
		宪宗配享昊天奏	元和十五年五月太常礼院

续表

		唐文拾遗	
卷次	作者	篇名	备注
五四	阙名	州郡收铜铸钱奏	元和十五年八月，中书门下
		祧迁睿宗神主奏	元和十五年礼部 《补》卷六四为李建迁《睿宗皇帝庙奏》，无系年
		公卿拜陵取清望官充奏	长庆元年六月吏部
		奏弹违便常参官奏	长庆二年七月御史台
		拜陵称疾罚俸奏	长庆三年御史台
		学士名目定制奏	长庆三年七月宏文馆
		白行简留充新置郎官奏	长庆三年十二月度支
		条件流贬量移轻重奏	长庆四年四月刑部
		到官淹延罚俸奏	宝历元年九月御史台
		条流两馆斋郎年限奏	宝历元年九月礼部
		请停赠太子庙裸献奏	宝历二年二月太常寺
		停四陵朝拜奏	同上
		请当己钱充乐人衣粮奏	宝历二年九月京兆府
		请赐独孤谓章服奏	宝历二年京兆府
五五	阙名	覆定辍朝例奏	太和元年中书门下
		条陈台参并科决令史奏	大和元年九月御史台 《补》卷一二五为《定京兆等见新除御史礼奏》，大和九年八月御史台，同据《唐会要》卷六〇，《补》是
		囚徒称冤便配四推奏	大和元年御史台
		三品以上官薨卒非任将相不辍朝奏	大和元年七月太常寺
		图进白虎奏	大和元年十一月
		官吏出入人罪不得原免奏	大和二年二月刑部
		处分诸道幕府奏	大和二年六月中书门下
		推勘伪出告身奏	大和二年十二月御史台
		实陈刺史善状奏	大和三年五月中书让下
		内外官不论考年奏	大和三年五月中书门下
		诸道所奏宪官特置考限奏	大和三年十二月中书门下
		三院御史置只候院奏	大和四年三月御史台

续表

卷　次	作　者	篇　名	备　注
五五	阙　名	韩巨川等进状奏	大和四年四月都省
		推勘刑狱时限奏	大和四年四月御史台
		诸道荐送军将奏	大和四年四月中书门下
		停废三卫资荫奏	大和四年五月兵部 《补》卷一二五为《停废三卫资奏》，系年不同，《补》所录乃转引上年五月起请条节文
		知制诰满年正授奏	大和四年七月中书门下
		刺史缺人分析闻奏奏	大和四年八月御史台
		羡余充分条件奏	大和四年九月比部
		公私行李勒依纪律奏	大和四年十月御史台
		止绝诸官改名奏	大和五年三月御史台
		截耳进状先决四十奏	大和五年三月御史台
		刺史限发赴任奏	大和五年五月御史台
		闭塞向街门户奏	大和五年七月左右巡使
		整肃禁街奏	大和五年七月左街使
		进士先试帖经奏	大和七年八月礼部
		私假不给公券奏	大和八年八月门下省
		当参假多夺俸奏	大和八年九月御史台
		水旱开仓赈贷奏	大和九年二月中书门下
		择清慎进奏官奏	大和九年五月中书门下
		朝使参台官奏	大和九年八月御史台
		节使参辞停带器仗奏	大和九年十二月左仆射合诸道
		陌刀利器纳军器使奏	开成元年三月皇城留守
		择差千牛中郎奏	开成元年五月中书门下
		犯盐依贞元旧条奏	开成元年闰五月七日盐铁使
		刺史延英对了奏发奏	开成元年闰五月中书门下
		四库书随日校勘奏	开成元年七月分察使
		田亩纳粟贮义仓奏	开成元年八月户部
		采访刺史县令政事奏	开成元年八月中书门下
		两府司录尉知捕盗贼奏	开成元年十一月中书门下

续表

唐文拾遗			
卷 次	作 者	篇 名	备 注
五五	阙 名	诸道押衙不得过侍御史奏	开成元年十一月中书门下
		量留运米备江淮饥奏	开成元年十二月盐铁转运使
五六	阙 名	诸道节度许奏副使奏	开成二年二月中书门下
		驳张克勤回授外甥官奏	开成二年二月吏部
		中谢官不必候延英开日奏	开成三年二月御史台
		停罢退朝只候奏	开成三年二月中书门下
		宰相出镇奏请朝官五人奏	开成三年四月中书门下
		刺史替人未到杂给俸料奏	开成三年五月中书门下
		官典犯赃分别公私奏	开成三年五月刑部
		举人纳状五人相保奏	开成三年十月中书门下
		皇太子丧公除奏	开成三年十月中书门下
		皇太子丧停诸祠祭奏	开成三年十月太常礼院
		请废让皇帝庙奏	开成四年中书门下
		准废毁让皇帝庙奏	开成四年太常寺
		交割廊下食料钱奏	开成四年五月光禄寺
		牒光禄寺部置人吏奏	开成四年御史台
		五经博士定为五品奏	开成四年二月中书门下
		上佐权充知州奏	开成四年三月中书门下
		勒停诸道行军司马参谋奏	开成四年六月中书门下
		勒停长定纲奏	开成四年十月中书门下
		请申明国忌日彻乐废公奏	开成四年十月御史台
		宣懿皇太后祔庙飨礼奏	开成五年太常礼院
		不移福陵奏	开成五年二月中书门下
		庆阳节设僧斋奏	开成五年四月中书门下
		宣懿皇太后宝册宜藏庙中奏	开成五年六月太常礼院
		加给课料及时支遣并许远官借俸奏	会昌元年中书门下
		度支户部文案本司郎官分判奏	会昌元年二月中书门下
		司直评事出使赍用废印奏	会昌元年六月大理寺
		请铸出使印奏	会昌元年十一月大理寺《补》卷一二五重出

卷次	作者	篇　名	备　注
五六	阙名	唐文拾遗	
		条流丧葬奏	会昌元年十一月御史台
		盗贼计赃至绢三疋处极法奏	会昌元年十二月都省
		精选法官奏	会昌二年十一月中书门下
		太和公主到日立班奏	会昌三年二月太常礼院
		辍朝编入令式奏	会昌三年八月中书门下
		禁进士题名局席覆奏	会昌三年十二月中书门下
		进奏官不得兼知两道奏	会昌四年二月御史台
		三元日断屠奏	会昌四年四月中书门下
		量减州县佐官奏	会昌四年五月中书门下
		刺史限日到任奏	会昌四月，中书门下
		泽州割属河阳奏	会昌四年九月中书门下
		委清强官检点废寺奴婢奏	会昌五年四月中书门下
		铜像送官奏	会昌五年七月中书门下
		僧尼系主客奏	会昌五年七月中书门下
		国忌行香上州留寺一所奏	会昌五年七月中书门下
		首出藏隐废寺奴婢奏	会昌五年八月中书门下
		条流诸道判官员额奏	会昌五年九月中书门下
五七	阙名	上都两街留寺改名奏	会昌六年正月左右街功德使
		请定宪宗庙配享功臣奏	会昌六年十月太常礼院
		幕府迁授章服先绿后绯奏	大中元年中书门下
		及第三年任奏试官奏	大中二年正月中书门下
		诸使奏官不得虚竖头衔奏	大中二年十月中书门下
		搜访武德以来名臣子孙奏	大中三年四月中书门下
		刺史条流先申观察奏	大中二年二月中书门下
		方镇子弟不得奏留奏	大中三年三月中书门下
		司直评事未出使不任分司奏	大中三年三月大理寺
		赐绯赐紫事例奏	大中三年五月中书门下
		效韦让侵街造舍奏	大中三年六月右巡使
		久任令尉奏	大中三年九月中书门下

卷 次	作 者	篇 名	备 注
		唐文拾遗	
五七	阙 名	诸司职掌不得一人判数曹奏	大中三年九月中书门下《补》卷一二五为《诸司改除不带职》，系年不同
		史馆典书五考参选奏	大中四年四月史馆
		修斜谷及馆驿旧路奏	大中四年六月中书门下
		宏文馆典书准例处分奏	大中四年七月宏文馆
		村邑佛堂待兵罢建置奏	大中五年七月宰臣
		诸道奏请起复准旧例奏	大中五年八月宰臣
		刺史得替敕到交割奏	大中五年九月中书门下
		建置佛堂兰若奏	大中五年十一月宰臣
		河东各道许奏判司丞簿奏	大中五年十月中书门下
		议依白宏儒奏迁诸太子庙奏	大中六年礼院
		谏免郑光庄田税奏	大中六年三月中书门下
		勘审常平义仓奏	大中六年四月户部
		许岭南各道年终论荐奏	大中六年五月中书门下
		续修会要添给厨料奏	大中六年六月宏文馆
		宰臣周亲宣吊奏	大中六年十月太常礼院
		宗子家状送图谱院奏	大中六年十二月宗正寺
		条流诸道俸料职田奏	大中六年十二月中书门下
		明立剃度僧尼新规奏	大中六年十二月祠部
		量建寺院关防僧尼奏	大中六年十二月宰臣
		刺史到任闻奏公事奏	大中六年十二月中书门下
		孝女收父遗骸奏	大中年间兖州
		修奉太庙奏	光启元年三月中书门下
		建造武成王庙奏	天祐二年八月中书门下
		进监生郭应图等状奏	天祐三年，国子监
		考试及格举人奏	天祐三年河南府
六八	金法敏	乞罪表	新罗文武王
	金力奇	请授故主俊邕封册归国表	元和三年新罗入朝贡使
	金柱弼	请牒傍海州县任新罗良口归国奏	长庆二年新罗国朝贡使

参考文献

1. 古籍

（春秋）左丘明撰：《国语》，《四部丛刊》初编本。

（战国）吕不韦编：《吕氏春秋》，《四部丛刊》初编本。

（战国）申不害撰：《申子》，《玉函山房辑佚书》本。

（汉）韩婴撰：《韩诗外传》，《四部丛刊》初编本。

（汉）司马迁撰：《史记》，中华书局，1959 年。

（汉）刘安撰：《淮南子》，《四部丛刊》初编本。

（汉）孔安国传，（唐）孔颖达正义，黄怀信整理：《尚书正义》，上海古籍出版社，2007 年。

（汉）刘向辑录：《战国策》，上海古籍出版社，1985 年。

（汉）班固撰：《汉书》，中华书局，1962 年。

（汉）蔡邕撰：《独断》，《丛书集成》初编本。

（汉）王充撰，陈蒲清点校：《论衡》，岳麓书社，2006 年。

（汉）许慎撰，（宋）徐铉校定：《说文解字》，中华书局，1963 年。

（汉）郑玄注，（唐）贾公彦疏：《周礼注疏》，上海古籍出版社，1990 年。

（魏）曹植撰，沈幼文校注：《曹植集校注》，人民文学出版社，1984 年。

（魏）何晏等注，（宋）邢昺疏：《论语注疏》，上海古籍出版社，1990 年。

（晋）杜预注，（唐）孔颖达等正义：《春秋左传正义》，上海古籍出版社，1990 年。

（晋）陈寿编撰，（南朝宋）裴松之注：《三国志》，中华书局，1959 年。

（晋）葛洪撰：《西京杂记》，中华书局，1985 年。

（晋）葛洪撰：《抱朴子》，《四部丛刊》初编本。

（晋）陆机撰，张少康集释：《文赋集释》，上海古籍出版社，1984 年。

（南朝宋）范晔编撰，（唐）李贤等注：《后汉书》，中华书局，1965 年。

（南朝梁）任昉撰，（明）陈懋仁注：《文章缘起注》，《丛书集成》初编本。

（南朝梁）萧统编，（唐）李善注：《文选》，中华书局，1977 年。

（南朝梁）萧绎撰：《金楼子》，《丛书集成》初编本。

（南朝梁）刘勰撰，范文澜注：《文心雕龙注》，人民文学出版社，1958 年。

（南朝梁）刘勰撰，詹锳义证：《〈文心雕龙〉义证》，上海古籍出版社，1989 年。

（南朝梁）钟嵘撰，曹旭集注：《诗品集注》，上海古籍出版社，1996 年。

（北朝齐）魏收编撰：《魏书》，中华书局，1974 年。

（北朝齐）颜之推撰，王利器集解：《颜氏家训》，上海古籍出版社，1980 年。

（北朝周）庾信撰，（清）倪璠注，许逸民点校：《庾子山集注》，中华书局，1980 年。

（唐）白居易撰，顾学颉点校：《白居易集》，中华书局，1979 年。

（唐）陈子昂撰，徐鹏点校：《陈子昂集》，中华书局，1960 年。

（唐）杜牧撰，陈允吉点校：《樊川文集》，上海古籍出版社，2007 年。

（唐）杜佑撰，王文锦点校：《通典》，中华书局，1988 年。

（唐）房玄龄等编撰：《晋书》，中华书局，1974 年。

（唐）韩愈撰，马其昶校注、马茂元整理：《韩昌黎文集校注》，上海古籍出版社，1986 年。

（唐）皇甫湜撰：《皇甫持正集》，《四部丛刊》初编本。

（唐）李德裕撰：《李文饶文集》，《四部丛刊》初编本。

（唐）李林甫编，陈仲夫点校：《唐六典》，中华书局，1992 年。

（唐）李商隐撰，（清）冯浩详注，钱振伦等笺注：《樊南文集》，上海古籍出版社，1988 年。

（唐）李延寿编撰：《北史》，中华书局，1974 年。

（唐）李延寿编撰：《南史》，中华书局，1975 年。

（唐）令狐德棻等编撰：《周书》，中华书局，1971 年。

（唐）刘肃撰，许德楠、李鼎霞点校：《大唐新语》，中华书局，1984 年。

（唐）刘禹锡撰，卞孝萱校订：《刘禹锡集》，中华书局，1990 年。

（唐）刘知几撰，（清）浦起龙释：《史通通释》，上海古籍出版社，1978 年。

（唐）柳宗元撰：《柳宗元集》，中华书局，1979 年。

（唐）陆贽撰，王素点校：《陆贽集》，中华书局，2006年。

（唐）骆宾王撰：《骆宾王文集》，《四部丛刊》初编本。

（唐）欧阳询编：《艺文类聚》，上海古籍出版社，1965年。

（唐）权德舆撰：《权载之文集》，《四部丛刊》初编本。

（唐）王勃撰，蒋清翊注：《王子安集注》，上海古籍出版社，1995年。

（唐）王维撰，陈铁民校注：《王维集校注》，中华书局，1997年。

（唐）魏徵等编：《隋书》，中华书局，1973年。

（唐）吴兢编：《贞观政要》，上海古籍出版社，1978年。

（唐）杨炯撰：《杨盈川集》，《四部丛刊》初编本。

（唐）元结撰，孙望点校：《元次山集》，中华书局，1960年。

（唐）元稹撰，冀勤点校：《元稹集》，中华书局，1982年。

（唐）张九龄撰：《曲江集》，《四部丛刊》初编本。

（唐）长孙无忌编撰，刘俊文校点：《唐律疏议》，中华书局，1983年。

（五代）刘昫等编撰：《旧唐书》，中华书局，1975年。

（五代）王定保撰：《唐摭言》，《丛书集成》初编本。

（宋）晁公武撰，孙猛校证：《郡斋读书志校证》，上海古籍出版社，1990年。

（宋）陈骙、李塗撰，刘明晖点校：《文则／文章精义》，人民文学出版社，
1960年。

（宋）陈振孙撰：《直斋书录解题》，上海古籍出版社，1987年。

（宋）洪迈撰：《容斋续笔》，《四部丛刊》续编本。

（宋）黎靖德编：《朱子语类》，中华书局，1986年。

（宋）李昉等编：《文苑英华》，中华书局，1966年。

（宋）李昉等编：《太平御览》，中华书局，1960年。

（宋）罗大经撰，王瑞来点校：《鹤林玉露》，中华书局，1983年。

（宋）欧阳修、宋祁编撰：《新唐书》，中华书局，2006年。

（宋）欧阳修，李逸安点校：《欧阳修全集》，中华书局，2001年。

（宋）司马光编撰：《资治通鉴》，中华书局，1956年。

（宋）宋敏求编：《唐大诏令集》，中华书局，2008年。

（宋）苏轼撰，孔凡礼点校：《苏轼文集》，中华书局，1986年。

（宋）王谠撰，周勋初校证：《唐语林校证》，中华书局，1987年。

（宋）王溥撰：《唐会要》，中华书局，1955年。

（宋）王钦若等编：《册府元龟》，中华书局，1960年。

（宋）谢深甫撰，戴建国点校：《庆元条法事类》，黑龙江人民出版社，2002 年。

（宋）薛居正编撰：《旧五代史》，中华书局，1976 年。

（宋）叶适撰：《习学记言序目》，中华书局，1977 年。

（元）马端临撰：《文献通考》，中华书局，1986 年。

（元）辛文房撰：《唐才子传》，古典文学出版社，1975 年。

（明）贺复征编：《文章辨体汇选》，《四库全书》本。

（明）胡应麟撰：《少室山房笔丛》，中华书局，1958 年。

（明）吴讷、徐师曾撰，于北山、罗根泽点校：《文章辨体序说 / 文章明辨序说》，人民文学出版社，1962 年。

（明）余继登撰，顾思点校：《典故纪闻》，中华书局，1981 年。

（明）袁宏道撰，钱伯城笺校：《袁宏道集笺校》，上海古籍出版社，1981 年。

（清）包世臣撰：《艺舟双楫》，《万有文库》本。

（清）曾国藩纂：《经史百家杂钞》，岳麓书社，1987 年。

（清）陈鸿墀编撰：《全唐文纪事》，中华书局，1959 年。

（清）董诰等编：《全唐文》，中华书局，1983 年。

（清）顾炎武著，黄汝成集释：《日知录集释》，上海古籍出版社，2006 年。

（清）黎庶昌纂：《续古文辞类纂》，《四部备要》本。

（清）李兆洛纂：《骈体文钞》，《四部备要》本。

（清）林纾撰：《春觉斋论文》，人民文学出版社，1959 年。

（清）刘开撰：《刘孟涂集》，清道光六年姚氏檗山草堂刻本。

（清）刘熙载撰，徐中玉、萧华荣点校：《刘熙载论艺六种》，巴蜀书社，1990 年。

（清）孙梅编辑：《四六丛话》，《万有文库》本。

（清）王夫之撰：《读通鉴论》，中华书局，1975 年。

（清）吴曾祺撰：《涵芬楼文谈》，商务印书馆，1933 年。

（清）许梿评选，黎经诰笺注：《六朝文絜笺注》，中华书局，1982 年。

（清）严可均校辑：《全上古三代秦汉三国六朝文》，中华书局，1958 年。

（清）姚鼐纂：《古文辞类纂》，《四部备要》本。

（清）永瑢等撰：《四库全书总目》，中华书局，1964 年。

（清）张廷玉等编撰：《明史》，中华书局，1974 年。

（清）章学诚撰，叶瑛校注：《〈文史通义〉校注》，中华书局，1985 年。

（清）赵翼撰，王树民校证：《廿二史札记校证》，中华书局，1984 年。

2. 专著

曹道衡著：《中古文学史论文集》，中华书局，2002 年。

岑仲勉著：《隋唐史》，中华书局，1982 年。

陈飞著：《唐代试策考述》，中华书局，2002 年。

陈尚君编：《〈全唐文〉补编》，中华书局，2005 年。

陈寅恪著：《隋唐制度渊源略论稿》，三联书店，2004 年。

陈寅恪著：《唐代政治史述论稿》，上海古籍出版社，1982 年。

陈柱著：《中国散文史》，商务印书馆，1937 年。

褚斌杰著：《中国古代文体概论》，北京大学出版社，1990 年。

戴伟华著：《唐代使府与文学研究》（修订本），广西师范大学出版社，2007 年。

董乃斌主编：《文学史学原理研究》，河北人民出版社，2008 年。

董乃斌等著：《中国文学叙事传统研究》，中华书局，2012 年。

董乃斌著：《李商隐的心灵世界》（增订本），上海古籍出版社，2012 年。

范文澜、蔡美彪等编：《中国通史》，人民文学出版社，1994 年。

傅绍良著：《唐代谏议制度与文人》，中国社会科学出版社，2003 年。

傅璇琮、周建国校笺：《李德裕文集校笺》，河北教育出版社，2000 年。

傅璇琮著：《李德裕年谱》，河北教育出版社，2001 年。

高步瀛选注：《唐宋文举要》，上海古籍出版社，1982 年。

郭维森、许结著：《中国辞赋发展史》，江苏教育出版社，1996 年。

郭英德著：《中国古代文体学论稿》，北京大学出版社，2005 年。

郭预衡著：《中国散文史》，上海古籍出版社，2000 年。

何亮著：《"文备众体"与唐五代小说的生成》，（台湾）花木兰文化出版社，2013 年。

姜书阁著：《骈文史论》，人民文学出版社，1986 年。

蒋伯潜、蒋祖怡著：《骈文与散文》，上海书店出版社，1997 年。

李道荣著：《中国古代写作学概论》，文心出版社，1994 年。

李时人主编，何满子审订：《全唐五代小说》，陕西人民出版社，1998 年。

李晓风著：《陆机论》，中州古籍出版社，2007 年。

廖伯源著：《秦汉史论丛》，中华书局，2008 年。

刘师培撰，程千帆、曹虹导读：《中国中古文学史讲义》，上海古籍出版社，2000 年。

刘学锴、余恕诚著:《李商隐文编年校注》,中华书局,2002 年。

刘雨樵编:《公文起源与演变》,档案出版社,1988 年。

刘壮著:《中国应用文源流研究》,北京图书馆出版社,2007 年。

鲁迅著:《汉文学史纲要》,人民文学出版社,2005 年。

闵庚尧著:《中国公文研究》,中国社会科学出版社,2000 年。

莫道才著:《骈文通论》,广西教育出版社,1994 年。

钱穆著:《中国学术思想史论丛》,东大图书公司,1983 年。

钱钟书著:《管锥编》,中华书局,1979 年。

乔象钟、陈铁民主编:《唐代文学史》(上),人民文学出版社,1995 年。

王启才著:《汉代奏议的文学意蕴与文化精神》,人民出版社,2009 年。

王水照编:《历代文话》,复旦大学出版社,2007 年。

王运熙著:《望海楼笔记》,东方出版中心,1999 年。

吴承学著:《中国古代文体学研究》,人民出版社,2011 年。

吴庚舜、董乃斌主编:《唐代文学史》(下),人民文学出版社,1995 年。

吴兴人著:《中国杂文史》,上海人民出版社,2002 年。

吴忠国著:《唐代科举制度研究》,河北教育出版社,2001 年。

谢朝栻著:《中国古代公文书之流衍及范例》,文史哲出版社,1986 年。

徐公持编著:《魏晋文学史》,中国社会科学出版社,2007 年。

徐望之著:《公牍通论》,档案出版社,1988 年。

徐月芳著:《苏轼奏议书牍研究》,台北天工书局,2002 年。

许同莘著:《公牍学史》,档案出版社,1989 年。

许倬云著:《西周史》(增补二版),三联书店,2012 年。

于景祥著:《陆贽研究》,辽宁人民出版社,1998 年。

于景祥著:《唐宋骈文史》,辽宁人民出版社,1991 年。

袁行霈主编:《中国文学史》,高等教育出版社,1999 年。

张仁青著:《中国骈文发展史》,浙江大学出版社,2009 年。

张贻玖著:《毛泽东读史》,当代中国出版社,2005 年。

章必功著:《文体史话》,同济大学出版社,2006 年。

章太炎著:《国故论衡》,上海古籍出版社,2003 年。

赵和平辑校:《敦煌表状笺启书仪辑校》,江苏古籍出版社,1997 年。

赵树功著:《中国尺牍文学史》,河北人民出版社,1999 年。

钟涛著:《六朝骈文形式及其文化意蕴》,东方出版社,1997 年。

〔美〕美雷纳·韦勒克、奥斯丁·沃伦著，刘象愚等译：《文学理论》，三联书店，1984 年。

〔日〕中村裕一著：《唐代公文书研究》，东京汲古书院，1996 年。

〔日〕中村裕一著：《唐代官文书研究》，京都中文出版社，1991 年。

〔日〕佐滕一郎著，赵善嘉译：《中国文章论》，上海古籍出版社，1996 年。

3. 论文

曹喜琛：《中国古代奏书编纂述略》，《档案学通讯》，1985 年第 01、02 期。

陈伯海：《释"缘情绮靡"——兼论传统杂文学体制中的文学性标志》，《社会科学战线》，2004 年第 06 期。

仇海平：《秦汉魏晋南北朝奏议文研究》，河北师范大学博士学位论文，2010 年。

董乃斌：《论中国文学史抒情和叙事两大传统》，《社会科学》，2010 年第 03 期。

何　庄：《文体骈散的分合对古代公文发展的影响分析》，《档案学通讯》，2004 年第 06 期。

胡元德：《古代公文文体流变述论》，南京师范大学博士学位论文，2006 年。

刘丽珍：《古代奏议继承价值探微》，《广西社会科学》，1998 年第 04 期。

刘真伦：《唐文三变》，《山东师范大学学报》（人文社会科学版），2006 年第 03 期。

刘振娅：《论历代奏议体散文的文学成就》，《广西社会科学》，1995 年第 04 期。

罗书勤：《西汉奏疏的公文性质与文学价值》，《贵州教育学院学报》，1992 年第 02 期。

马建智：《中国公文文体分类研究》，四川大学博士学位论文，2005 年。

钱志熙：《再论古代文学文体学的内涵与方法》，《中山大学学报》（社会科学版），2005 年第 03 期。

曲景毅：《唐代"大手笔"作家的文学史意义》，北京大学博士学位论文，2010 年。

王启才：《汉代奏议的文化意蕴与美学阐释》，复旦大学博士学位论文，2004 年。

吴承学、刘湘兰：《奏议类文体》，《古典文学知识》，2008 年第 04 期。

徐公持：《谈"杂文学化"与"边缘化"》，《文学遗产》，2008 年第 01 期。

许　结：《说"渊懿"——以西汉董、匡、刘三家奏议文为例》，《文学遗产》，2008 年第 05 期。

　　许金榜：《中国古代文学的抒情写意传统》，《东岳论丛》，1999 年第 06 期。

　　叶　岗：《论中国古代小说文体特征的民族性》，《社会科学战线》，2004 年第 04 期。

　　跃　进：《〈独断〉与秦汉文体研究》，《文学遗产》，2002 年第 05 期。

　　翟景运：《晚唐政局与幕府公文的演变》，《古代文明》，2007 年第 01 期。

　　张建业：《文学史研究中不应再被忽视的领域——论历代名臣上帝王书的价值》，《首都师范大学学报》（社会科学版），1987 年第 02 期。

　　张立文：《传统学导论》，《上海社会科学院学术季刊》，1989 年第 01 期。

后　记

本书是在我博士学位论文基础上修改而成，大体保持了原貌，对少数表达不甚流畅的语句进行了润色，核对、补充了一些文献材料，也按照出版的要求调整了格式。

感谢我的博士指导老师董乃斌先生。董先生对我有知遇之恩，不仅给予我继续深造的机会，而且在读博期间有意识地让我参与各种科研项目，极大地提升了我的学术研究能力。董先生与我都是那种做事非常认真的人，然而先生气和容众，严于律己，宽容待人，而我则有些求全责备，对人对事过于挑剔、较真。见贤思齐焉，先生平日里的言传身教，无形中影响了我的为人处世风格。时至今日，亲朋好友见我，都说偏激变老成，殊为不易。

感谢我的硕士指导老师陈建森先生。陈师严格督促我熟读经典，手把手教我查找文献的方法以及学术论文写作的技巧，让半路出家的我初窥学术门径。学习之外，陈师在日常生活中对我也多有照顾，尤其是在就业问题上，未雨绸缪，逢人说项，花费不少时间与心思。

两位导师都曾对我寄予厚望，奈何我资质平庸，时运亦不佳，蹉跎岁月，远未达到他们的期望，实在惭愧得很。

感谢诸位同门的关怀、照应。大家平日交际不多，均以学问为念，以信义相勖，为君子之交，可谓同声相应，同气相求。

感谢家人的陪伴与支持。在求学的七年间，内子随我辗转数地，熬过最艰难时光。工作以后，岳父母在俩外孙的抚育上不惮烦劳，减轻了我的很多负担。

本书的出版得到了湖北民族大学博士科研启动基金与人文在线出版基金的资助。人文在线的编辑刘亚玲为本书的出版穿针引线，助力甚多。线装书局的编辑于建平老师、应晓琴老师等也为本书的出版付出了辛勤劳动。在此一并表示衷心的感谢。

年近不惑才出版这么一本小书，算是对自己十年学术生涯有所交代。然而自己学识谫陋，错误在所难免，恳请学界同行和广大读者批评指正。

熊　碧

2019 年 2 月 19 日于湖北民族大学